司法部法治建设与法学理论研究部级科研项目成果

刑事错案的防范与纠正机制

——基于认知维度的考察

封利强 著

浙江工商大學出版社 | 杭州
ZHEJIANG GONGSHANG UNIVERSITY PRESS

图书在版编目(CIP)数据

刑事错案的防范与纠正机制：基于认知维度的考察 / 封利强著. —杭州：浙江工商大学出版社，2019.12

ISBN 978-7-5178-3149-5

Ⅰ. ①刑… Ⅱ. ①封… Ⅲ. ①刑事诉讼－案例－中国 Ⅳ. ①D925.205

中国版本图书馆 CIP 数据核字(2019)第 022603 号

刑事错案的防范与纠正机制——基于认知维度的考察

XINGSHI CUOAN DE FANGFAN YU JIUZHENG JIZHI——JIYU RENZHI WEIDU DE KAOCHA

封利强 著

责任编辑	唐　红
封面设计	林朦朦
责任印制	包建辉
出版发行	浙江工商大学出版社
	(杭州市教工路 198 号　邮政编码 310012)
	(E-mail:zjgsupress@163.com)
	(网址:http://www.zjgsupress.com)
	电话:0571－88904980,88831806(传真)
排　版	杭州朝曦图文设计有限公司
印　刷	广东虎彩云印刷有限公司绍兴分公司
开　本	710mm×1000mm　1/16
印　张	19.5
字　数	310 千
版 印 次	2019 年 12 月第 1 版　2019 年 12 月第 1 次印刷
书　号	ISBN 978-7-5178-3149-5
定　价	49.00 元

目 录
Content

第八章　我国刑事错案纠正机制的完善

结　语　**探索错案防范与纠正的中国模式**

参考文献

绪 论

刑事错案研究的认知维度

进入 21 世纪以来,刑事错案问题一直是国内外学术研究的热点之一。从国内来看,杜培武案、佘祥林案、赵作海案、张氏叔侄案、呼格吉勒图案以及聂树斌案等冤案的平反受到社会各界的持续关注,在一定程度上推动了相关法律和司法解释的完善,也在客观上推动了我国司法体制改革的进程。从国外来看,西方国家的司法系统同样受到了错案的困扰,司法官员们意识到,"我们的诉讼程序,总是被无辜者被定罪这个幽灵所缠绕"①。2006 年 6 月中旬,美国媒体报道了一个令人震惊的消息:一项最新研究成果表明,1973 年 1 月 1 日至 1995 年 10 月 2 日的 23 年间,美国死刑案件误判率高达 68%,有 3 个州死刑案件误判率高达 100%。② 诸如此类的报道逐渐打破了人们对美国司法制度的迷信,引发了对错案问题的广泛关注。从英美法系到大陆法系,各国都普遍关注错案问题;从官方到民间都有很多机构和个人致力于推动错案的防范和纠正。显然,刑事错案问题已经成为世界各国共同关注的问题。

从认知的角度来看,错案的发现是人类社会认知能力提高的结果。一个司法系统的认知层次越低,越难以发现自身的缺陷。比如,远古时期的神

---

① [美]拉里·劳丹:《错案的哲学》,李昌盛译,北京大学出版社 2015 年版,第 29 页。

② 陈永生:《死刑与误判——以美国 68%的死刑误判率为出发点》,《政法论坛》2007 年第 1 期。

明裁判制度曾经持续很长时间,就是因为在当时的条件下,人们难以发现裁判结论的谬误所在。而随着人类认知能力的提高,这种愚昧落后的裁判方式自然会被淘汰。正如柏拉图所说:"诚然,在这当今世界上,神秘方法已不盛行。人们对于神的信仰已经变化,于是法律也必须变化"。① 从现实来看,美国大量冤错案件的发现与 DNA 等新技术的产生和发展密不可分。事实上,直到 20 世纪 90 年代早期,美国社会仍然相信自身的刑事司法体制是高度精确的。他们相信,被逮捕和处决的人都是罪犯,无罪的人不会被处决,甚至不会被起诉,他们被一个即使不是永不犯错,也是极少犯错的司法体制所保护。然而,后来出现的 DNA 测试和其他先进技术证实了那些信念的荒谬和天真。② 由此可以解释,为什么错案问题在 21 世纪以来会变得如此突出。其实,这恰恰是司法文明和进步的产物。

当前,防范和纠正刑事错案已成为我国刑事司法面临的重要任务。我国实践中冤错案件的曝光极大地损害了司法的权威性和公信力。如何防范和纠正冤错案件,不仅是理论界和实务界关注的焦点,还受到了国家层面的高度关注。党的十八大以来,以张氏叔侄案为代表的一大批重大冤错案件陆续得到纠正,中央政法委、最高人民法院、最高人民检察院、公安部密集出台了一系列旨在防范冤错案件的文件,充分表明了党中央从根本上预防和纠正刑事错案的决心。2013 年 6 月,公安部发布了《关于进一步加强和改进刑事执法办案工作,切实防止发生冤假错案的通知》;2013 年 8 月,中央政法委出台了《关于切实防止冤假错案的规定》;2013 年 9 月,最高人民检察院发布了《关于切实履行检察职能,防止和纠正冤假错案的若干意见》;2013 年 10 月,最高人民法院发布了《关于建立健全防范刑事冤假错案工作机制的意见》。随后,《中共中央关于全面深化改革若干重大问题的决定》和《中共中央关于全面推进依法治国若干重大问题的决定》均强调要健全错案的防范、纠正以及责任追究机制。

---

① 何家弘:《神证·人证·物证——试论司法证明方法的进化》,《中国刑事法杂志》2002 年第 3 期。

② 黄士元:《正义不会缺席——中国刑事错案的成因与纠正》,中国法制出版社 2015 年版,第 221—222 页。

一、刑事错案界说

近年来,国内外学者在刑事错案领域已经取得了很多富有价值的研究成果。但由于研究者们考察的视角各异,其对"错案"所作的定义也各不相同。因此,在展开分析之前,有必要对"错案"的内涵和外延做出明确界定。

(一)错案的概念

"冤假错案,是人们的日常习惯用语,不是一个法律概念。"①既然错案并非法学专业术语,也就不可能有统一的界定。笔者认为,对"错案"概念的科学界定应注意把握以下几点。

1. 错案不同于司法错误

当前国内错案研究中有一个普遍存在的误区,那就是将"错案"等同于"司法错误"。根据美国学者布莱恩·福斯特(Brian Forst)的定义:"一般而言,'司法错误'(Errors of Justice)就是指法律的解释、实施程序或执行过程中出现的各种错误。通常情况下,导致无辜者被定罪的违反正当程序的错误就是典型的司法错误。"②有学者认为,刑事司法错误这一概念大体相当于冤假错案的代名词。③ 法国律师勒内·弗洛里奥的《司法错误》(Les Erreurs Judiciaires)一书的书名也被国内学者翻译为"《错案》"。实际上,二者是有严格区别的。顾名思义,"错案"是指一类案件,而"司法错误"则是指特定的错误之处。错案必然存在错误之处,而错误之处却不应被简单地等同于案件本身。

从错案的发生来看,司法错误是导致错案的原因。但是,司法错误对于"错案"的构成而言,既非充分条件,也非必要条件。首先,有司法错误未必就有错案。司法工作人员在刑事诉讼过程中可能会受各种主客观因素的影响而出现五花八门的司法错误,但并非所有的司法错误都必然导致错案的

---

① 陈国庆主编:《冤错案件纠防论》,中国检察出版社 2015 年版,第 3 页。

② [美]布莱恩·福斯特:《司法错误论——性质、来源和救济》,刘静坤译,中国人民公安大学出版社 2007 年版,第 4 页。

③ 李建明:《刑事司法错误:以刑事错案为中心的研究》,人民出版社 2013 年版,第 29 页。

发生。从错误的程度来看,可以区分为重大错误、一般性错误、技术性错误等;从错误的类型来看,可以区分为实体性错误、程序性错误等。其中有些错误并不足以导致错案的发生,甚至有些错误属于无害错误。其次,即使没有司法错误也未必不会构成错案。美国伦理学家罗尔斯将刑事审判视为"不完善的程序正义"的典型例证。"即便法律被仔细地遵循,过程被公正恰当地引导,还是有可能达到错误的结果。一个无罪的人可能被判作有罪,一个有罪的人却可能逍遥法外。在这类案件中我们看到了这样一种误判:不正义并非来自人的过错,而是因为某些情况的偶然结合挫败了法律规范的目的。"① 因此,即使没有任何人犯错,也有可能出现错案。并且,司法错误特指司法机关及其工作人员所犯的错误,然而,在实践中不具有司法工作人员身份的诉讼参与人所犯的错误同样可能导致错案的发生。比如,当事人作虚假陈述、证人作伪证、鉴定人提供虚假或者错误的鉴定意见等。

2. 错案应当以法院的终局性裁判为评判标准

国内错案研究存在的另一个误区是对错案的泛化理解,将刑事诉讼各环节的错误裁判或者决定均作为错案来看待。通行的观点认为,所谓刑事错案,在我国是指公、检、法机关(包括国家安全机关)在办理刑事案件过程中,对案件的基本事实或者基本证据认定错误,或者适用法律错误,进而导致刑事追诉或者定罪量刑出现错误的案件。② 据此,错案既包括立案、侦查和审查起诉阶段的错误决定,也包括一审和二审阶段的错误裁判;既包括定罪错误的案件,也包括量刑错误的案件。有学者进一步指出:"如果立案后开始的侦查活动及时发现了立案的错误,侦查机关及时做出撤销案件的决定或者不撤销案件但事实上终止对犯罪嫌疑人的追诉(这实际上也是一种针对特定对象的撤销案件),那么,对于被列为犯罪嫌疑人的特定公民而言,立案阶段上将其错列为犯罪嫌疑人,这是一种没有被重复的独立的错案。"③ "立案以后在侦查阶段也可能形成错案,这种错案表现为侦查终结后对不构成犯罪或者不应当追究刑事责任的案件移送做相对不起诉决定,或

① [美]约翰·罗尔斯:《正义论》,何怀宏、何包钢、廖申白译,中国社会科学出版社1988年版,第86页。

② 张军:《刑事错案研究》,群众出版社1990年版,第3页。

③ 李建明:《刑事司法错误:以刑事错案为中心的研究》,人民出版社2013年版,第81页。

者将不具备移送审查起诉条件的案件侦查终结并提请公诉部门审查起诉。"①

对于上述观点,笔者不敢苟同。倘若任何诉讼阶段的错误决定都被视为错案,那么,在这些错误决定基础上进行的后续诉讼阶段是否应当被视为对错案的纠正程序呢？换言之,如果前一诉讼阶段的决定是错误的,那么,后续诉讼阶段就不再被视为通常的诉讼程序而是被视为纠错程序了吗？这显然是于理不通的。此外,如果公安机关在立案阶段对于原本应当立案的案件做出了错误的不立案决定也可以被称作"错案",那么显然会违背人们通常的认知:没有立案,何谈错案?!

其实,狭义的诉讼仅指审判而言。从刑事诉讼的全过程来看,立案、侦查和审查起诉本质上是审判前的准备,公安机关和检察机关在这些审前阶段所作的决定并不具有终局意义。依笔者之见,错案的界定应当以终局性裁判为评判标准。按照这一标准,一审未生效的裁判同样不具有终局意义。只有生效的一审或二审裁判存在错误,才应当被界定为错案。

3. 诉讼法语境下的错案着眼于纠错

针对学界关于"错案"定义众说纷纭的现象,有学者提出了刑事错案的"三重标准说",即由于刑事案件证明标准呈现出层次性的特点,刑事错案的标准应该区分为错案纠正、错案赔偿和错案追究三重标准。② 笔者认为,这是一种颇具启发性的观点。从本质上来说,错案纠正、错案赔偿和错案追究是三个不同层面的问题。错案纠正是诉讼法层面的问题,旨在确定以何种诉讼程序来对错案的当事人实施救济;错案赔偿是国家赔偿法层面的问题,旨在解决当事人因错案而蒙受损害的弥补问题;错案追究是法官法、检察官法以及公务员法层面的问题,旨在解决对错案责任人的惩戒问题。因此,在刑事诉讼法的语境下,"错案"应当从上述第一个层面来加以界定,即界定为错案纠正意义上的"错案"。

从错案纠正的角度来看,如果生效的一审或二审裁判存在错误,那么只能通过再审程序来加以纠正。根据刑事诉讼法学原理,是否启动再审程序

---

① 李建明:《刑事司法错误:以刑事错案为中心的研究》,人民出版社 2013 年版,第 84 页。

② 陈学权:《刑事错案的三重标准》,《法学杂志》2005 年第 4 期。

取决于案件本身是否存在必须加以纠正的错误。它既不以司法工作人员的主观过错为前提,也无须考虑当事人的主观过错。这显然有别于错案赔偿和错案追究意义上的评判标准。就错案赔偿而言,基于被追诉人的原因而导致的错判,通常不属于错案赔偿意义上的错案;就错案追究而言,司法工作人员不存在主观过错的案件显然不涉及责任追究问题。

4.应注意区分形式错案与实质错案

针对某一特定案件是否属于错案,不同主体之间可能会存在认识上的差异。尽管特定案件是否被认定为错案并给予纠正,最终应当由人民法院通过审查来做出判定,但这并不意味着在此之前不能适用有关错案的申诉和处理程序。只要当事人及其法定代理人、近亲属认为属于错案,就有权依法提出申诉。因此,人们在诉讼法语境下更多地采用"形式错案"的概念。但是,一个案件是否属于错案,其实是有客观标准的,是不以认识主体的主观意志为转移的,这便是"实质错案"。

形式错案与实质错案的区分,类似于民事诉讼法上形式当事人与实质当事人的区分,以及证据法上形式证据与实质证据的区分。在民事诉讼中,当事人的概念有两种不同的界定方式,即形式上的当事人和实质上的当事人。形式上的当事人是纯粹诉讼法上的概念,与实体法律关系无关。而实质上的当事人,也称为正当当事人,则是从实体法的角度评判的结果。之所以要做出这种区分,就是因为在司法实践中可能会出现如下悖论:特定当事人按照实体法律关系来评判并不适格,但是这一评判需要由法庭经过调查和辩论等程序后才能依法做出裁判,而其此前在诉讼过程中已经被作为当事人对待,并且依照民事诉讼法的规定行使了相关的诉讼权利。同理,在证据法上,同样需要区分形式证据和实质证据。否则,可能会面临如下尴尬处境:虽然某一证据材料实际上并不具备客观性、相关性和合法性的评判标准,但对证据的认证需要以举证和质证活动为前提。而在此前的诉讼过程中,该证据材料已经被作为证据提交给法庭,并且按照证据调查的程序和规则进行了质证。

基于形式错案与实质错案的区分,我们就可以澄清很多疑惑,避免不必要的混淆。例如,有些学者认为,错案的界定应当以司法机关的宣告或者确认为准,没有得到司法机关宣告或者确认的就不是错案。"刑事错案是一种已被后续诉讼环节否定的司法决定。""从法律意义上说,错案的标志是一个启动、推进或终结刑事追究过程的决定被后续的司法决定所正式否定。因此，一个已经做出的关于追究公民刑事责任的司法决定在被后来的司法决定否定之前，在法律上不是错案。""我们之所以认为，错案是一种已被后续诉讼环节否定的司法决定，主要是从法律意义和形式意义上说的，因为没有这一形式，没有这一宣告，毕竟任何错案都仍以'不错'的形式合法有效地、权威地存在着。"①在笔者看来，上述分析确有一定的道理，但是问题在于，既然尚未被后续诉讼环节否定之前不能被视为错案，那么有何理由对其启动纠错程序呢？此外，上述见解还存在一个问题，那就是尚未被否定的司法决定固然在形式上仍然合法有效地存在着，但这并不意味着该司法决定不是错误的。② 从本质上来说，上述观点似乎借鉴了"未经人民法院依法判决，对任何人都不得确定有罪"的规定。众所周知，后者所体现的是无罪推定的精神，然而，在错案问题上并不存在"无错推定"的原则，并且"无错推定"显然不利于对错案的防范和纠正，是不可取的。

综上，我们可以给"错案"定义如下：错案是指司法机关或者当事人认为人民法院的生效裁判存在实体、程序或者证据等方面的错误，需要启动再审程序来加以纠正的案件。

（二）错案的分类

基于研究的需要和考察视角的差异，人们对错案采取了五花八门的分类标准。笔者认为，我们对刑事错案的分类可以借鉴学者对"犯罪"三重含义的区分。有学者从三个不同层面提出犯罪的三个概念，即法律明确规定的才是犯罪，法律没有明确规定的就不是犯罪，这是实体法意义上的犯罪概念；只有经庭审确认的才是犯罪，没有经过庭审确认的就不是犯罪，这是程序法意义上的犯罪概念；只有有证据证明的才是犯罪，没有证据证明的就不是犯罪，这是证据法意义上的犯罪概念。③ 笔者认为，错案的分类也可以从上述三个层面来展开。为此，笔者将错案分为以下三类，即实体法意义上的

---

①李建明：《刑事司法错误：以刑事错案为中心的研究》，人民出版社 2013 年版，第 59 页。

②当然，上述论断在错案赔偿和错案追究语境下或许是可以成立的，因为错案赔偿和错案追究通常是以原司法决定已被后续诉讼环节否定为前提。

③陈兴良：《刑法适用总论》（上卷），法律出版社 1999 年版，第 80 页。

错案、程序法意义上的错案和证据法意义上的错案。

人们传统上理解的错案主要是实体法意义上的错案。实体法意义上的错案是指违反罪刑法定、罪责刑相适应等原则以及具体刑法制度的案件。这一错案类型涵盖了事实认定错误和法律适用错误等情形。比如,我国《刑事诉讼法》第二百五十三条所列举的当事人及其法定代理人、近亲属可以提出申诉的情形包括:有新的证据证明原判决、裁定认定的事实确有错误,可能影响定罪量刑的;原判决、裁定适用法律确有错误的;等等。

然而,随着程序公正理念和证据裁判观念逐渐深入人心,程序法意义上的错案和证据法意义上的错案也开始进入人们的视野。程序法意义上的错案是指违反程序公正原则以及具体诉讼程序的案件。比如,我国《刑事诉讼法》第二百五十三条所列举的当事人及其法定代理人、近亲属可以提出申诉的情形还包括:违反法律规定的诉讼程序,可能影响公正审判的;审判人员在审理该案件的时候,有贪污受贿、徇私舞弊、枉法裁判行为的。证据法意义上的错案是指违反证据裁判原则以及具体证据制度的案件。比如,我国《刑事诉讼法》第二百五十三条所列举的当事人及其法定代理人、近亲属可以提出申诉的情形还包括:据以定罪量刑的证据不确实、不充分、依法应当予以排除,或者证明案件事实的主要证据之间存在矛盾的。该条文涵盖了违反证据排除规则以及违反法定证明标准两种情形。

由以上分析可见,我国《刑事诉讼法》所规定的五类具体申诉事由,即事实认定错误、证据运用错误、法律适用错误、违背程序公正、涉嫌贪赃枉法,均可以归入上述三种类型来加以分析。

在当前的相关讨论中,有 种观点认为,错判和错放属于错案的不同类型。笔者认为,这一分类观点是值得商榷的。无辜者被错判为有罪属于错案,这是毫无疑问的。无论司法人员主观上有无过错,只要有证据证明发生了错判,就应当启动再审程序加以纠正。然而,对于有罪者被错放的情形则需要做具体分析。我们通常所说的"错放"是一种日常语言,其中的"错"仅指与客观事实不相符合。在审判实践中出现的"错放"至少可以被区分为以下四类不同情况:一是原审裁判直接认定被告人并未实施指控的犯罪行为;二是原审裁判认定被告人的行为不构成犯罪;三是原审裁判认定被告人符合《刑事诉讼法》第十六条规定的情形而宣告无罪;四是原审裁判基于疑罪从无原则,做出证据不足、指控的犯罪不能成立的无罪判决。在原审裁判出现错误的情况下,上述第一、二、三类情形显然属于实体法意义上的错案,分别涉及事实认定错误或法律适用错误,应当通过再审程序加以纠正。然而,上述第四类情形则未必属于需要通过再审程序来加以纠正的错案。这是因为,因证据不足宣告无罪的案件,在出现新证据后,并不意味着原审裁判本身存在错误,通常不需要启动再审程序,也就不属于诉讼法语境下的"错案"。只有在原审裁判违背程序法或者证据法的规定,对原本达到"案件事实清楚,证据确实、充分"要求的案件做出存疑无罪判决的情况下,才属于错案。但是,此类情形在我国司法实践中极其罕见。可见,将错判和错放视为两种不同的错案类型是不可取的。

二、认知科学方法在错案研究中的引入

国内外研究者大多将刑事诉讼参与主体的主观因素视为诱发错案的根源之一。比如,法国律师勒内·弗洛里奥指出:"许多外界因素会欺骗那些认真、审慎的法官。比如,不确切的资料,可疑的证据,假证人,以及做出错误结论的鉴定,等等,都可能导致对无辜者判刑。"①美国检察官吉姆·佩特罗揭示了导致冤假错案的八大司法迷信:"司法迷信一:监狱里的每个囚犯都会声称自己无罪。司法迷信二:我们的司法体制很少冤枉好人。司法迷信三:有罪的人才会认罪。司法迷信四:发生冤案是因为合理的人为过失。司法迷信五:目击证人是最好的证据。司法迷信六:错误的有罪判决会在上诉程序中得到纠正。司法迷信七:质疑一个有罪判决将会伤害受害者。司法迷信八:如果司法体制存在问题,体制内的职业人士将会改善它们。"②笔者也曾在前期的研究中指出,人们逐渐认识到,无论是职业法官还是陪审员,其所做出的裁判结论都不可能完全摆脱个体主观因素的干扰,甚至包含着荒诞不经的逻辑和执迷不悟的偏见。逻辑推理是司法证明的基本路径,而心理、语言和行为是推理过程中的重要变量。据此,我们应当以逻辑推理为主线,以心理机制、语言机制和行为机制为支点,全面探索司法证明的内

①[法]勒内·弗洛里奥:《错案》,赵淑美、张洪竹译,法律出版社2013年版,第1页。
②[美]吉姆·佩特罗、南希·佩特罗:《冤案何以发生:导致冤假错案的八大司法迷信》,苑宁宁、陈效等译,北京大学出版社2012年版,前言。

在机理。①

　　然而,应当如何准确地把握刑事诉讼参与主体,尤其是裁判者的主观因素对裁判结果的作用机制呢? 这是长期以来悬而未决的问题。

　　尽管事实认定早已不再被视为常识和经验问题,而被作为一门科学来看待,并且,国内外学者已分别从哲学、逻辑学、心理学、数学、人工智能等视角对事实认定加以考察,取得了丰硕的研究成果,然而,上述研究都是从单一视角出发的,所取得的研究结论也不够系统和全面。近年来逐渐引起国内学术界关注的一门新兴学科——认知科学为我们提供了更好的解决方案。认知科学是旨在全面揭示人类心智的一种工作机制。在认知科学的视野下,与其说审判活动会受到裁判者主观因素的影响,不如说判决结果本身就是裁判者认知活动的产物。传统上,我们往往倾向于关注证据本身的可靠性,以及运用证据能够获得的应然推论;然而,在实践中真正对判决结果起决定作用的,是证据在裁判者心中的分量,以及裁判者运用证据所获得的实然推论。这两者之间的差异只能通过运用认知科学原理来获得令人满意的解释。

(一)认知科学:一个不可或缺的考察视角

　　据学者考证,"认知科学"(Cognitive Science)一词最早出现在 1975 年出版的《表现和理解:认知科学的研究》一书中。两年后,《认知科学》杂志创刊。1979 年,第一届认知科学会议在加利福尼亚大学圣地亚哥分校召开。会议主持人诺尔曼所作的报告《认知科学的十二个主题》为认知科学研究确立了战略目标,成为认知科学的纲领性文献。② 一般认为,认知科学是研究心智和智能的交叉学科,是哲学、心理学、语言学、人类学、计算机科学、神经科学等学科交叉发展的结果。它主要包含六个核心分支学科,即认知哲学、认知心理学、认知语言学、认知人类学、认知计算机科学以及认知神经科学。

　　刑事诉讼活动本质上是一种认知活动。从侦查、起诉到审判是人们对案件真相的认知不断得以刷新和完善的过程。早在 20 世纪初,有法律现实主义者就认为:"法官实际上是通过感觉而非判断、通过预感而非推理来做

① 封利强:《司法证明机理:一个亟待开拓的研究领域》,《法学研究》2012 年第 2 期。
② 赵南元:《认知科学揭秘》,清华大学出版社 2002 年版,第 19 页。

出决定的,推理只存在于法庭意见中。"①这种事实怀疑主义的论断正是针对人类未解的"心智之谜"而言的。由于当时的行为主义心理学将"心智"看作一个"黑箱",法学家们也只能采取"眼不见为净"的态度对待各类认知偏误,其后果可想而知。因此,心证的主观性与裁判结果的客观性要求之间存在着显著的紧张关系。

认知科学可以说是打开心智"黑箱"的钥匙。"认知科学提出人们是通过在心理表征基础之上运行心理程序而产生出思维和行动,而规则和概念这些不同的心理表征则支持不同类型的心理程序。"②可见,人类的"心智之谜"完全可以被破解。思维的本质就是对信息的加工和处理,即人们通过感知获得认知表征,然后再运行心理程序而产生思维和行动。因此,"表征＋计算＝心智"。就刑事诉讼中的事实认定而言,各种证据和经验法则都会转化为裁判者头脑中的认知表征,而如何对其加以运用就属于"算法"问题了。只要把握了这两个环节的内在机理,便可以揭开裁判者心证的"神秘面纱"。

与心理学的考察视角相比,认知科学的考察视角更为全面和系统。认知科学是综合运用哲学、心理学、神经科学、人工智能、语言学和人类学等多学科的知识来揭示心智工作机制的学科。它与心理学存在交叉关系,作为心理学分支的认知心理学是认知科学的重要组成部分。但二者也有显著的区别:心理学研究广泛的心理现象,而认知科学则专门聚焦于"心智";认知科学除了研究认知心理以外,还要从哲学角度回答关于意识的问题;借助脑成像等神经科学技术实现心智活动的"可视化";从人工智能的角度探讨计算机模拟人类思维的问题;从语言学的角度考察语言与心智的关系;从人类学的角度考察不同社会环境和物质环境带来的心智差异;等等。可见,认知科学是对人类心智的"全景式扫描"。认知科学对人脑工作机制的揭示有助于我们准确把握裁判者的认知规律,进而最大限度地防范和纠正冤错案件。

(二)认知科学方法对错案研究的启示

正所谓"横看成岭侧成峰",认知科学这一全新考察视角自然有助于我

①Joseph C. Hutcheson, Jr., *The Judgment Intuitive: The Function of the 'Hunch' in Judicial Decision*, 14 CORNELL L. Q. 274,285(1929).

②[加]P. 萨伽德:《认知科学导论》,朱菁译,中国科学技术大学出版社1999年版,第3页。

们重新审视错案问题，深入揭示错案的本质和成因，进而为防范和纠正错案提供全新的思路。在笔者看来，从认知科学的维度来看，以往的错案研究至少存在以下三个方面的误区。

1. 关于错案成因的认知误区

在错案成因方面，常见的误区是将导致错案的主要原因归结为侦查程序，特别是司法工作人员的刑讯逼供行为、侦查机关的"命案必破"口号等。

误区之一：侦查程序及侦查行为是产生错案的根源。在错案研究中，一个被广泛引用的观点是"整个刑事诉讼程序犹如一座大厦，而侦查程序则如同这座大厦的地基。如果地基的构造不合理、不坚固，那么整个刑事诉讼程序就有可能发生偏差，甚至导致法庭裁判错误，把有罪的人认定为无罪，把无罪的人认定为有罪。中外刑事诉讼的历史已经反复证明，错误的审判之恶果都是结在错误的侦查之病枝上的"①。这一论断固然有其合理之处，但并未揭示出导致错案的根本原因。对于公诉案件而言，侦查是审查起诉和审判的基础。如果侦查阶段抓获了真正的犯罪嫌疑人，全面收集和保全了证据，自然可以有效地避免审查起诉和审判阶段的错误。但是，人们对案情的认识是一个不断深化的过程，侦查阶段的调查结论毕竟是单方面初步形成的认识。之所以刑事诉讼法要专门设置审查起诉程序和审判程序，就是因为纠正侦查阶段可能出现的错误。因此，错误的侦查并不必然导致错误的裁判。之所以在我国会出现"错误的审判之恶果都是结在错误的侦查之病枝上的"这一现象，是因为我国长期以来刑事司法中的侦查中心主义和审判程序的虚置化。

在侦查中心主义的视野下，侦查是整个刑事诉讼的基础与核心，审查起诉和审判不过是对侦查结果的确认。正如学者所言："就司法实践而言，起诉和审判都在很大程度上依赖侦查的结果，99%以上的有罪判决率，事实上是靠强有力的侦查来维系的。如果单从国家追究犯罪的效果这个角度来观察中国的刑事程序，侦查毫无疑问的是整个程序的中心，在一定意义上也可以说，真正决定中国犯罪嫌疑人和被告人命运的程序不是审判，而是侦查。"②正是由于人们站在侦查中心主义的立场上看待问题，才产生了所谓

---

① 李心鉴：《刑事诉讼构造论》，中国政法大学出版社1992年版，第179页。
② 孙长永：《侦查程序与人权——比较法考察》，中国方正出版社2000年版，序言。

公安"做饭"、检察院"端饭"、法院"吃饭"的说法，进而得出结论：公安的饭没有做好，所以法院吃饭肯定吃不好。实际上，审前阶段只是审判的准备阶段。如果借用上面的比喻方式，我们可以说，公安是"买菜的"、检察院是"送菜的"、法院是"做菜的"，倘若菜没有做好，"买菜"和"送菜"的人固然难辞其咎，但"做菜"的人应当承担主要责任。所以，只有彻底摒弃侦查中心主义，扭转审判程序的虚置化现象，才能从根本上解决问题。

误区之二：刑讯逼供是产生错案的根源。长期以来，刑讯逼供也被很多人认为是导致冤错案件的根本原因。有学者指出："在每一起刑事错案背后，基本上都有刑讯逼供的黑影。可以说，尽管刑讯逼供并非百分之百地导致错判，但几乎百分之百的错案都是由刑讯逼供所致。"①笔者认为，这一观点也失之片面。不可否认，刑讯逼供是严重违反法定程序和侵犯人权的行为，与现代法治理念和精神水火不容。但是，我们不应当以这种武断的否定性评价来取代客观冷静的分析。从实践的角度来看，司法工作人员通过刑讯来逼取供述，可能获得两类证据，即实物证据和言词证据。如果通过逼供获得了实物证据，那么，犯罪嫌疑人通常就是真正的犯罪人，一般不会导致冤案；如果通过逼供获得口供并企图以此作为定罪依据，那么，将面临诸多障碍。这是因为，假如犯罪嫌疑人并未真正实施被指控的犯罪，即使存在指名问供的情况，其口供也往往会漏洞百出。这些漏洞足以让裁判者对犯罪事实的成立产生合理怀疑，通常不足以导致错判。况且，一旦法庭认定存在刑讯逼供行为或者不能排除刑讯逼供存在的可能性，口供应当给予排除。如此一来也就不可能出现冤案。正如学者所言："在公检法相互制约的现代诉讼制度下，个别人的刑讯逼供行为通常不足以造成冤案，只有在整个司法系统默认刑讯逼供及其结果的场合，才会造成冤案。"②

误区之三："命案必破"的要求是催生错案的重要因素。有一个颇具代表性的观点是，将破案率作为一种刚性指标，做成令人生畏的"破案GDP"，与办案人员的考核、奖励、晋升直接捆绑在一起，在特定条件下，显然会成为逼着办案人员非法取证甚至不择手段地破案的助推器。血淋淋的错案给了

①陈兴良：《错案何以形成》，《公安学刊》2005年第5期。
②阮齐林：《有一种冤案可以避免》，高鸿钧、张建伟主编：《清华法治论衡第十辑——冤狱是怎样造成的(下)》，清华大学出版社2008年版，第115页。

我们无数惨痛的教训,是到调整相关刑事政策的时候了。只有通过废止"命案必破"以及重大刑事案件破案率的指标性限制,才能从根本上阻止非法取证的动力。[1] 笔者认为,这一观点是值得商榷的。"命案必破"与刑事司法工作努力追求客观真实一样,作为一种孜孜以求的目标是无可指责的。如果不敢讲"命案必破",那么,谁还会相信公安机关能够担负起惩罚犯罪、保护人民的职责呢?"命案必破"的口号并不意味着破案和取证可以不择手段。还有不少学者认为,"命案必破"实际上是做不到的,所以这一口号并不科学。那么,"有法必依""执法必严""违法必究"以及"有错必究"等口号是否也存在同样问题呢?所以,将错案的成因归咎于"命案必破"的口号也属于归因错误。

2.关于错案防范的认知误区

在错案防范方面,常见的认知误区是将侦查阶段作为错案防范的重点,并将取消"留有余地"的判决、取消审判委员会制度、取消党委与政法委对司法工作的领导视为有助于防范错案的举措。

误区之一:错案防范的重点在于侦查阶段。正如上文所述,很多学者认为侦查程序的错误是导致错案产生的源头,因而主张将错案防范的重点放在侦查阶段。笔者认为,这是错案防范的一个认知误区。侦查程序固然难辞其咎,但如果把防范冤错案件的希望寄托在侦查程序上,无异于"缘木求鱼"。其实,侦查阶段的错误并不必然导致最终的错判,问题的关键在于审判程序未能很好地发挥过滤和防范功能。

在英美法系国家,狭义的诉讼就是指审判阶段。对于侦查机关来说,其职责是将犯罪人绳之以法,其对待犯罪嫌疑人应坚持"宁可信其有,不可信其无",否则就违背了追诉职责。而审判机关的职责是依据事实和法律居中裁判,按照疑罪从无原则将证据不足以证实犯罪的被告人宣告无罪。因此,审判阶段是错案防范的决定性环节。以张氏叔侄案为例,即使公安机关无视被害人指甲缝中提取到的DNA与两名被告人不匹配这一事实,作为审判机关的法院也不应当选择无视;法院对于侦查机关疑似通过刑讯逼供获得的供述,应当依法予以排除;法院对于狱侦耳目(监狱从在押罪犯中建立和

---

① 胡铭等:《错案是如何发生的:转型期中国式错案的程序逻辑》,浙江大学出版社2013年版,第232页。

使用的秘密侦查力量)的书面证词应当在法庭上通过交叉询问的方式进行检验;对于公安机关开展侦查实验的过程和方法也应当进行认真审查……可见,审判阶段才是防范错案的关键。正是基于这一原因,我国刑事诉讼法规定,"未经人民法院依法判决,对任何人都不得确定有罪"。

此外,从被告人的角度来看,其在审前阶段人身自由往往受到限制,缺乏与追诉机关分庭抗礼的平台和机会,甚至可能面临"叫天天不应,叫地地不灵"的窘境,只有在审判阶段才能充分行使完整的辩护权。而辩护权的充分行使是防范错案的重要保障。曾担任日本东京高等法院法官的秋山贤三在分析刑事错案成因时指出:"然而现实中的法庭已经告诉我们:无论被告与辩护律师多么细致地阐述详情、努力举证、主张无罪,在面对那些官僚机构中人时却完全无法沟通。"①他还指出,当法官针对检察官的"异质性""审查功能"丧失了之后,无辜的被告还能对法庭抱有何种期待?从严格意义上讲,这已经等同于"审判消失"。② 可见,中立的审判以及控辩双方在审判阶段的平等对抗,是对错案防范的重要保障。

误区之二:杜绝"留有余地"的判决是防范错案的有效措施。在实践中,很多冤案的被告人都有类似的情况:按照其涉嫌的罪行原本应当判处死刑,但"根据本案实际情况"降格处理,判处其死缓、无期徒刑或者其他刑罚。其中的"根据本案实际情况"并非被告人的主观恶性和人身危险性等量刑情节,而是案件事实仍然存在某些疑点。例如,杜培武案的作案凶器始终没有找到,张氏叔侄案被害人指甲缝中未发现两名被告人的 DNA 却残留第三位男性 DNA,等等。这种"留有余地"的做法受到了广大学者的批判。实际上,真正的"罪魁祸首"是疑罪从无原则没有得到遵守,即面对指控被告人犯罪的证据基本充分但尚存个别疑点的情况下,法院通常不敢做出无罪判决,这是全国各地法院较为普遍的现象。在这一背景下,"留有余地"的判决实际上成为拯救无辜者的最后一线希望。倘若没有"留有余地"的判决,很多冤案被告人可能会由于已被判处和执行死刑而变得"死无对证",难以平反。从实践来看,聂树斌案、呼格吉勒图案若非出现了"一案两凶"的戏剧性场面,根本无从纠正。并且,已被执行死刑的被告人即使获得平反,其生命也

---

① [日]秋山贤三:《法官因何错判》,曾玉婷译,法律出版社 2019 年版,第 124 页。
② [日]秋山贤三:《法官因何错判》,曾玉婷译,法律出版社 2019 年版,第 125 页。

已无可挽回。

因此,将"留有余地"的判决视为导致错案的根源,实际上陷入了"幸存者偏差"。幸存者偏差,又称"生存者偏差"或"存活者偏差",是一种常见的逻辑谬误。1941 年,第二次世界大战中,美国哥伦比亚大学统计学教授沃德(Abraham Wald)应军方要求,利用其在统计方面的专业知识来提供关于《飞机应该如何加强防护,才能降低被炮火击落的几率》的相关建议。沃德教授针对联军的轰炸机遭受攻击后的数据进行研究发现:机翼是最容易被击中的位置,机尾则是最少被击中的位置。沃德教授的结论是"我们应该强化机尾的防护",而军方指挥官认为"应该加强机翼的防护,因为这是最容易被击中的位置"。沃德教授坚持认为:(1)统计的样本,只涵盖平安返回的轰炸机;(2)被多次击中机翼的轰炸机,似乎还是能够安全返航的;(3)而在机尾的位置,很少发现弹孔的原因并非真的不会中弹,而是一旦中弹,其安全返航的概率就微乎其微。军方采用了教授的建议,并且后来该决策被证实是正确的,看不见的弹痕却最致命。①

误区之三:主张取消审判委员会制度。在关于错案的研究中,不少学者都认为审判委员会制度是导致错案的一大原因。有学者指出:"近年来曝光的一些重大错案大多曾经过两级审判委员会讨论决定,说明审判委员会在控制、发现和纠正刑事司法错误方面并无优势。"②笔者认为,目前媒体曝光的冤错案件大多与审判委员会有关,这是因为依据现行规定,所有死刑案件均需经过审判委员会讨论。然而,其产生错误的根源却未必在于审判委员会本身。尽管审判委员会的讨论有违直接言词原则,但在我国法官队伍素质参差不齐的情况下,通过审判委员会的集思广益来讨论和决定重大、疑难、复杂案件,不失为确保案件审判质量的有效机制。不可否认,在某些案件的讨论中合议庭成员关于宣告无罪的主张没有得到审判委员会的采纳,进而酿成错案,但这毕竟属于偶发的错案,我们决不能"因噎废食"。试想,倘若没有审判委员会制度,恐怕实践中会出现更多冤错案件。

在笔者看来,根本的问题不在于审判委员会制度,而在于审判委员会的

---

① 关于"幸存者偏差"的由来,可参见 http://m.xinhuanet.com/cq/2018－06/07/c_1122953132.htm,2018 年 10 月访问。

② 李建明:《刑事司法错误:以刑事错案为中心的研究》,人民出版社 2013 年版,第 297 页。

运行机制。目前,最高人民法院已经在审判委员会的运行机制改革方面开展了有益的探索。2015 年出台的《最高人民法院关于完善人民法院司法责任制的若干意见》规定:"审判委员会委员讨论案件时应当充分发表意见,按照法官等级由低到高确定表决顺序,主持人最后表决。审判委员会评议实行全程留痕,录音、录像,做出会议记录。"2018 年出台的《最高人民法院关于进一步全面落实司法责任制的实施意见》规定:"除法律规定不应当公开的情形外,审判委员会讨论案件的决定及其理由应当在裁判文书中公开。"

针对某些学者关于将审判委员会讨论事项局限于法律问题的改革倡议,笔者不敢苟同。尽管合议庭成员亲身参与了阅卷和法庭审理,其对案情细节的了解更为全面,但是,认知科学原理告诉我们,任何个体的认知都会受到各种主客观因素的影响而产生偏差。英美法系国家之所以在刑事审判中要求陪审团做出一致裁决,就是为了避免个体的认知偏差导致误判。实际上,审判委员会的成员大多具有丰富的审判经验,其在事实认定和证据运用方面的技能和经验必然有助于对案件事实的准确判断,同时也可以避免合议庭成员可能存在的"当局者迷"的思维倾向。此外,从现实的角度来看,合议庭成员在审理某些社会关注度高的案件时,遇到指控犯罪行为的证据基本充分但存在个别疑点的情形,要想做出无罪判决往往要承受巨大的心理压力,甚至可能面临职业风险。在这种情况下,审判委员会的集体讨论和决定有助于消解合议庭成员的压力。总之,如果用之得当,审判委员会制度将真正成为防范错案的一道"防火墙",更好地发挥刑事审判的过滤功能。

误区之四:主张取消党委与政法委对司法工作的领导。鉴于媒体在不少冤错案件的报道中提到了地方党委与政法委对案件的指导和协调是导致冤案的原因之一,有些学者主张取消党委与政法委对司法工作的领导。笔者认为,这是极端错误的。党的领导是一切事业成功的保障,而党委与政法委对司法工作的指导和协调则是党对司法工作领导作用的具体体现。上述学者片面强调了党委与政法委在部分案件中的错误做法,属于"以偏概全"。事实上,党委与政法委对司法工作的正确领导有助于防范和纠正冤错案件。近年来的实践表明,不少冤案正是在党委与政法委的不懈努力下得以纠正的。

不可否认,某些地方党委与政法委对司法机关施加不适当的干预,本意是避免放纵犯罪,结果却导致无辜者蒙冤。从本质上来说,这些地方党委与政法委的做法未必是"长官意志"的体现,从某种意义上说是司法外部环境的要求。由于我国民众对秩序和安全感的需求较为强烈,普遍存在对司法机关错放有罪者的担忧,所以,在司法机关基于主客观因素考量而决定不予追究时,司法外部环境必然会做出反应。即使在日本,做出无罪判决的法官也同样可能面临公众的责难。"一些媒体会把'无罪病法官'的帽子扣到做出无罪判决的法官头上,中伤其名誉。"①因此,真正需要解决的问题是改进党委与政法委的工作方式。中央政法委于2013年出台的《关于切实防止冤假错案的规定》第十五条明确规定:"各级党委与政法委应当支持人民法院、人民检察院依法独立公正行使审判权、检察权,支持政法各单位依照宪法和法律独立负责、协调一致地开展工作。对事实不清、证据不足的案件,不予协调;协调案件时,一般不对案件定性和实体处理提出具体意见。"这些改革举措必将有助于完善党委与政法委的工作机制,从而更好地发挥党委与政法委的指导和协调作用。

3.关于错案纠正的认知误区

笔者在上文中提到了美国检察官吉姆·佩特罗提出的导致冤假错案的八大司法迷信,包括"监狱里的每个囚犯都会声称自己无罪""我们的司法体制很少冤枉好人""有罪的人才会认罪"等。之所以会产生这样的迷信,就是因为人们往往倾向于从自身的日常生活经验出发来思考问题,进而将个体的生活经验绝对化。这就是所谓的"观察者偏差",即观察者自己的动机、期望和先前经验等因素妨碍了观察的客观性。在错案纠正方面,常见的认知误区包括未辩解即为真凶、未控告则无刑讯、未上诉则为服判等。

误区之一:未辩解即为真凶。通常来说,一个无辜者在受到刑事追究后都会为自己辩解。英国证据法学家边沁也曾说过:"无辜者主张说话的权利,正如有罪者主张保持沉默的权利。"然而,从错案纠正的角度来看,法院在对申诉案件进行审查的时候,所能看到的只是当初由侦查机关移交检察机关,进而由检察机关移送法庭的材料。从实践的情况来看,冤案被告人往往起初拒绝承认实施了犯罪行为,但最终在刑讯等非法取证手段的压迫下承认了自己并未实施的犯罪。而有些侦查机关在向检察机关移送案卷材料的时候,倾向于移交有罪供述而隐匿其主张无罪和罪轻的讯问笔录。如此一来,法官作为并未亲身参与讯问的不知情主体,便难以发现被告人曾做过

---

① [日]秋山贤三:《法官因何错判》,曾玉婷译,法律出版社2019年版,第47页。

的无罪辩解以及前后供述中的矛盾。在此情况下,"未辩解即为真凶"这一在通常情况下能够成立的判断便可能构成纠正错案的障碍。

在聂树斌案的申诉复查过程中,原办案机关始终坚持,聂树斌八份认罪口供始终稳定,以此来否认原审存在错判。然而2016年最高人民法院却在再审判决书中认定,"聂树斌被抓获之后前5天的讯问笔录缺失,严重影响在卷讯问笔录的完整性和真实性"。因此,案卷材料中看不到被告人的辩解,并不等于被告人在侦查阶段未曾做过辩解。负责申诉工作的法官应当摒弃"未辩解即为真凶"的迷信,以免错失纠正冤案的机会。

在实践中,甚至有的被告人受各种主客观因素的影响确实从未提出辩解,但这并不意味着其必然实施了犯罪行为。例如,1991年江苏沛县发生一起杀人案,案犯袁兴立长期潜逃。2001年云南警方将一名与袁兴立长相相似并被迫供认自己就是负案在逃罪犯的男子抓获并移送江苏警方。警方轻松顺利地侦查终结,而在审查批捕和审查起诉环节检察人员也无半点怀疑。直至一审庭审结束准备判刑时,才被审判人员发现了重大的疑点,如在沛县长期生活的被告人口音却与沛县当地口音完全不同,对指控不做任何辩解,等等。后经查明,该被告人是四川人,叫袁兴文,与所审案件毫不相干,是云南当地派出所将其抓获后在刑讯逼供之下,才按讯问人员的意思承认了自己叫袁兴立以及所谓的杀人事实。[①]

误区之二:未控告则无刑讯。最高人民法院于2017年出台的《关于全面推进以审判为中心的刑事诉讼制度改革的实施意见》规定:"被告人在侦查终结前接受检察人员对讯问合法性的核查询问时,明确表示侦查阶段不存在刑讯逼供、非法取证情形,在审判阶段又提出排除非法证据申请,法庭经审查对证据收集的合法性没有疑问的,可以驳回申请。"依据这一条文,人民法院将根据被告人是否在检察人员面前对刑讯逼供等非法取证行为提出控告,而对其区别对待。确切地说,被告人此前在检察人员面前否认存在刑讯逼供的,庭审阶段可以驳回其关于刑讯逼供的主张。其潜台词就是,如果侦查机关存在"刑讯逼供、非法取证情形",那么犯罪嫌疑人必然会在检察机关对其讯问时反映上述情况。笔者认为,这一判断通常来说符合经验法则,

---

[①] 李建明:《刑事司法错误:以刑事错案为中心的研究》,人民出版社2013年版,第179页。

然而却不能排除例外情况的存在。如果将"未控告则无刑讯"绝对化,则容易妨碍对冤案的纠正。

日本法官木谷明元指出:"我们不能认为,审问的主体由警方变为检方后,嫌疑犯便可以做出具备任意性的供述。我(木谷)对这种情况下的检察官调查书有如下见解:'只要检察官没有实施措施,让被告从警方非法审讯的影响中解脱出来,那么检方调查书与警方调查书是同一回事。'"①笔者认为,这一论断是符合现实情况的。从我国刑事司法实践来看,有些犯罪嫌疑人在被侦查机关彻底制服以后,即使面对检察官也不敢翻供,更不可能对刑讯逼供等非法取证行为提出控告。并且,有些犯罪嫌疑人由于并不了解检察官与警察的区别,加之检察官对其进行的讯问仍然在同一羁押场所进行,从而难以知晓检察官对其进行提讯的特殊意义。例如,张氏叔侄案一审判决书中指出:"针对两名被告人当庭翻供,并称遭受刑讯逼供、诱供等非法取证,且辩护人认为 VCD 录像不排除两被告人上述辩解的可能性,经查:……(4)批捕前检察机关的提审中两被告人亦做了详尽的供述,不存在刑讯逼供的可能。"然而,多年后在浙江省高院对张氏叔侄案进行复查和纠正的过程中,法官曾问张高平:"检察院有没有向你说明身份?"张高平回答:"说的。当时我不知道检察院是干什么的。"而张辉面对询问,回答说:"我在检察院翻供后,回来后他(袁连芳)说'你翻供我都知道的',另外一个同监犯就打我下身。袁连芳不打我,叫手下打我,手下我不认识。"显然,张辉在检察官面前仍然坚持认罪,是因为受到了狱侦耳目的威胁。可见,法官之所以容易陷入"未控告则无刑讯"的认知误区,是因为从审判人员的自身立场出发往往很难理解犯罪嫌疑人当时的处境。

误区之三:未上诉则为服判。如果被告人在一审法院对其定罪量刑后未提起上诉,可否请求法院启动审判监督程序予以纠正?对此,我国现行立法中并无禁止性规定。但是,此类案件在实践中启动审判监督程序较为困难,因为按照人们通常的理解,没有上诉意味着认罪服判,所以不可能是冤案。在民事诉讼领域,有些学者就认为,当事人没有提起上诉而在判决生效后申请再审的,应当不予受理。实践中也有类似的做法。比如,最高人民检察院于 2013 年出台的《人民检察院民事诉讼监督规则(试行)》第三十二条

---

① [日]秋山贤三:《法官因何错判》,曾玉婷译,法律出版社 2019 年版,第 120 页。

规定,对人民法院做出的一审民事判决、裁定,当事人依法可以上诉但未提出上诉,而依照《中华人民共和国民事诉讼法》第二百零九条第一款第一项、第二项的规定向人民检察院申请监督的,除七种情形外,人民检察院不予受理。再比如,深圳市中级人民法院于 2002 年出台的《关于申诉和申请再审的若干规定(试行)》第十四条规定:"一审判决后当事人未上诉而申请再审的,不予受理。"

笔者认为,上述观点和做法不无道理,在一定程度上符合经验法则,然而,如果将"未上诉则为服判"绝对化,便容易陷入认知误区。这是因为,当事人的个体认知能力差异较大,并且其处境和条件各不相同,实践中完全可能出现本应上诉却基于主客观原因而未上诉的情况。例如,陈满案是自 1979 年刑事诉讼法实施以来,最高人民检察院向最高人民法院首起提出无罪抗诉的案件。最高人民法院决定对该案启动再审,浙江省高级人民法院受最高人民法院指令再审了该案并于 2016 年 2 月改判无罪。然而,在 1994 年海口市中级人民法院以故意杀人罪、放火罪一审判处陈满死刑缓期两年执行之际,陈满却没有提起上诉。媒体对此进行了解释:"面对这份判决,陈满本想上诉,但因为不懂法律,又苦于无法见到自己的律师,错过了上诉期,导致没有上诉。而法院也未给辩护律师送达判决书副本。"[1]再比如,2002 年 12 月,商丘市中级人民法院以故意杀人罪判处赵作海死刑,缓期两年执行,剥夺政治权利终身。赵作海在宣判后也没有提起上诉。在冤案平反后接受媒体采访时,赵作海给出的解释是:"之前在社会上生活并不好,入狱后感觉'生活稳定',就不想再折腾,安心服刑,以求早日出去。"[2]然而,媒体做出了不同的分析:"为什么不申诉,另一种重要的原因可能赵作海没说,就是当再审此案时检察院已经断定'肯定存在刑讯逼供'。刑讯逼供完全驯服了这个'原先脾气很不好'(赵振裳描述)的人。逼供严重到了什么程度?从先前赵向其家人描述的'不说,他们就弄死我''打到最后,他们要我说啥我就说啥'可以看出来。从报道看,赵作海并非没有申诉,先前他进行过申诉,可后来他就闭口了,九次做了有罪供述,到底是怎样的一种力量迫使一个未杀

---

①《检察官揭秘陈满案翻案始末四点启示防悲剧重演》,http://news.sohu.com/20160218/n437780062.shtml,2018 年 6 月访问。

②曹林:《赵作海"有冤不申诉"令人错愕》,《新京报》2010 年 5 月 11 日 A14 版。

人者接受了死刑判决？可想而知是什么。"[1]

由此可见，我们应当深入体察当事人自身的认知水平和所处的情境，从实际出发去考虑问题，而不应被"未上诉则为服判"的惯性思维所误导，放弃对申诉案件的审查和纠正。值得一提的是，最高人民检察院于 2018 年下发了《关于停止执行〈人民检察院民事诉讼监督规则（试行）〉第三十二条的通知》。该通知明确规定："经研究，最高人民检察院决定停止执行《人民检察院民事诉讼监督规则（试行）》第三十二条，当事人针对人民法院做出的已经发生法律效力的一审民事判决、裁定提出的监督申请，无论是否提出过上诉，只要符合《中华人民共和国民事诉讼法》第二百零九条规定，均应依法受理。"这一决定所体现的精神是值得充分肯定的。

三、刑事错案研究的基本思路

在刑事诉讼中，惩罚犯罪与保障无辜之间是对立统一的辩证关系。只有准确地惩罚犯罪，才能保障无辜者不被冤枉；同时，只有防止无辜者被错误定罪，才能确保精准地打击犯罪分子。在这个意义上说，防范和纠正刑事错案是有效惩罚犯罪和保护人民的重要保障。然而，在司法实践中，公检法机关尤其是追诉机关往往对惩罚犯罪的目标给予过多的关注，甚至把"与犯罪作斗争"曲解为"与犯罪嫌疑人、被告人作斗争"。殊不知，犯罪嫌疑人、被告人并不一定是真正的罪犯。诸多的冤案一再表明，正是因为无辜者被错误认定为罪犯，从而使真正的犯罪人长期逍遥法外。而一些冤案在被平反之后，真凶便很快被锁定并受到了法律的制裁。例如，在赵作海冤案曝光后仅两周时间，无名尸案就顺利告破，警方在不到一个月的时间里就将真凶全部抓获归案。[2] 因此，从实现惩罚犯罪目标的角度来说，错案的防范与纠正是刑事司法工作中长期以来被忽视的另一条战线。

错案防范和错案纠正分别旨在保障无辜者不被错误定罪的权利和被定罪者请求复审的权利。相比之下，错案防范比错案纠正更为积极主动，成本更低。错案纠正不仅影响生效裁判的既判力，不利于保障程序的安定性，还会导致大量诉讼成本和社会成本的投入。并且，错案纠正意味着当事人已

---

[1] 曹林：《赵作海"有冤不申诉"令人错愕》，《新京报》2010 年 5 月 11 日 A14 版。
[2] 陈永生：《刑事冤案研究》，北京大学出版社 2018 年版，第 62 页。

被错误定罪并被执行刑罚,即使纠正错案并进行赔偿和追责也不可能完全消除错案的负面影响。因此,错案治理应当以防范为主,以纠正为辅。

(一)错案的防范机制

按照笔者在上文中的界定,错案是指司法机关或者当事人认为人民法院的生效裁判存在实体、程序或者证据等方面的错误,需要启动再审程序来加以纠正的案件。据此,错案的防范就是要防止做出错误的生效裁判。

其实,从认知科学的角度来看,由公、检、法、司等各机关共同组成的刑事司法机器可以被看作一个具有认知能力的整体。正如学者所言:"一个刑事司法体制,经常出现冤假错案,它既无法获得尊重,也无法得到遵从。因此,可以较为公正地断言,不管刑事审判是否致力于实现其他的价值目标,它首先是一个认识机器,一个通常从许多令人迷惑的蛛丝马迹中发现真相的工具。"[1]任何错案的输出都意味着刑事司法机器的某一部分或者环节出现了问题。立案、侦查、起诉等审前阶段的错误都有可能延伸至审判阶段,进而导致生效裁判的错误。这就需要从立案、侦查、起诉到审判各环节严格把关,充分发挥侦诉审各环节过滤机制的作用,通过对司法权力的监督和制约构筑起错案防范的"防火墙"。

实际上,立案、侦查、起诉和审判的程序设计以及分别由不同机关分工负责的制度,正是为了预防和减少司法人员的认知错误,从而构建起刑事错案的防范机制。侦查是起诉的准备工作,审查起诉则是控方的审前准备工作。从司法的运行规律来看,司法人员对案件真相的认识,是随着诉讼程序的推进而不断深化的过程。因此,侦查阶段是最容易犯错的,起诉阶段次之,审判阶段再次之。所以,侦查阶段的错误通常能够在审查起诉阶段得到纠正,而审查起诉阶段的错误通常能够在审判阶段得到纠正。这并不表明后一个阶段的司法人员素质更高,也不意味着后一个环节的工作质量更高,而是刑事诉讼认识不断深化的结果,是诉讼程序内在的纠错机制使然。同时,侦查主体、审查起诉主体和审判主体的角色和视角差异也是一个重要原因。侦查主体与审查起诉主体的关系类似于产品生产者和检验者的关系,二者的职责和视角不同,自然会对同一案件做出不同的判断。起诉主体和

---

①[美]拉里·劳丹:《错案的哲学》,李昌盛译,北京大学出版社2015年版,第2页。

审判主体的关系则是原告和法官的关系,后者是在争讼双方对抗的基础上,全面听取意见,进而做出裁判,自然与前者的职责和视角也截然不同。由此可见,刑事诉讼程序从立案到侦查、起诉和审判依次推进的过程,本质上就是公安司法机关对最初的认识不断加以修正和完善的过程。倘若前一阶段的错误在后一阶段没有被发现或者得到纠正,那么就属于刑事诉讼程序的失灵。

然而,在错案研究中人们很容易陷入"后见之明"的认知偏差。由于侦查阶段暴露出的问题最多,就把错案的主要根源归结为侦查阶段;由于审判阶段纠正了公诉机关的认定,就认为审查起诉的工作质量不及审判工作质量;由于二审法院往往会发现一审裁判存在的问题,就认为法院级别越高则审判质量越高;由于再审纠正了原一审和二审裁判的错误,就认为原一审和二审的审判人员专业素质不高……更有甚者,在冤案平反后从根本上否定原侦查、起诉和审判阶段的工作,甚至把原办案人员"妖魔化"。针对这种常见的认知偏差,笔者曾就张氏叔侄案的平反发表过如下评论:"本案的再审固然功不可没,但我们不能以此来否定'刀下留人'的二审,甚至不能简单否定'一错到底'的一审,也不能全盘否定之前的侦查和起诉。毕竟司法证明是一个复杂的推理和论证过程,其结论的准确性不仅取决于当时证据的数量和质量,还受到诉讼程序、诉讼时限等方面的制约。只有我们从当时的实际情况出发,从我国现实的司法资源与环境出发,去深入剖析导致错案形成的观念、制度和体制等方面的深层次原因,才不至于将冤案的酿成简单化地归结为某些个人的问题,也才能真正使昨日的错误裁判为明日的公正司法奠基。"①

如果摒弃了"后见之明"的认知偏差,我们就不会将错案的主要责任归结为侦查阶段或者审查起诉阶段。从认知的角度来看,侦查阶段是以侦查假设为指引,收集证据,分析案情,从而得出初步的结论;审查起诉阶段则是经过综合分析和评判,审查这一初步结论存在的问题以及证据运用和法律适用等方面存在的不足;而唯有审判阶段是真正意义上的诉讼,即在居中裁判的审判人员主持下,控辩双方充分地举证、质证和辩论,从而使审判人员

---

① 阮方民、封利强:《张辉、张高平"强奸"冤案法理研究》,赵秉志主编:《刑事法判解研究》(总第 28 辑),人民法院出版社 2014 年版,第 88 页。

做到兼听则明。并且,与侦查和起诉阶段相比,审判阶段的案情变得更加明朗,证据信息也更为全面和丰富。因此,审判才是刑事诉讼的核心阶段,也是保护无辜者的最后一道防线。

在错案防范机制中,法院应当承担主体责任,检察院应当承担监督责任。基于侦查、起诉和审判的职能划分,从司法责任制的角度来说,公安机关应当为错抓错捕负责,检察机关应当为错误起诉负责,审判机关应当为错判无辜者负责。正如在民事诉讼中,被告不会把胜诉的希望寄托在原告身上一样,刑事诉讼中的被告人通常也不会把宣告无罪的希望寄托在追诉机关身上。所以,毫无疑问,法院应当在错案防范机制中承担主体责任。从司法实践层面来看,有些被告人尽管在审前程序中曾遭遇了包括刑讯逼供在内的不公正对待,但仍然寄希望于人民法院,对未来通过审判程序来宣告无罪抱持希望。例如,在张氏叔侄案的二审程序中,法官曾经对被告人张辉进行讯问:"你在公安机关承认过强奸过她并杀死她?"张辉的回答是:"我被刑讯过,我认为不是我干的,说了也不要紧。法院会查清的。"法官又问:"你想过承认犯罪的后果吗?"张辉回答说:"我当时没有想过。"这种情况在现实生活中具有一定的普遍性。人们通常认为,法庭是说理的地方,"真的假不了,假的真不了"。因此,审判作为保障刑事司法公正的最后一道防线,理应满足当事人的合理期待,即法院对案件明察秋毫进而使真相水落石出。不过,由于检察机关是法律监督机关,担负着对包括审判活动在内的全部诉讼活动的监督职责,因而其在错案防范机制中应当承担监督责任。因此,法院和检察院应当分别履行好主体责任和监督责任,防止无辜者被错误定罪,真正使法庭成为无辜者的"避风港"。

那么,我们应当如何完善现有的错案防范机制呢?从司法实践来看,错案的成因错综复杂,往往是多方面的因素共同作用的结果。但是,在这些现象的背后,往往存在制度层面或者体制层面的根源。美国学者布莱恩·福斯特将司法错误区分为"系统性错误"和"偶发性错误"①两类。如果司法错误是那些导致结果向正当程序错误或放纵犯罪错误偏移的司法政策的产物,那么,此种错误就是"系统性"错误。如果司法错误是刑事司法工作人员

---

① 值得注意的是,不少译者都将原著中的 random 翻译为"任意性",笔者认为译为"偶发性"更为准确。

或者私人行为所导致的结果;或者超出控制犯罪情势的限度(如阻止或促进妨碍案件侦破的意外事件);或者是由于错误地将并不存在真正的犯罪或罪犯的事件视为刑事案件,那么,此种错误就属于"偶发性"(random)错误。可见,其中的"系统性错误"就是针对制度层面或者体制层面的问题而言的。日本东京高等法院原法官秋山贤三针对其本国国内不断出现的错案指出:"持续发生错判的刑事审判现状绝非偶然,而是从搜查、起诉、公审、判决、上诉等整体司法构造中必然产生的'构造性的冤案'。"①此处所谓的"构造性冤案",同样是针对制度层面或者体制层面的问题而言的。

基于上述分析,笔者认为,错案防范机制的构建应当以审判为中心,从理念、制度、体制等影响司法人员认知的重要因素入手,构建防范冤错案件的长效机制。鉴于实践中绝大部分冤错案件均系事实认定错误,我们应当将提升司法机关的认知层次、能力和水平,防止无辜者被错误定罪作为构建防范机制的重点。本书拟从以下几个方面展开讨论:一是从认知结构的角度探讨我国刑事证明理念的更新;二是从认知模式的角度考察我国刑事证明模式的转型;三是从认知程序的角度分析我国刑事证明程序的改革;四是从认知标准的角度解析我国刑事证明标准的完善;五是对确保司法人员认知准确性的保障机制进行全面阐释,包括被追诉人会见权的保障机制、辩护律师执业权利的救济机制以及刑事专家辅助人制度的构建等。

(二)错案的纠正机制

为了与上文中对错案防范机制的探讨相一致,对错案纠正机制的分析也应当以整个刑事司法系统的输出为标准。换言之,只有法院生效裁判的错误才属于错案纠正的范围。而刑事司法系统在法院生效裁判做出前所进行的"纠错",本质上都属于刑事司法系统对司法错误的防范。例如,立案后撤销案件的决定、做出不起诉处理的决定、一审和二审宣告无罪的裁判,均属于旨在防范刑事错案的司法决策。此类司法决策很难被看作是对刑事错案的纠正。这是因为,一方面,刑事司法系统并未最终输出错误的生效裁判;另一方面,此类司法决策不应一概被看作是对司法错误的纠正。毕竟撤销案件、不起诉和宣告无罪的原因多种多样,未必是因为原立案决定、移送

---

① [日]秋山贤三:《法官因何错判》,曾玉婷译,法律出版社2019年版,第111页。

审查起诉决定、起诉决定存在错误。退一步来说，即使在审查中发现原立案决定、移送审查起诉决定、提起公诉的决定存在错误而做出撤销案件的决定、做出不起诉处理的决定、宣告被告人无罪，也不宜"一刀切"地将此前的一系列决定视为司法错误。正如上文所言，司法人员对案情的了解是伴随着诉讼程序的推进而逐步深化的，法律对于立案、移送审查起诉和提起公诉的证明标准显然应当低于有罪判决的证明标准。在此情况下，以"后见之明"来否定前期的工作显然是值得商榷的。

我国《刑事诉讼法》充分考虑到司法人员对案情认识的不断深入过程，所以，针对不同诉讼阶段的案件处理分别做出了规定。例如，《刑事诉讼法》第一百六十三条规定："在侦查过程中，发现不应对犯罪嫌疑人追究刑事责任的，应当撤销案件；犯罪嫌疑人已被逮捕的，应当立即释放，发给释放证明，并且通知原批准逮捕的人民检察院。"《刑事诉讼法》第一百六十八条规定："人民检察院侦查终结的案件，应当做出提起公诉、不起诉或者撤销案件的决定。"《刑事诉讼法》第一百七十七条规定："犯罪嫌疑人没有犯罪事实，或者有本法第十六条规定的情形之一的，人民检察院应当做出不起诉决定。对于犯罪情节轻微，依照刑法规定不需要判处刑罚或者免除刑罚的，人民检察院可以做出不起诉决定。"《刑事诉讼法》第二百条规定："在被告人最后陈述后，审判长宣布休庭，合议庭进行评议，根据已经查明的事实、证据和有关的法律规定，分别做出以下判决：（一）案件事实清楚，证据确实、充分，依据法律认定被告人有罪的，应当做出有罪判决；（二）依据法律认定被告人无罪的，应当做出无罪判决；（三）证据不足，不能认定被告人有罪的，应当做出证据不足、指控的犯罪不能成立的无罪判决。"上述情形完全是作为正常的诉讼程序来加以规定，并未被作为刑事司法的纠错程序来看待。可见，在刑事诉讼进程中，根据新情况或新证据来调整和改变原有的司法决定是刑事诉讼程序的应有之义。

针对错误的生效裁判，则应当纳入刑事司法纠错程序，建立相应的错案纠正机制。党的十八大以来，全国各地法院已经陆续纠正了一批重大刑事冤错案件，在错案纠正方面取得了有目共睹的成绩。然而，为了确保这种错案纠正的常态化，还应当通过制度和体制层面的改革来寻求错案纠正的治本之策。依笔者之见，我国错案纠正机制的构建应当从以下几个方面着手。

首先，应当突出刑事司法系统的自治性，在刑事司法系统内部构建纠错机制。近年来,很多学者主张借鉴英国在议会之下设立刑事案件复查委员会的做法以及美国无辜者运动的做法,建议在全国人民代表大会下设专门委员会或者借助民间力量来推动冤案平反。虽然这些研究不能说没有意义,但国外的经验未必符合中国国情。我们还是应当从本国实际出发,寻找与我国刑事司法制度和文化相兼容并且能够发挥我国刑事诉讼制度和体制优越性的解决方案。在笔者看来,依靠外部力量来推动错案纠正并非治本之策。我们应当以现有申诉和再审制度为基础进行改革,在不改变司法权力配置基本格局的前提下,探索构建错案纠正机制的新思路。

其次,应当从自体监督走向异体监督,从根本上消除错案纠正的人为障碍。从我国司法实践来看,错案的纠正往往要经历漫长的时间,从几年到十几年、二十几年不等。之所以要历时多年,不仅是因为案情的复杂性和再审程序启动的严格性,还与原办案机关和办案人员的阻挠密切相关。有的申诉案件以需要调查核实为由一拖再拖,进而变得杳无音讯;有的申诉案件以申诉人未能提供原生效判决书为由拒不受理;更有一些申诉案件莫名其妙地出现了证据遗失乃至案卷材料遗失的情况。至于为何会出现原办案机关和办案人员阻挠纠错的情形,这里无须做过多解释。马克思曾经指出,"历史不过是追求着自己目的的人的活动而已",[①]"人们奋斗所争取的一切,都同他们的利益有关"。[②] 因此,只有切断妨碍错案纠正的"利益链",才能确保刑事司法纠错机制的顺畅运转。

从认知科学的角度来看,认知主体的立场会很自然地影响到认知的结果。因此,错案的复查和纠正主体应当实行利益相关主体回避原则。目前我国司法实践中已经开始探索申诉案件的异地复查和异地审判。比如,聂树斌案就是由最高人民法院指定山东省高级人民法院进行复查,其后由最高人民法院第二巡回法庭在辽宁沈阳进行再审的。这一举措显然是卓有成效的,聂树斌亲属和律师向河北省高院申诉多年未果的冤案最终得以平反。如何对这种有益的探索进行提炼和总结,进而将其制度化,值得学界深入研究。

---

①[苏]马克思、恩格斯:《马克思恩格斯全集》(第 2 卷),人民出版社 1972 年版,第119 页。

②[苏]马克思、恩格斯:《马克思恩格斯全集》(第 1 卷),人民出版社 1956 年版,第82 页。

再次,在申诉案件的审查标准上,应当奉行"有冤推定"理念。有学者指出,在我国,真正能够承载错案发现任务的制度是申诉制度。而当下我国的申诉制度存在大量的问题,比如"申诉难"问题就是其中一个"老大难"问题。① 那么,为什么会出现"申诉难"问题呢?笔者认为,除了上文提到的原办案机关和办案人员的利益纠葛之外,还有一个重要原因在于,人们对申诉者抱持的认知偏见。比如,有专家指出:"对那些老上访专业户,我负责任地说,不说百分之一百,至少百分之九十九以上精神有问题,都是偏执型精神障碍。"②由于笔者对医学专业领域知之甚少,因而对该论断的科学性不予置评。但是,即使该项调查的统计数据真实可靠,也有必要深究一下"上访"与"精神障碍"的因果关系,即究竟是因为其存在精神障碍而选择了持续上访,还是因为长期上访而罹患了精神障碍? 假如对这种因果关系不做深究,而简单地做出 99% 以上的上访专业户都是偏执型精神障碍,那么就构成了一种认知偏见。倘若受理上访的部门及其工作人员秉持这样的"刻板印象"来办理信访案件,其后果就可想而知。③ 在刑事司法领域,负责受理申诉的机关或者部门及其工作人员同样可能存在类似的刻板印象。比如,美国检察官吉姆·佩特罗提出的八大司法迷信之一,即为"监狱里的每个囚犯都会声称自己无罪"。这样的认知偏见必然会影响到办案人员对申诉材料的中立审查和客观评价。

为了避免诸如此类的认知偏见误导有关机关对申诉的处理,进而从根本上解决"申诉难"问题,应当在申诉案件审查程序中确立"有冤推定"理念。从经验法则的角度来说,通常只有认为自己蒙冤的当事人才会提出申诉。尽管其申诉事由能否成立需要由有关机关做出判断,但为了防止出现"告状无门"的情况,应当坚持"宁可信其有,不可信其无"。其实,错案纠正领域的"有冤推定"与刑事追诉领域的"无罪推定"在理念上是相通的。基于"有冤推定"而设计的申诉和再审程序必然更有助于畅通申诉的渠道。

---

① 孙应征主编:《刑事错案防范与纠正机制研究》,中国检察出版社 2016 年版,第268—269 页。

② 王婧:《孙东东:把精神病人送到医院是最大的保障》,《中国新闻周刊》2009 年第10 期。

③ 刻板印象是指人们用刻印在自己头脑中的关于某人、某一类人的固定印象,以此固定印象作为判断和评价人依据的心理现象。

　　我们还可以从"有冤推定"理念进一步引申出"存疑有利于申诉者"的原则。为此,对于申诉案件的立案标准和启动复查程序的标准不宜规定得过高。刑事纠错程序应当采取层次化的证明标准,即对启动复查、决定再审、再审改判分别采用不同层次的证明标准,依次递进。

　　最后,应当改进公安司法机关的考评机制。每一个重大冤错案件的曝光都可能动摇人们对刑事司法的信心。正如培根所言:"一次不公的判断比多次不平的举动为祸犹烈,因为这些不平的举动不过弄脏了水流,而不公的判断则把水源败坏了。"如果说,一次错案带来的危害超过十次犯罪,那么,纠正一起错案的功绩要超过侦破十起案件。为此,我们必须改革公安司法机关现有的考评机制,对发现冤情和报告冤情的司法工作人员给予重奖。在很多重大冤案的发现和纠正过程中,都有一些司法工作者秉持良知和正义感挺身而出,比如张氏叔侄案中的驻监狱检察官张飚、聂树斌案中的刑警郑成月等。没有他们对冤情的发现和披露,冤案的纠正可能会遥遥无期。因此,刑事司法工作应当坚持两手抓,即一手抓调查和惩治犯罪,一手抓发现和纠正错案。

第一章
我国刑事证明理念的更新

认知科学原理告诉我们,不同主体对于同一现象会产生不同的感知和理解,其原因就在于认知主体自身的认知结构。美国认知心理学家奈塞尔(Nasser)认为:"作用于人的所有信息并非都具有意义,也并非都被人所接受,只有那些与人原先具有的图式有关系的信息或者那些适合进入人的相关图式中的信息,才对人具有意义。因此,图式决定了接受哪些信息。"①这里所谓的"图式"就是针对主体的认知结构而言的。

认知结构是指人关于现实世界的内在的编码系统,它是人用以感知、加工外界信息以及进行推理活动的参照框架。具体来说,司法人员的认知结构是由其头脑中既有的观念、知识和偏好等组成的。"徒法不足以自行",司法人员只有牢固树立现代司法理念,才能确保法律的实施符合法的内在精神。从错案防范的角度来看,先进的证明理念是司法人员正确运用证据、准确认定事实的根本保障。

我国传统刑事诉讼理论和实践一贯奉行所谓的"实事求是"的刑事证明理念。这种证明理念是与传统的超职权主义诉讼模式相适应的。然而,从我国司法改革的方向来看,这种"实事求是"的证明理念显然难以与包含对抗制精神的崭新诉讼模式相契合。因此,近年来,随着"程序正义""证据裁

①沙季超:《刑事冤案形成的认知科学原理——以"赵作海"案为视角》,《学术探索》2015年第4期。

判"等价值观念逐渐在我国得以确立,学者们开始对传统的刑事证明理念展开反思,全新的刑事证明理念便由此应运而生。这种全新的刑事证明理念,可以分别从证明目的观、证明价值观以及证明效率观等三个方面来加以阐释。

一、刑事证明目的观的变迁

刑事诉讼证明的目的是什么? 这是确立刑事证明理念首先需要反思的问题。从实践的角度来看,片面强调惩罚犯罪是冤错案件的重要成因之一。在 2005 年 7 月 19 日召开的湖北省政法工作座谈会上,荆门市政法委首次公开总结了佘祥林冤案教训,并在一份发给新闻界和与会代表的材料中说,通过调查、反思和剖析,佘祥林冤案的发生,尽管有当时历史条件下的客观因素,但更多的是执法办案中的诸多主观原因,即主观臆断,有罪推定。一是没做 DNA 鉴定,公安机关主观确定女尸就是张在玉;二是在证据不足的情况下对佘祥林采取了强制措施;三是在佘祥林口供前后矛盾时先入为主,选择有罪供述;四是法医鉴定有误;五是在起诉和审判时只重视有罪证据,轻视无罪辩解。在这里,他们将有罪推定列为佘祥林冤案的首因。[①]

实际上,惩罚犯罪与保障无辜是相辅相成的关系。惩罚犯罪强调的是对有罪者实现精准打击,而保障无辜则可以帮助追诉机关找到"漏网之鱼"。在美国,"洗冤工程自从运用 DNA 技术洗冤以来查明的 253 起冤案中,有 111 起案件的真凶最后水落石出。在 2009 年 7 月 16 日所公布的报告《重新审视辨认:目击证人为什么会出错以及如何降低错误辨认的几率》中,洗冤工程指出,'后来通过 DNA 技术查明真凶的冤案中,有 48% 的真凶还从事了(和被判决了)其他暴力犯罪(强奸罪、谋杀罪、谋杀未遂等),而恰恰是无辜之人在狱中服刑的这段时间为真凶从事其他犯罪客观上提供了时间'"[②]。

我国传统证据理论对于司法证明的目的问题没有展开深入的研究。而实际上,该问题具有十分重要的理论和实践意义。德国法学家耶林在其一

---

① 赵琳琳:《刑事冤案问题研究》,中国法制出版社 2012 年版,第 57 页。

② [美]吉姆·佩特罗、南希·佩特罗:《冤案何以发生:导致冤假错案的八大司法迷信》,苑宁宁、陈效等译,北京大学出版社 2012 年版,第 322 页。

部重要的法理学著作的序言中曾指出:"本书的基本观点是,目的是全部法律的创造者。每条法律规则的产生都源于一种目的,即一种实际的动机。"①可见,证明目的观是刑事证明理念的一个重要方面,对于指导刑事证据立法和刑事司法实践都具有重要意义。

(一)证明目的观:从一元到多元

在我国传统的刑事证明理念之下,"实事求是"是不容置疑的执法原则,真实发现是刑事司法证明的唯一目的。长期以来,对于这种传统的证明目的观,学界很少有人提出质疑。在围绕刑事证明标准展开的热烈讨论中,有的法律真实论者也明确主张,"司法证明的目的是客观真实,标准是法律真实""司法证明的目的具有'一元化'的性质,司法证明的标准则具有'多元化'的品格",并进而提出,"司法证明的目的是明确案件事实,以便司法机关正确适用法律。笔者认为,这里所说的案件事实应该是客观事实,或者说,司法证明活动追求的目标应该是客观真实"。② 这一刑事证明理念未能充分关注司法证明活动不同于一般认识活动的特殊性,从而使司法证明活动的法律属性未得到应有的强调,司法证明在很大程度上被混同于一般的认识活动。于是,辩证唯物主义认识论成为我国传统证据法学的唯一理论基础。

在笔者看来,要想明确司法证明的目的,必须首先澄清司法证明活动的性质,即司法证明究竟是一种认识活动,还是一种价值选择活动呢?

实际上,司法人员认定犯罪事实的过程可以被抽象地理解为两个阶段:第一个阶段是进行证据材料的收集、整理、归类、鉴别,通过逻辑推理,对于被告人是否实施了犯罪行为得出一个初步的判断结论,判断的结果可能有三种:真实、不真实或者真伪不明。这一阶段可以称为"事实上的判断"。这一过程是旨在获取关于案件事实的真理性认识,与科学研究等认识活动没有本质的区别。当然,这种认识活动在体现认识活动的一般规律的同时,也具有自身的特殊性,即必须在程序法限制和规范下进行。这些法律上的限

---

①[美]埃德加·博登海默:《法理学:法哲学与法律方法》,邓正来译,中国政法大学出版社 2004 年版,第 115—116 页。

②何家弘:《论司法证明的目的和标准——兼论司法证明的基本概念和范畴》,《法学研究》2001 年第 6 期。

制使得司法人员的认识活动较之一般的认识活动难度更大,但这并不能排除司法人员获得关于犯罪事实的真理性认识的可能性。

第二个阶段是在第一阶段得到初步判断结论的基础上,在法律上做出被告人是否有罪的认定。这一阶段可以称为"法律上的判断"。与事实上的判断不同,法律上的判断结论只有两种,即只能做出真实或者不真实的判断,不能模棱两可。对于事实上真实或者不真实的情形,当然可以直接认定为法律上的真实。这里的问题是:对于事实上真伪不明的情况在法律上应当认定为真实还是不真实呢?在犯罪事实真伪不明的情况下,司法人员不能拒绝裁判,而必须依照法律预先设定的规则将真伪不明的情形拟制为真实或者不真实。由此可见,这一阶段的核心是进行法律拟制。

将真伪不明的情况拟制为真实,虽有利于惩治犯罪,却可能错罚无辜;而拟制为不真实,虽有利于保障被告人的人权,却可能错放真正的犯罪人。可见,立法者确立的法律拟制规则,必然反映立法者对安全与自由这两种价值的考量。例如,中国古代统治者出于维护统治秩序的需要,奉行"罪疑从有";现代社会出于保障人权、限制公权力的需要,奉行"罪疑从无",二者表现出不同的价值偏好。所以,在这一阶段司法人员遵循既定的规则进行法律拟制的过程,本质上是实现立法者价值取向的过程。对于真伪不明的情况,无论在法律上做出真实或者不真实的结论都有可能与客观事实不一致,如何进行法律拟制是纯粹的法律问题,而不涉及认识论问题。

由此可见,诉讼证明的两个阶段分别体现了诉讼证明的两个属性:既是一个认识过程,也是一个价值选择过程。作为一个认识过程,它要在辩证唯物主义认识论的指导下进行;而作为一个价值选择过程,它要体现立法者的意志,符合法的规律性。尤其是,在诉讼模式转型的背景下,刑事司法证明不应再被看作司法机关的单方调查活动,而应当被视为控辩双方在法官的主持下通过辩论和说服来建构事实的活动。尽管在这一事实建构过程中,客观事实永远是司法证明活动的参照物,但最终的裁判事实只能建立在控辩双方提交的证据及其辩论理由的基础上。因此,司法证明是法庭在控辩双方的参与下依照法定程序和规则来查明和确定案件事实的活动。其中的法定程序和规则不仅要保障真相的查明,还要保障程序公正、人权以及诉讼效率等多种价值。因此,传统的证明目的观难以适应诉讼模式转型的需要,刑事证明目的应当从一元走向多元。

有学者将民事证据法的目的概括为根本目的与其他目的两个层次,认为发现真实是根本目的,其他目的包括诉讼效率、程序公正、解决纠纷、保护其他权益。不同目的之间既有兼容关系,也存在着紧张和冲突现象。当诸目的之间出现冲突时,一般应当本着既有利于促进实现根本目的又能兼顾其他目的的原则来制定证据规则。① 笔者认为,民事证据法的目的与民事证明目的在本质上是一致的,学者的这一概括对于刑事诉讼证明同样适用。依笔者之见,刑事证明至少应当具有两重目的,即真实发现和价值选择。一方面,"法律程序的内在目的是查明真相与解决争议"②。诉讼的最终目的是解决纠纷,即司法机关依据实体法公平地分配当事人之间的权利义务,而这要以查明事实真相为前提。证据制度主要就是为查明真相而设计的,真实发现也就成为司法证明的一个重要目的。另一方面,真相并不总是能够查明的,然而,"在控辩主义制度下,法官的判断只存在'得到证明'和'没有得到证明'两种判断,而不存在真相不明这种判断"③。于是,证据制度还必须在解决案情真伪不明的情况下,如何"再现事实"④的问题。证据制度中的某些规则就是专门为此目的而设计的,例如证明责任、推定等。严格说来,诸如证明责任、推定等制度设计,与其说是旨在发现真实,还不如说是旨在从证据法的角度平衡双方当事人的利益。另外,证人特权规则的确立就不可能是为了发现真实,而是为了保护配偶之间、医生和病人之间、律师和当事人之间等信赖关系,以维护特定的社会利益。至于如何保护和平衡各方面的利益,取决于立法者的价值选择。所以,价值选择同样是证据法的重要目的。美国学者迈克尔·D.贝勒斯也曾说:"与纯科学不同,法律并非旨在真理,全部为了真理,除真理之外别无他求。那样不仅代价过高而且真理有时与解决纠纷的目的无关。"⑤德国学者指出,在德国的法学理论和法学著作中存在一种共识,就像联邦上诉法院曾经指出的:"不惜任何代价来调

①李浩:《民事证据法的目的》,《法学研究》2004 年第 5 期。

②[美]迈克尔·D. 贝勒斯:《法律的原则——一个规范的分析》,中国大百科全书出版社 1996 年版,第 37 页。

③[日]田口守一:《刑事诉讼法》,刘迪、张凌、穆津译,法律出版社 2000 年版,第 224 页。

④田口守一教授认为,证明是用证据再现某种事实。[日]田口守一:《刑事诉讼法》,刘迪、张凌、穆津译,法律出版社 2000 年版,第 222—223 页。

⑤Michael D. Bayles, *Principles of Law: A Normative Analysis*, D. Reidel Publishing Company(Boston,1987),p. 21.

查真相并不是刑事诉讼法的原则。"①其实,早在民国时期,国内学者就认识到证据法学研究的双重目标。有学者指出:"夫证据法学者,即证据法中之学理与规律,用以为审判上裁判真确之准据。凡研究此类事物证明之方法。既宜合于科学之原理,又须不背于公道之实施也。"②可见,在证据法上,"真实发现"只不过是实现正义的手段之一。除此之外,还有另一个实现正义的手段,那就是"价值选择"。

(二)"真实发现"与"价值选择"之间的关系

一般情况下,"真实发现"与"价值选择"是相辅相成的,二者之间紧密联系,相互渗透和补充。

首先,真实发现是价值选择的基础和指针。这是因为,旨在进行价值选择的规则不能完全不顾及真实发现的需要。例如,《最高人民法院关于民事诉讼证据的若干规定》第七十五条规定:"有证据证明一方当事人持有证据无正当理由拒不提供,如果对方当事人主张该证据的内容不利于证据持有人,可以推定该主张成立。"这一规定体现了立法者对违反诉讼诚信行为的否定性评价。但是在这里,作为推定的基础事实应当是得到证明的;而且,这一推定也是符合日常生活经验法则的。所以,在一般情况下能够做到与客观事实相符合。况且,推定本身是可以被推翻的,即一旦有相反的证据足以证明相反的事实,人民法院可以做出相反的认定。

其次,价值选择能够弥补真实发现的不足。一般来说,只有在真相无法查明的情况下,我们才更容易领会到价值选择的必要性。比如,"疑罪从无"就是一条体现立法者价值选择的法律规则。波斯纳就此评论道:"律师和法官们都赞美这个制度'公平'(在这个制度中,认为释放十个有罪的被告也比将一个无辜被告定罪更好),这是试图摆出一副善良的面孔,而实际上,这只是承认法律制度完全没有能力决定有罪无辜的问题。"③在真伪不明的情况下,价值选择是真实发现的必要补充,即价值选择所体现出来的正当性能够

①[德]托马斯·魏根特:《德国刑事诉讼程序》,岳礼玲、温小洁译,中国政法大学出版社 2004 年版,第 187 页。

②东吴法学丛书《证据法学》,上海私立东吴大学法学院 1948 年发行,第 2 页。

③[美]理查德·A.波斯纳:《法理学问题》,苏力译,中国政法大学出版社 2002 年版,第 273 页。

在一定程度上弥补真实发现的不足。

最后,有些证据规则本身就体现了真实发现与价值选择这两个方面的要求。例如,传闻规则的确立,一方面是因为传闻证据具有误传的危险性从而不够可靠,另一方面则是为了保障对方当事人的对质权。

当然,在某些特殊情况下,"真实发现"与"价值选择"之间也会发生冲突。正如波斯纳所言:"我并不是说,美国法律制度对事实真相毫无兴趣,而只是说求真的目的会与其他目的(比方说,经济性、保护某些自信、助长某些活动、保护某些宪法性规范)相互竞争。"①在两个目标发生冲突的情况下,笔者认为必须统筹兼顾,而不应当片面强调某一目标的绝对优先。

(三)"真实发现"基准的演变:从还原真相到接近真相

我国传统证据理论认为,刑事诉讼的证明要求是达到客观真实。所谓客观真实,就是"司法机关所确定的事实,必须与客观上实际发生过的事实完全符合,确定无疑"②,更确切地说,就是指司法机关在刑事诉讼中所认定的有关犯罪嫌疑人、被告人刑事责任的事实必须与客观上实际存在过的事实一致,归根到底,就是要求司法人员的主观认识必须符合客观实际。其理由是,查明案件的客观真实是十分必要的,也是完全可能的。这是因为:第一,马克思主义认识论认为,存在是第一性的,意识是第二性的,存在决定意识;人类具有认识客观世界的能力,能够通过调查研究认识案件的客观真实。可见,查明案件客观真实具有科学的理论根据。第二,客观上已经发生的案件事实,必然在外界留下这样或那样的物品、痕迹,或者为某些人所感知,为查明案件客观真实提供了事实根据。第三,我国司法机关有党的坚定、统一的领导,有广大具有社会主义觉悟的群众的支持,有一支忠实于人民利益、忠实于法律、忠实于事实真相,具有比较丰富的经验,掌握一定科学技术的司法干部队伍,这是查明案件客观真实的有力的组织保证。第四,随着社会主义法制的加强,总结司法工作正反经验、反映现实需要的《刑事诉讼法》已经颁布,提供了查明案件客观真实的法律依据。总之,司法人员只

①〔美〕理查德·A.波斯纳:《法理学问题》,苏力译,中国政法大学出版社 2002 年版,第 273 页。

②巫宇甦主编:《证据学》,群众出版社 1983 年版,第 78 页。

要依法正确收集和审查判断证据,就完全有可能对案件事实做出符合客观实际的认定。①

近年来,有些学者开始对这一传统理论进行反思,他们认为:"对一个具体刑事案件的证明标准,只能达到近似于客观真实,而且是越接近客观真实越有说服力。那种'必须'达到或'一定'要达到'客观真实'的说法,在理论上是不成立的,在实务上是有害的,更是无法实现的。"②他们进而主张,刑事诉讼证明应当达到的不是客观真实而是法律真实。所谓法律真实是指"公、检、法机关在刑事诉讼证明的过程中,运用证据对案件事实的认定应当符合刑事实体法和程序法的规定,应当达到从法律的角度认为是真实的程度"③。其主要理由:第一,马克思主义哲学原理告诉我们,我们对客观世界的认识,对案件事实的证明,只能达到一种相对真实的程度。所以,被证明的案件事实就不可能是实际发生的客观事实。第二,诉讼证明是一种法律活动,它不仅追求证明的真理性,还要追求证明的正当性,尊重法律和法律程序正是证明活动具有正当性的表现。第三,主张法律真实说可以使诉讼证明活动变得具体、明确,便于司法人员操作,也容易为普通公民或当事人所接受。

由此可见,我国传统的"客观真实说"与新兴的"法律真实说"在"真实发现"的判断标准上存在着明显的对立性。客观真实论者坚持认为,如果以辩证唯物主义作为指导思想,就应当承认反映论和可知论,我们承认可知论,就应当承认案件的客观事实从总体上来说是可以被办案人员所认识的。诉讼中认定案件事实即诉讼证明与一般的认识事物有其共性和特性。就其特性来说,诉讼证明必须以诉讼证据作为证明的手段,而证据的收集和运用必须遵循特定的程序和规则。尽管存在上述特点,但我们不能以此来否定认识活动的共性,认为案件的真实情况根本不可能认识到。④ 他们认为,法律真实论者"把认识论的一般规律与诉讼证明的特殊规律对立起来,以个性否定共性,以特殊规律否定一般规律,犯了'白马非马'的错误"⑤。法律真实

---

① 陈一云主编:《证据学》,中国人民大学出版社 1991 年版,第 115 页。
② 樊崇义:《客观真实管见》,《中国法学》2000 年第 1 期。
③ 樊崇义:《客观真实管见》,《中国法学》2000 年第 1 期。
④ 陈光中:《诉讼中的客观真实与法律真实》,《检察日报》2000 年 7 月 13 日第 3 版。
⑤ 陈光中、陈海光、魏晓娜:《刑事证据制度与认识论——兼与误区论、法律真实论、相对真实论商榷》,《中国法学》2001 年第 1 期。

论者针锋相对地指出,诉讼证明只能达到相对真实。他们指出,诉讼证明作为一种特殊的社会证明,具有不同于自然证明和一般社会证明的特点。首先,从性质上看,诉讼证明是一种回溯性的证明,或曰"历史证明",案件事实不可能通过科学试验来证明;对案件事实的结论也不能通过科学试验来检验。其次,诉讼是以确认法律权益、解决利益争端为目的的法律实施活动,当事人对争议事项的证明和司法机关对争议事实的认定只要达到法律规定可以解决争议的程度即可。再次,诉讼证明除了必须遵循辩证唯物主义认识论原理,符合逻辑和经验的法则外,还涉及一系列法律价值的选择和权衡,必须体现程序正义的理念。概而言之,无论从认识活动的属性,还是从诉讼行为的属性来看,诉讼证明都只能达到相对真实,而非绝对真实。①

依笔者之见,解决上述两种学说分歧的关键在于区分证明程度和证明标准两个不同的层面,即把司法证明能否达到客观真实的程度与是否应当为司法证明活动确立客观真实的证明标准作为两个各自独立的问题来分别予以考察。

在前一个问题上,"客观真实说"坚持可知论,认为诉讼证明有可能达到客观真实的程度。而"法律真实说"则认为客观真实不可能实现,理由有两种:一种是类似于西方经验主义哲学的观点,认为发生在过去的事情无法经过实践检验,只有上帝才知道;另一种是以辩证唯物主义认识论中关于真理相对性的原理来论证诉讼证明的相对性。而在笔者看来,"法律真实说"的上述主张是错误的。就其前一种理由来说,虽然"实践是检验真理的唯一标准",但这并不排斥人类理性和逻辑证明在检验真理过程中的作用。诉讼证明的确是对发生于过去的事实进行的认识活动,不可能通过实践来检验,然而我们可以借助逻辑证明来检验其认识结论的真理性。② 就后一种理由来讲,真理的绝对性和相对性亦即绝对真理和相对真理,是真理的两种属性,不能割裂开来理解。恩格斯曾经指出:"真理和谬误,正如一切在两极对立中运用的逻辑范畴一样,只是在非常有限的领域内才具有绝对意义。"③而列宁又指出:"马克思和恩格斯的唯物主义辩证法无疑地包含着相对主义,

①卞建林、郭志媛:《论诉讼证明的相对性》,《中国法学》2001年第2期。

②阮方民、封利强:《论我国刑事证明标准的现实选择:混合标准》,《浙江大学学报》(人文社会科学版)2002年第5期。

③马克思、恩格斯:《马克思恩格斯选集(第三卷)》,人民出版社1972年版,第130页。

可是它并不归结为相对主义。这就是说,它不是在否定客观真理的意义上,而是在我们的知识向客观真理接近的界限受历史条件制约的意义上,承认我们的一切知识的相对性。"①因此,我们可以在某种意义上说客观真理是绝对真理,我们又可以在另一种意义上讲客观真理是相对真理,但我们决不可简单地将客观真理等同于绝对真理抑或相对真理。可见,客观真实既不是绝对真实,也不是相对真实。其实,从证明程度层面上讲,"客观真实"与"法律真实"之间的关系并非哲学上的"绝对真理"和"相对真理"的关系,而是逻辑学上的"确定性命题"和"盖然性命题"的关系。必须承认,"客观真实"在个案中是可以实现的。"当一个唯物主义者,就要承认感官给我们揭示的客观真理。"②

在后一个问题上,前者主张确立"客观真实"的证明要求,以尽可能地避免错判。为此,他们主张继续坚持现行的证明标准或者进行局部的修正。而"法律真实说"则主张确立"法律真实"的证明要求,以便使立法更符合实际。为此,他们提出以"排除合理怀疑""高度盖然性"等来取代现行证明标准。

笔者认为,从本质上讲,"法律真实说"是一种主张全面借鉴和移植西方证明标准制度的学说。尽管法律真实论者试图将"法律真实"与西方的"主观真实"划清界限,但是,从他们设计的证明标准的种种表述来看,与大陆法系的"内心确信""高度盖然性"或者英美法系的"排除合理怀疑"并无二致。所以,"法律真实"不过是"主观真实"的一种本土化的表述方式而已。

应该承认,法律真实论者提出的降低刑事证明标准的主张是基本符合我国司法现实需要的,然而,他们在主张移植西方证明标准的同时,将作为其理论基础的西方经验主义哲学观点也照搬过来,是不可取的。这一点恰恰成了"法律真实说"的"阿基里斯脚跟"。③ 笔者认为,辩证唯物主义认识论作为我国法学乃至整个社会科学的理论根基,不应当轻率地予以动摇。我们完全可以以"法的物质制约性原理"取代"不可知论"作为重构刑事证明

---

① 马克思、列宁:《马列著作选读·哲学》,人民出版社 1998 年版,第 229 页。

② 列宁:《列宁选集(第二卷)》,人民出版社 1976 年版,第 132 页。

③ 阿基里斯(Achilles)是古希腊神话中一个攻无不克的战神,后来由于对手发现他的弱点在脚跟,他便因此而战败被杀了。后来人们常用"阿基里斯脚跟"(Achilles' heel)来形容一个人的致命弱点。

标准的理论依据。

"法的物质制约性原理"是历史唯物主义关于法的本质论的观点,即法在本质上是由社会物质生活条件决定的。马克思说:"只有毫无历史知识的人才不知道:君主们在任何时候都不得不服从经济条件,并且从来不能向经济条件发号施令。无论是政治的立法或市民的立法,都只是表明和记载经济关系的要求而已。"①所以,笔者认为,考虑到我国当前所处的发展阶段,在有限的刑事司法资源的制约下,兼采客观真实与法律真实这两种证明要求,从总体上适度降低刑事证明标准,或许是一种较为现实的选择。② 因此,"真实发现"的基准应当从过去的"还原真相"转化为"接近真相",即刑事证明标准应当从过去一味地追求客观真实到当下追求主观认识与客观事实最大限度的一致。

《刑事诉讼法》第五十五条第二款规定:"证据确实、充分,应当符合以下条件:(一)定罪量刑的事实都有证据证明;(二)据以定案的证据均经法定程序查证属实;(三)综合全案证据,对所认定事实已排除合理怀疑。"这一修改以"排除合理怀疑"来对"证据确实、充分"进行解释,无疑是吸收了近些年来学界研究的成果。全国人民代表大会法制工作委员会对此给出的解释是:"这里使用'排除合理怀疑'这一提法,并不是修改了我国刑事诉讼的证明标准,而是从主观方面的角度进一步明确了'证据确实、充分'的含义,便于办案人员把握。"③不过,在笔者看来,这一修改实际上是在保持原有表述不变的前提下,通过对内涵的重新界定,实质性地降低了刑事证明标准。

既然司法证明活动并不能完全还原真相,而只能尽可能地接近真相,那么,就必然需要面对这样一个问题:在案件事实存疑时该如何处理?有学者指出,证明标准、无罪推定、存疑时的利益、控方的证明责任等所有这些传统原则的创设目的,都不是为了减少审判中错误发生的几率。它们的目标,是以某种方式来分配错误——也就是说,确保错误在不可避免时,将是以错误

---

①马克思、恩格斯:《马克思恩格斯全集(第四卷)》,人民出版社 1975 年版,第 121—122 页。

②阮方民、封利强:《论我国刑事证明标准的现实选择:混合标准》,《浙江大学学报》(人文社会科学版)2002 年第 5 期。

③全国人大常委会法制工作委员会刑法室编:《关于修改中华人民共和国刑事诉讼法的决定:条文说明、立法理由及相关规定》,北京大学出版社 2012 年版,第 53 页。

的无罪认定为主,而不是错误的有罪认定。① 可见,从防范刑事错案的角度来看,审判活动必须坚持疑罪从无原则。尽管这样做可能会放纵真凶,但这是现代法治理念的要求;同时,在某种意义上也可以说是厉行法治所必须付出的代价。

二、刑事证明价值观的变迁

之所以不同国家的法律在价值追求上存在显著差异,就是因为不同地域的人们对于正义内涵的理解不尽相同。认知科学早已对此做出了解释。认知人类学研究在不同的文化环境中人们如何思考,从而拓宽了对人类思维的审视视角。② 事实认定活动同样涉及价值取向问题。证明价值是被传统证据理论所长期忽视的重要理论问题。实际上,任何证据立法都不能回避这样一个问题,即司法证明活动应当侧重追求形式正义,还是偏重追求实质正义? 对这一问题的不同回答,反映了立法者不同的价值取向。

我国传统刑事诉讼理论和实践所奉行的"实事求是"的刑事证明理念在证明价值方面片面强调实质真实,即要求"司法机关所确定的事实,必须与客观上实际发生过的事实完全符合,确定无疑"③。这种对司法证明活动真实性、客观性的过分追求,在一定程度上抑制了对司法证明活动正当性的追求。正如学者所言:"完全站在认识论的立场上看待证据规则,极容易在价值观上掉入程序工具主义的陷阱,使得认识论意义上的'客观真实'受到过多的强调和重视,而诉讼活动的正当过程则受到不应有的忽视。以这一理论视角观察法律程序问题,必然会使大量旨在维护控辩双方公平对抗的证据规则,难以在中国证据法中得到真正确立。"④

这种片面强调实质真实的证明价值观是与传统的超职权主义诉讼模式相适应。在超职权主义的诉讼模式下,法官以查明真相为己任,拥有较大的依职权调查的权力,控辩双方仅仅担负着协助法官调查的职责,这就使诉讼

①[美]拉里·劳丹:《错案的哲学》,李昌盛译,北京大学出版社 2015 年版,第 31—32 页。

②[加]P. 萨伽德:《认知科学导论》,朱菁译,中国科学技术大学出版社 1999 年版,第 7 页。

③巫宇甦主编:《证据学》,群众出版社 1983 年版,第 78 页。

④陈瑞华:《刑事诉讼的前沿问题》,中国人民大学出版社 2000 年版,第 212 页。

结构变得扭曲了。在这一背景下,形式真实很难被作为司法证明活动的重要价值追求予以认可。然而,在诉讼模式转型的视野下,片面追求实质真实的证明价值观与体现对抗制精神的真相查明方式是格格不入的。对抗制要求控辩双方在真相查明的过程中拥有均等的机会和同等的对抗手段,要求整个真相查明的程序体现程序正义和司法民主的精神,同时还要求法庭对案件事实的认定结论建立在控辩双方举证、质证和辩论的基础上。这也就意味着,在体现对抗制精神的诉讼模式下,司法证明所追求的不仅仅是裁判事实与客观事实的一致性,还要追求事实发现过程的正当性。因此,在证明价值观上,从追求单一的实质正义到追求形式正义与实质正义的并重,是我国诉讼模式转型的必然要求。

(一)刑事证明的双重价值:形式正义与实质正义

正义是法的最高价值,有很多不同的表现形式。在诉讼法上,我们可以从过程和结果的角度将正义区分为程序正义和实体正义;而在证据法上,我们则可以从形式和内容的角度将正义区分为形式正义和实质正义。证据立法对这两个基本价值目标的追寻,具体体现为法律对形式真实和实质真实的偏重。

首先,证据法上的形式正义要求证据立法努力追求"形式真实"。所谓"形式真实",是指规范意义上的真实,即证据法规范所确立的真实。我们不妨把形式真实理解为一系列法律要素的组合,形式真实就是以证据符合这些法律要素为标准来判定的真实。它侧重于案件事实认定的一般规律,强调事物的普遍性。同时,在"真实"被"形式化"的过程中,不可避免地会掺杂立法者对各方面利益和价值的权衡取舍。

作为现代证据法基石的证据裁判原则就是形式正义价值追求的体现。在刑事诉讼中,如果一个人被指控的罪名没有充分的证据加以证明,就不得认定为犯罪,这一规则就反映了法律对形式真实的追求。在民事诉讼中,真正享有民事实体权利的当事人要想获得胜诉,还必须向法庭提供证据证明自己权利的存在,这同样反映了对形式真实的追求。可以说,在证据法的视野里,有证据即有事实,无证据即无事实。

此外,证据法上的无罪推定与疑罪从无原则同样是形式正义的要求。然而,在实践中,司法机关往往难以坚守这种形式正义的底线。以李化伟案为例,虽然该案曾被 4 次退回补充侦查,还经历了 5 次合议庭讨论、3 次审判委员会讨论、3 次向上级法院请示,但是最终还是做出了有罪裁判。[①] 显然,司法机关对此案的处理不可谓不慎重,然而由于其形式正义观念的缺失,最终酿成错案。

形式真实体现了法律对司法证明活动合法性的要求,为法庭确认事实提供了整齐划一的标准,能够有效地防止司法官员的恣意裁定。奥地利教授阿道夫·瓦赫就曾说过:"必须坦率地说,在绝大多数场合下,我们所得到的结果都是形式上的真实。能够做到这一点便该谢天谢地了。因为如果不是这样就会造成专横行为,使法律处于一种不容许的不确定的状态,也是否认了我们通行的原则。"[②]

其次,证据法上的实质正义则要求努力实现"实质真实"。一般认为,"实质真实"这一概念,是大陆法系学者在反对封建的法定证据制度时提出来的,是相对于法定证据制度之下的"形式真实"而言的。[③] 所谓"实质真实",是指逻辑学或科学意义上的真实,即符合实际情况的真实。实质真实不是拘泥于法律规范所明确的形式要件,而是以客观事实的本来面目为标准来判定的真实。它侧重于关注个案事实认定的具体情形,强调事物的特殊性。

实质真实体现了法律对司法证明活动合理性的要求,是实体法和程序法得以正确适用的重要保障。因为无论是实体法的适用,如是否构成犯罪、合同是否成立、侵权行为存在与否等,还是程序法的适用,如是否符合逮捕条件、应否回避、应否裁定财产保全和先予执行等,无不有赖于事实的查明。可以说,实质真实是通过诉讼活动实现社会正义的重要保障。

(二)形式正义与实质正义的关系

形式正义与实质正义同为正义的重要方面,二者在多数情况下相互包含、相互支撑。

首先,实质正义需要借助于形式正义得以实现。有学者深入分析了"实质合理"与"形式合理"的辩证关系,指出"事实的实质合理却是一个因人们

---

① 陈永生:《刑事冤案研究》,北京大学出版社 2018 年版,第 30—31 页。

② 裴苍龄:《论实质真实》,陈光中、江伟主编:《诉讼法论丛》(第八卷),法律出版社 2003 年版。

③ 周振想主编:《法学大辞典》,团结出版社 1994 年版,第 958 页。

的需求不同而具有多样性的问题,每个人的背景不同,认识能力不同,经验不同,世界观、价值观、人生观不同,对实质合理的需求和标准就不同",而"形式合理所追求的是人们处理事情的形式上的公正标准,形式合理是一般性实质合理的标志,形式合理的标准甚至超过实质合理本身"①。笔者认为,学者此处所说的"实质合理"和"形式合理"就是针对实质正义和形式正义而言的。可见,如果不借助形式正义,实质正义就成了"千人千面"、难以捉摸的事物。所以,在现代法治社会,决不允许抛弃形式正义而以实质正义作为唯一追求。

其次,形式正义以实质正义为依归。立法者确立形式真实的目的是发现实质真实。我们可以说,任何国家、任何时代法律上的真实都是一种"形式真实",这是因为它们都取得了法律规范的形式;然而就这些法律规范的内容而言,又在不同程度上体现了实质真实的要求。背离了实质真实,形式真实就成了"无源之水"。即使在片面强调形式真实的法定证据制度之下,证据规则也在一定程度上反映了人类理性,而并非完全不考虑发现实质真实的需要。从法定证据制度下的"法定真实"到自由心证证据制度下的"主观真实",正是体现了证据制度对形式真实的过分强调向注重实质真实的演变。美国为非法证据排除规则设置例外的做法,也反映了为防止形式正义过分偏离实质正义而做出的努力。此外,在美国,很多学者认为传闻证据规则的确立主要是为了保障对质权,这可以看作体现形式正义要求的规则。但是,威格莫尔指出:"18 世纪初,律师对质权的最终确立,使我们的证据法因拥有了有史以来对揭示真相最为有效的手段而负有盛名。"②可见,对质权立法的最终落脚点还是在于确保真实的发现。脱离了发现真相的目标,对质权也就失去了意义。

此外,在一般情况下,二者的目标指向是一致的。形式正义着眼于司法证明的合法性,而实质正义着眼于司法证明的合理性,二者共同保障司法证明的正当性。

当然,形式正义与实质正义毕竟属于相对独立的价值范畴,二者之间肯

---

① 樊崇义:《论刑事诉讼法律观的转变》,《政法论坛》2001 年第 2 期。

② John H. Wigmore, *Evidence in Trials at Common Law*, Little, Brown and Company (Boston,1983), vol. 1, p. 608.

定存在不少的差异;并且,在某些特定情况下,二者之间也会发生冲突。

首先,二者的价值属性不同。形式正义是证据法的内在价值,或者说是固有价值,即证据法能够体现出"同等情况同等对待"的法治精神。它要求对任何待证事实的证明都必须依靠证据,并且必须符合法定的证明方法和证明程序的要求。而实质正义则是证据法的外在价值,或者说是工具价值,是指证据法能够为实体法律规范和程序法律规范的适用提供可靠的事实依据,以便实现社会正义。它要求证据法的制度设计科学合理,能够确保客观真相得到揭示。

其次,二者的评价标准不同。形式正义的评价标准是"同等情况同等对待""类似情况类似处理"等法治原则;而实质正义则不考虑法律的规定,以是否能够达成符合案件事实本来面目的裁判结果作为评价标准。

最后,在某些情况下,形式正义与实质正义会发生冲突。例如,基于非法物证排除规则而将警察非法搜查、扣押所取得的物证排除在定案证据之外,也许会符合形式正义的要求,但可能导致真正有罪的人逍遥法外,从而违背实质正义。

(三)证明价值观的演变:从片面到并重

长期以来,我国刑事司法存在着片面追求实质真实的倾向。在刑事证明活动中,司法人员缺乏必要的程序观念,为求真相不择手段,这样不可避免地会导致冤错案件的发生。因此,刑事证明的价值观应当由单一的追求实质真实转变为实质真实与形式真实并重。

在刑事证明实践中,虽然实质正义是司法活动追求的目标,但形式正义是达到这一目标的途径。任何取证、举证、质证和认证活动都必须遵循法律规定的程序、条件和标准。

首先,非法证据排除规则是证据收集和审查活动需要遵守的最为重要的准则之一。我国《刑事诉讼法》第五十六条规定:"采用刑讯逼供等非法方法收集的犯罪嫌疑人、被告人供述和采用暴力、威胁等非法方法收集的证人证言、被害人陈述,应当予以排除。收集物证、书证不符合法定程序,可能严重影响司法公正的,应当予以补正或者做出合理解释;不能补正或者做出合理解释的,对该证据应当予以排除。在侦查、审查起诉、审判时发现有应当排除的证据的,应当依法予以排除,不得作为起诉意见、起诉决定和判决的依据。"这一规定明确了言词证据以及物证、书证的排除范围。《最高人民法院关于适用〈中华人民共和国刑事诉讼法〉的解释》（下文简称为《解释》）第九十五条又对这一规定进行了细化，即"使用肉刑或者变相肉刑，或者采用其他使被告人在肉体上或者精神上遭受剧烈疼痛或者痛苦的方法，迫使被告人违背意愿供述的，应当认定为刑事诉讼法第五十四条规定的'刑讯逼供等非法方法'。认定刑事诉讼法第五十四条规定的'可能严重影响司法公正'，应当综合考虑收集物证、书证违反法定程序以及所造成后果的严重程度等情况"。此外，该《解释》还在第七十五至七十八条规定了证人证言的排除规则；在第八十五条至八十七条规定了鉴定意见的排除规则；在第八十九条规定了勘验、检查笔录的排除规则；在第九十条规定了辨认笔录的排除规则；在第九十一条规定了侦查实验笔录的排除规则；在第九十四条规定了视听资料、电子证据的排除规则。通过《刑事诉讼法》和相关司法解释的规定，我国非法证据排除规则的体系已经初步成型。在未来的司法活动中，司法机关及其工作人员应当树立起依法取证的理念，并且将非法证据排除规则看作实现司法证明目标的基本准则。

此外，在对刑事证明标准的掌握上，同样应当严格执行法定的证明标准。法院对于尚未达到法定证明标准的案件，应当做出无罪判决。疑罪从无是无罪推定原则的内在要求，而无罪推定是国际通行的刑事司法准则。《公民权利和政治权利国际公约》第十四条第二款规定："凡受刑事控告者，在未依法证实有罪之前，应有权被视为无罪。"同时，学界普遍认为，疑罪从无也是证据裁判原则的要求。最高人民法院、最高人民检察院、公安部、国家安全部、司法部联合发布的《关于办理死刑案件审查判断证据若干问题的规定》第二条指出："认定案件事实，必须以证据为根据。"可见，法院在判决中所认定的案件事实并非客观事实，而是一种法律事实。这种法律事实的内在包含了证明责任、证明标准等要求。所以，法院在审判中追求所谓的"不枉不纵"实际上仅仅体现了实质真实的要求，而未能体现形式真实的理念。长期以来，在我国当前刑事司法实践中，疑罪从无原则未能得到很好的贯彻。有的法院将证据存疑的案件反复发回重审，有的法院则采取"疑罪从轻"的做法做出"留有余地"的判决。这些做法的出现固然有诉讼制度和司法体制方面的原因，但刑事证明理念的滞后同样是一个重要因素。不过，我们也应当看到，随着刑事证明理念的变迁，司法实践中也有部分案件，如孙万刚案、念斌案等,在没有真凶落网的情况下,法院最终做出了无罪判决。从转变刑事证明理念的角度来说,无论是司法人员还是公众,对于此类裁判都应该习以为常。尽管此类疑罪从无的裁判有可能导致错放真正的犯罪人,但这是法治的要求,是实质正义对形式正义所做的必要妥协。

总之,对于司法证明来说,形式正义与实质正义都不可或缺,刑事证明活动应当兼顾形式真实与实质真实的实现。从防范刑事错案的角度来看,我国传统诉讼模式存在着过分偏重实质正义而忽略形式正义的倾向,因而在未来的司法实践中应当进一步强化证据裁判意识,努力将疑罪从无原则落到实处。

三、刑事证明效率观的确立

我国刑事司法历来注重实体公正,欠缺诉讼效率观念。在司法证明领域,同样是只求真相,不讲效率。其具体表现是,在 1996 年《刑事诉讼法》修改之前,法院不仅在犯罪事实没有得到确定的证明之前不能认定被告人有罪,而且在犯罪嫌疑未被彻底排除之前也不能认定被告人无罪,强调所谓的"不枉不纵",即"不放过一个坏人,也不冤枉一个好人"。这样一来,只要真相尚未查明,诉讼便无限期地进行下去,从而导致所谓的"疑罪从挂"。[①] 在这一背景下,超期羁押现象较为普遍,司法证明毫无效率可言。这一传统观念在 21 世纪以来开始遭遇挑战。

(一)刑事证明的两个维度

近些年来,随着我国证据法学研究的深入,学者们逐渐认识到,对于刑事证明活动来说,"真实"仅仅是一个质的要求,此外还应该有一个量的要求,那就是"效率"。"真实"是任何时代、任何国家的刑事证明活动所追求的首要目标,也是对刑事证明活动进行评价的主要指标。不论是"形式真实",还是"实质真实",都体现了刑事证明对"真实"的追求。"效率"是对经济学概念的借用。证明效率是指司法证明活动投入与产出的比率,它揭示了证

---

① 在 1996 年修改《刑事诉讼法》以前,人民法院对于主要事实不清、证据不足的案件,不能做出"证据不足、指控的犯罪不能成立"的无罪判决,而只能退回检察机关补充侦查,即是明证。

明成本与真实发现之间的关系。证明成本取决于多种因素,如取证方式、诉讼周期的长短等。证明效率理念要求我们以尽可能少的证明成本的投入,获取尽可能多的"真实"。

现代证据法上有很多体现司法证明效率理念的制度,如推定、司法认知、举证时限、证据开示等。《美国联邦证据规则》第一百零二条强调要"确保规则的公正实施,消除不合理的费用和迟延",同时,该规则第四百零三条进一步明确规定:"证据虽然具有相关性,但可能导致不公正的偏见、混淆争议或误导陪审团的危险大于该证据可能具有的价值时,或者考虑到过分拖延、浪费时间或无须出示重复证据时,也可以被排除。"这些规定充分体现了证明效率的要求。

(二)真实与效率的关系

首先,真实与效率在通常情况下是一致的。司法机关严把质量关,竭力发现真相,有助于提高办案效率。最高人民检察院检察长曹建明 2016 年 11 月 5 日在第十二届全国人民代表大会常务委员会第二十四次会议上所作的《最高人民检察院关于加强侦查监督,维护司法公正情况的报告》中指出:"河北省保定市和顺平县两级检察院审查'王玉雷故意杀人案'时,在犯罪嫌疑人已经承认故意杀人的情况下,针对多处疑点,坚决排除非法证据,做出不批准逮捕决定,并引导公安机关调整侦查方向,最终抓获真凶。"同时,效率的提高也有助于真实的发现。一方面,从总体上讲,在司法资源总量恒定的情况下,证明效率的提高意味着发现更多的真实。另一方面,从具体案件来看,司法证明依赖于证据的获取,如果不讲效率,随着时间的推移,很多实物证据会遭到毁损、灭失,而且,证人对案情的印象也会模糊,从而导致信息的减损和扭曲。这对于发现真相是极为不利的。此外,真相的发现也有助于效率的提高。如果不强调真实,有时会由于真相不明而导致很多重复劳动,反而不利于效率的提高。

其次,真实与效率有时难免会发生冲突。正如波斯纳所言,寻求真相的法律制度要在精确性和成本之间追求最大兼顾。[1] 在发生冲突的情况下,

---

[1] [美]理查德·A.波斯纳:《法理学问题》,苏力译,中国政法大学出版社 2002 年版,第 259 页。

一般应当考虑"真实优先",因为远离真相的效率没有任何意义。不过,这并不排除在必要的情况下,牺牲真实以求效率。这种情况主要是基于以下三个方面的可能:第一,基于诉讼及时性的考虑。在刑事诉讼中,刑罚的及时性是刑罚威慑力的重要保障,"迟到的正义非正义",为了及时审结案件,必须强调效率。如《美国联邦证据规则》第四百零三条规定,法庭可以基于不合理的迟延、浪费时间而排除原本具备相关性的证据。我国现行司法解释所确立的"举证时限制度",也确立了在特定情况下"真实让位于效率"的规则。第二,基于诉讼的合目的性的考虑。人们在选择证明方法的时候,不能不考虑成本因素。贝卡利亚曾说:"如果刑罚超过了保护集体的公共利益这一需要,它本质上就是不公正的。"①我们同样可以说,如果司法活动超出了保护当事人合法权益的需要,它本质上就是不合理的。例如,实践中出现过当事人因一头母猪的所有权发生争议而反复申请做 DNA 鉴定的案例。②笔者认为,在本案中,法庭完全可以基于诉讼经济原则,拒绝当事人的此类鉴定申请。第三,基于合理分配司法证明资源的考虑。任何国家在任何时期能够投入司法证明活动的人力、物力和财力都是极为有限的。为此,世界各国都需要设置一定的分流程序来优化配置司法证明资源。"法律不理会琐碎之事"这个古老的法谚也包含着这样的思想。

恰当地平衡真实和效率的关系,要求实现司法资源的优化配置。从防范冤错案件的角度来说,合理分配法官的认知资源显得尤为重要。这是因为,根据认知科学的原理,信息加工程度与人的注意力有着密切关系。英国著名心理学家布劳德本特(Broadbent)提出了"注意力过滤器"模型,认为由于外界提供的信息远远超出人的神经中枢加工能力,因此需要通过"过滤器"予以调节,选择一部分信息进入高级分析阶段并被识别和贮存,其余的信息经过短期记忆后则迅速衰退。一些研究者形象地将注意力比作聚光灯,认为处于注意力聚光灯下的信息得到了最精细的加工,而处于注意力边缘的信息得到的加工就比较初级。当注意力长时间停留在一个信息项目上时,其他信息就得不到加工。③

①[意]贝卡利亚:《论犯罪与刑罚》,黄风译,中国法制出版社 2002 年版,第 10 页。
②刘秀梅:"为讨清白,给猪做 DNA",《法律与生活》2003 年 1 月上半月刊。
③沙季超:《刑事冤案形成的认知科学原理——以"赵作海"案为视角》,《学术探索》2015 年第 4 期。

在司法实践中,由于案件数量庞大,法官不可能给予每一个案件足够的注意力。"由于无法改变所处职场的条件,法官为了提高'处理案件数',唯有两条出路——或是持续过劳,或是偷工减料。"[1]还有学者指出,"作为专业性的、工作负荷较重的决策主体,法官在个案审理中的注意力、理解力和信息收集能力都受到了诸多限制。这些都会影响法官的判断和决策,法官只能在限定的范围内进行情境性判断和决策。"[2]可见,在"案多人少"的背景下,实践中存在着因法官的"选择性注意"而导致误判的风险。如何科学地分配认知资源来减少和避免刑事错案,是值得认真对待的问题。21世纪以来我国奉行的"宽严相济"刑事政策以及近年来推行的认罪认罚从宽制度都是优化配置刑事司法资源,使司法机关集中精力处理重大、疑难、复杂案件的有益尝试。

(三)证明效率观的确立

刑事司法资源的状况是刑事证明活动的主要制约因素。这一点是显而易见的。正如一位美国学者所言:"法律实施的程度取决于提供给完成这项任务的人力和财力的数量,只要有足够的警察,几乎每辆超速行驶的汽车都能被查出,……社会通常给予法律实施机关的预算必然使法律实施达到相当低的水平。"[3]在刑事司法资源稀缺的情况下,如果缺乏效率观念,不能合理配置司法资源,必然会影响刑事证明目的的实现。在笔者看来,刑事证据规则、刑事证明责任以及刑事证明标准的设计都应当符合证明效率观的要求,以便在刑事证明实践中针对不同案件、不同情形实施区别对待,更好地优化刑事司法资源的配置。

第一,我们可以针对不同类型的案件和情形适用不同的证据规则。严格的证据规则往往会导致更多的证据被排除于法庭之外,有利于保障人权而不利于提高证明效率;而宽松的证据规则有利于提高证明效率却不利于对被追诉人人权的保障。为了合理配置司法资源,我们应当在不同的诉讼阶段以及对于不同种类的案件区别对待,而不应当适用整齐划一的证据

---

①[日]秋山贤三:《法官因何错判》,曾玉婷译,法律出版社2019年版,第15页。

②陈林林:《公众意见影响法官决策的理论和实验分析》,《法学研究》2018年第1期。

③[美]乔治·J.斯蒂格勒:《法律实施的最佳条件》,周仲飞译,《法学译丛》1992年第2期。

规则。

目前我国新修订的《刑事诉讼法》已经确立了非法言词证据的排除规则和非法书证、物证的排除规则，而最高人民法院出台的相关司法解释也确立了证人证言、鉴定意见、勘验检查笔录、辨认笔录、侦查实验笔录、视听资料和电子证据等非法证据排除规则。这些非法证据排除规则的确立有助于遏制追诉机关的违法取证行为，防止国家机关滥用追诉权力，从而能够有效地保障被追诉人的人权，体现刑事证明的公正性、人道性和文明性。而且，以发展的眼光来看，传闻规则、证人拒证特权规则等证据规则也会逐步得以确立。

不过，证据规则的确立意味着给追诉犯罪设置了障碍，必然会使刑事证明活动占用过多的司法资源。目前我国现行立法对于证据规则的适用范围是采取"一刀切"的做法。《刑事诉讼法》第五十六条第二款规定："在侦查、审查起诉、审判时发现有应当排除的证据的，应当依法予以排除，不得作为起诉意见、起诉决定和判决的依据。"然而，笔者认为，在我国刑事司法资源稀缺的背景下，我们不妨在立法上为证据规则的适用设置必要的例外。首先，在审前的程序性裁判中，可以排除某些证据规则的适用，以便提高侦查和起诉活动的效率，及时查明犯罪事实、抓获犯罪嫌疑人。所谓"程序性裁判"，是与实体性裁判相对而言的，它并不解决被告人是否有罪、如何量刑等实体性问题，而是法官或依据职权或根据控辩双方所提出的程序性申请，就案件的诉讼程序问题所作的裁判活动。① 构建程序性裁判机制已经成为我国刑事诉讼制度改革的方向。没有程序性裁判就不足以保障被追诉人在审前程序中的权利，无法实现刑事审前程序的公正。在审前程序性裁判中当然也会涉及证据的运用，然而，其所应适用的证据规则应当有别于审判程序。这一点在国外立法中也有所体现。例如，《美国联邦证据规则》第一千一百零一条(d)项明确规定，除证人特权的规定以外，该规则不适用于事实的先决问题、大陪审团程序以及预审、量刑、逮捕证和搜查证的签发等程序。由此，笔者主张，在法院对追诉机关采取强制性侦查措施和提起公诉等行为进行司法审查的程序性裁判中，可以考虑限制传闻规则、品格证据规则、非法物证排除规则等的适用。其次，对于严重危害社会的恶性刑事案件，如放

---

① 陈瑞华：《程序性制裁理论》，中国法制出版社 2005 年版，第 298—299 页。

火、爆炸、决水（指故意决水制造水患危害公共安全的行为）、黑社会组织或恐怖组织犯罪、毒品犯罪等，可以考虑限制证人特权规则等证据规则的适用，以便实现对此类犯罪的及时和有效打击。

第二，我们可以针对不同类型的案件和情形适用不同的证明责任分配规则。现代各国均奉行无罪推定原则，这一原则设定了基本的证明责任分配机制，即由控方承担证明被告人有罪的一般性证明责任，被告人一般不承担证明自己无罪的责任。《刑事诉讼法》第五十一条明确规定："公诉案件中被告人有罪的举证责任由人民检察院承担，自诉案件中被告人有罪的举证责任由自诉人承担。"

然而，有学者指出："根据我国刑事立法及诉讼理论，除巨额财产来源不明罪及非法持有属于国家绝密、机密文件、资料、物品罪以外，刑事诉讼中的证明责任全部由控诉方承担，辩护方不承担任何证明责任。这表明我国刑事证明责任制度的研究还处于比较落后的阶段，只是片面强调对被告人权利的尊重和保护，却忽略了事实真相的发现、诉讼效率等其他重要价值。"① 笔者赞同这一观点。为了合理配置刑事司法资源，提高证明效率，我们不妨对现行的证明责任分配规则加以必要的修正和补充。

首先，修正基础性分配规则，即在法律上明确辩方承担证明责任的情形，从而将证明责任的基础性分配规则由控方独自承担转变为由控辩双方合理分担。学者指出："虽然按照无罪推定原则的基本要求，控方负证明责任一直是指导各国刑事立法及司法的一条黄金定律，但从世界各国在证明责任分配上的立法与实践来看，被告人不承担证明责任只是一项概括性的原则，在法律规定的例外情况下，被告人仍要对特定事项尤其是证明其无罪的事项承担局部的证明责任。"② 这一做法不但能够满足司法实践的需要，而且符合司法证明的内在规律。对此，我国应当予以借鉴。笔者认为，在我国，以下两种情形可以考虑由辩方承担证明责任：一是被告方在辩护活动中独立主张的抗辩事实。在此情况下，被告人不是消极地否认控方向法庭主张的事实，而是意图在控方的诉讼主张之外确立某种对自己有利的新事实。这类事实的成立往往会导致被告人减轻或免除刑事责任的诉讼后果，如精

---

① 卞建林主编：《刑事证明理论》，中国人民公安大学出版社 2004 年版，第 212 页。
② 卞建林主编：《刑事证明理论》，中国人民公安大学出版社 2004 年版，第 211 页。

神异常、不可抗力、意外事件、正当防卫、紧急避险、自首、立功、未遂、中止等。① 我国地方司法机关出台的证据规则已经对此有所体现，如北京市高级人民法院 2001 年颁布的《关于办理各类案件有关证据问题的规定（试行）》第六十六条第一款规定，被告人不负证明自己无罪的举证责任，但是被告人以自己精神失常、正当防卫、紧急避险，或者基于合理授权、合法根据，以及以不在犯罪现场为由进行辩护的，应当提供相应的证据予以证明。二是被告方提出程序性裁判申请所依据的事实。这类事实的成立往往会导致被告方的程序性诉讼主张得到法庭支持，出现控方的诉讼行为无效、被撤销或者所取得的证据被法庭排除等诉讼后果，如非法羁押、超期羁押、控方违法取证等事实。值得注意的是，2011 年 8 月，全国人大法工委发布的《刑事诉讼法修正案草案（征求意见稿）》中曾提出："增加一条，作为第四十八条：'公诉案件中被告人有罪的举证责任由公诉机关承担，自诉案件中被告人有罪的举证责任由自诉人承担。但是，法律另有规定的除外。'"但在 2012 年 3 月全国人大最终通过的修正案中取消了"法律另有规定的除外"的表述。这表明，我国实务部门司法理念的转变还需要一个过程。

其次，设置补充性分配规则。一是应当扩充证明责任倒置的规则。刑事诉讼中的证明责任倒置是指将原本应当由控方承担的证明责任分配给被告方承担。这里所谓的"倒置"是相对于证明责任的基础性分配规则而言的。从现行法律规定来看，我国《刑法》已经确立了"巨额财产来源不明罪"和"非法持有属于国家绝密、机密文件、资料、物品罪"的证明责任倒置。但是，从现实需要来看，仅有这样两条规定是不够的，证明责任倒置的规则还有必要进一步加以扩充。笔者认为，对于非法持有类犯罪可以考虑证明责任倒置。我国《刑法》第一百二十八条规定："违反枪支管理规定，非法持有、私藏枪支、弹药的，处三年以下有期徒刑……"；第三百八十四条规定："非法持有鸦片一千克以上、海洛因或者甲基苯丙胺五十克以上或者其他毒品数量大的，处七年以上有期徒刑或者无期徒刑……"有学者认为，这两条规定属于证明责任倒置。笔者对此不敢苟同。因为从法条表述来看，控方仍应

---

① 控方固然有义务搜集并向法庭提交有关被告人应当从轻、减轻和免除处罚的证据材料，但这是由检察官的"客观义务"决定的，不能与证明责任的分担混为一谈。这一点与探知证明模式下的法官要依职权调查证据并不意味着法官承担证明责任是基于同一个道理。

当对"非法持有"承担证明责任。然而,从实践的角度来看,控方对"持有"的"非法性"的证明是十分困难的。而相比之下,被告方对其所持物品的来源是很清楚的,对"持有"的"合法性"证明起来容易得多。所以,笔者主张对上述"持有型犯罪"实行证明责任倒置,建议修改为"……对持有人可以责令说明来源。本人不能说明其来源是合法的,以非法持有论"。此外,对于长期从事盗窃、诈骗等犯罪的惯犯,对于其不能说明合法来源的财产也可以考虑证明责任的倒置。二是应当确立证明责任转移的规则。在我国,不少学者对于证明责任转移与证明责任倒置存在着概念上的混淆。与证明责任倒置不同,证明责任转移是指当肯定某项事实的一方所提供的证据具有表面上的证明效力,即可假定该事实成立,这时相对一方若要推翻该事实就必须提供相反的证据。① 可见,在刑事诉讼中,证明责任转移并不改变法律规定的证明责任分配机制,而仅仅是在承担证明责任的一方将案件事实证明到一定程度时即卸除其证明负担,这时就要求对方提供反证。因此,证明责任转移的本质在于减轻证明责任或者说降低证明标准。联合国《打击跨国有组织犯罪公约》和《反腐败公约》均规定,对于某些犯罪的"明知""故意""目的"等可以根据"客观实际情况"推定。② 这里所说的"客观实际情况",就是指赖以推定为"明知""故意"或"目的"等的基础事实。依据上述公约的规定,对于这些基础事实仍然应当由控方承担证明责任。因此,该规定不属于证明责任倒置,而只是关于证明责任转移的规定。为了加强国际合作,有效打击严重刑事犯罪,笔者建议我国对此予以借鉴,即针对某些特殊种类的犯罪,确立证明责任转移的规则。

第三,我们可以针对不同类型的案件和情形适用不同的证明标准。我国现行的有罪判决的证明标准是"案件事实清楚,证据确实、充分",同时,新修订的《刑事诉讼法》以"排除合理怀疑"来对"证据确实、充分"进行解释。这一标准固然对于制约国家追诉权力、防止冤枉无辜有着积极的意义。然而,这种单一化的证明标准也存在诸多弊端,其中之一就是无助于提高证明效率,节约司法资源。为此,笔者主张在我国确立层次化的刑事证明标准体

---

① 卞建林主编:《证据法学》,中国政法大学出版社 2005 年版,第 443 页。
② 陈光中主编:《21 世纪域外刑事诉讼立法最新发展》,中国政法大学出版社 2004 年版,第 3—35 页。

系,也就是将有罪判决的证明标准划分为不同的层次,分别适用于不同的情况。

首先,将"排除合理怀疑"作为普通刑事案件的定罪标准,以确保案件事实认定的准确性。这一刑事证明对于防范冤错案件的发生具有重要意义。近年来在我国刑事司法领域出现的绝大多数刑事错案都是由于司法机关未能严格执行法定的证明标准造成的。因此,只有坚持"疑罪从无",杜绝各类"留有余地"的判决,才能避免冤枉无辜者。

其次,针对特殊类型的案件确立"明确而有说服力的证明"等更低的证明标准。"明确而有说服力的证明"在美国证据法上是仅次于"排除合理怀疑"的证明标准。笔者认为,在我国,可以针对因被告人认罪而适用简易程序审理的案件可以采用这一证明标准。这是因为,被告人承认有罪已经大大降低了错判的可能性,在此情况下降低证明标准可以有效地节约司法资源。当然,这一做法可能面临的一种责难是:如何防范"替人顶罪"问题?这的确是这一立法的弊端所在。不过,任何制度都不可能是完美的。在英美法系国家,被告人一旦在传讯程序中自愿认罪,则无须召集陪审团进行审理而直接进入量刑程序。与这种几乎没有证据要求的做法相比,"明确而有说服力的证明"能够在更大程度上避免错判。在刑事司法资源有限的前提下,只有对认罪案件适当降低证明标准,才能确保在那些可能出现冤错的案件中严格掌握定罪标准,进而防止冤枉无辜者。

第二章
我国刑事证明模式的转型

认知科学的中心假设是：对思维最恰当的理解是将其视为心智中的表征结构以及在这些结构上进行操作的计算程序。[1] 因此，从个体的角度来看，基于认知结构等方面的差异，面对同样的证据和故事，不同裁判者看到和听到的东西却不尽相同，甚至截然不同。然而，从审判实践的角度来看，事实认定并不是法官孤立进行的活动。"整个证明过程是由争讼双方之间的竞争、当事人向裁判者的说服以及裁判者对争讼双方事实争议的裁决等活动共同构成的。可见，司法证明是一个复杂的多因素交互作用的过程，不仅涉及从证据到事实的推理和论证，还涉及多方证明主体之间的互动。"[2] 因此，法院对案件事实的认知活动会受到控、辩、审三方之间的组合关系及其互动规律的影响。

我国刑事诉讼制度是在借鉴苏联经验的基础上建立起来的。这种根植于超职权主义的诉讼模式有利于强化国家对社会的控制，却不利于对当事人诉权的保障，与审判中立、控辩对抗、司法民主等现代诉讼理念格格不入。因此，从 20 世纪 90 年代开始，刑事庭审方式的改革拉开了帷幕。这一改革全面吸收和借鉴英美当事人主义诉讼模式的合理因素，旨在增强庭审的对

---

①［加］P. 萨伽德：《认知科学导论》，朱菁译，中国科学技术大学出版社 1999 年版，第 8 页。

②封利强：《司法证明机理：一个亟待开拓的研究领域》，《法学研究》2012 年第 2 期。

抗性，推动我国诉讼模式的转型。尽管至今这一改革的目标尚未彻底完成，但实践表明，庭审方式的改革和诉讼模式的转型有利于克服我国传统诉讼模式的弊端，赋予控辩双方充分的表达自由，发扬诉讼民主，实现控、辩、审三方之间的良性互动，进而有利于真相的查明和司法的公正。因此，继续推动刑事诉讼模式的转型将是我国未来相当长的时期内刑事法治的主要目标之一。而由于证据是诉讼的核心，伴随着诉讼模式的转型，刑事证据制度必须相应地加以改革和调整，否则整个刑事司法制度便难以有效和协调地运转。

所谓刑事证明模式，就是指刑事司法证明活动中，各方证明主体之间及其与证明客体、证明手段之间的组合形式和互动方式的总和。由于世界各国在历史传统、法律文化和诉讼制度等方面存在着较大的差异，因此其刑事证明模式也各不相同。

一、对两种刑事证明模式的比较考察

根据证明主体、证明客体与证明手段三大证明要素之间在组合形式和互动方式的差异，我们可以将当今西方各国的刑事证明模式大致区分为竞争模式与探知模式两种类型。英美法系国家通常采取竞争模式，而大陆法系国家通常采取探知模式。所谓竞争模式，是指在刑事司法证明活动中，真相的揭示主要依赖于控辩双方对各自事实主张分别展开的阐述和论证及其对相对方事实主张进行的辩驳，事实裁判者一般不主动展开调查，而仅仅是在听取控辩双方辩论的基础上做出裁判。所谓探知模式，是指在刑事司法证明活动中，真相的揭示主要依赖于事实裁判者依职权开展的调查活动，控辩双方的辩论活动依附于事实裁判者的调查活动，作为整个调查活动的组成部分而存在。这两种证明模式在证明主体、证明客体以及证明手段方面都呈现出不同的特点。

(一)基于证明主体视角的分析

在竞争模式之下，控辩双方能够对司法证明的进程施加更大的影响，甚至可以说，司法证明的进程主要是依靠控辩双方来推动的。在举证和质证的过程中，事实裁判者较少主动施加干预，在多数情况下扮演消极仲裁者的角色。

这种竞争证明模式实际上是人类社会早期弹劾式诉讼模式的产物。人类社会早期的弹劾式诉讼强调裁判者不告不理，原被告双方平等地展开对抗,裁判者在听取辩论的基础上做出裁判。在神示证据制度时期,整个欧洲基本上都是实行弹劾式诉讼模式。然而,在神明裁判制度逐渐退出历史舞台的同时,欧洲大陆的弹劾式诉讼模式逐渐被纠问式诉讼模式所取代,而英国的弹劾式诉讼模式却得以延续,最终演化为以陪审团审判为特色的对抗式诉讼模式。从此,两大法系的证据制度开始分道扬镳。英国延续下来的弹劾式诉讼模式与陪审团制度相结合,最终催生了当今英美法系国家的竞争证明模式。

　　竞争模式在英美法系国家之所以能够生根发芽,甚至发挥到极致,与陪审团制度的产生和发展有着密不可分的关系。在陪审团参与的庭审中,法官并非事实裁判者,仅负责裁决与案件相关的法律问题。陪审团成员是从民众中随机产生,未接受过专门的法律职业训练,仅凭个体的经验和常识来对案件的事实问题做出裁断。除了陪审团退庭评议环节外,在整个庭审过程中,陪审员没有任何发言的机会,只能被动地观察庭审活动,听取控辩双方的辩论和证人的陈述。因此,在整个庭审过程中,所有的信息传递都是单向的,即由控辩双方传递给事实裁判者,而事实裁判者一方在旁听庭审的过程中没有任何反馈,由此形成了"沉默的裁判者,争斗的当事人"这一格局。在这一背景下,作为事实裁判者的陪审团并非借由主动的调查来揭示真相,而是通过被动地接收、分析和判断控辩双方在庭审中呈现的证明信息来认定被告人是否有罪。因此,竞争模式下的司法证明活动本质上是控辩双方以举证和质证的方式竞相说服陪审团的过程。

　　由这种独特的事实认定方式所决定,整个庭审活动体现着鲜明的竞争性。控辩双方在庭审中都竭力向事实裁判者呈现对己方主张有利的证明信息,而企图排斥和否定对己方不利的证明信息。这种竞争不仅体现在控辩双方的辩论活动中,更体现在控辩双方对证人的交叉询问环节。在英美法系国家的庭审中,交叉询问是控辩双方举证和质证的主要方式,并且被英美学者看作是一种有效的事实发现机制。威格莫尔就此指出:"18世纪初,律师对质权的最终确立,使我们的证据法因拥有了有史以来对揭示真相最为有效的手段而负有盛名。"[1]交叉询问不仅有助于排除虚假的证言,还能够

---

　　[1]John H. Wigmore, Evidence in Trials at Common Law, Tillers rev. (Boston, 1983), vol. 1, at 608.

澄清信息传递中出现的信息扭曲或者减损。有学者指出，即使证人准确地感知了事实，并且非常诚实，仍然存在"叙述性危险"。[1] 通过交叉询问，法庭便可以排除或者有效地减少这些风险。不过，在庭审过程中，控辩双方对证人进行交叉询问的直接目的并非得到真相，而是实现己方的诉讼利益，追求胜诉的结果。因此，控辩双方向证人询问常常具有明显的倾向性。为了避免控辩双方在交叉询问的过程中一味地追求己方的诉讼利益而损害司法利益，英美法系国家设立了一系列程序规则和证据规则。

与控辩双方的激烈对抗相对应，证人的党派性也是很明显的。在英美法系国家，证人的范围比较宽泛，除了通常意义上的证人以外，还包括当庭做出陈述的被告人、被害人以及专家证人等。所有的证人被区分为控方证人和辩方证人，双方对不同的证人发问适用不同的规则。比如，控辩双方对于己方证人的发问，必须遵循"不得质疑己方证人"的规则以及"禁止诱导性询问"的规则；而"禁止诱导性询问"的规则对于询问对方证人并不适用。基于证人的党派性，整个交叉询问过程也被划分为主询问、反询问以及再主询问等环节。控辩双方均可对己方证人进行主询问，并对对方证人展开反询问。证人则通常会按照与传唤其出庭作证一方的事先沟通，在法庭上协助该方向法庭陈述某些事实。即使是负责对案件专门问题进行解释和说明的专家证人，也同样难以避免倾向性。有美国学者一针见血地指出，"事实上有些专家证人对金钱胃口很大，以致圈内人也在说这样的话：'有钱能使鬼推磨。'所以，许多声誉好的专家不愿意卷入诉讼之中"。[2]

此外，在庭审过程中，法官关于证据可采性的裁决是当即做出的。"口头证言的举证主要通过传唤证人到庭并对其提出问题的方式进行。一般来说（但不总是如此），对方如果对证言提出异议，就必须在证人回答问题之后声明对问题的异议。通常法官通过支持或驳回对问题的异议，来决定这个证人证言是否可采。"[3]这种证据可采性裁决的即时性进一步增强了庭审过

---

①[美]罗纳德·艾伦、理查德·库恩斯、埃莉诺·斯威夫特：《证据法：文本、问题和案例》（第3版），张保生等译，高等教育出版社2006年版，第457页。

②[美]乔恩·R. 华尔兹：《刑事证据大全》，何家弘等译，中国人民公安大学出版社2004版，第451页。

③[美]约翰·W. 斯特龙主编：《麦考密克论证据》（第5版），汤维建等译，中国政法大学出版社2004年版，第108页。

程的竞争性。

而在探知模式之下,整个庭审活动都在事实裁判者的主持下进行,控辩双方在法庭上提交证据、进行质证以及展开辩论等都必须服从和服务于裁判者主导的调查活动。为了揭示案件真相,裁判者在法庭上可以依职权主动调查证据和对证人发问。与竞争模式下的激烈对抗不同的是,控辩双方更像是法官的助手,负有协助裁判者确定案件真相的义务。因此,裁判者在庭审过程中对控辩双方的举证和质证行为的干预较多,司法证明实际上是裁判者主导下的查明活动。

这种探知证明模式发端于欧洲中世纪的纠问式诉讼模式。在神明裁判制度退出历史舞台后,欧洲大陆的弹劾式诉讼模式最终被纠问式诉讼模式所取代。纠问式诉讼模式强调国家对犯罪的追诉权,司法机关主动追究犯罪,不以被害人的控告作为追诉的必要条件,法官集侦查、起诉以及审判职能于一身,而被告人和被害人不具有诉讼主体地位,不具有在法庭上展开言词辩论的权利;同时,秘密审判和刑讯逼供也构成这一模式的鲜明特色。在这一背景下,揭示真相的权利和机会基本上被法官垄断了,在诉讼过程中居于绝对支配地位的法官具有不择手段发现真相的潜在能力。这种对裁判者智识的过分依赖以及对被告人和被害人诉讼地位的贬抑,使得原本应当由多方参与的司法证明活动异化为法官依职权探明真相的活动。

可以说,探知证明模式在纠问式诉讼模式下发展到了极致。这与当时条件下司法权的绝对优越地位是密不可分的。与竞争模式下陪审团被动听审不同的是,探知模式下的事实裁判者本质上就是一个调查者,在法庭上积极主动地展开调查。被告人和被害人缺乏举证权、质证权和辩论权,没有足够的机会来阐述和论证自己的事实主张,而只能被动地协助和配合由法官主导的调查活动。所以,在这一模式之下,裁判者开展的庭审调查活动富有效率,但由于程序的民主性较差,事实认定的准确性难以得到有效的保障。尤其是,与纠问式诉讼模式如影随形的法定证据制度在很大程度上束缚了法官的手脚,甚至压抑了法官的主观能动性。直到纠问式诉讼模式被审问式诉讼模式所取代、自由心证证据制度得以确立之后,法官的良心和理性才得到真正的解放。因此,探知证明模式在审问式诉讼模式之下才真正显现出其制度优势。

由这种独特的事实认定方式所决定,整个庭审活动体现着鲜明的探知性。裁判者不像竞争模式下的裁判者那样消极地听审,而是扮演积极调查者的角色。例如,在法国,审判长有权维持法庭秩序,指导审判,采取他认为有助于查明真相的一切措施。必要时,他可以传唤任何人并听取其陈述,调取为查明真相所需的证据。① 在德国,《刑事诉讼法》第二百四十四条第二项规定,法院为了调查真相,应依职权对所有对判决有重要性的事实或证据加以调查。具体而言,一方面,法院不受参与诉讼者的主张的拘束,尤其不受被告自白的拘束,可以完全自由地决定是否相信其主张;另一方面,法院不受证据调查申请的限制,对检察官及被告均未提出要求的证据,法院也可以依职权主动加以调查。② 在大陆法系国家的传统刑事庭审程序中,对证人的询问不是采取控辩双方交叉询问的方式,而是以法官询问为主,控辩双方进行补充性的询问。例如,根据法国《刑事诉讼法典》的规定,在重罪审判程序中,"证人按照审判长确定的顺序,先后分开出庭作证"③。而在轻罪审判程序中,首先由审判长讯问被告人,听取其陈述。然后,检察官可以向被告人发问,民事当事人和辩护人可以通过审判长发问。审判长还可以确定各证人的作证次序,证人在作证后应当接受审判长和控辩双方的询问。④

在这一背景下,证人不会被区分为控方证人和辩方证人而分别适用于不同的作证规则,自然也就不存在所谓的"主询问"和"反询问"的区分了。另外,与英美法系国家的竞争模式不同的是,对于庭审中涉及的专业性问题,大陆法系国家不是采用专家证人制度,而是采用鉴定制度来加以解决。鉴定人是经由国家专门程序审批取得鉴定人资格,并在鉴定机构中执业的人员,其参与诉讼不是由控辩双方聘请而是由法院聘请,从而被看作法官的技术助手。在探知模式下,鉴定人不具有专家证人那样的党派性,而是被要求秉持客观中立的立场,以自身的专业知识向法庭阐释有关的专门问题。

大陆法系国家并不像英美法系国家那样提倡交叉询问,这是因为探知证明模式并不倚重控辩双方的对抗,而是更多地依赖裁判者的明察秋毫。

---

①程荣斌:《外国刑事诉讼法教程》,中国人民大学出版社 2002 年版,第 229 页。

②[德]克劳思·罗科信:《刑事诉讼法》,吴丽琪译,法律出版社 2003 年版,第 114—115 页。

③[法]贝尔纳·布洛克:《法国刑事诉讼法典》,罗结珍译,中国法制出版社 2006 年版,第 242 页。

④程荣斌:《外国刑事诉讼法教程》,中国人民大学出版社 2002 年版,第 238 页。

因此,在探知模式下,庭审中的信息交流主要存在于裁判者与被告人、被害人、证人和鉴定人等诉讼参与人之间,而控辩双方与这些诉讼参与人之间的交流则退居次席。

从程序规则和证据规则上来看,尽管大陆法系国家的直接言词原则与英美法系国家的传闻规则在功能上有某些类似之处,但实际上二者旨趣相异。竞争模式下的传闻规则以控辩双方为着眼点,致力于保障被告人的对质权;而探知模式下的直接言词原则则以裁判者为着眼点,致力于保障裁判者做出的判决建立在直接调查与口头辩论的基础上。

(二)基于证明客体视角的分析

所谓证明客体,又称证明对象,是指司法证明活动所指向的目标。在竞争模式之下,刑事裁判的目的是解决控辩双方之间的争议,因而,证明客体的确定在一定程度上取决于控辩双方是否存在争议。换言之,通常只有控辩双方之间存在争议的事实或者事实要件才会成为证明对象。一旦争讼双方对某些事实不存在争议,法庭也就无须将其视为证明对象。例如,在英美法系国家的刑事诉讼中,在正式庭审之前有一个传讯程序。在此程序中,法庭会听取被告人对指控罪行的答辩。如果被告人自愿承认了指控罪行,法庭便不再举行正式的庭审,而是直接做出有罪认定并进入量刑程序。美国《联邦刑事诉讼规则》第十一条明确规定:"检察官和辩护律师或者没有辩护律师的被告人可以进行讨论,以期达成这么一项协议:一旦被告人就所指控的犯罪或者更轻的或与其有关联的犯罪做出有罪答辩或不予争辩的答辩,检察官将采取如下行动:(1)向法庭提议撤销其他指控;(2)建议法庭对被告人判处特定的刑罚……(3)同意对该案判处特定的刑罚是适当的处理。"[1]可见,刑事证明中的自认会导致自认的相关事实被排除在证明客体之外。

之所以会出现这种关于证明客体的制度设计,其深层次原因在于,在竞争模式下,司法证明的过程本质上是控辩双方通过质证和辩论来建构事实的过程。尽管在具体的司法实践中,控辩双方的立场是对立的,大多数举证、质证和辩论等活动都是针锋相对的,但由于作为事实裁判者的陪审团不会主动调查证据。因此,陪审团最终认定的案件事实基本上是在控辩双方

---

[1] 王以真主编:《外国刑事诉讼法学(新编本)》,北京大学出版社 2004 年版,第 373 页。

的举证、质证和辩论的"合力"作用下形成的。因此,当被告人在正式庭审之前自愿承认有罪,便意味着控辩双方之间就犯罪事实问题已经达成共识,正式的庭审便不必要了。在美国,超过九成的刑事案件通过辩诉交易的方式得到解决,而这种辩诉交易正是在控辩双方之间进行对话、协商和妥协的产物。

从裁判要求和标准来看,竞争模式下的证明标准是以控辩双方为视角来设计的。英美法系国家有罪判决的证明标准是"排除合理怀疑",这显然是从事实主张者的相对方提出质疑的视角来进行的描述,即要求事实主张者将案件事实证明到能够排除相对方所提出的合理怀疑的程度。

在探知模式下,刑事裁判的目的不仅仅是解决控辩双方之间的争议,还要求以查明真相为目标。这种对实质真实的追求决定了证明客体的确定不以控辩双方是否存在争议为必要条件。因而,即使被告人在庭审过程中认罪,也不能据此直接做出有罪判决,裁判者仍然应当在对案件相关证据进行审查和判断的基础上做出裁判。在大陆法系国家的探知模式中不存在刑事自认规则,即刑事证明中的自认不能产生免除控方证明责任的效力。在此情况下,被告人的自认仅被看作一种证明被告人有罪的证据,犯罪事实仍然是司法证明的客体;并且,无论是法庭上的自白还是法庭外的自白,通常都需要由其他证据加以补强。

之所以会出现这种关于证明客体的制度设计,其深层次原因在于,在探知模式下,司法证明的过程本质上是裁判者运用证据来还原案件事实的过程。裁判者肩负查明真相的职责,这是纠问式诉讼的鲜明特色。正是由于查明真相的责任与相应的司法权力相辅相成,才导致了欧洲大陆在中世纪时期极为普遍的刑讯逼供。尽管近代以来,欧洲大陆已经实现了控审分离,纠问式诉讼被审问式诉讼所取代,但法院查明真相的职责仍然被保留下来了,只是在实现方式上做出了改变。例如,法国《刑事诉讼法典》第三百一十条规定,审判长享有自行做出决定的权力。依此权力,审判长得本着荣誉与良心,采取其认为有利于查明事实真相的一切措施。[①]

尽管大陆法系国家也开始了类似于辩诉交易的尝试,但这些尝试与美国的辩诉交易不可同日而语。有学者指出:"德国式的协商性司法与美国式

---

① [法]贝尔纳·布洛克:《法国刑事诉讼法典》,罗结珍译,中国法制出版社 2006 年版,第 237 页。

的辩诉交易并不完全相同,因为在德国刑事司法程序中不存在类似于美国刑事程序中的有罪答辩制度。"①此外,特别值得注意的是,在大陆法系国家的类似实践中,协商并不仅仅在控辩双方之间展开,法院在其中扮演着积极参与者甚至是主导者的角色。比如,在德国,"除了检察官与辩护律师参与协商之外,法官也可以积极地参与案件的协商处理。实际上法官与辩护律师可以单独进行协商,而无须检察官的参与。在实务中,法官经常主动地询问辩护律师是否可以与法官进行协商,从而启动双方对案件的协商处理"②。

从裁判要求和标准来看,探知模式下的证明标准是以裁判者为视角来设计的。因此,大陆法系国家通行的有罪判决证明标准不是"排除合理怀疑",而是"内心确信"。例如,法国《刑事诉讼法典》第四百二十七条规定:"除法律另有规定外,犯罪得以任何证据形式认定,并且法官得依其内心确信做出判决。法官只能以在审理过程中向其提出的、并在其当面经对席辩论的证据为其做出裁判决定的依据。"③

归结起来,竞争模式与探知模式在证明客体问题上产生上述差异的主要原因在于,二者的出发点有所不同:在竞争模式下,认证行为的主要功能在于判断。"纠纷解决者的兴趣不在于准确地重建事实,而在于判决哪一方当事人提出了更好的事实和法律理由。这一判决不必以相信争议事实的真相为基础:一方提出的事实为真的可能性更大就足够了。"④而在探知模式下,认证行为的主要功能在于调查。"在大陆法模式下,首席法官承担着发现信息来源的最主要责任。法官同时也是事实裁判者,他将根据自己的认知需要,努力构建一个'一元的'案件;证据信息并非产生于持对立观点的其他主体。"⑤基于这一差别,在竞争模式下,控辩双方在司法证明活动中竭力

---

①[德]约阿希姆·赫尔曼:《协商性司法——德国刑事诉讼中的辩诉交易》,程雷译,《中国刑事法杂志》2004 年第 2 期。

②[德]约阿希姆·赫尔曼:《协商性司法——德国刑事诉讼中的辩诉交易》,程雷译,《中国刑事法杂志》2004 年第 2 期。

③[法]贝尔纳·布洛克:《法国刑事诉讼法典》,罗结珍译,中国法制出版社 2006 年版,第 292 页。

④[美]米尔吉安·R.达马斯卡:《比较法视野中的证据制度》,吴宏耀、魏晓娜等译,中国人民公安大学出版社 2006 年版,第 80 页。

⑤[美]米尔吉安·R.达马斯卡:《比较法视野中的证据制度》,吴宏耀、魏晓娜等译,中国人民公安大学出版社 2006 年版,第 74 页。

让陪审团对于对方所主张的事实形成合理的怀疑,而一旦其中一方认可了另一方所主张的某一事实,该事实便无须证明了;而在探知模式下,裁判者所关注的并不是某一方是否针对相对方所主张的事实提出了合理的怀疑,而是谋求建立自身的内心确信,因而即使控辩双方中的一方对于另一方所主张的某一事实予以认可,法官仍可就此事项展开调查。

(三)基于证明手段视角的分析

除了证明主体和证明客体方面的区别之外,竞争模式与探知模式在证明手段的运用上也存在重要区别。竞争模式旨在通过控辩双方分别从正反两个方面来呈现事实,使裁判者获得对真相的全面认知。因此,该模式十分注重论辩的公平性和充分性;探知模式旨在通过裁判者的明察秋毫来深入揭示真相。因此,该模式十分注重材料的可靠性和详尽性。这种着眼点上的差异造就了证明手段运用方式上的重要区别。

竞争模式为了保障论辩的公平性,确立了刑事诉讼的庭前证据开示制度。这一制度最初产生于英国,是一种"单向开示",即要求控方在庭前向辩方展示证据。后来,在美国,这一制度由"单向开示"演变为"双向开示",即控辩双方均须在庭前向对方展示证据。如果违反了这一规则,便有可能导致证据失权的后果。在美国,有一个辩方因违反证据开示规则而导致证据失权的典型案例:俄亥俄州的弗兰克·威尔莫斯被控对四名与他和他妻子同住的精神障碍者实施性侵犯。在审判中,威尔莫斯要求传唤一名关键的证人——大卫·米勒医生作证,称该医生会证实他本人是性无能,不可能从事有的受害者作证的罪行。但由于威尔莫斯的辩护律师在审判前未向检察官告知米勒医生的姓名,因而违反了俄亥俄州的证据开示规则,审判法庭拒绝了让米勒医生出庭作证的要求。最终,威尔莫斯被判有罪。[①] 表面看来,法庭拒绝证人出庭作证的做法妨碍了真相的揭示。然而,在英美学者看来,这种证据开示制度实际上是通过对论辩公平性的保障来实现竞争模式下的真实发现目标。所以,证据失权的制裁手段,本身也是在竞争模式下独特的真相发现机制的组成部分。

为了保障辩论的公平性和充分性,英美法系国家还确立了庭审阶段的

---

① 龙宗智:《刑事诉讼中的证据开示制度研究》,《政法论坛》1998 年第 1 期。

交叉询问规则和传闻规则等,这些规则使得人证居于核心地位,从而形成了"人证中心主义"的传统。其中,交叉询问不仅确保了控辩双方向证人发问的机会,还允许控辩双方自行确定证人出庭顺序以及提问的内容与方式等,这既体现了诉讼的民主性,也保障了举证、质证与辩论的充分性。而传闻规则通过法庭排除传闻来保障证人出庭作证,有助于确保相关的证明信息完整地呈现于法庭,保障了辩论的充分性。不少学者认为,传闻规则在英国产生之初是为了排除不可靠的转述,而在美国得到进一步发展,其宗旨不再是可靠性,而是为了保障当事人的对质权。然而,多数美国学者却认为,确立传闻规则的主要目的还是保障证言的可靠性,其对被告人对质权的保障的最终指向是可靠性,因为没有对质就没有可靠性可言。

因此,尽管在我们看来,英美法系国家司法证明活动中的竞技规则似乎更注重程序公正和形式真实,但是,在英美学者看来,这些规则恰恰是保障实质真实发现的最有效途径。这种理解上的差异是因为我国与英美法系国家的刑事证明模式迥异,进而形成了截然不同的司法证明理念;并且,在我们看来,这些规则的实施可能会影响到庭审的效率。比如,被称为"世纪审判"的辛普森案的庭审就持续了九个月之久。不过,在英美人士看来,这种对庭审效率的牺牲正是为了更准确地揭示真相。

相比之下,探知模式下的真相发现更多地依赖裁判者的智识而非控辩双方的论辩,因而这一模式更注重材料的可靠性和详尽性。尽管大陆法系国家在庭前也确立了刑事证据开示制度,但适用范围较窄,远不像英美法系国家那样成熟和完善,这与刑事证明模式的差异不无关系。而在庭审过程中,虽然大陆法系国家也确立了交叉询问规则,但其地位却无法与英美法系竞争模式下的交叉询问规则相提并论。甚至有德国学者认为,交叉询问虽然在理论上为刑事诉讼法所允许(《刑事诉讼法》第二百三十九条),但在实务上却并无意义可言。其原因在于,在德国刑事诉讼法上适用的是"调查原则",该原则自始即禁止检察官及辩护律师自行决定诉讼证据。①

探知模式赋予了裁判者相当大的依职权主动调查权和事实认定上的自由裁量权,因而在对证据的审查判断上具有不同于竞争模式的特点。有德国学者指出,自由心证的含义包括:法院可以自由衡量证人证言的证据价

---

① [德]克劳思·罗科信:《刑事诉讼法》,吴丽琪译,法律出版社 2003 年版,第 136 页。

值,亦即不受法定证据规则的拘束;即使有多位宣誓过的证人均做了对被告不利的陈述,法官仍可选择相信被告的陈述;法院的心证也可能经由间接证据而加以建立,亦即基于其他事实而对直接事实做出推论。[1] 可见,在探知模式下,法官可以运用自身的理性和经验自由地对证据进行审查判断并形成内心的确信,言词证据并没有被优先考虑。而在竞争模式下,基于"人证中心主义"的传统,几乎所有的证据都要以证言或者证言的附属形式呈现,并且,经过宣誓的证言其可信性在实践中往往被陪审团高估。从立法层面来看,譬如临终证言等特殊状态下的陈述被作为传闻规则的例外,允许被法庭采纳为证据。所以,言词证据在探知模式下较之在竞争模式下,其地位要低得多。在探知模式下,裁判者往往会认为言词证据不够可靠,而更趋向于信赖书证、物证等实物证据。从诉讼心理学的角度来看,人证更有利于控辩双方的竞争和对抗,而物证更有利于裁判者的分析和推理。因此,这种对于言词证据和实物证据的不同偏好,恰好体现了与竞争模式和探知模式相伴而生的证明理念的差异,分别反映了不同的司法理性。

探知模式与竞争模式在证明手段的运用上还有一个重要区别,即证据来源的开放性。在竞争模式下,不仅裁判者不能主动调取证据,控辩双方提交的证据也会受到诸多证据规则的限制和约束。对裁判者主动调取证据的限制必然会妨碍其在查明真相方面的主观能动性的发挥,而繁杂的证据规则则为证据的准入设置了很多的门槛。虽然从形式上来看,这些证据规则对争讼双方是公正的,但是,从司法证明的目的来看,这样的规则设计却可能导致很多有价值的证明信息被排除于司法证明之外,难以进入裁判者的视野,而证明信息的全面与准确却事关司法证明结论的可靠性。正如达马斯卡所言:"对抗双方的律师所采取的相对复杂的证据调查方式,戏剧性地隔离了某些信息——这些信息如果被采纳,事实上有可能会动摇事实裁判者对可采证据的认识。"[2]在探知模式下,裁判者可以在控辩双方的主张之外去寻找证据,这使得证明信息的来源更为广泛。例如,在德国,法院可以独立提出被告申请中没有提到的为其开脱的证据。[3] 并且,在探知模式下,

---

①[德]克劳思·罗科信:《刑事诉讼法》,吴丽琪译,法律出版社 2003 年版,第 119 页。

②[美]米尔吉安·R.达马斯卡:《比较法视野中的证据制度》,吴宏耀、魏晓娜等译,中国人民公安大学出版社 2006 年版,第 71 页。

③程荣斌:《外国刑事诉讼法教程》,中国人民大学出版社 2002 年版,第 292 页。

法律对证明手段的规制较少，这显然有利于彰显实质真实的证明理念。

此外，在证据采纳和排除方面，探知模式下的证据排除范围是由成文法明确规定的，而竞争模式下的证据排除范围虽然经由成文法和判例加以明确，但在实践中，特定的证据排除与否还在某种程度上取决于控辩双方的诉讼行为。基于对公平竞技的保障，法庭通常不主动排除证据。学者指出，在英美法系国家，"要想让证据排除规则在实际中得到公正的适用，反对方就应当在对某一个证据的可采性产生争议之时，及时告知法官并提出相应的理由。这个责任由反对方负担，而不是法官。通行的做法是，当举证方提出证据时，反对方如果没有及时反对，就放弃了就此证据的采纳进行上诉的权利"①。"如果在举证时没有提出异议，此证据将被采纳并发挥其证明力。证据的不可采性不影响它被用来证明案件事实。无异议的不适格证据在辩论中将发挥证明作用，单独或部分地支持裁决或认定……这个原则体现在所有适用排除规则的过程中，它最常用于传闻规则，但同样适用于最佳证据规则、意见规则、无证人资格的证言、违反举证特权的证言、未经确证的文书、证人的亲身经历、专家资格。"②

综上所述，竞争模式与探知模式在证明主体、证明客体和证明手段等方面均呈现出不同的特点。这使得二者在实现司法证明目标上优劣互现、各有千秋。

竞争模式的优势在于，有助于充分发挥举证方与质证方在司法证明中的能动作用，认证方心证的形成受到争讼双方主张和辩论范围的严格制约。有英美学者指出，在运用陪审团但没有职业侦查机关的情况下，不存在影响证据调查的官方卷宗。③ 在司法证明过程中，事实裁判者完全依据争讼双方的说服、论辩情况做出裁决；同时，竞争模式的说服论证功能更强，这是因为，在这一模式下，当事人的参与程度较高，司法民主体现得较为充分，因此能够更好地吸收当事人的不满。这一模式的弊端在于，由于认证方的消极

---

① ［美］约翰·W.斯特龙主编：《麦考密克论证据》（第 5 版），汤维建等译，中国政法大学出版社 2004 年版，第 109 页。

② ［美］约翰·W.斯特龙主编：《麦考密克论证据》（第 5 版），汤维建等译，中国政法大学出版社 2004 年版，第 120 页。

③ ［美］米尔吉安·R.达马斯卡：《比较法视野中的证据制度》，吴宏耀、魏晓娜等译，中国人民公安大学出版社 2006 年版，第 78 页脚注。

和中立,使得司法证明的过程和结果会在很大程度上取决于争讼双方的诉讼能力等案外因素,从而导致司法证明的无序。正如学者所言:竞争模式是基于这样一个假设,即每一方当事人都会有效地提出异议,这意味着各方当事人起码拥有支持诉讼的必要资源。这个假设常常是虚假的,并会导致对争端一方或另一方(或双方)的代理无力;①并且,这一模式为了保障控辩双方的平等对抗而设计了繁杂的证据规则,这些规则兼顾了真实发现之外的各种价值,从而影响了真相揭示功能的发挥。正如一位著名的审判法官所言:"我们关于频繁地为求得其他次要的、甚至是虚幻的价值,而牺牲了查明真相这一目的。"②

探知模式的优势在于,整个司法证明过程以认证方为中心而展开,有利于明确争点和提高证明效率;同时,认证方与诉讼结果没有法律上的利害关系,由其推动司法证明进程有助于避免因一方当事人诉讼能力的低下而导致证明结构的扭曲和失衡。有学者认为,由裁判者本人亲自实施事实调查,比起仅根据争斗的当事人提供的证据进行判断,更有助于裁判者形成本人的确信。③ 不过,这一模式的弊端在于:举证方与质证方的参与程度较低,容易因认证方的主观因素而导致司法证明结果的偏差。在实践中,司法证明过程被看作是单线程的思维过程,从而导致了侦查笔录对司法证明的重大影响。在大陆法系国家的审判中,卷宗常常是必不可少的,流水线式的证据调查程序使得侦查阶段的事实认定结论会对审判阶段的司法证明活动产生重要影响。由此,作为证明准备活动的取证活动,往往奠定了司法证明的基调,实际上这是一种本末倒置的现象。笔者在上文中提到,证据收集并非司法证明的组成部分,而是构成司法证明的环境,司法证明的结论应当在司法证明内部诸要素之间的互动中产生;同时,由于这一模式突出认证方的作用,因而认证方可以在争讼双方说服和辩论的范围之外形成自己的心证。此外,探知模式在说服论证功能方面略嫌不足,主要原因在于司法证明进程

---

①[美]罗纳德·艾伦、理查德·库恩斯、埃莉诺·斯威夫特:《证据法:文本、问题和案例》(第3版),张保生、王进喜、赵滢译,高等教育出版社2006年版,第134页。

②[美]迈克尔·D.贝勒斯:《法律的原则——一个规范的分析》,张文显、宋金娜、朱卫国、黄文艺译,中国大百科全书出版社1996年版,第40页。

③[美]米尔吉安·R.达马斯卡:《比较法视野中的证据制度》,吴宏耀、魏晓娜等译,中国人民公安大学出版社2006年版,第81页。

主要由认证方实施控制,当事人的参与程度较低,因而司法民主体现得不够充分。

正是由于竞争模式与探知模式存在各自的优势和局限,因而近年来两大法系在刑事证明模式上也出现了相互借鉴和融合的趋势。笔者认为,刑事证明的理想模式应当是尽可能地将上述两种模式的优势结合起来,并设法避免或减少其负面效应。

二、我国刑事证明模式的现状及存在的问题

近年来,不少国内学者开始关注和探讨我国刑事证明模式问题,龙宗智教授将我国传统的刑事证明模式概括为"印证证明模式",并对这一模式的特点、成因、优势与局限等展开了鞭辟入里的分析。① 其后,多数学者对刑事证明模式的研究集中在对"印证证明模式"的评判和分析上。而笔者此处讨论的"刑事证明模式"显然与上述学者探讨的刑事证明模式是两个不同层面的问题。目前国内学者大多是从法官心证形成的视角来探讨刑事证明模式,而笔者对刑事证明模式的考察是着眼于整个刑事证明的动态活动,而不局限于定案阶段的思维过程。

那么,当前我国刑事证明模式究竟是属于英美法系的竞争模式,还是属于大陆法系的探知模式呢? 上文提到,竞争模式和探知模式存在着很多明显的差别。但实际上,二者之间也有许多共同之处。比如,控辩双方的平等对抗、直接言词的审理方式、庭审实质化等。通过比较考察,我们可以发现,我国当前的刑事证明模式是混杂式的,一方面基于诉讼制度的相似性而承继了大陆法系国家的探知模式的某些基因,另一方面通过近年来的庭审方式改革而吸收了英美法系国家的竞争模式的某些合理因素;同时,基于特有的法律传统、诉讼制度和司法体制,我国刑事证明模式具有不同于上述两种模式的独特之处。这样一种刑事证明模式很难归入上述两种证明模式之中,却也不能说是自成一家的刑事证明模式,因为它正处于不断摸索和改革的进程之中。所以,它实际上是一种尚不够成熟和完善的过渡形态。这一刑事证明模式具有三个方面的主要特征,即控辩力量不均衡、庭审互动形式

---

① 龙宗智:《印证与自由心证——我国刑事诉讼的证明模式》,《法学研究》2004 年第 2 期。

化以及工作重心在庭外。

(一)控辩力量不均衡

竞争模式,实际上是以控辩双方的平等对抗作为揭示真相的主要渠道,而探知模式虽然以裁判者的明察秋毫作为揭示真相的主要途径,但控辩双方的平等对抗同样构成裁判者展开庭审调查的组成部分。而在我国,由于立法者对于辩方的防御性权利规定不到位,加之现实的司法环境等因素,使得辩方难以与控方在法庭上形成有效的对抗。其最突出的表现就是,辩护律师调查取证权的缺失。由于辩护律师的调查取证权得不到有效的保障,法庭上所呈现的证据基本上都是控方在侦查和起诉阶段收集并提交法庭的,辩方在法庭调查阶段只能被动地对控方提交的证据提出质证意见,而难以提出自己调查收集的能够证明被告人无罪或者罪轻的证据。这种控方在举证上唱"独角戏"的局面显然难以让裁判者做到"兼听则明"。

从权利来源上讲,辩护律师的调查取证权来自当事人的证明权。在现代社会,根据无罪推定原则,虽然被追诉人原则上不承担证明自己无罪的义务,但却拥有证明自己无罪或罪轻的权利。我国学界对于证明权的研究刚刚起步,而德国学者早在20世纪80年代以前就提出了"证明权"的概念并展开了初步研究。在德国学者看来,证明权也属于司法请求权的内容,而司法请求权是宪法性权利。因此,证明权也拥有宪法上的地位,立法者不得随意对其予以限制。[1] 当事人的证明权至少应当包括取证、举证和质证等基本权利,因此调查取证权是当事人证明权的重要组成部分。只不过,由于刑事案件的被追诉人可能处于羁押状态,无法自行收集证据,只能由辩护律师代为行使。所以,辩护律师的调查取证权是对被追诉人证明权的延伸。

值得一提的是,虽然辩护律师的调查取证权是对被追诉人证明权的延伸,但是,由于种种原因,我国现行立法却并未赋予被追诉人调查取证权,也没有赋予辩护律师以外的辩护人调查取证权,而仅将这一权利赋予辩护律师。这正是我国学者将调查取证权视作律师执业权利的根源所在。从各国立法来看,辩方调查取证权的行使方式主要包括两种,即自行调查取证权与

---

①[德]瓦尔特·哈布沙伊德、维尔茨堡·日内瓦:《证明权》,[德]米夏埃尔·施蒂尔纳:《德国民事诉讼法学文萃》,赵秀举译,中国政法大学出版社2005年版,第313—339页。

申请调查取证权。前者是由辩方亲自进行案情调查和证据收集的；后者则是申请司法机关代为进行案情调查和证据收集的。辩护律师调查取证权作为辩方的一项积极防御权利，无论是对于协助司法机关查明案件事实，以实现实体公正，还是对于维系控辩平等对抗的诉讼构造，以体现程序公正，都具有重要意义。

尽管我国 2007 年新修订的《律师法》在一定程度上强化了辩护律师的调查取证权，2012 年新修订的《刑事诉讼法》也做出了相应的修改，将辩护律师的调查取证权提前到了侦查阶段，但囿于立法技术和观念方面的原因，其在保障辩护律师调查取证权方面仍然存在诸多局限。

一方面，现行立法对辩护律师自行调查取证权的保护不到位。首先，2007 年新修订的《律师法》已经删除了关于自行调查取证要"经有关单位或者个人同意"的规定，但是，2012 年新修订的《刑事诉讼法》却保留了原有条文，即"辩护律师经证人或者其他有关单位和个人同意，可以向他们收集与本案有关的材料，也可以申请人民检察院、人民法院收集、调取证据，或者申请人民法院通知证人出庭作证。辩护律师经人民检察院或者人民法院许可，并且经被害人或者其近亲属、被害人提供的证人同意，可以向他们收集与本案有关的材料"。在我国当前的司法环境下，辩护律师行使权利原本就障碍重重，再加上"经证人或者其他有关单位和个人同意"的规定，必然会使很多辩护律师难以有效行使自行调查取证的权利。其次，现行立法没有明确"有关单位和个人"配合律师调查取证的义务。无论是新《律师法》还是新《刑事诉讼法》，都没有明确"有关单位和个人"对律师调查取证予以配合的义务。这样一来，实践中仍然可能大量出现有关单位和个人以工作内容需要保密或者个人生活安宁不受侵扰等为由，而将前来调查取证的律师拒之门外的情况。如此一来，律师的自行调查取证权就成了一句空话。实际上，我国历史上就曾经明确过"有关单位和个人"有配合律师调查取证的义务。1980 年《律师暂行条例》第七条规定："律师参加诉讼活动，有权依照有关规定，查阅本案材料，向有关单位、个人调查……律师进行前款所列活动，有关单位、个人有责任给予支持。"最高人民法院、最高人民检察院、公安部、司法部在 1981 年发布的《关于律师参加诉讼的几项具体规定的联合通知》第六条规定："律师参加诉讼（包括参加调解或仲裁活动）可以持法律顾问处介绍信向有关单位、个人进行访问，调查本案案情，有关单位、个人应当给予支持。"可见,与这些历史规定相比,现行立法规定的自行调查取证权显然有不少差距。

另一方面,现行立法对于司法机关在处理调查取证申请上的职责规定不明确。现行《刑事诉讼法》第四十三条规定,辩护律师"也可以申请人民检察院、人民法院收集、调取证据",但并未规定人民检察院和人民法院在接到申请后应当如何处理。现行《律师法》第三十五条关于律师申请司法机关调查取证的规定同样没有明确司法机关面对律师调查取证的申请应当如何处理。《人民检察院刑事诉讼规则(试行)》第五十二条规定:"案件移送审查起诉后,辩护律师依据刑事诉讼法第四十一条第一款的规定申请人民检察院收集、调取证据的,人民检察院案件管理部门应当及时将申请材料移送公诉部门办理。人民检察院认为需要收集、调取证据的,应当决定收集、调取并制作笔录附卷;决定不予收集、调取的,应当书面说明理由。人民检察院根据辩护律师的申请收集、调取证据时,辩护律师可以在场。"《最高人民法院关于适用〈中华人民共和国刑事诉讼法〉的解释》第五十一条规定:"辩护律师向证人或者有关单位、个人收集、调取与本案有关的证据材料,因证人或者有关单位、个人不同意,申请人民法院收集、调取,或者申请通知证人出庭作证,人民法院认为确有必要的,应当同意。"该《解释》第五十二条还规定:"辩护律师直接申请人民法院向证人或者有关单位、个人收集、调取证据材料,人民法院认为确有收集、调取必要,且不宜或者不能由辩护律师收集、调取的,应当同意。人民法院收集、调取证据材料时,辩护律师可以在场。"根据司法解释所做的这些规定,辩护律师固然可以依法向人民检察院和人民法院提出调取证据的申请,但只有在"人民检察院认为需要收集、调取证据"或者"人民法院认为确有收集、调取必要"的情况下,这一权利才能得以实现。而至于在何种情况下司法机关会认为"需要"或者"必要"却语焉不详,这就为辩护律师申请调查取证设置了不必要的障碍,容易导致法律规定的权利成为"一纸空文"。

(二)庭审互动形式化

上文提到,竞争模式与探知模式在证明要素之间的互动方式上存在一些区别,主要表现为竞争模式以控辩双方之间的互动作为主旋律,而探知模式则以裁判者与各类诉讼参与人之间的互动为主。但二者的共同之处在于,都致力于构建控、辩、审之间及其与诉讼参与人之间的良性互动关系,因为这些互动关系本质上是证明信息的传递与交流,对于裁判者全面把握证明信息、准确认定案件事实具有十分重要的意义。然而,在我国现有刑事证明模式下,法庭审理过程中的互动关系却存在形式化的倾向,其主要原因在于国际通行的直接言词原则未能在我国的刑事审判中得到贯彻。

由于我国不存在英美法系的陪审团制度,因而在主体结构上与大陆法系国家比较接近。然而,从实践层面来看,我国司法证明的认证主体不是一元化的结构,而是一种多元化结构。根据我国相关法律的规定,我国的审判组织形式有三种,即独任庭、合议庭和审判委员会。其中审判委员会是一种特殊的审判组织,只负责对经独任庭或合议庭审理,因案件重大、疑难、复杂而难以做出判决的案件进行处理;并且,其对案件的处理不是采取开庭的方式,而是采取会议的方式在审判委员会委员集体讨论的基础上做出决定,再交由原审判组织执行。所以,我们不妨把审判委员会看作是凌驾于独任庭或者合议庭之上的一个机构,负责对重大、疑难、复杂案件做出最终的裁判。此外,从我国司法实践的角度来看,经独任庭或者合议庭审理的案件,在做出判决前一般还要经过内部报批程序,即由审判庭将初拟的判决意见报请主管庭长审批,之后再报请主管院长审批。在经过这样的审批程序后,才能做出判决并公开宣判。

这样的认证主体结构形态与我国的司法体制有很大的关系。众所周知,我国实行的"人民法院依法独立行使审判权"不同于西方国家的"法官独立"审判。所以,如果我们把法院看作是认证主体,那么,可以说我国的认证主体是一元化的;而如果把司法证明活动所涉及的相关人员均视为认证主体,则我国的认证主体是多元化的。

我国这种独特的主体结构形态与两大法系均有较大的差异。其优势在于,经过层层把关,有助于确保法律适用的正确性,特别是对于重大、疑难、复杂案件,这种模式具有较大的优势。但是,从司法证明的角度来看,这种结构形态却是弊大于利的。这是因为,尽管庭长、院长以及审判委员会委员通常都有着丰富的审判经验,但是,以司法证明的一般经验来取代司法证明个案中的特殊规律却是不足取的,存在类似于法定证据制度的简单、机械等弊病。司法证明本质上是证明主体相互之间以及证明主体与证明客体、证明手段之间的互动过程。然而,这种多元化的认证主体结构存在的显著问题就在于,除庭审法官之外的庭长、院长以及审判委员会委员等主体并不亲自参与法庭审理。因此,既谈不上与举证方和质证方之间的互动,也谈不上与证明客体、证明手段之间的互动。

本来,司法证明的三方结构具有天然的过滤功能。它能够将任何一方导入系统的不合法证据或者提出的不当推理和论证方式予以排除或者否定,从而使三方证明主体的行为整合为一种促进事实发现的"合力",促进司法证明系统功能的实现。然而,我国作为法定认证主体的审判委员会以及实践中参与司法证明活动的庭长、院长等主体,则与证明当事人之间毫无互动可言。所以,均有必要视情况加以改造和完善。

此外,我国刑事司法实践中还存在着简易程序检察机关不派员出庭、二审法院不开庭审理和死刑复核程序缺乏控辩双方参与的问题,这显然不利于在简易程序、二审程序和死刑复核程序中形成三方证明主体之间的互动。针对这一现实,《刑事诉讼法》第二百一十六条规定人民检察院在简易程序中应当派员出庭,第二百三十四条对二审开庭审理的情形做出了明确规定,同时第二百五十一条还确立了控辩双方参与死刑复核程序的具体途径。这种立法上的完善显然有助于实现各方证明主体之间的良性互动,从而促进事实真相的发现。

我国特殊的认证主体结构使得刑事审判的"直接原则"难以实现,是导致"庭审走过场"的一个重要原因。但从庭审过程本身来看,被害人、证人和鉴定人不出庭导致"言词原则"难以贯彻也是一个重要因素。大陆法系强调直接言词原则,英美法系强调传闻规则,都是基于完整展现证明信息的需要。目前我国审判实践中存在的"案卷笔录中心主义"备受学者诟病,其原因也正在于此。德国著名学者拉德布鲁赫曾说:"被控告一方不正常的举止,紧张和愤怒的表情,证言陈述中不情愿的停顿,提前背熟的流畅和急速表述,所有这些细微区别和难以描述的状况,在单调呆板的官方记录中消失得无影无踪。"[1]正是由于被告人、证人等的面部表情、肢体语言等证据环境因素作为获取证明信息的重要途径,难以体现在法庭记录和裁判文书中,所以,书面审理意味着证明信息的大量遗失。有鉴于此,《刑事诉讼法》第一百九十三条不仅明确了证人应当出庭作证的情形,还规定了相应的程序性制

---

① [德]拉德布鲁赫:《法学导论》,米健、朱林译,中国大百科全书出版社1997年版,第125页。

裁措施；同时，该法关于证人保护和证人补偿的规定也是对证明信息获取的有力保障。不过，遗憾的是，从新修订的《刑事诉讼法》实施以来的情况来看，以往实践中普遍存在的"证人出庭难"现象并没有因为新法的实施而有所缓解。被害人、证人和鉴定人不出庭不可避免地会导致审判程序的虚置，从根本上危及合议制度、回避制度、审判公开制度、两审终审制度、直接言词原则、有效辩护原则、程序参与原则等制度和原则的实现。

当然，我们也应当看到，从 20 世纪 90 年代开始推动庭审方式改革至今，庭审活动已经逐渐具备了英美法系国家的竞争模式的某些特性，控辩双方的辩论机会得到了一定的保障，特别是辩方拥有了更多的影响裁判结果的机会。但问题在于，由于大量刑事案件的审判没有被害人、证人和鉴定人的出庭，交叉询问根本无法展开，庭审的实质化也就难以实现了。

（三）工作重心在庭外

我国当前的刑事证明模式与大陆法系国家的探知模式有不少相似之处。我国刑事诉讼中的事实裁判者同样以职业法官为主，并且，其在整个庭审过程中发挥着主导作用，担负着采取一切必要措施来揭示真相的职责。但是，我国刑事证明模式与大陆法系国家的探知模式之间仍然存在着重要的区别，其中之一便是我国法官开展的调查活动可以超越庭审的时间和空间的限制。实践中大量的调查工作在庭外展开，这使得法官异化为了"审判阶段的侦查人员"。

我国刑事司法实践中曾经长期存在"先定后审"的做法，这是审判工作重心在庭外的极端表现形式。近年来，随着庭审方式改革的推进和程序正义理念的深入人心，虽然"先定后审"的现象已经逐渐减少，但并未彻底消失。目前司法实践中的不少大案、要案以及敏感案件基本上还是"先定后审"，主要工作在开庭前展开。对于这些案件来说，开庭审理实际上是对庭前调查工作的"验收"和"展示"。这与我国社会正处于转型时期，各方面的矛盾比较尖锐和复杂，刑事司法制度尚不完善，以及刑事司法公信力不高等因素都不无关系。为了在法律效果之外追求良好的政治效果和社会效果，这些案件往往在受理后很长时间内没有开庭，但调查工作早已有序展开。由于庭前调查阶段已经把案情查得水落石出，甚至已经形成了判决意见，所以，开庭审判往往较为顺利，并且在开庭后不久即可宣判，甚至可以当庭宣判。例如,张氏叔侄案的一审法院就是在庭审结束后当庭宣判的,却在多年后被认定为重大冤案。

随着庭审方式改革的不断深入,普通案件"先定后审"的做法已经越来越少。实践中大多数普通案件都能够通过开庭来查明真相,然后择期宣判。值得注意的是,在这些案件的审理过程中仍然可能出现庭外调查取证的情况。比如,法院在庭审后发现法庭调查和辩论中存在某些疑点,仍然有必要调取某些书证、物证或者证人证言的,通常会由法官直接在庭外调取,甚至直接找公安机关调查核实情况。越是遇到疑难和复杂的案件,法官在庭外展开调查的工作量越大。因此,我们就不难理解,实践中的绝大多数案件,甚至是重大、疑难和复杂的案件,实际开庭审理的时间并不长,但整个审判周期却很长。这主要就是因为大量的工作被放在庭外去开展了。并且,由于立法和司法多方面的原因,近年来很多二审案件根本不开庭审理,二审法院的所有工作都在庭外展开。

这种"工作重心在庭外"的司法现象,显然与竞争模式和探知模式有着根本的区别。我们既可以把这一背景下控辩双方的竞争看作是一种在法庭之外角力的竞争,同时也可以把法官在庭外的调查看作是一种超越时空限制、不择手段的探知。但这种扭曲的竞争和探知手段不符合诉讼证明活动的一般规律,容易让事实认定误入歧途,对实质真实的发现是不利的。以张氏叔侄案为例,在该案一审期间,法官曾赴拱墅区看守所对狱侦耳目袁连芳进行询问,以便核实张辉是否曾在看守所主动承认自己实施了指控的犯罪等情况,袁连芳对此都做出了肯定的回答。试想,假如这样的核实工作不是在庭外展开,而是在法庭上允许被告人及其辩护律师对袁连芳的证言进行质证,法官对相关事实形成的心证恐怕就大不相同了。依据现代司法理念的要求,法官的心证应当从庭审过程中产生。有日本学者特别指出,法官心证形成的场所应当是法庭而不是办公室,进而对于法官把证据带回办公室调查的做法给予了批评,称为"办公室调查证据主义"。①

究其原因,"工作重心在庭外"与我国长期以来的司法传统不无关系。中华司法文明对"神探"的推崇和中国人普遍存在的"求真"心理,为这种庭

---

① [日]田口守一:《刑事诉讼法》,刘迪、张凌、穆津译,法律出版社 2000 年版,第 226 页脚注。

外调查式的真相发现机制奠定了思想基础。除此之外，庭外调查的盛行还缘于以下几个方面的因素。

其一，司法理念方面的原因。在笔者参与实证调研的过程中，受访法官普遍认为，很多案件"开庭意义不大""开庭只是走形式""开庭根本不解决问题"。可见，在"重实体、轻程序"的司法理念影响下，当事人的程序权利难以得到应有的尊重。在审判实践中，很多法官将自己定位为调查者而非听审者的角色，尤其是在二审法院认为一审有罪判决证据不足，而检察机关又怠于举证的情况下，法院一般不会直接做出无罪判决，而是直接与公安机关及其他有关单位联系调查取证。这样一来，法官的中立性便难以得到有效的保障。

其二，工作机制方面的原因。笔者通过调研发现，近年来二审法院不开庭审理并不仅仅是因为当时的法律关于二审开庭审理的规定缺乏刚性，还存在工作机制方面的原因。不少受访的法官表示，大量上诉案件不开庭审理是因为法院工作量太大，审判期限太短。乍听起来，不无道理。毕竟在全面审查原则之下，二审法院承担着繁重的审判任务。但仔细分析起来，主要原因并不在此。这是因为，从应然的角度来说，二审法院是居中裁判的机构，只要经过必要的庭前准备活动，即可在法庭上组织控辩双方展开法庭调查和法庭辩论，之后再根据庭审形成的心证做出裁判即可。假如二审法院果真如此超脱，真正做到以庭审为中心，那么，时间紧、任务重并不足以构成不开庭审理的理由。

然而，现实的情况是，二审法院常常越俎代庖，承担起很多原本应当由检察机关承担的工作职责，导致审判工作的重心在法庭之外。很多受访法官都抱怨检察机关对二审不够重视，对二审法院的工作不够配合。在某些情况下，由于检察机关不予配合，二审法院连开庭时间都很难确定。比如，有的法官指出，在二审实践中，经常有检察官以工作繁忙为由推脱，导致开庭日期不能确定，甚至有的案件在收案后一个月都开不了庭。而对于法院来讲，由于审限的制约，在迟迟不能开庭的情况下，二审法院只有两种选择：要么超出审限，要么不开庭审理。还有的法官反映，合议庭对上诉案件进行审查以后，发现在事实、证据方面存在问题而需要开庭审理，就会通知检察机关。而如果检察机关对此不予重视，没有提出新的证据，开庭便不能解决任何问题。有的案件在二审检察人员到庭后，合议庭令其讯问被告人，检察人员却表示没有问题需要讯问，以致法庭调查无法进行。此外，还有的法官反映,对于有利于被告人的情节,检察机关在调查取证方面不够积极,由此出现了二审法院直接与公安机关联系,催促其调取相关证据的情况。

之所以会出现检察机关消极履行公诉职责,以致二审法院越俎代庖的情况,很大程度上归因于检察机关在二审中的职能定位。国内学界和实务界对于检察机关在二审中的职能定位素有争议,主要有三种观点,即既有公诉职能,也有监督职能;只有监督职能;区分上诉案件和抗诉案件,在上诉案件审理中兼有两种职能,在抗诉案件审理中只有监督职能。在二审实践中,检察机关大多将自身定位为监督机关,而非公诉机关。

也正是由于实践中二审法院的工作重心在法庭之外,所以很多法官认为是否开庭无关紧要。因此,这种职责的错位、角色的异化和机制的扭曲是导致上诉案件不开庭审理,进而使得所有调查工作在庭外展开的重要原因。

其三,司法体制方面的原因。法院开展大量的庭外调查活动,其目的是为了做到"不枉不纵"。这是我国现行司法体制给法院提出的要求,然而这一要求与国际通行的关于法院的定位是不相符合的。在我国现行的司法体制下,人民法院在居中裁判之外还被赋予了政治责任和社会责任。因而,一旦遇到控方证据未达到法定要求,或者某个有利于被告人的情节没有得到查实,法官都不敢轻易下判。否则,一旦出现了与事实不符的裁判,就可能对承办法官及其所在法院带来极为负面的评价。所以,人民法院可能会面临来自检察机关、被害人及其亲属、政法委、地方政府、新闻媒体以及社会公众等多方面的压力,从而不得不开展大量的庭外调查和沟通协调工作,而难以形成以庭审为中心的审判模式。

三、构建我国刑事证明的协同模式

无论是英美法系的竞争模式,还是大陆法系的探知模式,其制度设计都体现了一种对抗思维。前者立足于控辩双方之间的对抗,而后者则着眼于裁判者与控辩双方之间的对立。这两种模式都不利于实现证明主体之间的协同,从而影响了司法证明功能的发挥。因此,我们应当致力于构建司法证明的协同模式。[①] 为此,我们应当从我国刑事司法实际出发,以促进控、辩、

---

① 封利强:《司法证明过程论——以系统科学为视角》,法律出版社 2012 年版,第 262—263 页。

审各方良性互动为宗旨,推动我国刑事证明模式的转型。在笔者看来,我们
应当从以下几个方面入手来完善我国现有的刑事证明模式。

(一)赋予辩方充分的调查取证权

在我国当前刑事证明实践中,辩方的调查取证权得不到充分保障,进而
导致控辩双方力量不均衡,不仅影响了控辩双方之间的有效互动,也不利于
证明信息在庭审中的全面呈现。因此,我们应当从立法上进一步强化对辩
方调查取证权的保障。

一方面,我们应当细化关于辩护律师调查取证权的规定,特别是明确有
关单位和个人的协助义务,以便确保辩护律师调查取证权的正常行使。上
文提到,现行立法未明确规定"有关单位和个人"对律师调查取证予以配合
的义务,这不利于自行调查取证权的行使。那么,究竟应当如何协调被追诉
人的司法证明利益同有关单位和个人利益之间的关系,成为我们必须认真
加以思考的问题。在这一问题上,俄罗斯的立法经验值得借鉴。俄罗斯《刑
事诉讼法》第八十六条第三款规定:"辩护人有权通过以下途径收集证据:
(1)取得物品、文件和其他信息材料;(2)经本人同意后对人员进行询问;
(3)要求国家权力机关、地方自治机关、社会团体和组织提供证明书、说明书
和其他文件,上述机关和团体有义务提交所要求的文件或其复印件。"[1]笔
者认为,鉴于证人和被害人诉讼地位的特殊性,我们在对各方利益进行权衡
取舍时,应当对证人、被害人与有关单位区别对待;同时,基于不同证据在取
证方式上的差异,针对不同类型的证据也可以做出不同的规定。具体来说,
笔者关于协调律师调查取证权与有关单位和个人利益的设想是:(1)国家机
关和社会组织应当配合律师调查取证。刑事诉讼涉及被追诉人的人身自由
权、财产权甚至生命权的剥夺,而辩护律师又是受过专门职业训练,有着严
格纪律约束的执业人员。因此,国家机关、社会团体、企事业单位或者其他
社会组织都不应当以涉及国家秘密、商业秘密或者个人隐私为由拒绝向律
师提供实物证据或者言词证据。尽管国家机关与社会组织也存在有其自身
的合法权利和利益,但是,被追诉人的司法证明利益应当被优先考虑。如果
辩护律师向国家机关和社会组织调查取证遭到拒绝,可以申请司法机关通

---

[1]黄道秀:《俄罗斯联邦刑事诉讼法典》,中国人民公安大学出版社 2006 年版,第 82 页。

过搜查、扣押等方式强制提取有关证据。对于阻碍律师调取证据情节严重的,应当由司法机关以妨碍司法为由对相关责任人予以制裁。当然,如果律师在执业活动中出现了违规执业行为,侵犯了国家机关和社会组织的合法权益,后者也有权要求律师监管机构对律师进行处理,或者请求司法机关追究律师的法律责任。(2)向证人和被害人收集言词证据应当遵循自愿原则。新修订的《律师法》取消了"经有关单位或者个人同意"的规定,而新修订的《刑事诉讼法》则沿用了原有的"经有关单位或者个人同意"的规定。那么,从改革的角度来看,辩护律师调查取证是否应当征得个人的同意呢?在笔者看来,即使法律规定辩护律师调查取证无须经个人同意,也未必可行。从实践的情况来看,如果证人与被害人拒绝回答律师的提问,那么,辩护律师实际上无权采取任何强制措施。赋予律师强行询问的权利可能会对证人、被害人的私生活构成严重影响,甚至危及其人身安全,同时也难以消除辩护律师对证人、被害人实施威胁、引诱、欺骗或与其进行私下交易,进而损害国家司法利益的可能性。可见,辩护律师向证人和被害人收集言词证据只能在其自愿的前提下进行,如果辩护律师遭到拒绝,就只能在审判阶段申请法院通知证人出庭作证。德国学者也认为,"辩护人有权自行侦查。但是他们并没有强制侦查权,因而只能以公民身份收集信息。他们绝对不能对证人施加压力,以及试图影响他们"[1]。(3)证人和被害人有义务向律师提供实物证据。与言词证据不同的是,实物证据具有较强的客观性,不容易因外界因素的介入而发生变化。所以,证人和被害人对于其所持有的与案件有关的文书、物品等不得拒绝向辩护律师提供。如果辩护律师遭到拒绝,则可以申请司法机关通过搜查、扣押等方式强制提取有关的文书和物品。

另一方面,辩护律师无论是在诉讼地位方面,还是在诉讼手段方面,都无法与追诉机关相提并论,因而法律应当确立对辩护律师调查取证权的救济和保障机制,以确保其顺利实现。首先,应当明确司法机关对辩护证据线索的告知义务。侦查机关在办理刑事案件的过程中,不论是对于控诉证据,还是对于辩护证据,都应当依法全面收集。但是,由于实践中侦查机关的工作负担很重,可能出现力所不及的情况,或者出现侦查人员认为某辩护证据

---

①[德]托马斯·魏根特:《德国刑事诉讼程序》,岳礼玲、温小洁译,中国政法大学出版社 2004 年版,第 66 页。

对案件处理意义不大而没有收集必要的情况。在此情况下,如果侦查机关不能及时收集或者决定不予收集,则应当将有关线索及时告知辩护律师。检察机关在审查起诉的过程中遇到类似情况的,也应当采取同样的做法。法院在审理案件的过程中发现可能存在辩护证据的,应当对辩护律师予以提示。这样就可以保障律师获知辩护证据线索的渠道畅通,为其调查取证创造条件。《最高人民法院关于适用〈中华人民共和国刑事诉讼法〉的解释》第六十六条第二款规定:"人民法院调查核实证据时,发现对定罪量刑有重大影响的新的证据材料的,应当告知检察人员、辩护人、自诉人及其法定代理人。必要时,也可以直接提取,并及时通知检察人员、辩护人、自诉人及其法定代理人查阅、摘抄、复制。"这一规定实际上已经明确了法院对辩护证据线索的告知义务。其次,应当确保辩护律师申请调查取证权的实现。律师通常是在自行调查取证遇到阻碍的情况下才向司法机关申请调查取证的,所以,申请调查取证权本身就是一种救济性的权利。然而,由于法律对司法机关处理调查取证申请的职责规定不明确,司法解释中又人为设定了其"认为必要"等附加条件,使这一救济性权利常常难以落实。在这方面,我国台湾地区的立法可资借鉴。中国台湾地区《刑事诉讼法》第二百一十九条之一在赋予了辩方在侦查阶段申请检察官实施保全处分的权利之后,还规定"检察官受理前项申请,除认其为不合法或无理由予以驳回者外,应于五日内为保全处分";"检察官驳回前项申请或未于前项期间内为保全处分者,申请人得径向该管法院申请保全证据"。[①] 笔者主张参考中国台湾地区的立法经验,通过以下制度设计来保障律师权利的行使:首先,司法机关除法律明文列举的例外情况之外,应当准许辩护律师的调查取证申请。其次,明确规定申请调查取证权的救济途径,即在侦查阶段,律师申请侦查机关调查取证被拒绝的,可以向人民法院申请证据保全;在审查起诉阶段,律师申请公诉机关调查取证被拒绝的,也可以向人民法院申请证据保全。最后,对于侦查机关或者公诉机关拒绝调查取证申请,延误了取证时机,导致证据无法再取得的,如果辩方在庭审中主张该证据不利于控方的,可以推定该主张成立。

此外,值得一提的是,《刑事诉讼法》第四十二条规定:"辩护人收集的有关犯罪嫌疑人不在犯罪现场、未达到刑事责任年龄、属于依法不负刑事责任

---

① 五南法学研究中心:《必备六法》,五南图书出版公司 2007 年版,第 638 页。

的精神病人的证据,应当及时告知公安机关、人民检察院。"这一规定实际上明确了辩方的证据开示义务,有助于控方补充收集不利于犯罪嫌疑人、被告人的证据。然而,在竞争证明模式下形成的证据开示制度通常要求"双向开示",而最初在英国实行的"单向开示"也是强调控方向辩方展示证据,而不是相反。我国现行立法只是单方面规定了辩护律师对于上述证据的开示义务,而未明确控方的相应义务,这显然既不符合世界通行做法,也不符合诉讼规律。因此,在未来的立法中应当对此进一步加以完善。

(二)促进证明主体之间的良性互动

竞争模式与探知模式相比,何者更有利于揭示真相? 这是一个仁者见仁、智者见智的问题。有英美学者指出:"习惯上,人们将发现事实真相的方法区分为以下两种基本进路:对抗制与审问制。其中,前者依赖于对立当事人……后者则委重任于一个官方的、中立的执法官员……由于不同的原因,就其发现事实真相这一目标而言,上述两种进路没有一个特别成功。对抗制立足的是一系列不现实的假设;而审问制则随着对犯罪嫌疑人采取身体强制的做法不再流行,而失去它原有的许多功效。"我国台湾地区的学者也认为:"英美法因本彻底的当事人主义……是其事实之误定,多误在过分保持程序之公正,重视被告之防御权,所发现者仅形式的真实,误在当事人。大陆法,因本职权主义之理论……是其事实之误认,多误在审理未尽,或证明力之误判。因之,近代刑事法思想之趋向,对于诉讼制度、裁判制度之建立,莫不致力于寻求其折中性。"①可见,英美法系过分倚重当事人的竞争和大陆法系过分倚重法官的探知均人为地导致了证明主体之间的对立,而这两种片面的司法证明制度难以保障司法证明功能的发挥。因此,我们应当综合上述两种模式的优势,最大限度地避免双方对抗和单方探知的弊端。而要实现这一点,就必须努力促进控、辩、审三方之间及其与被害人、证人、鉴定人等诉讼参与人之间的良性互动。

一方面,我们应当通过鼓励控辩双方之间的对抗,来激发举证方与质证方的主观能动性。一位英国的著名法官曾经形象地描述了竞争模式的优势:"英国人认为,获得真相的最好方法是让各方寻找能够证实真相的各种

①陈朴生:《刑事证据法》,三民书局 1979 年版,第 149 页。

事实,然后双方展示他们所获得的所有材料……两个带有偏见的寻找者从田地的两端开始寻找,他们漏掉的东西要比一个公正无私的寻找者从地中间开始寻找所漏掉的东西少得多。"[①]还有学者指出:"竞争性法庭证明方式更深一层的含义在于:证据可以获得更有力的检验,这是在职权主义查明事实制度下所不能设想的。"[②]因此,我们可以借鉴英美法系国家的经验,探索建立和完善适合本国国情的交叉询问规则,并通过各项配套机制来加以保障。

另一方面,我们应当确保裁判者的中立地位,充分发挥其主观能动性。审判中立是现代刑事诉讼证明理念的重要内容。如果没有中立的裁判者来主导刑事证明活动,就会出现两种情况:一是裁判结果容易受到控辩双方诉讼能力的干扰;二是在控辩双方私下交易的情况下会损害公众和被害人的利益。在刑事证明活动中,裁判者应当发挥四个方面的功能:一是确保游戏规则得到遵守;二是防止出现认知盲区;三是客观中立地判断;四是自身审判智慧和经验的运用。为了保障上述功能的实现,我们应当从两个方面入手:一是健全认证主体的合议制度。为了避免司法证明成为争讼双方诉讼能力和技巧的竞技场,使司法证明真正发挥事实发现功能,裁判者应当在司法证明中发挥积极作用。而裁判者的积极探知存在着因为其先入为主或者主观偏见而导致司法证明进程无序的风险。人类的认知能力是有限的,而每一个个体的认知能力更是有限的。"毫无疑问,陪审员或非专业陪审法官和其他任何人一样,也会犯错误。造成这些错误的原因包括疏忽、遗忘、主观意愿、情感偏见以及其他可能干扰人思维活动的因素。"[③]而合议制度有助于减少这一不利因素的影响。"每个事实裁判者容易犯错误的原因不一样,但这无关紧要,因为这些因素不大可能影响所有陪审员、司法官或陪审法官。"[④]因此,健全认证主体的合议制度是必要的。合议制的优势就在于可以整合多人的集体智慧,最大限度地避免认知偏差。当前世界各国在事

---

① 陈光中、陈海光、魏晓娜:《刑事证据制度与认识论——兼与误区论、法律真实论、相对真实论商榷》,《中国法学》2001 年第 1 期。

② [美]米尔吉安·R.达马斯卡:《比较法视野中的证据制度》,吴宏耀、魏晓娜等译,中国人民公安大学出版社 2006 年版,第 240 页。

③ [美]乔纳森·科恩:《证明的自由》,何家弘译,《外国法译评》1997 年第 3 期。

④ [美]乔纳森·科恩:《证明的自由》,何家弘译,《外国法译评》1997 年第 3 期。

实认定环节普遍实行合议制度。无论是大陆法系的合议庭,还是英美法系的陪审团都体现了合议制要求。二是科学地设计裁判者的主导方式。裁判者的主导作用在任何证明模式下都是必要的。我们通常认为,在英美法系国家,诉讼进程完全由当事人主导。其实,这是一种夸大其词的说法。无论是在大陆法系国家,还是在英美法系国家,从司法证明的启动、发展和终结来看,认证方实际上都是司法证明活动的主导者。虽然在竞争模式下,双方当事人能够充分发挥主观能动性,但职业法官消极、中立地做出的裁决却在司法证明中发挥着关键作用,否则英美法系的法官就不必要有那么高的资历要求。没有法官的正确引导,就不可能实现司法证明活动的有序。裁判者的主导作用对于发挥司法证明的利益平衡功能可谓至关重要。尽管英美法系国家实行律师强制代理制度,但这仍不足以保障争讼双方在证明能力上的完全平等。波斯纳指出:"在英美私人化的、竞争性司法制度中,竞争者在资源上常常有明显且难以补救的不平等。大多数刑事被告都缺乏资源,无力聘请与政府检察官在技术上和经验上大致相当的律师,政府给予贫困刑事被告的律师费补贴还不足够慷慨,还无法消除这一差距。"①而在我国,由于法律援助机制的不完善,控辩双方的取证能力差异更是司法证明的重要干扰因素。在实践中,绝大多数被追诉人难以得到律师帮助。在此情况下,法官更应当发挥能动作用,充分保障被告人的辩护权。曾担任日本东京高等法院法官的秋山贤三提出的"法官避免错判的十大实践原则(职业法官十诫)"的第一条便是"意识到'审判席的高度'"。他指出,"法官在任职期间意识到'审判席的高度',对于常人而言非常困难。不妨以我为例,辞职之后,坐到了和被告视线等高的辩护人席位上时,才第一次感受到审判席的高度给人的压迫感,同时也深刻体会到被告与法官之间存在无形的距离"。②这一告诫对于我国的法官同样适用。近年来,英美法系国家也逐渐意识到加强法官主导作用的必要性。有英美学者指出:"事实调查的范围以及通过证据开示程序所得到的大量事实材料都提出了组织和协调的问题。所有这些因素都促使庭审法官在主导、组织和推进诉讼方面扮演积极的角色。或

①[美]理查德·A.波斯纳:《法理学问题》,苏力译,中国政法大学出版社2002年版,第260页。

②[日]秋山贤三:《法官因何错判》,曾玉婷译,法律出版社2019年版,第132页。

许我们尚未成为大陆法系的侦查法官,但我们已经远远不是传统模式下的消极仲裁者了。"[1]

在庭审中贯彻直接原则是对控、辩、审之间实现直接互动的重要保障。为此,就必须对审判委员会讨论案件的制度以及判决结果内部报批制度等加以改革。我国目前刑事司法实践中之所以要实行审判委员会讨论案件以及判决结果内部报批等制度,旨在保障审判质量,提高司法的权威性和公信力。但从实施的效果来看,却不尽如人意。近年来媒体曝光的多起错判死刑的案件,都是经过审判委员会讨论过的。这种把关措施之所以未能有效地防止错案的发生,原因在于这种制度设计从根本上背离了证明主体良性互动的要求。审判委员会的委员不参与庭审,而仅仅是在听取承办人汇报的基础上做出事实认定结论,其证明信息的来源是极不充分的;并且,证明信息在传递过程中也很容易遭到扭曲。内部报批制度也存在同样的问题。实际上,中国古代统治者对于重大疑难案件的审理方式已经进行过可贵的探索。古代的会审制度就是汇集司法精英,运用集体智慧来进行断案的一种成功的尝试。值得注意的是,这种会审制度是由不同机构的官吏共同参与庭审并做出裁判,而非在庭审结束后通过沟通和协调来达成一致。因此,我们可以借鉴古人的做法,当遇到重大疑难案件时,可以抽调资深法官组成合议庭来审理。这种对资深法官的遴选可以打破层级和地域限制,只要不影响到后续的二审和再审程序即可。院长和审判委员会可以承担起遴选法官的职责,并且只对遴选程序出现的错误负责,而不必对判决结果的正确性负责。唯有如此,才能确保真正意义上的裁判者能够亲自参与法庭审理,对被告人进行讯问,对被害人、证人、鉴定人等进行询问,并充分听取控辩双方的质证和辩论意见。

在庭审中贯彻言词原则,是对控、辩、审之间互动有效性的重要保障。目前我国刑事司法实践中被害人、证人和鉴定人不出庭作证的现象比较突出,甚至新修订的《刑事诉讼法》开始实施以后仍然没有多大改观。这严重影响了控、辩、审之间互动的有效性。在笔者看来,当前被害人、证人和鉴定人"出庭难"问题的障碍主要在于司法机关自身。这是因为,虽然新修订的

---

[1] Abram Chayes, *The Role of the Judge in Public Law Litigation*, 89 Harv. L. Rev. 1281(1976), p. 1298.

《刑事诉讼法》已经对强制证人出庭作证制度、证人保护制度、证人作证补偿制度等做出了较为详尽的规定,有助于减少证人拒绝出庭作证的情况,并且能够在一定程度上消除证人作证的后顾之忧。但从实践的情况来看,由于《刑事诉讼法》第一百九十二条在明确"证人应当出庭作证"的案件范围时附加了"人民法院认为证人有必要出庭作证的"条件,因而很多法院以这一条款作为"挡箭牌"而不传唤证人出庭作证。法院不愿意传唤证人出庭作证的原因在于,法官们普遍认为传唤证人出庭作证会大大增加工作负担,并且容易导致审判拖延。而检察院一方也不希望法院传唤证人出庭作证,不少检察官担心证人出庭作证后受各种因素的干扰而改变证言或者被辩方找出漏洞。因此,要彻底改变现状,还须从改革司法机关的考评机制入手。

这里需要指出的是,我国刑事证明模式改革的基本方向是在庭审中贯彻直接言词原则,让被害人、证人、鉴定人出庭接受控辩双方的交叉询问和法官的询问,但我们也不应当像英美法系国家那样,实行以人证为中心的刑事证明方法。从历史上来看,英美证据法曾经历了由"神证中心主义""文书中心主义"向"人证中心主义"的演变过程。当今英美证据法最鲜明的特色之一是"人证中心主义"的证明方法,整个制度体系都是围绕人证而设置的。"人证中心主义"的基本含义就是"实体法中对证据形式一般不做特殊要求,任何法律行为都可以用证人的形式加以证明"。① 但是,人证中心主义并非刑事证明方法的最佳选择。何家弘教授指出,就司法证明方法而言,人类社会曾经有过两次重大的转变:第一次是从以"神证"为主的证明方法向以"人证"为主的证明方法的转变;第二次是从以"人证"为主的证明方法向以"物证"为主的证明方法的转变。与此相对应,司法证明方法的历史发展也可以分为神证、人证、物证三个阶段。② 这一论断揭示了人类证明方法演进的客观规律。与"物证中心主义"相比,"人证中心主义"存在明显的弊端。在"人证中心主义"的视野下,物证、书证、科学鉴定等证据都是需要人来解释和说明的。所以,证言以外的书面文件、专家证人的科学鉴定等也被纳入传闻证据规则调整。传闻排除规则本质上是"非言词证据排除规则",原则上针对

---

① [美]约翰·W.斯特龙主编:《麦考密克论证据》,汤维建等译,中国政法大学出版社 2004 年版,代译序。

② 何家弘:《刑事证据制度改革与司法观念的转变》,http://www.jcrb.com/zyw/n6/ca11648.htm,2015 年 7 月 8 日访问。

不属于在法庭上以口头方式向裁判者所作的陈述,都要否定其证据效力。然而,这一做法在很大程度上忽略了书证、科学鉴定结论等有别于证人证言的客观性。此外,电子证据的可采性本身不是问题,但由于传闻证据规则的存在,使它成了问题。有的国家以传闻为由拒绝接纳,有的国家则通过为传闻证据规则再次设置例外来解决。随着现代科技的快速发展,"越来越多的对诉讼程序非常重要的事实现在只能通过高科技手段查明","人类感官在事实认定中的重要性已经开始下降"。① 面对这一形势,"人证中心主义"作为人类在特定历史条件下采用的证明方法,已经越来越不合时宜了。由此可见,英美证据法在证明方法上迫切需要证明方法的转型,即由"人证中心主义"向"物证中心主义"转变。美国近年来经 DNA 检测发现的大量错案表明,物证的可靠性比人证要高得多。以人证为中心的制度设计遮蔽了鉴定活动的科学性、客观性,不是把科学本身作为关注的焦点,而是像对待证人那样审查专家,并允许双方交叉询问。于是,在美国,"事实上有些专家证人对金钱胃口很大,以致圈内人也在说这样的话:'有钱能使鬼推磨。'所以,许多声誉好的专家不愿意卷入诉讼之中"。② 因此,"人证中心主义"以及由此而派生出来的专家证人等制度都亟待改革。

(三)构建以庭审为中心的证明模式

目前我国刑事证明实践中"工作重心在庭外"的现象严重违背刑事证明规律,在一定程度上抹煞了审判活动与侦查活动的基本区别,妨碍了证明主体与证明客体和证明手段之间的良性互动。有学者认为,"庭外调查讯问的审理方式特点在于:这种方式既可与当事人会面,又可进行实地调查,便于弄清案件真相,同时还可以减少开庭审理带来的一些琐碎的程式、手续,在保证案件质量的基础上,可以提高工作效率。"③这其实是一种实用主义的观点。殊不知,这些所谓的"琐碎的程式"实际上是正当程序理念的要求,庭

---

①［美］米尔建·R.达马斯卡:《漂移的证据法》,李学军、刘晓丹、姚永吉、刘卫军译,中国政法大学出版社 2003 年版,第 200 页。

②［美］华尔兹:《刑事证据大全》,何家弘等译,中国人民公安大学出版社 2004 年版,第 451 页。

③王敏远:《关于刑事案件第二审程序审理方式的争论的述评(下)》,《政法论坛》1989 年第 6 期。

外实地调查的做法不仅与法官身份不符,还妨碍控审分离、审判中立等现代诉讼原则的实现。法院主动找公安机关调查核实证据的做法,实际上扮演了追诉者的角色,不符合司法的中立性、被动性要求。

《刑事诉讼法》第一百九十六条规定:"法庭审理过程中,合议庭对证据有疑问的,可以宣布休庭,对证据进行调查核实。人民法院调查核实证据,可以进行勘验、检查、查封、扣押、鉴定和查询、冻结。"从这一条文的表述来看,实际上法院庭外调查核实证据的活动应当仅限于那些只适宜在庭外开展的"勘验、检查、查封、扣押、鉴定和查询、冻结"活动。然而,在实践中,法官在庭外对被告人进行讯问以及对证人、鉴定人展开询问都是十分普遍的。这些讯问或者询问没有在公诉人和辩护律师的参加下进行,被告人也没有机会直接听取证人、鉴定人的证言并与其对质,因而无法借助交叉询问来保障这些言词证据的真实性。另外,尽管《最高人民法院关于适用〈中华人民共和国刑事诉讼法〉的解释》第六十六条规定:"人民法院依照刑事诉讼法第一百九十一条的规定调查核实证据,必要时,可以通知检察人员、辩护人、自诉人及其法定代理人到场。上述人员未到场的,应当记录在案。"但一方面,这里仅仅规定是"必要时可以",而非"应当";另一方面,即使通知检察人员、辩护人、自诉人及其法定代理人到场,但由于被告人不在场而实际上丧失了对质权。此外,庭外调查核实证据的主体虽然是法官,但通常不是全体合议庭成员参加,这同样会违背直接审理原则。

笔者认为,我们应当努力构建以庭审为中心的证明模式,将法庭作为举证、质证和辩论的唯一场所,使裁判结论以在庭审中提交和审查的证据为依据,这样才能保证裁判结论真正在庭审中产生。为此,应当在立法中明确限定法院在庭外调查核实证据的范围,即仅限于确有必要在庭外核实的实物证据。一方面,对于言词证据的审查核实只能在法庭上进行,合议庭成员不得在法庭之外对被告人进行讯问,也不得在法庭之外对被害人、证人和鉴定人展开询问,确有必要讯问或者询问的,应当开庭进行;另一方面,对于实物证据只有在确有必要到庭外调查核实的情况下才能在法庭之外进行,调查核实证据时应当由审判长主持,全体合议庭成员参加,并且要为被告人提供质证的机会。

为了确保刑事证明以庭审为中心,还应当进行司法体制的改革。目前实践中很多法院之所以要在庭外调查核实证据,很多情况下是因为控方向法庭提交的证据还不够充分,而由于在现行司法体制下法院的审判活动不仅要追求法律效果,还要追求政治效果和社会效果,所以,我国的法院通常不敢像西方国家的法院那样直接做出无罪判决。特别是在二审阶段,法院面对一审法院已经做出的有罪判决,即使在经审查发现定罪证据不足的情况下,也不敢轻易地予以改判。因此,面对来自检察机关、被害人及其亲属、政法委、地方政府、新闻媒体以及社会公众等各方面的压力,法官积极探知案件真相的愿望十分强烈,大量的庭外取证以及庭后阅卷使得司法证明的重心发生了偏移。对于法官们的这种心理,检察官们自然是心知肚明。在这一背景下,作为举证方的检察机关反而相对比较超脱,甚至有些检察人员怠于履行举证职责。由此,法院的大量庭外调查活动反过来又滋长了控方的惰性,从而陷入了恶性循环。这种扭曲的证明结构自然会使司法证明功能受到严重的影响。

依笔者之见,一方面,应当正本清源,重新明确法院的定位,通过改变考评机制来减少社会各界对审判工作的不合理期待;另一方面,应当强化检察机关的证明职责,并且采取相应的激励和惩戒措施来保障其积极履行举证责任。尤其是在二审阶段,检察机关应当切实承担起公诉职责,不应以监督职责为由来推卸追诉犯罪的责任。由于我国检察机关不仅是公诉机关,而且是法律监督机关,其提出的复审请求被称为"抗诉",而非"上诉",因而,人们对于检察机关在二审中的身份存在争议。一种比较流行的观点认为,检察机关"一审是公诉人,二审是法律监督代表"。[①] 然而,在续审制的视野下,二审不过是对一审的延续,检察机关在二审中的角色不应该有任何变化。因此,无论是对于抗诉案件,还是对于上诉案件,都应当突出检察机关在二审中的公诉职能。为了防止出现因检察机关消极出庭导致二审不能开庭审理的情况,法律一方面应当规定检察机关出庭支持抗诉的职责,另一方面应当规定检察机关拒不出庭的,不影响二审案件的审判。在审理抗诉案件时,检察机关拒不出庭的,二审法院可以按撤诉处理;在审理上诉案件时拒不出庭的,二审法院可以缺席审判。此外,为了理顺上下级检察机关的关系,使检察机关更好地履行公诉职责,可以考虑让原公诉机关在二审过程中派员出庭支持抗诉,实现抗诉主体与出庭支持抗诉主体的同一。当然,二审

①王英:《关于检察员出席一、二审法庭的身份、职权》,《人民司法》1981 年第 6 期。

法院的同级检察机关也应当派员出庭,负责公诉指导和审判监督。这样不但可以避免二审法院受其与同级检察机关之间利益关系的干扰而不能秉公裁判,而且有助于实现一审公诉与二审公诉之间的有机衔接。另外,由于一审公诉与二审公诉之间的人为"断裂",导致二审检察机关往往不理解甚至不支持一审检察机关的抗诉请求和理由,从而影响有效地履行公诉职能。甚至在实践中,有的上级检察机关在不说明理由的情况下直接撤回抗诉,还有的一审检察机关根本无法得知二审的判决结果。① 这些问题也可以通过原公诉机关出庭支持抗诉来得到解决。除采取上述改革措施以外,还应当确立相应的程序性制裁机制。对于法院原本应当在法庭上调查核实证据而在庭外进行的案件,可以赋予当事人请求法院通过启动审判监督程序来宣告判决无效的权利。

---

① 陈卫东:《刑事二审开庭程序研究》,中国政法大学出版社 2008 年版,第 173 页。

第三章
我国刑事证明程序的改革

　　认知科学的主要目标就是解释人们是怎样完成各式各样的思维活动的。[①] 从这一角度来看，侦查、审查起诉、审判阶段的认知活动具有各自不同的特点。侦查作为刑事案件立案后的第一个阶段，是凭借犯罪行为遗留在主客观世界的各种痕迹，"从无到有"地揭示案件真相的活动。这一活动是从侦查假设开始的，它决定了侦查人员必须具有丰富的想象力，并围绕侦查假设全面收集证据，以便使最初提出的假设得到证实或者证伪。一旦侦查假设得到证实，那就意味着案件的侦破。审查起诉作为侦查终结后由公诉机关审查侦查过程和结果的活动，实际上是对侦查结论的复核和确认。检察机关在发现侦查过程或结果存在问题的情况下给予纠正或补救，而在确认侦查结论正确的情况下则可向法院提起公诉。审判作为刑事诉讼程序的核心阶段，旨在不偏不倚地听取控方的指控和辩方的辩护，并对被告人是否有罪做出最终的判断。归结起来，上述三个阶段认知活动性质各异：侦查是从假设到验证；起诉是从结论到复核；审判是从争辩到裁决。

　　由上述三个阶段认知活动的不同特点可以看出，侦查阶段的认知是最容易出现偏差的，因为在对侦查假设进行验证的过程中，人们往往更容易对那些能够支持自身观点的证据赋予更多的注意力；审查起诉阶段的认知相

---

①［加］保罗・萨伽德：《心智——认知科学导论》，朱菁、陈梦雅译，上海辞书出版社2012年版，第3页。

对而言更为客观,毕竟是对其他主体的认知结果进行审查,但其复核活动的信息来源以侦查案卷为主,很容易陷入"先入为主"的认知误区;审判阶段的认知应当是完全客观中立的,认知主体在控辩双方之间居中裁判,能够做到兼听则明,但也存在受控辩双方力量失衡的影响,从而做出误判的可能性。可见,由于人类自身心智的局限性,刑事诉讼各阶段都有可能出现认知偏差。所以,我们需要通过制度设计来最大限度地减少和避免错误的司法决策。

实际上,我国现行立法已经在这方面做出了很多努力。比如,对于侦查阶段的各种调查措施都规定了严格的程序和规则,并且要求侦查机关全面收集能够证明犯罪嫌疑人有罪或无罪的证据;对于审查起诉的程序也做了严格的规定,并且对讯问犯罪嫌疑人和听取辩护人意见的要求等都做出了明确规定;对于审判阶段的法庭调查、法庭辩论以及被告人最后陈述等程序的规定充分体现了对控辩双方的平等对待,并且通过证明责任和证明标准等制度设计来解决控辩双方力量失衡的问题。然而,尽管我国刑事诉讼制度在防范冤错案件方面早已做出了相应的制度安排,但在司法实践中冤错案件仍然时有发生,这说明现有制度的设计和运行仍然存在亟待解决的问题。

一、刑事审前程序的改革思路

侦查和起诉是公诉案件在审判之前必经的两个重要程序,对于惩罚犯罪和保障无辜都发挥着不可替代的作用。从我国实践的情况来看,绝大多数无辜者在侦查或者起诉阶段就被排除了犯罪嫌疑或者因证据不足而不予追诉,但也有一部分无辜者因案件情况特殊以及办案机关的工作失误等原因被错误地提起公诉。针对这一情况,我们有必要从尊重认知规律出发,对我国现行的审前程序进行必要的改革。

(一)完善侦查取证机制

在侦查取证方面,笔者建议确立承办人负责制,探索现代版"翻异别勘"制度,构建犯罪嫌疑人证明权保障制度,建立相反证据强制报告制度,实行专职督察员制度。

1. 确立承办人负责制

对特定案件的侦查应当如何在侦查机关内部进行科学的分工，是值得研究的问题。有学者建议，为了减少和抵消心理偏差对案件最终处理的影响，应当让多名侦查人员负责办理同一案件。具体来说，可以有两种模式：第一种模式是让不同的侦查人员分别负责询问证人、讯问嫌疑人、分析物证和书证等工作，再由这些侦查人员向他们共同的上司汇报，由该上司全面审查各证据并做出相应的决定；第二种模式是让不同的侦查人员各自独立进行全部侦查工作，然后互相讨论以做出相应的决定。[①] 笔者对此观点不敢苟同。这是因为，"让多名侦查人员负责办理同一案件"容易导致责任分散，不利于发挥侦查人员的主观能动性和增强其责任感，并且，在发生刑讯逼供等违法行为的情况下难以确定责任人，不利于贯彻落实司法责任制。况且，多人分别开展调查工作不仅会导致重复劳动，还会使犯罪嫌疑人遭受不必要的折磨。

从实践的角度来看，现行侦查体制的弊端之一就在于多头办案导致责任不明确。以张氏叔侄案为例，从该案的案卷材料可以看出，三个不同层级的侦查机构都参与了案件的侦查，三者之间的分工并不十分明确，而且讯问人员更换频繁，由此导致的结果是每个侦查人员对案情的了解和分析都难免失之片面，据此做出的判断和形成的心证也就容易出现"差之毫厘，谬以千里"的局面。另外，由于参与侦查的人员之间缺乏沟通，每位侦查人员对于其他侦查人员是否动用了刑讯手段并不知情，这必然会妨碍对案件真相的判断。

因此，针对每一个案件确定一位承办人，对该案的侦破、取证等活动全面负责，同时为其配备若干名助理，在承办人的领导下开展工作。如此一来，便可做到统一指挥、责任明确，使侦查活动变得更为有序和高效。

2. 探索现代版"翻异别勘"制度

我国早在宋朝时期就曾确立"翻异别勘"制度。所谓"翻异别勘"，是指如果录问时或行刑前，当事人喊冤推翻原先供词，就要将案件移送到本机关其他部门或其他司法机关重新审理。"翻异别勘"又分为"移司别勘"即"别

[①] 黄士元：《正义不会缺席——中国刑事错案的成因与纠正》，中国法制出版社 2015 年版，第 138 页。

推"和"差官别推"即"移推"。"移司别勘"是指囚犯翻异喊冤,把案件移送到同一机关的其他部门来审;"差官别推"是指囚犯翻异喊冤,由上级机关将案件移送到其他机关审理或委派其他机关官员来审理。① 这一古代刑事司法的创新之举为被告人寻求救济提供了保障,至今仍有借鉴意义。

为此,笔者建议在侦查机关办案的过程中,一旦犯罪嫌疑人对刑讯逼供等违法侦查行为提出控告或者推翻之前的供述,就应当更换承办人,重新启动侦查程序。如果犯罪嫌疑人再次对刑讯逼供等违法侦查行为提出控告或者推翻之前的供述,就应当由上级侦查机关决定将案件移送给其他同级别的侦查机关,重新启动侦查程序。这是因为,从实践的角度来看,犯罪嫌疑人一旦被拘捕,则处于侦查机关的掌控之下,很难改变被压迫的命运。在犯罪嫌疑人毫无反制措施和防御能力的情况下,侦查机关及其人员便容易肆无忌惮、变本加厉地采取非常规的手段。例如,河北省定州市农民李志平,因涉嫌犯故意杀人罪于 1984 年、1985 年两次被保定市中级法院判处死刑。李志平叙述了该案侦查人员对他的逼供过程:"在回定州的火车上,公安局的一个彪形大汉打得我鼻嘴流血,不让我喊冤。到了公安局大院,他们把我铐在一棵大树上,晚上让我招供,我一说冤枉,就会遭到一顿暴打,一直打到不省人事,等到我醒来,继续打。我实在受不了了,就说人是我杀的,他们才罢手。"为了收集定案需要的物证,侦查人员到李家拆了鸡窝,拿走了几根木棍,在一堆旧鞋中拿走了一双。木棍作为凶器,但因害怕鉴定要露馅,警方只将木棍拍照入卷,作为物证提供。在高级法院撤销保定中院死刑判决发回重审后,县公安局在补充侦查过程中,将现场提取的掌纹痕迹送省公安厅鉴定。公安厅经鉴定不能确定与李志平掌纹同一。县公安局为了把鉴定做死,竟通过私人关系,到北京后绕过公安部,直接找到在北京市警察学校工作的定州籍军转干部李某,李某又委托北京市公安局痕迹鉴定专家马某,并由马某担任主检。按照定县(系定州前身)公安局的意思,马某出具了鉴定报告,结论是:"朱英杰夫妇被杀案,现场撮的土迹掌纹是李志平的左手掌所留。"②

---

① 陈佳佳:《宋代录问制度考论》,《政法论坛》2017 年第 2 期。

② 李建明:《刑事司法错误:以刑事错案为中心的研究》,人民出版社 2013 年版,第 185 页。

从法理上来说,被告人在刑事审判过程中有申请回避的权利,那么,犯罪嫌疑人为何无权对实施违法侦查行为的承办人提出更换请求呢?由于实践中刑讯逼供等违法取证现象尚未完全杜绝,所以,应当赋予犯罪嫌疑人翻供的权利。犯罪嫌疑人翻供往往事出有因,侦查机关应当认真加以审查,而不应武断地认为犯罪嫌疑人抵赖和顽抗。例如,张高平在浙江省看守所羁押期间做出了有罪供述,但后来刚被转到杭州市看守所,马上就翻供了。这是因为他意识到自己摆脱了原有的环境和侦查人员,看到了"救命稻草"。

此外,更换案件承办人还有助于变换侦查思路,为侦破案件寻找新的突破口。据《大河报》2004 年 3 月 23 日报道:"河南省焦作市公安局在命案侦破攻坚中,对全市 2000 年以来所有凶杀积案实行挂牌招标制。对全市多年未破的 18 起有侦查条件的案件,根据案件侦破难易程度评估,分别设立 3 万元、2 万元、1 万元不等的奖金,在全市公安刑侦系统进行公开破案招标。截至目前,发生在博爱、修武、山阳、孟州等县(区、市)的 4 起陈年命案已相继被侦破。"①尽管人们对"命案招标"的做法存在争议,但不可否认,通过更换办案主体来调整侦查思路,确实有利于打破僵局,避免在原来错误的道路上越走越远。在实践中,有些侦查人员之所以出现刑讯逼供的冲动,往往是因为案件的某些蛛丝马迹已经让侦查人员形成了对犯罪嫌疑人实施犯罪的内心确信,进而对犯罪嫌疑人拒不交代变得失去耐心,甚至产生义愤。殊不知,侦查人员很难意识到自身的认知偏差,常常会犯"一叶障目"的错误。例如,在张氏叔侄案中,尽管两名被告人一再声称被害人在中途下车然后打出租车前往目的地,但侦查人员并未对当晚路过的出租车进行排查,其原因就在于其基于认知偏差而产生的偏执心理。在侦查实践中,办案人员通常都是从侦查假设出发,在原来的线索中断后才会去寻找其他线索。比如,在于英生杀妻案中,直到于英生及其家人不断申诉最终被改判无罪以后,公安机关才对原案物证进行重新筛查,结果在被害人内裤上检测出陌生人精液,进而锁定了真凶。②

可见,确立现代版的"翻异别勘"制度,不仅有助于保障犯罪嫌疑人寻求

---

①李克杰:《陈年命案招标告破的启示》,http://zqb.cyol.com/content/2004-03/24/content_842533.htm,2016 年 6 月 8 日访问。

②陈永生:《刑事冤案研究》,北京大学出版社 2018 年版,第 200 页。

救济的机会,还有助于侦查机关更准确地查明真相、找到真凶,同时也有助于促进侦查机关的文明执法。

3.构建犯罪嫌疑人证明权保障制度

在刑事诉讼中,公诉案件的证明责任通常由控方承担,辩方一般不承担证明责任。但是,这并不意味着辩方不拥有证明自己无罪的权利。只有切实保障犯罪嫌疑人在侦查阶段的证明权,才能帮助无辜者早日洗脱罪名。

我国现行《刑事诉讼法》规定:"对一切案件的判处都要重证据,重调查研究,不轻信口供。"但是,并没有强调侦查人员要重视犯罪嫌疑人的辩解,更没有确立侦查机关对辩解的核实和证伪义务。这使得某些侦查机关错失了纠正冤案的机会。例如,在张氏叔侄案的侦办过程中,两名被告人辩称被害人是在通往钱江三桥的高架桥上下车的,这原本应当成为警方展开进一步调查的线索。但遗憾的是,在侦查期间警方只让被告人指认抛尸现场,却未让其指认女孩真实的下车地点;并且,警方对犯罪嫌疑人供述中提到的方言问题也未予以核实。张高平在被迫做出的有罪供述中提到,张辉在产生犯罪动机后曾用方言与其沟通,当时虽然被害人坐在张辉和张高平中间,但由于被害人家在杞梓里镇,听不懂歙县城关那里的方言。然而,2012 年 7 月 26 日浙江省高院询问被害人姐姐的笔录却完全否定了这一供述的真实性。法官问被害人的姐姐:"你们杞梓里镇上的人能否听得懂歙县城关(徽城)的话?"被害人的姐姐回答:"能听得懂。我们镇上的话是最偏僻的,县城里的人倒不一定听得懂我们镇上的话。"显然,如果当初侦查人员能够对方言问题进行调查取证,就不会再次错过一个可能纠错的节点了。此外,警方没有对被告人声称的当晚货车实际载重情况展开核实。案发当晚货车实际载重情况直接涉及货车运行速度,进而决定了张高平叔侄是否有充分的作案时间。对此,张辉声称货车载重 19 吨左右,而张高平声称载重 18 吨左右。然而,警方却并未对这一关键情节进行调查核实。在后来的侦查实验中,警方使用空车来模拟被告人当晚驾车行驶的路线以及时间,显然容易导致错误结论。

基于上述分析,笔者认为,应当赋予犯罪嫌疑人为证明自己清白而请求侦查机关收集和保全证据的权利。侦查机关未予准许而导致相关证据灭失的,应当做出该证据有利于犯罪嫌疑人的推定;同时,侦查机关对犯罪嫌疑人的辩解负有核实和证伪义务。侦查机关未能证明犯罪嫌疑人的辩解不成立的,不能认为侦查结论达到了"证据确实、充分"的要求。

4.建立相反证据强制报告制度

根据认知科学的相关理论,侦查人员很容易陷入"观察者偏差",即观察者自己的动机、期望和先前经验等因素妨碍了观察的客观性。这种认知偏差在以往的研究中通常被称为侦查人员的"追诉倾向"。其实,这一解读是不科学的。对于侦查机关而言,追诉犯罪原本就是其法定职责,而不是一种所谓的"倾向"。只有在评价原本应当保持中立的机关偏袒追诉机关的情况下,使用"追诉倾向"的提法才是恰当的。

基于"观察者偏差",侦查人员往往会对那些能够支持其最初侦查假设的证据赋予过多的注意力,而对于那些与侦查假设相矛盾或冲突的相反证据有意无意地予以忽略。例如,在于英生案中,手印检验报告称,共提取26枚手印,有18枚属于于英生、7枚属于被害人韩某、1枚属于二人之子的;而事实上还有2枚指纹因无比对结果,故未写入检验报告。而DNA检测结果表明,被害人的内裤以及阴道上均有精斑,但与于英生的DNA不符,后该证据被声称与案件无关。后来经于英生不断申诉,安徽省高级法院于2013年8月再审改判于英生无罪。随后,蚌埠市公安局启动再侦程序,通过对被害人体内残留的精斑物证的DNA检验,查明该案真凶是当地交警武某某。[1]再比如,在聂树斌案再审期间,申诉人及其代理人提出,聂树斌所在车间有一份考勤表,该考勤表可以证明聂树斌1994年8月5日是否上班,没有考勤表就不能认定聂树斌有作案时间,认为这张对聂树斌有利的考勤表被办案机关有意隐匿。最高人民法院再审判决书认定:"本案复查期间,证人葛某某证实,聂树斌出事后,办案机关找他问了聂树斌的出勤情况,并拿走了这份考勤表,他曾经让办案人员用后归还,但办案机关没有退还。本案再审期间,原办案人员也承认,当年曾对葛某某调查走访,见到并应当提取了考勤表。"

建立相反证据强制报告制度有着充分的法理和法律依据。《刑事诉讼法》第五十二条明确规定:"审判人员、检察人员、侦查人员必须依照法定程序,收集能够证实犯罪嫌疑人、被告人有罪或者无罪、犯罪情节轻重的各种证据。"倘若不强制侦查人员对相反证据进行报告,审判人员和检察人员又

---

[1] 孙应征主编:《刑事错案防范与纠正机制研究》,中国检察出版社2016年版,第50页。

何以知晓？尽管《刑事诉讼法》第四十一条规定："辩护人认为在侦查、审查起诉期间公安机关、人民检察院收集的证明犯罪嫌疑人、被告人无罪或者罪轻的证据材料未提交的，有权申请人民检察院、人民法院调取。"但从操作层面来看，证据调取的及时性要求非常重要，有些证据和线索在辩护人申请和人民检察院、人民法院审查决定的过程中或许已经不复存在了。可见，通过建立相反证据强制报告制度，在警示侦查人员的同时，还对检察机关和审判机关全面审核证据和避免误判具有重要意义。

从具体操作的角度来讲，可以完善公安机关《移送审查起诉决定书》的格式，在决定书中设置"相反证据强制报告"专栏，并将其明确为必填项目。承办人在案件侦查终结移送起诉时，对于不支持侦查结论的证据材料应当填写而未填写、应当移交而未移交的，均应以隐匿证据论处，一律严肃追责。

5. 实行专职督察员制度

在国内外学者针对侦查人员所犯错误开展研究的过程中经常被提及的一个成因是"隧道视野"。"隧道视野"指的是选择性地集中于某目标而不考虑其他可能性的一种倾向。该偏差的主要表现包括：（1）在信息收集上，人们倾向于寻找那些能证实他们已有观点的信息，而对与他们已有观点不符的信息视而不见；（2）在回忆以前获得的信息时，人们更可能回忆起那些能证明当前观点的信息，而记不起来与当前观点不符的信息；（3）在对已有信息进行解释时，人们倾向于赋予那些支持自己当前观点的信息以更高的证明力，赋予那些与自己当前观点不符的信息以较低的证明力，甚至忽视、压制这些信息。[1] 加拿大的前首席大法官安东尼·拉莫指出，虽然视野狭隘几乎不是恶意的结果，"可一旦被'锁定在'他们论证的理论中，就不难理解一些有着'高尚'动机的警官，如何从对该证据的纯粹解释转变为更加恶意的实践"。这些恶意的实践"可以包括'协助'证人回忆、忽视不支持他们工作的相关证据，以及使用胁迫手段试图获取被推定有罪的单个犯罪嫌疑人之认罪"。[2]

---

[1] 黄士元：《正义不会缺席——中国刑事错案的成因与纠正》，中国法制出版社 2015 年版，第 114—115 页。

[2] ［加］肯特·罗奇：《错案问题比较研究》，蒋娜译，中国检察出版社 2015 年版，第 14 页。

可以说,"隧道视野"是人类自身往往难以克服的认知偏差。在侦查活动中,案件或者当事人自身存在的某些巧合,很容易成为扩大"隧道视野"效应的催化剂。例如,在赵作海案中存在如下巧合:第一,赵作海与赵振裳都与同村的杜金慧关系暧昧,是情敌,因而赵作海有杀人动机;第二,两人曾因争风吃醋而打架,并且动了刀子,而且赵振裳是在与赵作海打架后失踪的,时间点完全契合;第三,赵振裳的一个堂兄弟曾经杀了赵作海的弟弟,两家有世仇。因此,在赵振裳失踪一年半后,村头机井里挖出一具无头、无四肢的男尸,这一事件随即被人们与赵振裳失踪联系起来,进而导致赵作海被刑拘,最终酿成错案。① 再比如,在张氏叔侄案中存在更多的巧合,以至于侦查人员对叔侄二人作案深信不疑。这些巧合包括:(1)张辉曾有前科。(2)两名被告人途经昌化吃夜宵时曾经喝酒,后来张辉的女朋友作证说,张辉酒喝多了会乱来,会打人。(3)两名被告人供述,王冬在从杭州西站去立交桥的路上谈起她姐夫把她姐姐玩了之后甩掉,还想玩她。而这可能被认为是导致张辉临时产生犯意的原因之一。(4)张高平在杭州汽车西站借用手机给被害人通话过程中,因手机没电自动关机,其后被害人姐姐的朋友向警方提供证言,说在案发后第二天又多次拨打张高平的手机,仍然打不通该手机,被警方认为张高平蓄意关机。(5)在张高平手机平时是否都开机问题上也做了前后矛盾的供述。(6)叔侄二人在上海卸货以后,又用该货车拉过双酚 A,因为味道很重,所以洗了车。而这次洗车可能被警方认为是蓄意毁灭证据,并被确定为在驾驶室内未发现作案痕迹的原因。(7)被告人像马廷新一样遭遇了一个惯于制造假证的狱侦耳目袁连芳,而袁连芳则作证说张辉曾私下向他承认实施了犯罪行为。(8)被告人张辉被带到指认现场附近后,发现多处有水,但都不像抛尸地点,后来随便指了个地方,恰好这个地方就是抛尸地点。(9)张辉的女朋友作证说,在案发后看到张辉左眼角下面有伤,还说凭女人的直觉认为他的伤应该是被别的女人抓起来的。(10)张辉在案发后手上有伤,在回答讯问时辩称是运货时在车子上碰伤的。(11)张辉在被刑讯后供述了强奸事实,但回答说没有射精,其后来的解释是认为"没有射精说明我没有强奸,强奸了肯定射精"。然而,这一供述与被害人体内没有检测到精斑相吻合。(12)法医根据食物消化情况对死亡时间的推断

---

① 陈永生:《刑事冤案研究》,北京大学出版社 2018 年版,第 73—74 页。

是被害人进食后两小时以内。因此，警方判断死亡时间是凌晨 1 点半之前。然而，该法医鉴定意见明确提出，因个人身体情况不同，在消化时间的推断上会有"较大误差"。而被害人王冬恰恰在这方面有别于常人。(13)高速公路入口监控因设备故障和光线原因看不清，从而无法调取有利于被告人的时间证据。(14)货车指示盘上的时间不准确导致张辉对时间的判断产生了有半小时的误差。张辉坚称被害人下车后叔侄二人到达高速入口的时间是凌晨 2 点 40 分(实际时间是凌晨 2 点左右)，这使司法人员坚信其有充分的作案时间。(15)被告人供述其到达上海宝山仓库的时间是凌晨 6 点(实际时间是凌晨 5 点)，而仓库的记录簿显示是 5 点，但该记录碰巧有涂改痕迹。这些巧合使得侦查人员不得不认为张氏叔侄存在重大作案嫌疑。受自身"隧道视野"的影响，侦查人员自然会忽略那些有利于犯罪嫌疑人的信息，并对不支持控诉的证据做出其他解释。

那么，如何防止侦查人员因"隧道视野"导致认知偏差呢？国外有学者认为："为采取一个更结构化的方法，并借用控辩式的制度理想，救济狭隘视野的另一建议，是使公安机关或者检察机关的工作人员，致力于对正在收集的案件进行挑战或者发挥反转功能。检察官被敦促行使挑战的功能，可以抵消警察的狭隘视野。依赖反对者或者检察官，防止警察视野狭隘的挑战作用，符合控辩式的有关理想，当这些对立的利益参与发生冲突时，就有可能揭示实情真相。"①国内也有学者提出，由资深警察专职对具体办案的警察的侦查行为进行审查和监督。②

笔者认为，这些通过制度设计在追诉机关内部建立监督和制约机制的思路是切实可行的。为此，应当在侦查机关内部实行专职督察员制度。"专职督察员制度"的宗旨就在于，加强刑事侦查队伍的专业化建设，将刑事侦查力量划分为侦查员和督查员两个部分。督察员的职责不是办案，而是发现和纠正侦查活动中的错误；其业绩考核也不与破案率挂钩，而是以纠正侦查行为失范以及纠正侦查认知偏差等履职情况来作为考核依据。简言之，侦查员以破案率作为考核指标，而督查员以纠错率作为考核指标。侦查员

---

①[加]肯特·罗奇：《错案问题比较研究》，蒋娜译，中国检察出版社 2015 年版，第 30—31 页。

②黄士元：《正义不会缺席——中国刑事错案的成因与纠正》，中国法制出版社 2015 年版，第 138 页。

与督查员的关系类似于工程建设中施工方与监理方的关系,二者各司其职,共同保障侦查工作质量。

专职督察员制度有助于扭转长期以来"重办案、轻纠错"的错误倾向,将纠错作为刑事侦查工作不可或缺的重要组成部分;并且,为了提高广大侦查人员的纠错意识,可以考虑提高刑事督察员的任职资格要求,提升其地位和待遇水准,并明确规定,没有从事刑事督察员工作经历的警察原则上不得担任侦查部门领导职务。唯有如此,才能为督察员切实履行职责提供必要的保障。研究表明,竞争性假设分析法(Analysis of Competing Hypotheses,即仔细权衡各种可能的假设与证据之间的关系)和考虑对立面法(Consider the Opposite,即考虑有关信念、假设、观点等的对立面)是降低"隧道视野"等心理偏差的有效方式。① 专职督察员制度的确立,将在侦查机关内部引入反思和质疑机制,必将有助于防范包括"隧道视野"在内的各种认知偏差。

从张氏叔侄案来看,侦查机关实际上拥有好几次纠正错案的机会,但由于缺乏自我反思和质疑机制,侦查人员的思路趋于僵化,从而导致一错到底。归纳起来,以下几个方面的情况原本可以成为侦查阶段纠错的契机:一是 DNA 鉴定不吻合。侦查机关在被害人指甲缝中提取的 DNA 与两名犯罪嫌疑人的 DNA 不匹配,而是指向另一名男性;现场提取的烟蒂上的男性 DNA 也与两名犯罪嫌疑人的 DNA 不匹配。这足以引导侦查人员转换侦查思路,扩大排查范围。然而,侦查机关却错误地认为尸体经过数小时的浸泡,指甲缝中的 DNA 有可能被水冲走。在本案即将启动再审程序之际,有关部门就此采访了公安部鉴定机构的专家,得到了这样的答复:死者被弃在水沟中一般不会影响 DNA 的提取,在实践中尸体或物品即使在水中浸泡三四天后 DNA 也能鉴定出来。可见,如果侦查人员在当时不是主观臆断,而是及时向权威专家求教,真相便不难澄清。由于两名被告人的供述和证人周某的证言都证实被害人打算乘坐出租车,而当时杭州的出租车已经装备了 GPS 卫星定位系统,那么一旦侦查机关将出租车司机纳入排查范围,本案便很容易侦破。二是痕迹物证的缺失。本案中,侦查机关在被害人的身上没有发现张辉和张高平遗留的任何痕迹,在两名犯罪嫌疑人的身上也没

①黄士元:《正义不会缺席——中国刑事错案的成因与纠正》,中国法制出版社 2015年版,第 137 页。

有发现被害人遗留的任何痕迹;在抛尸现场,没有发现两名犯罪嫌疑人的脚印、指纹、轮胎痕迹等到过现场的任何痕迹;在车辆驾驶室,没有发现被害人遗留的任何痕迹;在西溪路沿线,也没有发现两名犯罪嫌疑人车辆开过的任何痕迹。然而,这样离奇的情况却没有引起侦查人员的足够重视。早在一百多年前,法国法庭科学专家埃德蒙·洛卡德(Edmond Locard)就已经提出了著名的"物质交换原理",即在两个物体相互接触、摩擦、碰撞的情况下,基于分子之间的引力、静电引力、黏结等作用,在物体的接触面上会发生物质交换。根据这一原理,"任何接触都会留下痕迹"。本案中的侦查机关企图凭借主观臆断来颠覆这一被广为接受的法庭科学原理,不能不让人唏嘘。

三是两名嫌犯供述之间的矛盾。在本案中,尽管两名犯罪嫌疑人在侦查人员采取刑讯逼供等非法取证手段的情况下都做出了有罪供述,但二者的口供之间存在着诸多矛盾,难以得到合理的解释。这些矛盾之处主要包括:(1)从杭州西站启动车辆前往作案现场的情况不同。据张辉供述,在杭州西站启动车辆时,是直接将车掉头逆向行驶一段后,从隔离护栏缺口处进入顺向道路向留下方向开去的;而张高平供述,在杭州西站启动车辆后,是先向前开,到天目山路与古墩路的路口处掉头往留下方向去的。(2)车辆在作案现场的行驶停放情况不同。据张辉供述,在作案现场是车先掉头,再实施强奸;而张高平却称是先作案,然后再继续向前开,在可以掉头的地方掉头返回。(3)脱被害人衣服的顺序不同。张高平称是先脱裤子,再脱上衣;而张辉的陈述正好相反。(4)张高平在强奸行为发生时及实施帮助行为时所处的位置不同。张辉供述,在他实施强奸时,张高平在后排睡觉,是从后排伸过手来帮忙按住被害人的脚;而张高平说他是坐在副驾驶室座上用双手按住被害人的脚。(5)关于抛尸的叙述不一致。张辉称是张高平从车上递下尸体,然后由他一人扛着扔下水沟的;而张高平称是他抬脚,张辉抬上身,一起将尸体抛到水沟的。(6)两人对事后扔被害人衣、物的供述也不一致。张辉称张高平扔掉一只包,另一只包和衣、裤是由他自己扔的,且扔物品是在抛尸现场附近;而张高平则称是由他扔掉了被害人的衣、裤和两只包,且有的物品是在抛尸现场扔的,有的物品是在车子开回的路上扔的。(7)对返回时的行车路线说法不一。张辉供述,其从作案现场是按原路返回的,即沿天目山路延伸段经杭州西站开上沪杭高速的;而按张高平供述,其从作案现场是经西溪路开经天目山路再上沪杭高速的。两名犯罪嫌疑人实际上分别向侦查机关讲述了两个不同的事实版本，而这些供述做出的时间是在案发后一个月内，这无论如何都难以从心理学的角度做出合理解释。然而，侦查人员对于这些矛盾之处并未予以深究。四是缺乏作案动机。如果张辉企图实施强奸何必要等车开到了杭州城里才开始实施？张高平当时经济上并不宽裕，买车跑运输是为了生计，怎会纵容自己的侄子在送货途中胡作非为？张辉年纪轻轻且心智健全，又怎会当着叔叔的面实施强奸？并且，证人许某和胡某的证言都证实张辉在事后曾跟他们说起过被害人搭车去杭州的事情，假如张辉是真凶，他又怎会轻易向他人提起此事？更何况，即使张辉在杭州西站时产生了强奸犯意，他为什么要把车开往他从未去过的留泗路那样一条偏僻狭窄的小路？万一车辆无法掉头，那么他们如何保证能够在早上 7 点之前赶到上海？侦查机关对于这一系列的疑问都没有进行深入的思考，在没有对这些疑问做出合理解释之前，其所认定的犯罪动机根本经不起经验法则的拷问与推敲。侦查人员在 2003 年 6 月 11 日的讯问中，曾经对犯罪嫌疑人的供述提出过如下质疑："你的说法我们不能理解：在你的车上，驾驶室里，能有多大地方？而且有叔叔在场，你却有想法与王某发生性关系？你难道连人的最基本的羞耻感也没有吗？"张辉回答："我是一时冲动，没有想那么多，就做了。"侦查人员又继续追问："你没有羞耻感，难道你叔叔张高平也没有吗？难道他就可以看着自己的侄儿在他的面前与女人性交？难道你们是动物吗？"可见，侦查人员也在一定程度上意识到了上述疑问，只不过没有进一步做深入细致的探究。倘若有专职督察员从局外人的视角对侦查思路进行检讨和反思，该案的司法错误或许有望在侦查阶段便得到纠正。

（二）改进秘密侦查制度

在张氏叔侄案被平反以后，狱侦耳目在酿成冤案的过程中所发挥的作用受到了广泛关注。巧合的是，作为本案狱侦耳目的袁连芳与已被平反的"马廷新案"中的狱侦耳目为同一人，其在"马廷新案"中的拙劣表演自然会让人联想到本案中狱侦耳目的滥用。按照耳目的本来功能与定位来说，狱侦耳目对已经做出有罪供述的张辉开展的工作旨在核实证据，而对拒不认罪的张高平开展的工作旨在突破口供。这些狱侦工作都是秘密进行的，由有关负责人与狱侦耳目单线联系，在侦查机关内部也只有极少数人知晓有关情况。这种严格的保密措施原本应该有利于开展工作，但本案的狱侦工作却最终因种种原因而误入歧途。一方面,狱侦耳目对张辉开展的"核实证据"工作异化为单一走向的"进一步收集和固定有罪证据";另一方面,狱侦耳目成为侦查人员的"代理人",直接以非法手段迫使两名犯罪嫌疑人做出有罪供述并阻止其做无罪辩解。狱侦耳目工作性质的扭曲对这起冤案的酿成同样难辞其咎。

在笔者看来,导致本案狱侦工作陷入误区的根源在于,侦查机关对耳目的使用既缺乏本部门内部的有力监管,又缺乏来自第三方国家机关的有效监督。正是在监管与监督缺位的情况下,狱侦耳目获悉了本案的案情要点,并不择手段地迫使或者诱使两名犯罪嫌疑人按照他们知悉的案情进行有罪供述。应当承认,在我国刑事司法实践中,狱侦耳目作为一种特殊侦查手段发挥着不可替代的作用,其必要性和可行性是毋庸置疑的。但是,只有完善有关法律制度和工作机制,确保有关部门对狱侦耳目的有效管理和监督,才能充分保障犯罪嫌疑人的基本权利以及诉讼程序的正当性。因此,我们可以从以下五个方面来构建完善的狱侦耳目制度。

1. 理顺管理机制

目前司法机关使用狱侦耳目的主要依据是 1987 年 2 月 12 日由最高人民法院、最高人民检察院、公安部、司法部联合发布的《关于罪犯在看守所执行刑罚以及监外执行的有关问题的通知》(以下简称《通知》)。该《通知》规定:"在看守所服刑的罪犯,必须是经人民法院判处有期徒刑一年以下和判决生效后经折抵刑期余刑不足一年的罪犯。个别余刑一年以上的罪犯,因侦破重大、疑难案件需要和极个别罪行轻微又确有监视死刑犯、重大案犯需要暂时留作耳目的,应征得人民检察院同意,公安局(处)长审查批准,并通知看守所。"依据这一规定,部分原本应移交监狱服刑的犯罪人被允许留在看守所服刑,为侦破重大疑难案件而服务。本案中的袁连芳就是一例。然而这一做法与《刑事诉讼法》的规定存在某些冲突。《刑事诉讼法》第二百六十四条规定:"对被判处死刑缓期两年执行、无期徒刑、有期徒刑的罪犯,由公安机关依法将该罪犯送交监狱执行刑罚。对被判处有期徒刑的罪犯,在被交付执行刑罚前,剩余刑期在三个月以下的,由看守所代为执行。"这一规定将 1996 年《刑事诉讼法》所规定的"剩余刑期在一年以下"修改为"剩余刑期在三个月以下"。根据全国人大法工委的解释,这一修改主要是考虑到看守所毕竟不是刑罚执行机关,目的是保障刑罚执行的严肃性、专门性和规范性,使罪犯得到更好的改造和矫治。① 根据这一精神和上述规定,在看守所充当狱侦耳目的罪犯仍然应当在监狱服刑,接受监狱的教育和改造,而只有在被指派任务以后才能暂时离开监狱,并且其日常管理、考核与奖惩都应该统一由监狱负责。这样的管理机制,一方面严格遵守了《刑事诉讼法》的规定,保障了刑罚执行的严肃性、专门性和规范性,有利于实现对罪犯的矫正;另一方面,可以避免狱侦耳目异化为看守所的特权阶层,形成"牢头狱霸",尤其是监狱的考核与奖惩相对而言更为客观,可以防止狱侦耳目在个别侦查人员的怂恿和唆使下采取非法手段开展工作。

2.强化程序制约

本案中滥用狱侦耳目所导致的后果表明,使用罪犯充当狱侦耳目是一把"双刃剑",用之不当会反受其害。因此,在具体运用上应当遵循严格和规范的程序。首先,对于确有必要运用狱侦耳目的案件,应当由案件承办人报请侦查机关负责人批准。其次,向狱侦耳目布置任务和听取报告均应由两名侦查人员进行,制作完整的谈话笔录或询问笔录。再次,侦查人员应当向狱侦耳目告知开展工作必须遵守的规则,以及违规操作应当承担的法律后果,不得向狱侦耳目透露案件具体信息或者发表带有倾向性的意见。《刑事诉讼法》第一百五十三条规定:"为了查明案情,在必要的时候,经公安机关负责人决定,可以由有关人员隐匿其身份实施侦查。但是,不得诱使他人犯罪,不得采用可能危害公共安全或者发生重大人身危险的方法。"这一规定为侦查机关利用狱侦耳目开展侦查工作提供了法律依据,其中"不得采用可能危害公共安全或者发生重大人身危险的方法"也就成为狱侦耳目必须遵守的准则。最后,侦查机关应当在做好保密工作的同时,指派专人负责对狱侦耳目开展工作的羁押场所进行巡视,以便对狱侦耳目的违规行为及时予以发现和纠正。本案中两名犯罪嫌疑人曾向看守所报告,其遭受同监室人员殴打的情况,但看守所方面未予理会,这使得袁连芳等人的暴力取证行为得以畅通无阻。

3.完善奖惩机制

目前实践中对狱侦耳目的激励主要是依靠减刑。比如,袁连芳曾在协

---

① 全国人大常委会法制工作委员会刑法室编:《关于修改中华人民共和国刑事诉讼法的决定:条文说明、立法理由及相关规定》,北京大学出版社 2012 年版,第 292 页。

助河南警方侦破"马廷新案"后，法院于 2003 年 5 月裁定减刑一年半；而在其协助杭州警方侦破本案以后，法院于 2003 年 8 月再次裁定减刑十个月。实践表明，这种对狱侦耳目以破案为目标、以减刑为诱饵的激励机制是存在弊端的。首先，以破案为目标导向的片面激励机制，容易让狱侦耳目罔顾客观事实，竭力证明犯罪嫌疑人有罪。毕竟狱侦耳目都是拥有各自利益追求的个体，以破案为目标导向意味着没有破案便得不到奖励，其后果可想而知。因此，对狱侦耳目的激励机制应当由以破案为目标导向转变为以查明真相为目标导向，即如果狱侦耳目协助警方证明犯罪嫌疑人确属无辜，避免了冤错，同样可以得到相应的奖励。其次，将破案与减刑直接挂钩的做法过于功利，使得正常的特殊侦查行为演变为一种交易，这就不可避免地会诱发狱侦耳目为谋私利而不择手段的冲动。近现代以来，刑罚的主要功能在于矫正罪犯，减刑同样不能背离这一目标。然而，将破案与减刑直接挂钩的做法使得减刑几乎丧失了教育和感化功能，而变成纯粹的利益驱动。实际上，狱侦耳目接受指派协助警方开展的侦查工作，与其在监狱内从事生产劳动并没有本质区别，完全可以纳入监狱的日常考核体系，在考察其综合表现的基础上提请法院给予减刑。最后，明确相应的惩罚机制也是很有必要的。如果狱侦耳目违反规定采取暴力、威胁或者欺骗等方式来获取犯罪嫌疑人的供述，则应当给予其相应的制裁。

4.加强检察监督

任何侦查行为都应当接受检察监督，利用罪犯作为狱侦耳目开展的特殊侦查活动同样属于侦查行为，而且是一种特殊的侦查行为，更需要相应的监督，决不应当把这种特殊的侦查活动置于法律监督的视野之外。因为，这些罪犯没有受过专业的法律训练，不但法律意识淡薄，而且道德品质极有可能存在瑕疵，再加上基于功利的因素，不能完全排除为了自己的利益而实施置人于罪的可能性，如果缺乏相应的严格监督机制，必然会导致滥用权力的情况。因此，公安机关在决定使用狱侦耳目开展侦查工作的同时，应当就这一特殊侦查手段报同级检察机关备案，并接受其监督。驻监所检察官以及负责批捕的检察官一经发现侦查机关违规使用狱侦耳目的情况，应当立即进行调查和处理。此外，公安机关还应当在移送审查起诉的材料中说明使用狱侦耳目开展侦查的情况，以便检察人员在审查起诉的过程中对狱侦耳目进行询问，全面审查证据的真实性与合法性。

5.完善作证制度

狱侦耳目向法庭作证是法院查明事实的重要保障,也是让秘密侦查行为接受司法审查的重要途径。在本案一审阶段,袁连芳曾以证人的身份在庭外接受过杭州市中院审判人员的询问,他声称张辉曾主动告诉他强奸杀人的行为,这对于法官心证的形成产生了重要影响。然而,审判人员对于袁连芳的"狱侦耳目"身份并不知情,袁连芳也没有出庭接受控辩双方的质证。这是其虚假证言在一审阶段得以误导法庭的根本原因。由于当时二审案件通常不开庭审理,所以,这一错误在二审阶段仍然得以延续。尽管张辉在上诉理由中提出了"证人袁连芳身份特殊,证言内容不实"的辩解,但二审法院最终在判决书中仍然做出了"袁连芳身份明确,证言真实有效"的认定。从世界范围来看,对质权是一项国际社会公认的被告人基本人权。联合国《公民权利与政治权利国际公约》第十四条规定,被告人有权"询问对他不利的证人或者让对他不利的证人接受询问,并使对他有利的证人在与对他不利的证人相同的条件下出庭和接受询问"。狱侦耳目开展的工作固然需要保密,这是有力打击犯罪的需要,但被告人的人权以及无辜者不被错误定罪的权利同样需要保障。正是为了平衡这两个方面的利益,《刑事诉讼法》第一百五十四条针对"技术侦查措施"做出规定:"依照本节规定采取侦查措施收集的材料在刑事诉讼中可以作为证据使用。如果使用该证据可能危及有关人员的人身安全,或者可能产生其他严重后果的,应当采取不暴露有关人员身份、技术方法等保护措施,必要的时候,可以由审判人员在庭外对证据进行核实。"笔者认为,为了保障被告人的对质权,应当要求狱侦耳目出庭作证,只不过为了保密起见,可以不在法庭上披露其真实身份,甚至可以令其通过视听传输手段接受控辩双方的交叉询问。但是,无论如何,侦查机关都应当向法庭告知其使用狱侦耳目配合侦查的真实情况,以便审判人员在了解相关背景的情况下对狱侦耳目的证言进行全面的审查和判断。

此外,从国外来看,狱侦耳目之类的侦查措施虽然被允许采用,但往往受到严格的限制。比如,在美国,加利福尼亚州要求陪审团必须被明确告知狱侦耳目证言潜在的不可靠性,在其他几个州亦是如此。最值得一提的是,俄克拉何马州,其要求"完全披露"控方与狱侦耳目间的任何协议。伊利诺伊州要求在正式审判前,初审法官必须组织一次听证来评估狱侦耳目的可靠性。在某些情形下,俄克拉何马州和内华达州也会做如此要求。① 在加拿大,监所告密者向司法机关陈述同监室人员犯罪情况的整个过程应当有同步的录音录像,以供备查;警方或其他司法部门由于监所告密者揭发他人的犯罪行为所许诺的优惠利益应当在笔录中记明,告密者以主动提供同监室人员的犯罪信息为筹码向司法机关换取好处的请求也应当在笔录中注明;等等。② 笔者认为,这些域外经验值得我国适当地予以借鉴。

(三)健全侦查监督机制

在审前程序中,检察机关不仅是负责审查起诉的公诉机关,同时也是担负对侦查活动监督职责的法律监督机关。因此,完善侦查监督机制,切实发挥检察机关的纠错功能,应该成为我国审前程序改革的重要内容。

1.强化对被羁押者的权利救济

在我国,大部分犯罪嫌疑人都会被采取包括拘留、逮捕在内的强制措施。从目前已平反的冤错案件来看,很多蒙冤者都在被采取拘捕措施后遭遇了刑讯逼供或者变相刑讯。如何防范此类情形的发生已成为社会各界普遍关注的问题。

被羁押的犯罪嫌疑人所面临的最大问题就是其人身自由受到限制,与外界的联系基本被切断。这虽然是侦查机关为保障刑事诉讼活动顺利进行所采取的必要举措,但同时也使得犯罪嫌疑人处于"孤立无援"的境地。即使侦查人员采取包括刑讯逼供在内的违法侦查手段,犯罪嫌疑人也毫无对抗和防御能力。例如,在佘祥林案中,专案组直接将其带到了当地的温泉山庄,在那里,佘祥林遭受了 10 天 10 夜的刑讯逼供。两年后,案件被退侦后,专案组再次把佘祥林从看守所押送到温泉山庄审问了 5 天 6 夜。据佘祥林讲,他被羁押在温泉山庄审问的时候,时常会听到其他房间传来的喊叫声。他在事后与同押犯的交流中得知,这家温泉山庄是重大要案专案组特别设立的专门讯问地点。再比如,在孙万刚案中,孙万刚被抓当晚即在县公安局治安大

---

① [美]布兰登·L.加勒特:《误判:刑事指控错在哪了》,李奋飞等译,中国政法大学出版社 2015 年版,第 216 页。

② 董坤:《侦查行为视角下的刑事冤案研究》,中国人民公安大学出版社 2012 年版,第 139 页。

队被打得口鼻出血。随后,他在看守所的提审室和拘留所之间被频繁转移,连续审讯,其间遭受了长达 14 昼夜的折磨。在感觉生不如死的情况下,对案情一无所知的孙万刚,只得根据警察的授意和提示,猜着说,说着想,供述、出错、否定、再供述,反反复复直到最后说对了符合案情的所有关键细节。①

目前,针对部分案件侦查人员在将犯罪嫌疑人送交看守所前,在羁押场所之外采取刑讯的做法,我国《刑事诉讼法》第八十五条第二款已经明确规定:"拘留后,应当立即将被拘留人送看守所羁押,至迟不得超过二十四小时。"因此,未来需要关注的是,如何防止犯罪嫌疑人在看守所羁押期间遭遇刑讯逼供或者变相刑讯。在笔者看来,对刑讯逼供的防范,一方面靠权力制约,另一方面靠权利救济,两者缺一不可。尽管检察机关在监管场所有专门的派驻机构和人员,但从司法实践的现实情况来看,效果不尽理想。因此,强化对被羁押的犯罪嫌疑人的权利救济就显得尤为重要。

笔者主张,在看守所为被羁押者提供方便快捷的控告和申诉渠道。具体而言,为了方便犯罪嫌疑人的权利救济,强化检察机关对监所的监督职责,在看守所内部设置可以直通检察院的举报电话,并确保犯罪嫌疑人在各自所在的监室均可随时拨打。该电话系统属于内部通信设备,仅限于犯罪嫌疑人与控告申诉部门的检察官之间的联络,公安机关及其下属看守所工作人员不得监听。如此一来,遇有刑讯逼供或者变相刑讯等违法侦查行为,不仅遭受侵害的犯罪嫌疑人可以直接连线检察官进行控告,同监所的其他犯罪嫌疑人也可以拨打电话进行举报。这样才能真正使犯罪嫌疑人的诉讼权利形成对侦查权的有效制约,切实防止侦查权的滥用,并确保检察机关有效履行侦查监督职责。

2.通过巡回检察强化对监所的监督

从我国刑事司法实践的情况来看,对刑讯逼供等违法犯罪行为的责任追究通常是在冤案平反之后;而犯罪嫌疑人在遭受刑讯逼供等侵犯人权的司法行为之际,往往缺乏相应的防御手段。这种救济手段的滞后性是刑讯逼供等非法取证手段得以存在的重要原因。在张氏叔侄案中,张辉和张高平虽然在遭受刑讯后被迫做出有罪供述,但后来曾多次试图翻供,并且在审讯中提出曾遭到殴打和体罚,但无人予以理会。从本质上来说,刑讯逼供是

---

①王乐龙:《刑事错案:症结与对策》,中国人民公安大学出版社 2011 年版,第 86 页。

一种犯罪行为,而犯罪嫌疑人在遭受刑讯之际,其身份是双重的,即同时也是刑讯逼供犯罪的被害人。作为身处司法羁押场所的被害人不能及时向司法机关提出控告并获得救济,在法理上是讲不通的。我国《宪法》第四十一条规定:"中华人民共和国公民对于任何国家机关和国家工作人员,有提出批评和建议的权利;对于任何国家机关和国家工作人员的违法失职行为,有向有关国家机关提出申诉、控告或者检举的权利,但是不得捏造或者歪曲事实进行诬告陷害。"这一规定表明,申诉权和控告权是宪法赋予公民的基本人权;同时,我国《刑事诉讼法》也赋予了被害人向司法机关报案和控告的权利,以及在法定情形下提起刑事自诉的权利。这些由宪法和法律所确认的基本权利,不应该因权利主体处于受羁押状态而被剥夺或者削减。虽然,在我国现有制度下,检察机关对监所承担着监督职责,并且有专门的派出机构,但现实表明,驻监所的检察官与侦查机关的关系往往是合作大于制约。这是由于,同一地域的公检法机关处于同一个政法委的领导之下,这种"近亲"关系加之共同肩负的追诉职责不可避免地造就了"公检一家亲"的和谐局面,而刑讯逼供行为的被害人则对于侦查人员侵犯其人权的所作所为,处于"告状无门"的境地。

因此,改变这一局面要从体制改革入手。笔者建议,确立针对刑讯逼供等非法取证行为的"直诉"制度,即遭遇刑讯逼供等侵犯人权行为的犯罪嫌疑人可以直接向最高司法机关控告和申诉。具体设想是,在最高人民检察院内部设立专门的未决羁押人员权利保障机构,定期派出巡察组到全国各地受理有关的投诉。巡视组应当向每一个犯罪嫌疑人告知"直诉"权利并询问其是否有控告和申诉。一旦犯罪嫌疑人提出控告或者申诉,则应备案登记,并通知所在地的检察机关对刑讯逼供等职务违法或犯罪行为展开调查或立案侦查。

需要注意的是,一旦有犯罪嫌疑人对侦查机关的刑讯逼供等违法侦查行为提出控告,并经查证属实的,该侦查机关的上级机关应当将案件移送辖区内的其他侦查机关管辖。目前我国《刑事诉讼法》第四十四条已确立了类似的规定,即"辩护人或者其他任何人,不得帮助犯罪嫌疑人、被告人隐匿、毁灭、伪造证据或者串供,不得威胁、引诱证人作伪证以及进行其他干扰司法机关诉讼活动的行为。违反前款规定的,应当依法追究法律责任,辩护人涉嫌犯罪的,应当由办理辩护人所承办案件的侦查机关以外的侦查机关办理。辩护人是律师的,应当及时通知其所在的律师事务所或者所属的律师协会"。让相关利益主体回避案件的办理,不仅可以更好地保护提出控告的犯罪嫌疑人,防止其遭受打击报复,还可以让原来承办案件的侦查机关免生"瓜李之嫌",更好地维护刑事司法的公信力。

3.确立检察官讯问律师在场制度

从张氏叔侄案来看,该案侦查阶段的错误到了审查起诉阶段也未能得到纠正:这一方面与检察机关的追诉职责不无关系;另一方面,也与张辉和张高平被警方彻底"制服"而始终选择"供认不讳"直接相关。从案卷材料中我们可以看出,张辉和张高平在侦查阶段曾几次试图翻供,但最后均未成功,而当检察机关在审查批捕阶段对其展开讯问时,两名犯罪嫌疑人都放弃了翻供的努力。究其原因,这与检察官在讯问时未能充分告知其权利义务有关。浙江省高院于2012年8月赴新疆提审张高平,当法官问及检察院在讯问时有无表明身份时,张高平回答:"说的。当时我不知道检察院是干什么的。"可见,检察机关无论是在审查批捕阶段,还是在审查起诉阶段,讯问犯罪嫌疑人时都应当首先向其表明身份,询问其在侦查期间有无遭受刑讯逼供等情况,告知其控告和申诉的权利,并在必要时指派律师为其提供法律帮助。一旦犯罪嫌疑人在讯问中提出受到了刑讯逼供或遭遇了其他非法取证行为,检察机关应当立即对其采取人身保护措施,并对刑讯逼供等非法取证行为展开调查和处理。唯有如此,检察机关才能切实履行侦查监督职责,真正发挥司法纠错功能。

然而,在实践中,由于犯罪嫌疑人法律知识欠缺,加之身陷囹圄,难免在检察官面前出于畏惧等心理不敢于主张和维护自身的合法权利。倘若其辩护律师能够在场给予必要的解释和协助,必然有助于犯罪嫌疑人有效行使其辩护权。国内学界对于律师在场权制度的研究由来已久,但实务部门普遍存在抵触和排斥心理。这是因为律师在场容易助长犯罪嫌疑人的嚣张气焰和侥幸心理,妨碍侦查讯问策略的运用,进而阻碍案件的侦破。不过,到了审查批捕和审查起诉阶段,案件基本事实往往已经查清,律师在场对侦查活动的影响便大大减少了。目前的司法实践中已经有地方检察院开始探索审查起诉阶段讯问的律师在场制度。①

---

①吴杰、石鸣:《南京下关区检察院推行"律师在场权"制度》,http://news.cctv.com/law/20070131/106920.shtml,2018年9月21日访问。

检察机关在讯问犯罪嫌疑人时允许律师在场,能够体现对辩护权的充分尊重,确保检察机关客观全面地了解侦查机关有无违法取证等情况。此外,检察官讯问时允许律师在场还可以将审查批捕和审查起诉工作置于辩护律师的监督之下,倒逼检察官业务水平的提高。

二、刑事一审程序的改革思路

我国刑事诉讼程序为防范司法错误确立了相应的纠错机制。因此,侦查阶段的错误并不必然会延续到审判阶段。从纵向的角度来看,立法者将刑事诉讼划分为不同的阶段,并且分别规定不同的诉讼程序,其目的就在于为防范司法错误设置多个关口。一般来说,由于后一个诉讼程序往往构成对前一个程序的审查和制约,所以,侦查阶段的错误通常可以在起诉阶段得到纠正,起诉阶段的错误通常可以在审判阶段得到纠正。而一旦这些程序未能发挥实质性作用,为司法结果"把关"的预定目标就会落空。从近年来曝光的冤错案件来看,侦查阶段的错误最终被延续到了审判阶段,这说明我国审判程序的纠错机能存在失灵的情况,仍然有待于进一步完善。

2014 年 10 月,党的十八届四中全会《关于全面推进依法治国若干重大问题的决定》中提出:"推进以审判为中心的诉讼制度改革,确保侦查、审查起诉的案件事实证据经得起法律的检验。"随后,"两高三部"于 2016 年 7 月出台的《关于推进以审判为中心的刑事诉讼制度改革的意见》和最高人民法院于 2017 年 2 月发布的《关于全面推进以审判为中心的刑事诉讼制度改革实施意见》,就推进以审判为中心的刑事诉讼制度改革做出了具体部署。以审判为中心,从错案防范的角度来说,就是要让审判程序切实发挥应有的真实发现和人权保障功能。

刑事一审程序是整个审判程序的核心和关键。以审判为中心,首先就要求实现一审程序设计的科学化,充分发挥一审程序在保障司法公正和防范刑事错案方面的功能。

(一)确保审判中立的实现

审判通常被认为是司法公正的最后一道防线。从以往的冤错案件来看,很多蒙冤者尽管在侦查阶段和审查起诉阶段都"供认不讳",但到了审判阶段都选择了在法庭上翻供。这表明,被追诉人往往寄希望于审判阶段,期待通过公正的审判得到平冤昭雪。因此,在案件被起诉到法院之后,法官们应当通过一审程序努力发现和纠正侦查和起诉阶段的事实认定错误以及法律适用错误。

要做到这一点,就要求法官摆正自己的角色,恪守审判中立的原则,平等对待控辩双方,尤其是充分听取被告人及其辩护人的申辩。对于被告人当庭翻供,切不可产生抵触心理,或许这恰恰是被告人为洗脱冤屈所做的最后挣扎。从实践的角度来看,"由于忍受不了搜查阶段的严酷审讯,只想迅速了结眼前的痛苦,经常有嫌疑犯觉得'我还有机会在法官面前陈述事实,法官一定会相信我',于是便在这种心态的驱使下,最终在虚假的自白调查书上签字画押。当出现搜查阶段的自白调查书都已完成,而公审中被告却否认起诉事实的情况时,正是考验负责审理案件的法官自身资质与真实能力的时刻"①。

从法理上讲,审判权本应是一种判断权,而非追诉权。但现实情况却并非如此,法官的角色时常会出现错位。"事实认定的过程中时常伴随着危险,那就是法官会不自觉地带入维持秩序的感受。维持秩序的感受很容易与'必罚思想'相关联,这会微妙地影响到要求冷静分析、客观判断的事实认定行为。"②

在我国现行体制下,人民法院肩负着打击犯罪的责任,其所承受的压力妨碍了其中立性,进而阻碍了纠错功能的实现。司法实践中,由于受到思维定势和传统习惯的影响,法官的中立意识还有待进一步增强。③ 当法官遇到控方证据不足或者存在瑕疵的情况时,往往不愿做出无罪裁判,而是倾向于主动在庭外开展补充性的调查,从而扮演着积极调查者的角色。而这种积极调查而非消极裁判的做法使得法院与追诉机关之间的相互配合大于相互制约,会不可避免地损害审判的中立性,很容易滋生追诉倾向。

不可否认,我国现行刑诉法赋予了法院在庭外调查核实证据的权利,这在一定程度上有利于真相的查明,特别是法院依辩方申请对有利于被告人的事实展开调查,正是职权主义诉讼模式的优势所在。然而,实践中法院的

①[日]秋山贤三:《法官因何错判》,曾玉婷译,法律出版社2019年版,第135页。

②[日]秋山贤三:《法官因何错判》,曾玉婷译,法律出版社2019年版,第133页。

③沈德咏:《论疑罪从无》,《中国法学》2013年第5期。

庭外调查通常是在控方证据不足或存在瑕疵的情况下,协助控方进一步补充和完善证据,这就违背了司法的中立性、被动性的要求,容易导致其角色的错位。这种庭外调查与法庭调查的显著区别在于,前者不是在控辩双方参与的情况下进行的,实际上变相剥夺了被告人与辩方发表质证意见的权利。例如,在张氏叔侄案中,一审法院在 2004 年 3 月 11 日的庭审之后,主动开展了一系列庭外调查活动,主要包括:(1)对指认现场和侦查实验的见证人进行了询问;(2)向杭州市刑侦支队调取了关于 DNA 检验的补充说明;(3)在侦查机关配合下再次进行了车辆行驶的侦查实验;(4)向浙江省公安厅高速公路交警支队调取了关于从杭州至上海高速公路距离的证明;(5)向杭州市刑侦支队调取了两名案外人的唾液与烟蒂和指甲内的物质进行DNA 比对的结论;(6)向西湖刑侦大队调取了关于两名被告人拘留后的羁押和换押的情况说明;(7)对狱侦耳目袁连芳进行了询问;(8)对浙江省看守所进行了走访,对有关负责人进行了询问。这些未经庭审质证的证据实际上对法官的有罪心证的形成产生了重要影响,为后来的误判埋下了隐患。

令人欣慰的是,2012 年《最高人民法院关于适用〈中华人民共和国刑事诉讼法〉的解释》(以下简称《解释》)中的某些规定体现了对法院庭外调查活动进行诉讼化改造的精神。该《解释》第六十六条规定:"人民法院依照刑事诉讼法第一百九十一条的规定调查核实证据,必要时,可以通知检察人员、辩护人、自诉人及其法定代理人到场。上述人员未到场的,应当记录在案。人民法院调查核实证据时,发现对定罪量刑有重大影响的新的证据材料的,应当告知检察人员、辩护人、自诉人及其法定代理人。必要时,也可以直接提取,并及时通知检察人员、辩护人、自诉人及其法定代理人查阅、摘抄、复制。"这一努力是值得充分肯定的,为法院庭外调查的中立性提供了一定的程序保障。不过,将来还应当在法律上进一步明确,法院通过庭外调查取得的证据必须经过庭审质证才能作为定案依据。这样才能有效地保障被告人对质权的行使,确保审判程序应有的纠错功能的实现。

(二)裁判生成机制的完善

从本意上来讲,审判是两造对抗,法官居中裁判的活动。因此,庭审应当是审判的核心环节。但是,在我国审判实践中,法官往往会在庭审之前通过阅卷来了解和熟悉案情,甚至会通过庭外的讯问和调查来核实案卷中记载的相关信息,这就为法官在庭审前形成预判埋下了隐患。尤其对于一些社会关注度高的案件,法院唯恐在庭审中出现纰漏,其庭前调查活动会更为深入,甚至在法院内部会通过对案情的讨论和请示来谋求共识。从认知的角度来看,法官的这些认知活动显然是在没有辩方质证和发表意见的情况下进行的,其作为认知依据的信息主要来源于追诉机关移送的案卷材料和证据。从兼听则明的角度来看,控方案卷中对案情的描述和分析显然属于"一面之词",容易让法官形成"先入之见"。更为严重的是,有些侦查机关并未移送全部案卷材料和证据,而是基于实现追诉目标的考虑进行"选择性移送",在此情况下法官所看到的只是控方希望法官看到的内容。

因此,我们应当努力构建让判决结果产生于庭审的裁判机制。而要做到这一点,法院就应当将除阅卷之外的活动全部转移到庭审中进行。在庭审过程中,法官对被告人的讯问、对被害人和证人的询问是公开进行的,并且可以使其接受控辩双方的交叉询问。从程序权利的角度来说,以庭审为中心的审判机制可以充分保障辩方的质证权;而从实体权利的角度来说,以庭审为中心的审判机制则有助于保障无辜者不被错误定罪的权利。

从司法实践的角度来看,实现庭审实质化面临的一大障碍是证人不出庭问题。在证人不出庭的情况下,庭审过程中只能以宣读证人在审前阶段接受控方询问的笔录来代替,而这显然不符合刑事审判中直接言词原则的要求,变相剥夺了被告人与证人对质的权利,很容易导致错判。山东省日照市曾发生了一起震惊全国的刘桂安报复杀害证人案。起因就是刘桂安曾因强奸未遂被判刑,而其本人坚称自己绝对没有犯下判决书中所指控他的"罪行",但是法院却根据村中一名农妇胡秀娟未经当庭质证的证言,对他的所谓"强奸未遂"予以了认定。刘桂安在出狱后实施了报复杀人行为。记者调查得知,法庭在当初审理刘桂安的强奸未遂罪案时,唯一的证人胡秀娟没有出庭质证,而是由警方出具了一张由其本人签名的证言。据受害人胡秀娟的丈夫告诉记者,警方办案人员三番五次到他家要求其妻子作证。他们夫妇只得在警方提供的文字上签了字。事实是,其妻子的确没有亲眼目睹刘桂安"强奸未遂"一事。仅是那起案件的女主角在事后的一次闲聊中告诉胡,某日刘桂安趁她丈夫不在,曾经去扒过墙头……不知怎么警方知道了胡是闻听者,就一定要她提供证人证言。他们以为签完字就完了,没想到后来却因此付出几条人命的惨痛代价。①

近年来,针对证人出庭率低的现状,学界通常认为主要原因在于证人保护不到位、证人补偿制度缺位等。然而在我国 2012 年修订《刑事诉讼法》增设了证人保护、证人补偿等一系列制度后,证人出庭率并未出现明显改观。在笔者看来,其原因主要包括两个方面。

一是证人自身的原因。证人并非涉案人员,平时都忙于各自的工作和生活,其出庭作证的积极性并非仅凭证人保护和证人补偿所能调动得起来的。并且,很多证人由于外出务工,在查找和联系方面存在不少困难。在英美法系国家,被害人被作为证人看待,尽管在我国法律上将其规定为独立的诉讼参与人,但学界在探讨证人出庭问题时通常将被害人出庭一并加以讨论。笔者拟列举三个案例来说明法院要求证人和被害人出庭面临的困难:(1)某中级法院在准备审理王某强奸案时,按卷宗记载的住址联系证人和被害人。有 2 名证人的出庭通知未能送达,其中 1 名证人所在村庄的村干部说"不知道村里有这个人";另 1 名证人所在村庄的村干部说"这人好几年不在村里,见不着人"。还有 1 名证人在接到法庭通知后,答复说"不愿意再理会这事,而且原来做的证词也不应该让对方知道"。最后,在本案开庭时,只有被害人和 1 名证人到庭。(2)某中级法院在审理李某抢劫案的过程中,需传唤 4 名被害人到庭。这 4 人分别系江苏宜城人、江苏淮安人、四川达州人、陕西宝鸡人,其中 1 人卷宗材料中没有详细地址,2 人有地址但没有通讯方式,通过邮政 114 查询当地派出所和乡政府的电话未果。最后只联系到 1 人,在向其说明情况后,这名被害人说"道太远了,没时间过去"。(3)某中级法院在审理刘某等抢劫、绑架案的过程中,拟传唤 2 名遭遇入室抢劫的被害人和 1 名被绑架的被害人出庭。法庭联系到被害人后,这 3 名被害人给出了几乎相同的答复,即"如果能赔偿遭劫的损失就可以考虑出庭,否则不愿出庭,法院随便判"。最终在开庭时,3 名被害人均未到庭。②

---

①张倩:《证人被杀血案震惊全国,恶果频现保护成一纸空文》,http://news. sohu. com/20100114/n269574543. shtml,2018 年 7 月 19 日访问。

②本人于 2007 年至 2008 年作为以陈光中教授为首席专家的"中国刑事二审程序的改革与完善"课题组成员,先后赴河北、北京、江西等地开展了大量的实证调研,了解我国刑事二审程序的实际运行情况。上述案例均通过调研阅卷获得。为保密起见,略去法院和当事人信息。

二是法院方面的原因。实践中,很多法官从内心来讲并不希望证人出庭。这与证人证言的主观性和不稳定性有关,尤其是案件到了审判阶段以后往往时过境迁,证人的记忆也开始模糊,甚至可能出现张冠李戴的情况。在此情况下,辩方律师便可能竭力通过交叉询问来揭示证人证言存在的漏洞和瑕疵,并据此认为证言不可靠。而在证人不出庭的情况下,在审前阶段已经形成的询问笔录却是"白纸黑字",即使辩方提出质疑,也难以对其进行证伪,尤其是在当前"案多人少"导致法官不堪重负的背景下,以"眼不见为净"的心态来接纳至少在形式上近乎完美的侦查询问笔录,不失为"明智之举"。其实,人们在日常生活中也是如此。当需要在信息不完全的情况下做出决策的时候,最害怕看到相反的信息,进而让自己迟疑不决。可以说,对确定性的追求是人类普遍的认知偏好。由此可见,尽管《刑事诉讼法》确立了强制证人出庭作证制度,但从法官认知的角度来看,除非案情特殊,其采取强制手段迫使证人出庭作证的可能性相当低。

然而,从防范刑事错案的角度来看,证人出庭接受交叉询问是一个重要的纠错机制。证人证言的形成通常要经过观察、记忆和表达三个环节,任何一个环节都有可能因主客观因素的影响而导致信息的扭曲和失真。尤其是,较之出庭作证,无须直接面对无辜者而出具书面证言的证人心理压力较小,其为了配合侦查机关工作而违心提供虚假证言的可能性不容忽视。因此,通过考评机制的改革,切实调动法官强制证人出庭作证的积极性,应当成为推动庭审实质化的重要一环。

"先定后审"的裁判生成机制也是纠错机制失灵的重要原因。现代刑事诉讼理念强调控审分离、控辩对抗和审判中立,这三个方面构成了刑事诉讼的基本构造,体现了真实发现和人权保障的双重功能。然而,"先定后审"的裁判生成机制却使控辩对抗流于形式,辩护权难以对审判权施加影响,从而使被告人的辩护权被变相地剥夺了。从张氏叔侄案来看,一审法院在开展了大量庭外调查活动后再次开庭时,本应对新调取的证据逐一在法庭上交由控辩双方质证和辩论,然后择期宣判,但该案再次开庭后却选择了当庭宣判。根据最高人民法院司法解释的规定和实践中的一贯做法,做出死刑裁判的案件应由院长提交审判委员会讨论决定。而该案选择当庭宣判则表明,该案在再次开庭前已经由审判委员会讨论并做出了决定。这种裁判结论在庭外产生而与法庭审理相脱钩的做法,不可避免地会导致纠错机制的失灵。

此外,当前庭审的虚置化还与人民陪审员制度未能充分发挥其应有功能有关。从制度设计的本意来说,人民陪审员制度有助于弥合司法职业理性与大众理性的冲突,有助于普通公民凭借日常生活经验来判断案件的来龙去脉和是非曲直,避免职业法官可能出现的认知误区。这是因为,"职业法官的书本知识确实比普通民众渊博,但在实际的生活经验上却未必比人家丰富。……在没有采用陪审制度的国家,尤其要注意职业法官的官僚偏见歪曲事实认定的危险性。无论东西方,职业法官的自以为是造成冤假错案的例子实在数不胜数"[①]。

虽然我国的人民陪审员制度在体现司法民主方面有一定的作用,但由于制度设计以及贯彻落实方面的种种问题,这一制度在实践中并未取得良好的运行效果,陪审员常常变成"陪衬员",进而导致一审阶段纠错机制的失灵。例如,张氏叔侄案由一名审判员和两名人民陪审员共同组成合议庭,这一组成方式完全符合我国现行法律的规定。但问题在于,案情如此错综复杂且可能判处死刑的案件由这样的合议庭来审判能否保障审判质量?在英美法系国家,死刑案件由陪审团审判是司空见惯的事,然而陪审团的组成人数通常较多且法律要求死刑判决必须由全体陪审团成员做出一致裁决。这就能有效地避免裁判受到个别陪审员主观因素的干扰。在作为大陆法系国家的法国,一审的重罪法庭由3名职业法官和9名陪审员共同组成,做出有罪判决至少需要8票赞成。[②] 显然,法国的重罪法庭至少有3名职业法官参与,并且陪审员人数也较多,而且并非以简单多数来进行表决。反观我国的人民陪审员制度,其制度设计不够严密。就本案来说,根据"少数服从多数"的表决规则,只要有1名法官和1名陪审员同意定罪,或者只要有2名陪审员同意定罪,即可做出有罪判决。其弊端在于,陪审员未接受过专业的法律训练,倘若没有达到一定的人数便难以保障其表决的质量。况且,在我国陪审员制度运行存在形式化问题的背景下,这样的合议庭只能是1名法官说了算,合议庭便由此最终异化为独任庭。这显然不利于保障死刑案件的审

①［日］秋山贤三:《法官因何错判》,曾玉婷译,法律出版社2019年版,第134页。

②［法］贝尔纳·布洛克:《法国刑事诉讼法》,罗结珍译,中国政法大学出版社2009年版,第495—504页。

判质量。当然,审判委员会制度的存在也可能会大大削弱合议庭组成对审判结果的影响,但由于审判委员会委员并不直接参与庭审,其信息来源仍然是承办法官,在缺乏其他法官同事参与的情况下,承办法官对案情的梳理和总结难免"挂一漏万",从而误导审委会。因此,我国未来应当考虑对人民陪审员参与死刑案件审判的程序进行完善。

(三)法官心证形成的科学化

在近年来曝光的一系列冤案中,未能严格执行定罪标准是审判程序纠错机制失灵的直接原因。我国《刑事诉讼法》规定的刑事证明标准是"案件事实清楚,证据确实、充分",传统理论将其概括为"客观真实"。2012 年新修订的《刑事诉讼法》以"排除合理怀疑"来对其进行进一步的解释。但无论是"案件事实清楚,证据确实、充分",还是"排除合理怀疑",都要求法院做出的有罪判决能够排除其他人作案的可能性。在张氏叔侄案中,DNA 鉴定意见直接将犯罪嫌疑指向张高平叔侄以外的第三名男性,而在庭审结束时综观全案证据,根本无法排除这个第三人作案的可能性。显然,本案的有罪判决根本没有达到法律规定的证明标准。其实,这种达不到法定证明标准而"降格以求"的情况,在我国刑事司法实践中是比较普遍的现象。本案之所以会在存在诸多疑点的情况下仍然定罪,就是因为法院对这种"夹生饭"早已习以为常。从根源上分析,这一现象源于笔者在上文中提到的法院所担负的惩罚犯罪职责及其所承受的来自社会各方面的压力。在本案即将启动再审程序之际,浙江省高院曾于 2012 年 7 月 26 日对被害人的姐姐进行了询问。在回答法官询问的过程中,被害人的姐姐说:"当时在杭州中院的时候,法官把我叫去说,这个案子疑点重重。"可见,当时的主审法官是如此纠结,但面对诸多证据之间的相互印证,却不得不做出有罪判决。2013 年,浙江省高院针对该案做出的再审判决书一针见血地指出:"原判认定原审被告人张辉、张高平强奸的事实,主要依据两原审被害人有罪供述与现场勘查笔录、尸体检验报告反映的情况基本相符来定案。"

在我国刑事裁判领域,注重证据之间的相互印证是一项由来已久的司法传统。古代裁判者强调"无供不录案""断罪必取输服供词",实际上就是要求裁判者所做出的事实认定必须有被告人口供作为印证。当前我国司法人员仍然将"印证"作为获得心证的惯用方式,这种蕴含错误风险的证明模式已经导致了一系列冤错案件的产生。

"所谓印证证明,就是要求认定案件事实至少有两个以上的证据,其证明内容相互支持(具有同一指向),排除了自身矛盾以及彼此间矛盾,由此而形成一个稳定可靠的证明结构。"① 然而,一致性只是司法证明的必要条件,而非充分条件。自古以来出现的冤错案件,几乎无一例外地声称此证据与彼证据形成了相互印证。以张氏叔侄案为例,正是由于司法人员在对单个证据证明力的评判和对全案证据综合判断中不适当地夸大了"印证"的证明效果,才酿成了这一冤案。从该案的证据构成来看,我们不难发现诸多证据之间存在相互印证:(1)两名被告人口供的主体部分相互印证;(2)被告人口供与袁连芳证人证言的主要内容相互印证;(3)两名被告人分别对现场进行指认的结果相互印证;(4)被告人对现场的指认与现场勘验笔录的内容相互印证;(5)侦查实验结果与被告人关于作案、抛尸、掉头逃离的口供以及证人证言的相关部分相互印证;(6)两名被告人供述的作案手法与掐颈致死和处女膜新鲜破裂的法医鉴定结论相互印证;(7)被告人张辉供述强奸时没有射精的情况与被害人体内未见精斑的法医鉴定结论相互印证;(8)警方调取的当日水文资料与被告人关于抛尸时听到水声的说法相互印证;等等。如果缺乏这些证据之间的相互印证,两级法院是不可能都做出有罪判决的。近年来出现的冤错案件大多存在类似的证据相互印证的情况,尽管其中不乏人为制造的虚假印证,但这足以说明在主要证据相互印证的情况下,被追诉者往往难以洗脱罪名。

"印证"的最大危险在于其在增强信念方面的巨大作用。有学者指出,对信念的真正威胁不在于信念得不到证明,而在于得不到印证。② 证明是一种逻辑推演,需要经过深入的理性思考才能把握,而印证则比较直观,能否得到印证往往一目了然。尤其是,当面对相互矛盾的证据时,司法人员难以摆脱"锚定效应"的影响,倾向于为避免自身的认知失调而对诸多证据给予"选择性注意"。这样的印证本质上是对相反证据的选择性无视。以张氏叔侄案为例,最初警方依据法医就被害人死亡时间做出的推断以及张辉对于他与被害人分手时间的供述,认为两名犯罪嫌疑人有重大作案嫌疑;其

---

① 龙宗智:《中国法语境中的"排除合理怀疑"》,《中外法学》2012 年第 6 期。
② 刘畅:《证明与印证》,《世界哲学》2011 年第 3 期。

后,证人周某作证说被害人在与其通话过程中电话被挂断,之后直到第三天仍然打不通,这让警方又产生了对张高平蓄意关机的怀疑;随后,张辉的女友作证说案发后看到张辉左眼角下面有伤,还说凭女人的直觉认为他的伤应该是被别的女人抓形成的,这进一步印证了警方的怀疑;张高平就手机平时是否一直开机也做了前后矛盾的供述,这同样印证了警方的怀疑。应该承认,警方依据这些怀疑对两名犯罪嫌疑人实施抓捕并展开调查是很自然的。然而,随着调查的深入,侦查人员应当根据新的证据及时修正原有的侦查假设。比如,从讯问的情况来看,两名犯罪嫌疑人供述的不合情理之处比比皆是。不仅两名嫌犯的供述之间存在不少矛盾之处,而且其各自在不同时间的供述也不尽一致。这些矛盾或不合情理之处足以在很大程度上否定原有的侦查假设。再比如,在"两张"均做出有罪供述之后,法医出具的鉴定意见表明,从被害人指甲中提取的 DNA 指向另一名男性,这同样足以否定原有的侦查假设。不过,遗憾的是,侦查人员仍然基于之前的先入之见,始终将视线锁定在这两名犯罪嫌疑人身上,而忽略了对其他犯罪嫌疑人的调查。

在我国当前的司法实践中,不仅司法人员会受制于"印证证明"的潜规则而违心地做出有罪认定,甚至有的侦查人员为了追求所谓的"印证"企图伪造、篡改证据。以李化伟案为例,根据知情者透露,当年的一份尸检报告上面写到死亡时间在饭后 2 小时,在这句话的后面,有涂抹的痕迹,被涂抹掉的那句话是:大约 15 点。根据此报告,邢伟 15 点左右死亡,李化伟此时还和同事在一起。而没有这句话,就变成了邢伟从吃饭的那一刻起 2 小时之内均属于被害时间范围,而李化伟中午在家,也就"具备了作案时间"。此外,据辽宁有关媒体报道,李化伟衣领处的血迹,原法医检验的结论是"擦拭",后来在起诉时居然被人用刀片刮掉,改为"喷溅"式血迹,这也成为李化伟"杀妻"的"重要证据"。①

基于上述分析,笔者主张在审前程序中确立"仅凭印证不得定案制度"。侦查人员和检察人员除了审查证据与证据之间、证据与事实之间是否能够相互印证以外,还要对事实认定结论展开严格的逻辑检验。这种逻辑检验在内容上包括:对证据自身可靠性的审查,对据以推理的经验法则的审查,对每一个推论过程以及整个逻辑推理过程正确性的审查,等等。

---

①张军主编:《刑事证据规则理解与适用》,法律出版社 2010 年版,第 375—376 页。

值得注意的是,严格落实非法证据排除规则是确保裁判者心证科学化的重要保障。从张氏叔侄案的案卷材料、讯问录像以及被告人的体检结果等来看,刑讯逼供等非法取证行为实际上是不难认定的。首先,从语言的角度对讯问笔录展开分析,难以排除诱供和刑讯逼供的可能性。例如,2003年5月27日警方对张辉的讯问笔录中有这样的记载:当侦查人员问到"你对自己的问题考虑得怎么样了"这一问题时,张辉明确回答:"我又没做违法的事情,我没杀人。"而后,张辉还质问侦查人员:"你们为什么要写笔录,你们不是说要帮我,为什么现在要害我呢?"这表明侦查人员有可能对张辉实施过引诱和欺骗。接下来的两个问答更让人怀疑侦查人员对张辉施加了一些手段。侦查人员问道:"你究竟说了多少谎话,你准备说谎说到什么时候?"张辉回答:"我说。"侦查人员问:"你说什么?"张辉答道:"我说我杀人的事。"这一讯问过程并没有进行录像,但通过语言分析,不难看出诱供和逼供的端倪。在5月29日的讯问笔录中,我们看到,张辉在获准与家人通话之后,对着电话痛哭。之后侦查人员询问他跟家人说了些什么,张辉答道:"我对他们说我是被冤枉的,公安局的人打我,所以我才交代了自己强奸杀人的经过,我要家里人相信我没有做过这样的事情。"侦查人员根本听不懂张辉与家人通话时说的方言,如果张辉是向家人谎称在公安局挨打,那么他根本没必要向侦查人员挑明。其次,本案的讯问录像更能够进一步证明刑讯逼供的存在。早在本案一审阶段,辩护律师就指出,在讯问录像中侦查人员曾对张辉说:"再不老实,还吃苦头。"辩护律师通过对讯问录像的仔细察看,还发现了不少能够证明刑讯逼供等非法取证的线索。例如,在5月28日的讯问录像13:22分左右,张辉的眼睛睁不开了,想睡觉,而侦查人员则以给抽烟来刺激其清醒;14:12分左右至14:48分左右,录像资料蹊跷地没有了声音和图像,而此时录像带仍然在持续显示时间,表明机器运转正常,这一情况很难排除人为因素;15:01分左右,侦查人员在张辉面前放着纸,从对话分析是作案的路线图。可见,尽管讯问录像中没有直接反映侦查人员殴打的镜头,但通过分析不难得出侦查人员存在着实施刑讯逼供、疲劳审讯和诱供等嫌疑。最后,张高平还提出,侦查人员曾用烟头烫其身体,并展示了身上的圆形疤痕。尽管鉴定机构声称该疤痕不具备鉴定条件,但并不能排除其为烟头所烫;并且,张辉还当庭证明其曾听到张高平被打的惨叫声。针对上述疑问,杭州市中院在一审判决书中采信了西湖刑侦大队出具的《情况说明》。该《情况说明》"证实在审讯中张高平自然供述自己犯罪事实,侦查人员严格依法办案,不存在对张高平进行刑讯逼供、诱供等非法获取口供的行为"。并且认为,被告人供述有袁连芳证言、相关尸检报告、现场勘查笔录、辨认现场等证据印证,"其所谓遭到刑讯和诱供没有任何证据支持"。显然,问题的关键在于:在非法证据排除问题上,应该由谁来承担证明责任?应达到何种证明标准?何种材料可以用作证据?

基于无罪推定原则,被告人通常不承担证明自己无罪的证明责任,而是由控方来证明被告人实施了犯罪行为。控方所进行的此类证明还必须达到排除合理怀疑的程度。如果控方不能排除合理怀疑地证明其向法庭提交的证据系合法取得,自然也就难以履行其证明责任。《刑事诉讼法》第五十九条规定:"在对证据收集的合法性进行法庭调查的过程中,人民检察院应当对证据收集的合法性加以证明。"这就明确了非法证据排除程序中实体性证明责任的归属。同时,该法第六十条还规定:"对于经过法庭审理,确认或者不能排除存在本法第五十六条规定的以非法方法收集证据情形的,对有关证据应当予以排除。"根据这一规定,只有在完全排除侦查机关以非法方法收集证据可能性的情况下,法庭才能认可该证据的可采性。因此,控方对证据收集合法性的证明标准是排除合理怀疑。从本案来看,如果适用这一标准来进行衡量,那么控方的《情况说明》显然不足以否定讯问笔录和录像中存在的诸多疑点。因此,2013年3月26日再审裁判宣告排除被告人口供使新《刑事诉讼法》中的规定得到了落实。

非法证据排除还涉及一个问题,即何种材料可以用作证明收集证据合法性的证据?在本案中,控方向法庭提交了西湖刑侦大队出具的关于没有对两名被告人进行刑讯逼供的《情况说明》,并且得到了法庭的采信。这种由单位出具的《情况说明》的证据性质一直以来备受学界质疑。在笔者看来,以单位名义出具的《情况说明》不属于法定的证据种类,因而不能作为证据使用。按照我国《刑事诉讼法》关于证据种类的规定,这种《情况说明》与"证人证言"较为接近。然而,单位能否作为证人在学理上是存在争议的。从法律的规定来看,我国《民事诉讼法》第七十二条规定:"凡是知道案件情况的单位和个人,都有义务出庭作证。"然而,我国《刑事诉讼法》却没有认可单位作为证人的资格,该法第六十二条规定:"凡是知道案件情况的人,都有作证的义务。"因此,本案中的西湖刑侦大队出具的《情况说明》不具有可采性。2012 年《最高人民法院关于适用〈中华人民共和国刑事诉讼法〉的解释》第一百零一条第一款规定："法庭决定对证据收集的合法性进行调查的，可以由公诉人通过出示、宣读讯问笔录或者其他证据，有针对性地播放讯问过程的录音录像，提请法庭通知有关侦查人员或者其他人员出庭说明情况等方式，证明证据收集的合法性。"这一规定显然有助于扭转实践中主要依靠《情况说明》来证明取证合法性的局面。然而，遗憾的是，该司法解释在接下来的第二款中仍然认可了《情况说明》的证据资格："公诉人提交的取证过程合法的说明材料，应当经有关侦查人员签名，并加盖公章。未经有关侦查人员签名的，不得作为证据使用。上述说明材料不能单独作为证明取证过程合法的根据。"这一规定仅仅强调了《情况说明》的形式要件，并确立了相应的补强规则，而没有否定其可采性。这就为《情况说明》在未来的审判中继续误导审判人员埋下了隐患。依笔者之见，《情况说明》被接纳为证据的危害不仅在于诱使侦查机关在自身利益的驱动下违背事实提供虚假证明，还在于它不利于追究提供伪证的法律责任。由于《刑事诉讼法》并未认可单位作为证人的资格，因而，即使事后证明确实存在刑讯逼供，也难以让单位承担伪证罪的刑事责任。而如果由侦查人员以证人的身份作证，则其向法庭所作的虚假陈述便可以成为将来追究刑责的依据。这种追究伪证罪的可能性，反过来会督促侦查人员如实作证。

此外，裁判心证形成方式的科学化，还要求进一步强化审判委员会的审判责任，完善相应的决策机制。众所周知，在实践中，重大、疑难、复杂案件最终是由审判委员会讨论决定的，其决策的科学性至关重要。有学者指出，集体讨论决定案件使审判委员会成员缺乏足够的责任感，淡化决策风险意识。实践中法院系统有一个共识，即审判委员会讨论决定案件可以避免职业风险。之所以能规避职业风险，主要是因为案件的处理决定是由审判委员会集体讨论并投票表决产生的，没有哪一个人需要对这样的决定具体承担责任。正因为裁判责任的分散和虚化，在讨论决定死刑案件时，审判委员会成员一般不会有战战兢兢、如履薄冰的感觉，审判委员会讨论决定案件的机制无法使他们产生足够的责任感和采取足够的谨慎态度。[①] 笔者完全赞

①李建明：《刑事司法错误：以刑事错案为中心的研究》，人民出版社 2013 年版，第133 页。

同上述分析,审判委员会的集体讨论模式确实会导致责任分散的问题。为此,需要未来进一步明确审判委员会成员对于自己在参与讨论时的发言和表决应当承担的责任。2018 年出台的《最高人民法院关于进一步全面落实司法责任制的实施意见》已经明确规定:"除法律规定不应当公开的情形外,审判委员会讨论案件的决定及其理由应当在裁判文书中公开。"这显然有助于强化审判委员会成员的责任意识。

审判委员会的决策机制同样会影响心证形成的过程和结果。大陆法系国家致力于通过改进合议庭的决策机制来增强事实认定结论的可靠性。例如,在法国轻罪案件的审判中,通常由"最年轻的"陪审官首先发言,审判长最后发言。[①] 这显然是为了避免"权威屈从心理"对司法裁判结论的影响。值得注意的是,2015 年出台的《最高人民法院关于完善人民法院司法责任制的若干意见》(以下简称《意见》)对此进行了借鉴。该《意见》明确规定:"审判委员会委员讨论案件时应当充分发表意见,按照法官等级由低到高确定表决顺序,主持人最后表决。审判委员会评议实行全程留痕,录音、录像,做出会议记录。"

三、刑事二审程序的改革思路

刑事二审程序,又称上诉审程序,是上一级法院基于检察机关抗诉权或者被告人上诉权的行使而获得对案件进行重新审判的程序。从防范错案的角度来看,它是为不服一审裁判的被告人提供的一个救济渠道。从实践的角度来看,尽管很多蒙冤者并未通过上诉而获得无罪判决,但不少案件的被告人却在被一审法院判处死刑的情况下,二审法院发现原审据以定案的证据存在瑕疵,进而做出"刀下留人"的改判,为日后的冤案平反创造了条件。例如,张氏叔侄案的二审程序尽管受到了时代背景和体制性因素的制约,未能避免"错判"却避免了"错杀"。在一审法院判处张辉死刑的情况下,二审判决指出,"鉴于本案的具体情况,张辉尚不属于须立即执行死刑的罪犯",从而将一审的死刑改为死缓,这成为后来张氏叔侄经再审重获自由的关键。因此,本案的二审程序在一定程度上发挥了司法纠错功能,这是难能可贵的。最高人民法院常务副院长沈德咏大法官指出:"应当说,现在我们看到

---

①何家弘主编:《外国证据法》,法律出版社 2003 年版,第 382 页。

的一些案件,包括河南赵作海杀人案、浙江张氏叔侄强奸案,审判法院在当时是立了功的,至少可以说是功大于过的,否则人头早已落地了。面临来自各方面的干预和压力,法院对这类案件能够坚持做出留有余地的判决,已属不易。"①如何进一步完善刑事二审程序,使其更好地发挥二审程序对被告人的权利救济功能,值得深入加以研究。

(一)实行二审有限审查原则

按照目前理论界的通说,刑事二审程序的功能包括:(1)救济第一审裁判错误的功能;(2)监督第一审审判活动的功能;(3)指导第一审审判活动的功能;(4)满足当事人程序性需求的功能;(5)最终解决争议的功能。② 基于上述功能,我国第二审案件的审判一直坚持全面审查原则。"全面审查原则,是指第二审人民法院审理上诉或抗诉案件,应当对原判认定案件事实和适用法律进行全面审查,不受上诉或抗诉范围的限制。"③

在笔者看来,当前我国刑事司法面临的最大问题是如何避免冤错案件的问题。因而,在刑事二审程序的改革问题上首先和主要应当考虑的是如何发挥其救济功能。如果我们期望第二审程序发挥太多的功能,最终可能会影响其主要功能的实现。尤其在当前审判机关面临"案多人少"困境的背景下,更应当将刑事二审程序聚焦于救济功能的实现。为此,有必要对我国长期以来实行的全面审查原则展开深刻反思。

由于政治和历史的原因,我国刑事诉讼制度在初创时期深受苏联法律的影响。我国刑事二审实践中长期奉行的"全面审查原则"也是借鉴苏联立法经验的结果。1960年生效的《苏维埃刑事诉讼法典》第三百三十二条就明确规定:"上诉审法院结合上诉(抗诉)检查判决是否合法和有无根据,不仅是在上诉(抗诉)的范围内进行检查,而且要检查整个判决;不是检查一部分,而是对案件做通盘检查;检查所有被判刑人的情况,既检查提出上诉的人的情况,也检查没提出上诉的人或者抗诉没有提到的人的情况。"这种全面审查原则为中华人民共和国成立后的第一部刑事诉讼法典所效仿。该法

---

① 沈德咏:《我们应当如何防范冤假错案》,《人民法院报》2013年5月6日第2版。
② 《刑事诉讼法学》编写组:《刑事诉讼法学》,高等教育出版社2017年版,第372—373页。
③ 《刑事诉讼法学》编写组:《刑事诉讼法学》,高等教育出版社2017年版,第378页。

典第一百三十四条明确规定："第二审人民法院应当就第一审判决认定的事实和适用法律进行全面审查,不受上诉或者抗诉范围的限制。共同犯罪的案件只有部分被告人上诉的,应当对全案进行审查,一并处理。"然而,随着庭审方式改革的推进和相关理论研究的深入,根植于超职权主义诉讼模式的全面审查原则在理论界遭遇了越来越多的批判和质疑。即使在实务界,也有越来越多的人士主张对全面审查原则加以必要的改造。

从理论的角度来看,全面审查原则备受学者诟病之处在于,该原则不符合诉讼的内在规律,与现代司法理念格格不入。二审法院抛开上诉和抗诉范围而对案件进行全面审查的做法有违司法的被动性和中立性,背离了"不告不理"的司法原则,混淆了控诉和审判这两种不同的诉讼职能。尽管全面审查原则致力于追求的实事求是、有错必纠的司法理想值得肯定,但正当程序理念要求为任何职权行为施加必要的程序约束。因此,二审审判范围的界定需要在多种诉讼价值之间进行权衡取舍,尤其是在我国借鉴当事人主义诉讼模式的合理因素,大力推进庭审方式改革的背景下,职权主义色彩极其浓厚的全面审查原则强化了二审法院的主导作用,却弱化了对当事人诉权的保障,难以理顺诉权与审判权之间的关系。

从实践的角度来看,尽管全面审查原则在保障实质真实方面发挥了积极作用,但其弊端也相当突出,主要表现在以下几个方面。

第一,"全面审查"其实并不全面。

尽管"全面审查说"的支持者认为,全面审查有助于更好地纠正一审的错判,但问题在于,我国的二审程序并非必经程序,没有上诉和抗诉的案件无法进入二审,从而会成为全面审查的"盲区"。近年来,我国每年的上诉率并不高,80％以上的案件没有进入二审。这表明,全面审查原则所能够实现的纠错决不可能是全面的。

第二,全面审查弱化了上诉和抗诉的效力。

由于二审法院对案件的审查不局限于上诉和抗诉的范围,因而,上诉和抗诉的请求和理由往往难以得到充分的重视。我们在调研过程中发现了二审实践中常见的"怪现状":上诉的被告人未得到改判,没上诉的被告人反而被改判了。这在一定程度上抹煞了上诉与不上诉、抗诉与不抗诉之间的差别。尽管这样的做法表明法官们能够秉公执法,但也从一个侧面反映了二审审判权行使的失范。

第三，全面审查导致司法机关不堪重负。

在全面审查原则之下，一审阶段的全部事实问题和法律问题均被纳入二审审判范围，这使得二审法院的工作负担极其繁重。以某中级法院为例，该院每年受理的刑事二审案件数量多达 800 件，但刑庭法官人数非常有限，并且这些法官并非专司办理二审案件，所以，"案多人少"的矛盾十分突出。

第四，全面审查在一定程度上导致了二审法院诉讼职能的扭曲。

在二审程序中，控辩双方一般都会围绕上诉或者抗诉请求提出相应的事实依据和法律依据，以论证己方的诉讼主张。然而，对于上诉和抗诉范围以外的事项，如果二审法院要将其纳入审判范围，则通常只能由法院来承担职务上的证明责任，由此导致控辩双方置身事外，从而混淆了诉讼职能的划分；同时，这还会导致庭外调查成为二审法官的主要工作内容，二审程序最终沦为二审法院的单方调查活动。这不仅违背诉讼的内在规律，还会阻碍庭审方式的改革。

由以上分析可见，我国当前奉行的全面审查原则不仅缺乏法理支持，还在实践中遭遇全面的危机。因此，我们必须在借鉴国外立法经验的基础上，结合现实国情，对我国二审审判范围予以重构。

英美法系国家采取当事人主义的诉讼模式，注重发挥当事人在诉讼中的主导作用，在二审审判范围问题上严格奉行"不告不理"。二审的审判范围严格限定于上诉范围，对于依法受理的上诉案件，上诉法院依据初审记录来审查上诉理由是否能够成立。另外，受陪审团审判制度的影响，英美法系国家的上诉审一般仅审查法律问题，而不涉及事实问题。当然，上述情况也存在一些例外情形。譬如，英国刑事法院在对治安法院所裁决的上诉案件进行审理时，采取的是全面复审的形式，也就是对上诉所涉及的事实和法律问题进行重新审判。① 但即使在此情形下，二审的审判范围仍以上诉范围为限。

大陆法系国家采取职权主义的诉讼模式，注重发挥法官的职权作用，但在二审审判范围问题上也恪守"不告不理"的底线，二审法官的审判权原则上受制于上诉范围。例如，有法国学者指出："上诉法官的权力实际上有赖

---

① 王以真主编：《外国刑事诉讼法学（新编本）》，北京大学出版社 2004 年版，第 113 页。

于向其提出之上诉的标的。在一审法院的判决包含数个判刑之主要罪状，但提出的上诉仅针对其中一个或某几个罪状时，上诉法院的法官只能对这一个或数个受到上诉的罪状进行审理裁判。"①《德国刑事诉讼法典》三百二十七条规定："法院只能对原判决的被要求撤销、变更的部分进行审查。"②《意大利刑事诉讼法典》第五百九十七条第一款规定："上诉的提出使第二审法官有权就上诉理由所针对的问题对案件进行审理。"③日本《刑事诉讼法》第三百九十三条规定："控诉法院应当对控诉旨趣书记载的事项进行调查。"我国台湾地区《刑事诉讼法》第三百六十六条规定，"第二审法院，应就原审判决经上诉之部分调查之"。不过，值得注意的是，大陆法系通常采取三审终审制，与第三审法院仅审查法律问题不同的是，第二审法院对于上诉范围内的事实和法律问题均可进行审查。

在苏联解体后，俄罗斯也废除了其长期以来坚持的全面审查原则。现行《俄罗斯联邦刑事诉讼法典》第三百六十条第二款规定："按照第一上诉程序或第二上诉程序审理刑事案件的法院，在检查法院裁判是否合法、是否根据充分和是否公正时，仅针对法院裁判中被提出上诉和抗诉的部分。"④

综观当今世界各国立法，无论是英美法系国家，还是大陆法系国家，刑事二审程序通常都奉行有限审查原则，即第二审法院的审判范围以上诉或者抗诉范围为限。只不过由于诉讼制度的差异，英美法系国家的二审通常不审查事实问题，而大陆法系国家的二审审判范围则包括事实问题在内。可见，二审审判范围上的"不告不理"是国际社会的普遍实践。

从以往国内论著对全面审查原则的介绍来看，我国学者主要是从认识论原则的角度来肯定全面审查原则的。例如，有学者指出："一个案件的各个部分不会是彼此孤立的，所以全面审查的结果，会有助于更正确地认识和处理上诉或抗诉中所提出的问题。反之，如果只是就事论事，仅仅审查上诉或抗诉的部分，由于对整个案件缺乏全面了解，其结果也势必影响对个别问

---

①［法］卡斯东·斯特法尼等：《法国刑事诉讼法精义（下）》，罗结珍译，中国政法大学出版社1999年版，第827页。

②《德国刑事诉讼法典》，李昌珂译，中国政法大学出版社1995年版。

③《意大利刑事诉讼法典》，黄风译，中国政法大学出版社1994年版。

④《俄罗斯联邦刑事诉讼法典》，黄道秀译，中国人民公安大学出版社2006年版，第294页。

题的正确处理。"①应当承认,技术或方法层面的全面审查原则是值得充分肯定的。毕竟案件和判决都具有整体性,不但某个错误可能源于其他错误,而且某一部分的改判也会涉及其他部分。正如列宁所指出的:"如果从事实的全部总和、从事实的联系去掌握事实,那么,事实不仅是'胜于雄辩的东西',而且是证据确凿的东西;如果不是从全部总和、不是从联系中去掌握事实,而是片断的和随便挑出来的,那么事实就只能是一种儿戏,或者甚至连儿戏也不如。"②然而,技术规则与法律规则毕竟是有严格区别的,我们不应将技术或方法层面的全面审查与法律层面的全面审查混为一谈。因为后者不仅意味着要全面审查,还意味着要做出相应的司法裁判。

由上文分析可见,我国现行的全面审查原则不仅在学理上备受争议,在实践中陷入困境,还与当今世界各国刑事诉讼的通行做法背道而驰,其科学性与合理性值得商榷。为此,笔者认为,应当从以下几个方面对我国二审审判范围予以重构。

1. 应当废除全面审查原则,以有限审查原则取而代之

首先,从二审程序的本质来看,作为一种审判程序应当体现审判程序的普遍规律和特点,而全面审查原则却违背了"不告不理"这一基本的诉讼原则。现代意义上的"不告不理"包括两个层面的含义:一是审判以起诉为前提,没有起诉就没有审判;二是审判范围受起诉限制,不得超出诉讼请求的范围。显然,全面审查原则导致二审审判范围完全不受控辩双方复审请求的限制,与"不告不理"原则背道而驰。有学者指出:"控诉原则之下,任何法院皆受制于不告不理,犹如第一审审判之范围,取决于起诉之范围,上诉审判之范围,亦取决于上诉之范围。"③

其次,从二审程序的功能来看,作为一种救济程序应当体现对当事人诉权的尊重,而全面审查原则却使得审判权的行使完全不受诉权的制约。毕竟上诉或者抗诉与最初的起诉不同,上诉或者抗诉往往是基于控辩双方对一审裁判的某些内容持有异议,而非基于最初的刑事争议。因此,二审的诉

---

①王国枢、王以真、王存厚编著:《刑事诉讼法概论》,北京大学出版社 1981 年版,第 245 页。

②列宁:《列宁全集》(第二十三卷),人民出版社 1990 年版,第 279 页。

③林钰雄:《刑事诉讼法(下册)》,中国人民大学出版社 2005 年版,第 245 页。

讼标的往往与一审不同。"上诉权是一种主要为被告人利益而设立的权利，上诉人得自由处分。"①二审法院应当尊重控辩双方对于诉讼标的的实体选择权。在实践中，80％以上的被告人对一审认定的事实无异议，②如果二审法院在此情况下对事实问题重新展开调查，不仅会妨碍诉讼效率，还会干扰当事人对诉权的处分。只有坚持有限审查原则，才能处理好二审审判权与当事人诉权的关系，使审判权的行使立足于对诉权的保护。

再次，从二审程序的特点来看，作为一种复审程序应当着眼于纠正初审的错误，而非让被告人重新接受一次审判，而全面审查原则却抹煞了复审程序与初审程序之间的差别，混淆了两个不同审级和两种不同程序之间的差异。对一审裁判所涉及的事实和法律问题进行全面审查，无异于以第二审来取代第一审，最终使二审异化为改变管辖之后的第一审。这样一来，由于二审限制对上诉案件的不利变更，加之不同的法官之间在刑罚裁量等方面把握的标准存在较大差异，极有可能会滋长被告人的侥幸心理，鼓励其提出很多不必要的上诉。

最后，从二审程序的目标来看，作为一种非必经程序意味着立法者肯定了一审在事实认定方面所具有的独特优势，不倾向于让被告人接受更高级别法院的审判。我国确立级别管辖的依据之一就在于较低级别的法院与证据的距离更近，便于司法机关调查事实，便于当事人、证人等出庭作证。所以，一审程序是审判的重心所在，二审程序只不过是必要时的一种补救程序。有德国学者认为："因为随时间的消逝，事实被证明的可能性亦愈来愈低，因此也就无法担保，经由第二次的事实审能获得一较好的裁判。"③我国台湾地区学者蔡墩铭也认为："上级审的裁判，未必就比原审正确，只是从形式上看，增加一次审查，可能使裁判相对地趋于正确，进而使当事人容易折服。"④然而，全面审查的做法却体现了立法者对下级法院的严重不信任。既然如此，为何不将所有的案件都自动纳入二审？又何必让下级法院作为第一审法院呢？在我国，由于存在延期审理、诉讼中止等法定事由，一审判决的做出少则几个月，多则数年时间，届时让二审法院再来重新审判，必然

①徐静村主编：《刑事诉讼法学（修订本）上》，法律出版社 1999 年版，第 328 页。
②陈卫东主编：《刑事二审开庭程序研究》，中国政法大学出版社 2008 年版，第 283 页。
③Claus Roxin：《德国刑事诉讼法》，三民书局 1998 年版，第 572 页。
④蔡墩铭主编：《两岸比较刑事诉讼法》，五南图书出版公司 1996 年版，第 366 页。

会因迁延时日导致证据灭失以及证人迁居、死亡或者记忆不清等情况,从而错过查明真相的最佳时机。因此,让一审法院的裁判接受二审法院的全面审查,并赋予二审法院擅自超越复审请求范围来全盘推翻一审裁判的权力,从根本上违背了我国审级制度设立的初衷。

因此,应当在法律上明确规定二审审判坚持"有限审查原则",即刑事二审的审判范围以上诉和抗诉请求的范围为限,重点审查上诉和抗诉理由是否能够成立。

2. 上诉和抗诉原则上应当附带明确的请求和理由

在有限审查原则之下,上诉请求和理由构成了二审审判的范围,因而,在废除全面审查原则后就应当对上诉和抗诉的请求和理由提出明确的要求。在德国,由于法律对上诉理由较少加以限制,"批评者认为,稀缺的司法资源被一个只要一方当事人要求,甚至不提出任何理由即全部审判的制度浪费了"[1]。

我国现行立法对于抗诉请求和理由已有明确的规定,但对于上诉请求和理由没有规定,允许被告人提出无因上诉。其立法意图主要在于防止因诉讼能力不足而妨碍被告人诉权的行使。然而,实际上,当事人文化程度较低、法律知识欠缺是国际社会的普遍现象,在司法以外的领域也同样存在,并不足以成为提倡无因上诉的理由。更何况,当事人对于自己是否实施了犯罪行为这样的基本事实是心知肚明的,而对于其他方面的问题即使不能提出具体的法律依据,却并不妨碍其提出自己的诉求。所以,法院应当告知被告人在上诉时提出明确的上诉请求和理由。

那么,被告人坚持提出无因上诉的,应当如何处理呢? 如前所述,国际范围内对于无因上诉有三种不同的处理方式。笔者认为,将无因上诉推定为对一审裁判的全部内容上诉不仅不符合经验法则,还会导致逻辑悖论,从而鼓励更多的无因上诉出现,是不足取的;而对于无因上诉一概不予受理的做法也有些绝对化,不利于对诉权的保护;相对而言,二审法院针对无因上诉仅审查诉讼程序和法律适用问题的做法值得借鉴。因此,笔者建议,对于被告人没有明确提出上诉请求和理由的案件,二审法院只对一审裁判文书

---

[1] [德]托马斯·魏根特:《德国刑事诉讼程序》,岳礼玲、温小洁译,中国政法大学出版社 2004 年版,第 220—222 页。

进行形式审查。这并不会导致二审出现严重的问题,因为实践中的冤案大多有明确的上诉理由。较之某些国家对无正当理由的上诉予以惩罚的做法,这种处理方式更为公允。

需要注意的是,二审审判范围的确定应当以上诉书和抗诉书中写明的请求和理由为准。上诉书和抗诉书没有写明,而控辩双方在二审过程中向法庭提出的辩论意见,不能作为确定审判范围的依据。唯有如此,才能使二审的诉讼标的得以事先确定,防止控辩双方在二审过程中随意变更。最高人民检察院出台的《刑事抗诉案件出庭规则(试行)》第六条第二款规定:"上级人民检察院不支持下级人民检察院提出的抗诉意见和理由,但认为原审判决、裁定确有其他错误的,应当在支持抗诉意见书中表明不同意见和理由,并且提出新的抗诉意见和理由。"实践中,也确有一些支持抗诉机关在二审过程中提出了超出抗诉书范围的抗诉意见。然而,最高人民法院的态度是,人民法院对于出庭支持抗诉的检察人员超出抗诉书范围提出的抗诉意见不应采纳。① 最高人民法院的这一立场正是出于防止任意变更二审诉讼标的的考虑。

3.有限审查的范围除上诉和抗诉请求及其理由外,还应包括其关联部分

尽管上诉和抗诉范围是确定二审审判范围的标准,但这一标准不宜绝对化。我们应当肯定二审法院对于与上诉和抗诉请求事项直接相关的部分拥有审判权,因为任何审理和裁判都具有整体性和系统性,某一事实认定和法律适用的改变可能影响对其他相关问题的裁判。正如有学者所言:"上诉之范围,应以原判决之范围为准,但于此应适用公诉不可分及审判不可分之原则。"②"又虽经特别声明只以一部为限,其他有关系之部分,亦以上诉论,亦公诉及审判不可分之原则之适用也。"③

从世界范围来看,各国立法通常将关联部分也纳入二审审判范围。例如,《意大利刑事诉讼法典》第五百八十七条(上诉的扩展)规定,在共同犯罪

①最高人民法院刑事审判第一庭、第二庭编:《李某故意杀人案——二审法院能否采纳出庭支持抗诉的检察人员超出抗诉书范围提出的抗诉意见》,《刑事审判参考》2003年第1辑。

②陈瑾昆:《刑事诉讼法通义》,法律出版社2007年版,第304页。

③陈瑾昆:《刑事诉讼法通义》,法律出版社2007年版,第305页。

的情况下,由一名被告人提出的上诉,只要不是仅以其个人的理由为根据,也扩及其他被告人。①

为了明确界定审判范围,应当在立法上对"关联部分"的界定确立明晰、易操作的标准。对此,可以考虑采取"审判不可分"作为界定依据。具体可以考虑下述情形:(1)在共同犯罪案件中,上诉或抗诉系针对若干被告人所共有的定罪量刑情节的,虽上诉或抗诉系部分被告人提起或者指向部分被告人,其上诉或抗诉效力及于其他被告人。因此,被告人中的一人或者数人上诉,二审法院认为上诉人改判理由成立,同时,未上诉的共同犯罪人也应改判较轻刑罚的,有权予以改判。课题组在调研过程中就遇到了这样的案例(见案例四)。(2)在共同犯罪案件中,上诉或抗诉系针对共同犯罪人之间的罪责分担的,其上诉或抗诉效力及于其他被告人。(3)一人犯数罪,上诉或抗诉系针对其中一罪或数罪提起,但上诉或抗诉理由涉及刑事责任能力等可能影响其他犯罪是否成立或罪行轻重的,其上诉或抗诉效力及于其他犯罪。(4)上诉或抗诉系针对量刑提出异议的,其上诉或抗诉效力及于罪名的认定。(5)无论上诉或抗诉系针对事实问题或者法律问题,其上诉或抗诉效力及于相关的诉讼程序。

4.应当为有限审查原则设置必要的例外,以确保司法公正的底线

任何原则都有例外。即使在美国这样严格奉行当事人主义的国家,在司法审查方面也有一些例外的规定。例如,"未提出视为放弃"法则(raise-or-waive rule)就存在"明显错误"(plain error)的例外。根据这一例外,即使错误没有在初审的时候适时提出并适当保存,上诉法院也可以基于明显的错误而推翻原审判决。② 在我国,为了充分发挥职权主义诉讼模式的优势,在例外情形下由二审法院对控辩双方的诉权处分施加一定的干预是十分必要的,毕竟司法的权威性不仅来源于其终局性,更来源于其公正性。从我国的二审实践来看,在某些情况下,如果二审法院不对上诉和抗诉范围以外的错误予以纠正,便不足以保障司法公正,进而影响司法的权威性和公信力。因此,对于一审裁判存在的上诉和抗诉范围以外的严重错误,二审法院一经

---

① 徐静村主编:《刑事诉讼法学(修订本)上》,法律出版社1999年版,第328页。
② [美]伟恩·R.拉费弗、杰罗德·H.伊斯雷尔、南西·J.金:《刑事诉讼法(下册)》,卞建林、沙丽金等译,中国政法大学出版社2003年版,第1418页。

发现,即应主动加以纠正。

此外,在一审裁判做出后,二审程序终结前,如果出现了足以影响被告人定罪量刑的新事由,二审法院也不应置之不理。例如,日本法律规定,二审法院对于一审判决后足以影响刑罚裁量的情节仍可调查。这些新事由包括:(1)被告人立功。实践中基于刑事政策的考虑,在二审阶段对于立功者改判较轻的刑罚是十分常见的。例如,重庆虹桥垮塌案中,被告人林某因犯受贿罪一审被判处死刑,后因二审阶段检举揭发他人重大犯罪事实而被二审法院改判死缓。(2)被告人怀孕。我国法律明确规定,怀孕的妇女不适用死刑,所以,一审被判处死刑的被告人在二审阶段被发现已经怀孕的,二审法院应当依法改判。(3)刑事和解。为了构建和谐社会,贯彻和谐司法理念,对于被告人在二审阶段取得被害人谅解的,二审法院可以依法改判较轻的刑罚。(4)其他影响定罪量刑的情形。必须指出的是,其他情形不应当包括二审法院发现了新的犯罪事实,即一审未予指控的犯罪事实,因为对于此类情形,应当基于控审分离原则将线索交由追诉机关立案和侦查。

基于上述分析,我们应当为有限审查原则设置以下例外规定:二审人民法院在审理过程中发现原审裁判认定事实存在根本缺陷,或者适用法律存在显著错误,或者在一审判决后出现可能影响定罪量刑的新情况的,也应予以审查。

值得注意的是,尽管在例外情况下,二审法院也可以对上诉或者抗诉范围外的事项进行审查,但是,这一审查与"全面审查原则"下的审查截然不同。一方面,这些例外情形有着严格的条件限制;另一方面,二审法院是在发现上述情形后方予以审查。归结起来,二审法院发现上述情形的来源主要包括三个方面:(1)在审判的过程中自行发现的;(2)上诉书和抗诉书未涉及,控辩双方在发表的辩论意见中提出的;(3)被害人在法庭辩论意见中提出的。目前我国公诉案件的被害人不享有上诉权,但二审法院应当保障其在二审程序中的参与,充分听取其辩论意见。

5.进一步更新司法理念,完善相关的配套制度

制度的变革要求先进的理念作为支撑。全面审查原则过分强调真实发现的目标而忽略了其他诉讼价值,而有限审查原则却可以兼顾公正和效率等多元化的价值目标。从公正和效率相权衡的视角来看,通过限缩审判范围来实现二审庭审的实质化无疑是一个正确选择,因为二审法院与其把审

判力量投入边际收益很少的不大可能出错的部分,倒不如集中精力去解决控辩双方分歧较大的问题。这样有助于更好地防止出现重大的冤错案件,保障二审案件的整体办案质量。

另外,为了保障有限审查原则的落实,应当从以下三个方面进行相应的改革:(1)在裁判结论上,应当对《刑事诉讼法》第二百三十六条规定的维持原判的条件做出相应的修改,即将现有的"原判决认定事实和适用法律正确、量刑适当"修改为"上诉、抗诉理由不能成立";(2)在裁判文书中,应当说明是否采纳上诉和抗诉的请求和理由,并详细阐述相应的事实依据和法律依据。(3)在考评机制上,应当转变"错案观",进一步完善错案追究制度,对于控辩双方未提起上诉和抗诉的一审裁判中所存在的一般性错误,二审法院在审判过程中未予纠正的,不应被视为错案。

(二)确立原公诉机关出庭制度

对于刑事二审程序中应当由哪一级检察机关出庭支持公诉,我国现行法律的规定很明确,即应当由原公诉机关的上一级人民检察院,即与第二审人民法院同级的检察院出庭支持公诉。《刑事诉讼法》第二百三十五条规定:"人民检察院提出抗诉的案件或者第二审人民法院开庭审理的公诉案件,同级人民检察院都应当派员出席法庭。"我国司法实践中长期以来也是这样操作的。然而,近年来有人对此提出了质疑:"法律关于刑事二审程序中检察机关出庭主体的规定是不妥的,不应绝对排除原公诉机关之公诉人出席二审法庭的可能。首先,从域外的有关规定来看,尽管也规定一般由二审法院检察署之检察官出席二审法庭,但不排除原检察官出席二审法庭的可能。其次,在诉讼主体上,原公诉机关才是具体案件的诉讼主体,其上级机关出席二审法庭乃适用'检察一体'原则的结果,原公诉机关是本应该出席二审法庭的。第三,从检察机关在二审庭审中的职能来看,它不仅具有法律监督职能,而且其主要职能乃是诉讼职能,不能以法律监督为由否定原公诉人出席二审法庭的可能性,而法律监督职能由于是庭后进行,是可以委托的。"[①]

笔者认为,为了理顺上下级检察机关的关系,使检察机关更好地履行公

---

①朱千里:《原公诉人可以出席二审法庭之探析——兼论检察机关在二审庭审中的职责与职能》,《中国刑事法杂志》2005 年第 1 期。

诉职责,应当让原公诉机关在二审过程中派员出庭支持抗诉。《刑事诉讼法》第二百二十八条规定:"地方各级人民检察院认为本级人民法院第一审的判决、裁定确有错误的时候,应当向上一级人民法院提出抗诉。"据此,在二审程序中,抗诉主体是原公诉机关。所以,由原公诉机关出庭支持公诉,才能实现抗诉主体与出庭支持抗诉主体的同一。

原公诉机关在审查批捕阶段、审查起诉阶段和一审阶段均已经参与了案件的办理,对于案情、当事人情况以及相关证据的情况都相当熟悉,甚至原公诉机关通过提前介入公安机关的侦查活动更早地了解了案情。在此情况下,不让原公诉机关出席二审法庭,而由二审法院的同级检察机关在对案情一无所知的情况下进行阅卷和出庭支持公诉,既不利于增强二审审理的针对性,也不利于司法资源的节约。根据《刑事诉讼法》第二百三十五条的规定:"第二审人民法院应当在决定开庭审理后及时通知人民检察院查阅案卷。人民检察院应当在一个月以内查阅完毕。人民检察院查阅案卷的时间不计入审理期限。"这一个月的阅卷期限不仅会耗费二审法院同级检察机关大量的人力,还会导致诉讼的拖延,并且,有些案件的案卷数量巨大,同级检察院的检察人员未必能够在一个月的时间内通过阅卷全面深入地了解案情。所以,无论是从便于二审法院查明案情的角度,还是从避免重复劳动的角度,都应当让原公诉机关出庭支持公诉。

从错案纠正的角度来看,由原公诉机关出庭二审法庭更有助于确保二审法院的权威性,避免二审法院因其考虑与同级检察机关之间的关系而影响到案件的正确处理。众所周知,我国检察机关既是公诉机关,又是法律监督机关。从公诉的角度来看,检察机关是刑事诉讼的一方当事人,在庭审过程中必须听从法庭的指挥,接受法庭的裁判;而从法律监督的角度来说,检察机关有权对包括审判活动在内的刑事诉讼全过程开展监督,人民法院的审判活动同样要接受检察机关的监督。检察机关的双重身份在刑事诉讼实践中导致了很多难以协调的问题,很多学者对此开展了专门研究。而在二审程序中由原公诉机关出庭支持公诉,则能够从根本上解决二审程序中检察机关的公诉职能和法律监督职能之间的冲突,即由二审法院的同级检察机关履行法律监督职能,由原公诉机关履行公诉职能。这样一来,二审法院所面对的是下一级检察机关与被告人之间的诉讼,审判的中立性和权威性便得到了充分的保障。

第四章
我国刑事证明标准的完善

上文已经提到,司法人员在运用证据认定事实的过程中,很容易受主客观因素的影响而出现认知偏差。因而,在刑事司法活动中,为了避免司法人员陷入误区,就需要为其做出裁判时所达到的心证程度确立相应的标准。这一标准就是证据法上所谓的证明标准。基于无罪推定原则,在刑事诉讼中原则上由控方承担证明被告人有罪的责任,而刑事证明标准通常而言就是为控方对案件事实的证明所设定的程度要求。它体现了对追诉权的制约和对犯罪嫌疑人、被告人人权的保障。

从我国的司法实践来看,绝大多数冤错案件在当时做出裁判时都没有严格遵守法定的证明标准。"现代法律的根本目的就是保障人权。"[①]如何充分发挥刑事证明标准的人权保障功能,最大限度地防范冤错案件的发生,是亟待研究的重要课题。

一、刑事证明标准的功能界说

刑事证明标准是指法律规定的在刑事诉讼中运用证据证明待证事实所要达到的程度的要求。刑事证明标准可以有多种分类。如从诉讼阶段的角度,可以分为立案的证明标准、逮捕的证明标准、移送审查起诉的证明标准、提起公诉的证明标准、有罪判决的证明标准;从证明对象的角度,可以分为

---

①李步云主编:《人权法学》,高等教育出版社 2005 年版,第 3 页。

实体法事实的证明标准和程序法事实的证明标准；从证明主体的角度，可以分为控方的证明标准和辩方的证明标准；等等。

既然"法的功能是法所固有的可能对社会生活发生影响的功用和性能"①，那么，刑事证明标准的功能就是指刑事证明标准所具有的对社会生活发生影响的功用和性能。它属于应然的范畴，可以从规范功能与社会功能两个方面展开分析。

（一）证明标准的规范功能

刑事证明标准的规范功能，是指刑事证明标准作为法律规范对诉讼行为主体可能发生影响的功用和性能。具体说来，包括以下三个方面。

1. 判断功能

这是指刑事证明标准作为案件真相"试金石"所产生的功用和性能。刑法规定了什么行为是犯罪以及应当如何处罚，然而，刑法规范适用的前提是被告人确实实施了刑法规定的犯罪行为，而事实是否存在要依靠证据来进行判断。虽然人类认识能力具有至上性，但是诉讼证明活动的独特规律决定了对事实的探知不可能无限期地进行下去。从本质上来讲，证明标准就是法律对案件真相的揭示程度所划定的最低界限。达到这一标准，在法律上就认为待证事实得到了证明。可见，它承载着判断事实真伪的功能，从实体法的角度来看，也可以说是作为定罪量刑标准的功能。

2. 平衡功能

这是指刑事证明标准作为诉讼结构"平衡器"所产生的功用和性能。由于刑事诉讼中控辩双方力量对比悬殊，为了实现双方的平等对抗，因此大多数国家明确规定刑事诉讼的证明责任一般由控方承担，并且为控方确立了很高的证明标准，以便对控方的追诉权力施加更多的约束；而为了避免正义的天平过分地向辩护方倾斜，在某些法定的例外情况下，基于控方证明的困难或辩方证明的便利，辩护方也要对特定事实承担证明责任，当然证明标准一般比较低。可见，从程序法的角度来看，它承载着平衡诉讼结构的功能。

3. 量化功能

这是指刑事证明标准作为证明责任"测量仪"所产生的功用和性能。法

---

① 周旺生：《法的功能和法的作用辨异》，《政法论坛》2006 年第 5 期。

律除了要将待证事实的证明责任分配给一方当事人以外，还需要规定其证明活动所应达到的具体程度指标，以便使证明责任明晰化、精确化。在笔者看来，证明标准实际上就是被量化的证明责任。无论是单个事实还是全案事实，只要有待证事实，就需要分配证明责任；而只要分配了证明责任，就需要明确证明标准。因此，证明标准与证明责任密不可分。可见，从证据法的角度来看，它承载着量化证明责任的功能。

（二）证明标准的社会功能

刑事证明标准的社会功能，是指刑事证明标准作为法律规范对整个社会可能发生影响的功用和性能。具体说来，主要包括以下两个方面。

1. 权力制约功能

这是指刑事证明标准在抑制司法权力、防止国家权力滥用方面所可能发生影响的功用和性能。"一切有权力的人都容易滥用权力，这是万古不易的一条经验。有权力的人们使用权力一直到遇有界限的地方才休止。"①可见，没有界限的权力必然会被滥用，而刑事证明标准就是为刑事司法权力的行使所划定的界限。可以说，制约权力是刑事证明标准的首要功能，也是其原始功能。从历史的角度来看，神示证据制度下的"神示真实"构建了最原始的司法权制约机制；法定证据制度下的"法定真实"，则是为了适应统治者加强中央集权的需要而对司法权力设定的限制；而自由心证制度下的"主观真实"，实际上是立法者对司法人员的自由裁量权施加的必要约束。

2. 人权保障功能

这主要是指刑事证明标准在保护刑事案件当事人及其他诉讼参与人，特别是被追诉人的人身权利、财产权利、诉讼权利等免受来自追诉机构的不法侵害方面所可能发生影响的功用和性能。这是在人类进入近现代社会之后，刑事证明标准所呈现出来的崭新功能。对于刑事证明标准人权保障功能的实现机制，笔者将在后文详述。

除上述两个主要功能之外，刑事证明标准还承载着优化配置司法资源、维护司法权威、增强裁判公信力等附属功能。其中，优化配置司法资源是指

①［法］孟德斯鸠：《论法的精神》，张雁深译，商务印书馆 1961 年版，第 154 页。

证明标准的设定直接决定了司法资源的分配,即证明标准愈高,则诉讼证明所耗费的资源愈多;反之,所耗费的资源愈少。维护司法权威是指刑事证明标准通过统一事实认定的标准并保障事实认定的准确性,以维护司法权威。增强裁判公信力是指证明标准的设定能够确保裁判以证据为基础,因而裁判结果也就更令人信服。

刑事证明标准的上述功能组合为一个有机联系的整体。一方面,规范功能与社会功能紧密关联;规范功能的最终指向是社会功能;而社会功能以规范功能为基础,借助规范功能的发挥而得以实现。离开了规范功能,社会功能便无从谈起;而离开了社会功能,规范功能便无所依归。另一方面,作为社会功能的两个重要方面,权力制约功能与人权保障功能在某种意义上是"一物两面"的关系。这是因为,刑事诉讼中的追诉权力与公民权利处于一种"此消彼长"的状态,加之由权力自身的扩张性而导致的权力被滥用的危险,对追诉权力的抑制往往就成为保障人权的重要手段。

二、刑事证明标准人权保障功能的实现机制

如前文所述,人权保障功能是刑事证明标准两个主要社会功能之一。刑事证明标准的社会功能以规范功能为基础。因此,人权保障功能的实现程度取决于刑事证明标准的判断、平衡和量化等规范功能的发挥情况。笔者在以下从实体性人权和程序性人权两个方面探讨刑事证明标准的人权保障功能的实现机制。

(一)实体性人权保障机制

被告人的实体性人权是指被告人依据刑事实体法所享有的人权保障。我国刑法确立了罪刑法定、罪刑相适应、刑法面前人人平等诸原则,这就要求对被告人罚当其罪,即重罪重判、轻罪轻判、无罪不判。而这一点在实践中需要通过事实认定和法律适用两个方面加以保障。在事实认定方面,主要有赖于刑事证明标准判断事实真伪功能的发挥。

第一,刑事证明标准作为定罪标准保障被告人在刑事审判中不被错误定罪。当今世界各国诉讼中发现真相的模式主要有两种,即当事人主义模式和职权主义模式。虽然这两种事实探知模式存在显著的差异,但都强调由控方承担证实犯罪的一般性证明责任,并最终由法官依据法定的证明标

准来评判控方是否已经履行证明责任、犯罪事实是否已经得到证明。"在证据量及其证明力不变的情况下,证明标准设置和实际掌握的宽严在一定情况下决定案件的实体处理。"①所以,确立什么样的证明标准是一个关系到罪与非罪的重大问题。

在刑事诉讼中,控辩双方都有机会向法庭提供证据,以便对法官的事实认定施加影响,然而,由于控辩双方力量对比之悬殊,辩方在对法官的影响力方面居于明显的劣势地位。一方面,控方一般是国家机关,有着严密的组织、先进的技术装备、专门的办案经费和训练有素的检控人员,而作为辩方的被告人甚至可能缺乏应有的法律常识,其能否聘请律师以及获得什么样的律师帮助还取决于其经济能力;另一方面,鉴于犯罪事实发生在过去,不可复现,只能借助于伴随犯罪行为发生而遗留下来的物品、痕迹、文字、目击者的记忆等来推导发生过的事实,法律往往赋予了控方广泛的调查权力,甚至对被告人人身施加拘束的权力。控辩双方在诉讼能力和取证手段上的差异,使得被告人被错误定罪的风险很高。因此,各国立法普遍对控方证明其指控确立了相当高的刑事证明标准。例如,在英美法系国家,法律要求控方证明犯罪事实达到"排除合理怀疑"的程度。其立法目的就在于防止可能发生冤枉无辜的现象。

第二,刑事证明标准作为量刑标准保障被告人在刑事审判中不被轻罪重判。刑事证明标准作为量刑标准有两种表现,即作为量刑情节的证明标准和在量刑时需要考虑的对据以定罪的事实所达到的证明标准。

首先,我们看一下量刑情节的证明标准。刑法上的量刑情节可笼统地区分为从严情节和从宽情节。从严情节是指刑法上规定的从重处罚的情节;而从宽情节是指刑法规定的从轻、减轻、免除处罚的情节。如果属于从严情节的事实得到证明,则被告人将被从重处刑;而若属于从宽情节的事实得以证明,则被告人将被减免刑罚。所以,对量刑情节设定一个什么样的证明标准,直接关系到对被告人适用刑罚的轻重。

一般说来,对于从严情节应由控方承担证明责任,其证明标准应当与定罪标准持平;而从宽情节则应由辩方承担证明责任,其证明标准应当低于定

① 龙宗智:《试论我国刑事诉讼的证明标准——兼论诉讼证明中的盖然性问题》,《法学研究》1996 年第 6 期。

罪标准。在对从严情节的证明没有达到法定证明标准的情况下,不适用从重处刑的规定;①而对从宽情节达到法定证明标准的情况下,使有利于被告人的规定得到适用。这样就能够发挥刑事证明标准作为量刑标准的功能,确保刑法规范的准确适用,避免轻罪重判。

其次,我们再来分析一下在量刑时需要考虑的对据以定罪的事实所达到的证明标准,这同样是刑事证明标准发挥量刑标准功能的重要环节。在关于我国刑事证明标准的讨论中,我们主张依据判决的严厉程度来确立不同层次的证明标准,并主张对死刑判决适用最高层次的证明标准,以区别于一般判决。② 这一观点实际上就是强调在量刑时需要考虑控方对犯罪事实所达到的证明程度,即对于拟判处死刑的案件,如果达到最高层次的证明标准则可以判处死刑;如果尚未达到这一标准,而只是达到了较低层次的证明标准,则只能判处相应层次的刑罚。这一做法的合理性在于,能够更好地发挥刑事证明标准作为量刑标准的功能,以缓解惩罚犯罪的需要与刑事司法资源的现实状况之间的冲突,不失为强化实体性人权保障的一种新思路。

(二)程序性人权保障机制

被告人的程序性人权是指被告人依据刑事程序法所享有的人权保障,具体来说,是指在刑事诉讼中被告人依法享有的人身权利、财产权利、诉讼权利等免受来自司法机关的不法侵害。这有赖于刑事证明标准平衡诉讼结构、量化证明责任功能的发挥。

前面提到的作为定罪量刑标准的刑事证明标准,实际上是就实体法事实的证明标准而言的。除此之外,还有程序法事实的证明标准。如果说前者对于保障实体性人权意义重大,那么后者对于保障程序性人权也是不可或缺的。程序法事实的证明标准在审前与审判两个阶段对追诉权形成有力的制约。

第一,刑事证明标准在审前程序中对程序性人权的保障。为了实现控

---

①有学者将这一现象称为"疑罪从轻",笔者认为这一提法不够科学。依一般情形量刑实际上是将属于从严情节的事实视为不存在。所以,从本质上讲,这里贯彻的仍然是"疑罪从无"。

②阮方民、封利强:《论我国刑事证明标准的现实选择:混合标准》,《浙江大学学报》(人文社会科学版)2002 年第 5 期。

制犯罪的目标,法律赋予了侦查机关广泛的调查和采取强制措施的权力。贝卡里亚曾言:"法律应指出:应根据哪些嫌疑而羁押罪犯,强制他接受审查和刑罚。公开的传闻、逃跑、法庭外的供认、同伙的供述、对侵害目标的威胁和长期仇视、犯罪的物证等类似犯罪迹象,都足以成为逮捕某个公民的证据。但是这些证据应该由法律来确定,而不是由法官来确定。"①基于这一思想,现代各国法律普遍明确了侦查机关在采取上述措施时所应当达到的证据标准。如美国要求逮捕犯罪嫌疑人要有"合理根据"(probable cause)。由此,刑事证明标准通过平衡诉讼结构,弥补了辩方防御手段的不足。

第二,刑事证明标准在审判程序中对程序性人权的保障。侦查机关受追诉犯罪的强烈欲望驱使,难免会出现以违法手段获取口供和物证,以致侵犯被追诉人人权的情况。到了审判阶段,这些证据如果不予排除,无异于对违法取证的默许,因此西方各国在审判中遇有辩方提出控方证据系以非法手段取得而申请予以排除时,法庭往往专门就此举行听证。在此情况下,对证据可采性的证明责任予以科学地量化,往往也就成为制约追诉权、保障程序性人权的重要砝码。例如,在英国,"一旦被告人提出(或法庭主动提出)口供系通过法律禁止的手段或在法律禁止的条件下取得,那么,控方必须'排除合理怀疑'地证明该证据并非依赖此种手段或条件所获得"。②

可见,刑事证明标准通过判断事实真伪、平衡诉讼结构和量化证明责任为被追诉人的实体性人权与程序性人权提供保障。鉴于刑事证明标准在人权保障方面有着不可替代的作用,我们应当高度重视刑事证明标准人权保障功能的发挥。

三、刑事证明标准人权保障功能的实现状况

我国现行法律已经初步确立了刑事证明标准的体系。《刑事诉讼法》第一百一十二条规定:"人民法院、人民检察院或者公安机关对于报案、控告、举报和自首的材料,应当按照管辖范围,迅速进行审查,认为有犯罪事实需要追究刑事责任的时候,应当立案。"该法第八十一条规定:"对有证据证明

①[意]贝卡里亚:《论犯罪与刑罚》,黄风译,中国法制出版社2002年版,第19页。
②Christina McAlhone, Michael Stockdale, *Evidence*, Sweet & Maxwell Limited, 2005, at 89.

有犯罪事实,可能判处徒刑以上刑罚的犯罪嫌疑人、被告人,采取取保候审尚不足以防止发生下列社会危险性的,应当予以逮捕。"该法第一百六十二条规定:"公安机关侦查终结的案件,应当做到犯罪事实清楚,证据确实、充分,并且写出起诉意见书,连同案卷材料、证据一并移送同级人民检察院审查决定。"第一百七十六条规定:"人民检察院认为犯罪嫌疑人的犯罪事实已经查清,证据确实、充分,依法应当追究刑事责任的,应当做出起诉决定,按照审判管辖的规定,向人民法院提起公诉。"第二百条规定:"在被告人最后陈述后,审判长宣布休庭,合议庭进行评议,根据已经查明的事实、证据和有关的法律规定,分别做出以下判决:(一)案件事实清楚,证据确实、充分,依据法律认定被告人有罪的,应当做出有罪判决……"从以上规定可以看出,我国现行法律分别确立了立案、逮捕、移送审查起诉、提起公诉,以及有罪判决的证明标准。可见,在立法层面,刑事证明标准已经成为刑事诉讼制度的重要组成部分,但是其在司法层面是否实际发挥了应有的功能还有待进一步的考察。

(一)以判断功能为视角的考察

法律上的判断应当是非此即彼的,而不能模棱两可。"在控辩主义制度下,法官的判断只存在'得到证明'和'没有得到证明'两种判断,而不存在真相不明这种判断。"[①]因此,刑事证明标准的判断功能要求对于达到证明标准的事实,必须予以认定;反之,则不得予以认定。在定罪问题上,这一功能的实现有赖于"疑罪从无"原则的严格贯彻。

我国现行的有罪判决证明标准是"案件事实清楚,证据确实、充分"。这一标准是1979年刑事诉讼法确立的,一直沿用至今。然而从其实际运作状况来看,这一证明标准的适用大致经历了两个发展阶段。

第一个阶段是从立法之初到1996年刑事诉讼法修改之前。在这一时期,刑事诉讼证明的理论和实践都机械地强调"实事求是",要求司法机关"不枉不纵""有罪必罚,无罪不罚"。1979年《刑事诉讼法》第一百零八条规定:"人民法院对提起公诉的案件进行审查后,对犯罪事实清楚、证据充分的,应当决定开庭审判;对于主要事实不清、证据不足的,可以退回人民检察

---

①[日]田口守一:《刑事诉讼法》,刘迪、张凌、穆津译,法律出版社2000年版,第224页。

院补充侦查;对于不需要判刑的,可以要求人民检察院撤回起诉。"可见,在当时,如果控诉机关对犯罪事实的证明达不到证明标准,不能做出有罪判决,但也不能做出无罪判决,而只能退回人民检察院补充侦查。在这样的背景下,"疑罪从无"原则没有立足之地,实践中较为普遍的做法是"疑罪从挂"。

第二个阶段是在 1996 年修改刑事诉讼法至今。1996 年修改后的刑事诉讼法规定,法院可以做出"证据不足、指控的犯罪不能成立的无罪判决"。然而,在司法层面,这一规定并未得到严格的贯彻。根据一份来自司法实务部门的考察报告,在调查的 57 个有罪判决的刑事案件中,法官在判决书中判定属于犯罪事实清楚、证据确实充分和犯罪基本事实清楚、足以认定的有34 件,占 59.6%。也就是说,没有达到法律规定的证明要求,仍然做出有罪判决的案件所占比例超过 40%。[①] 可见,在我国当前的司法实践中,随意降低证明标准并不是个别现象。尤其是对于证据比较充分、犯罪后果严重、社会影响较大的刑事案件,法庭往往面临着来自多方面的压力。一方面,在法院内部有院长、庭长的指示,审判委员会的讨论;另一方面,在法院之外有地方党政部门的干预,新闻媒体的炒作以及民众的舆论。在此情况下,即使证据方面尚存疑点,法庭也往往难以做出无罪判决。此类案件的处理结果常常是认定有罪,但考虑到证据方面的原因而从宽量刑。典型的例子就是实践中常见的"留有余地的死缓判决""留有余地的无期徒刑判决"。这种"疑罪从轻"的做法,缺乏法律依据,但至今仍然普遍存在。

不论是"疑罪从挂",还是"疑罪从轻",都使得被告人很难以刑事证明标准作为对抗控诉、谋求无罪判决的手段,这与"疑罪从无"的要求相去甚远。诸如此类的现象使得刑事证明标准的判断功能大打折扣,其人权保障功能也就难以得到充分发挥。

(二)以平衡功能为视角的考察

"平衡"意味着在控辩双方之间进行恰当的协调,这就要求在立法层面,对刑事证明标准进行合理的高低设置;在司法层面,对刑事证明标准的适用

---

①胡建萍:《证明标准问题司法实务考察》,《诉讼法论丛》(第 7 卷),法律出版社2002 年版,第 149 页。

由中立的第三方承担。以此审视我国刑事证明标准,可以看出其平衡功能发挥欠佳。

首先,我国刑事证明标准立法不科学、不合理,导致了平衡功能的缺失。根据《刑事诉讼法》第五十八条第二款的规定:"当事人及其辩护人、诉讼代理人有权申请人民法院对以非法方法收集的证据依法予以排除。申请排除以非法方法收集的证据的,应当提供相关线索或者材料。"《最高人民法院关于适用〈中华人民共和国刑事诉讼法〉的解释》第九十六条进一步明确规定:"当事人及其辩护人、诉讼代理人申请人民法院排除以非法方法收集的证据的,应当提供涉嫌非法取证的人员、时间、地点、方式、内容等相关线索或者材料。"上述关于当事人及其辩护人、诉讼代理人申请启动非法证据排除程序的条件要求显然没有充分考虑到被告人在审查羁押阶段的现实处境。在侦查实践中,被羁押的犯罪嫌疑人常常受到轮番审讯,完全可能因疲惫等原因而使其记忆和思维处于非正常状态,同时其对于实施刑讯逼供的警察的个人情况也不可能十分了解。在此情况下,要求其在几个月后的庭审中明确提供涉嫌非法取证的人员、时间、地点等信息,实属强人所难。笔者在实证调研过程中曾经遇到一个案例:2003年某地曾经发生一起三个未成年人涉嫌杀害一个未成年人的案件。在审理过程中,法院要求侦查人员出庭。本来公安局长不同意,以各种理由进行推托,承办人说辩护人提出有刑讯逼供行为,如果不出庭,法院就认定刑讯逼供。后来,承办案件的十几个公安人员全部出庭。法庭要求被告人当庭指出是哪个公安人员刑讯逼供,但是,被告人指不出来。最终,刑讯逼供行为无法得到认定。在笔者看来,法律应当明确规定,只要辩方提出存在刑讯逼供等非法取证行为,那么就应当由控方给予证伪,否则就应当将证据予以排除。从操作层面来看,全国各地均已具备对讯问全程录音录像的条件,由控方来证明自己取证的合法性是比较容易实现的。

其次,我国审前阶段证明标准的适用缺乏中立的裁判机制。刑事证明标准要想发挥平衡功能,中立的裁判者是不可或缺的。虽然《刑事诉讼法》第五十六条规定:"在侦查、审查起诉、审判时发现有应当排除的证据的,应当依法予以排除,不得作为起诉意见、起诉决定和判决的依据。"然而,在审前程序中,对于是否属于非法证据缺乏来自第三方的评价。我国在拘捕方面,既没有令状制度,也没有法院介入进行司法审查和救济的机制;在起诉制度上,既没有类似于法国的重罪案件在起诉前经过预审法庭审查的程序,也没有类似于美国的重罪由大陪审团审查起诉的规定。我国司法实践中,对于逮捕、提起公诉的证明标准几乎完全由侦控机关自行掌握。其结果是,本属"强制性规范"的刑事证明标准异化为"指导性规范"或"任意性规范",刑事证明标准的平衡功能自然难以实现。

(三)以量化功能为视角的考察

"量化"意味着使刑事证明标准成为衡量证明责任履行程度的具体尺度,因而必须是明确的、便于操作的。以量化功能为视角来审查我国的刑事证明标准,我们会发现其量化功能发挥得不够充分。

1. 证明标准体系尚不完整

首先,一些经常采用的侦查措施尚无证明标准的规定。例如,搜查和扣押行为直接涉及公民的隐私权,稍有不慎可能就会侵害公民的基本权利,因而很多国家明确规定了搜查、扣押的证明标准。如美国法律规定,警察采取搜查、扣押措施要有"合理根据",否则法官不予签发令状。而我国尚未做出类似的规定。再如,技术性侦查手段已在我国司法实践中广泛采用,但《刑事诉讼法》第一百五十条只是规定公安机关和人民检察院采取技术侦查措施需要"经过严格的批准手续",却并未明确提出需要达到的证明标准。

其次,缺乏关于被告人证明责任和证明标准的规定。被告人在例外情况下也要承担证明责任,这一点在理论上已经没有太大争议。西方各国对于精神异常、不在犯罪现场、正当防卫等积极抗辩事实一般规定由辩方承担证明责任,但考虑到举证能力的因素,一般确立较低的证明标准。西方学者认为,"为被告人施加排除合理怀疑的证明义务从宪法角度讲是有瑕疵的(constitutional flawed)"。[1] 在我国实务中,辩方可以提出以上抗辩,但是由于立法没有专门规定相关证明标准,若套用有罪判决的证明标准,则被告人的上述抗辩很难被法庭采信,显然对被告人极为不利。

2. 量化功能的发挥不够充分

首先,关于逮捕的证明标准规定得含糊不清。从证明标准的本意来看,

---

[1] David Watt, *Watt's Manual of Criminal Evidence*, Thomson Carswell, 2005, at 175.

"证明标准是当事人为证明待证事实的存在而向法庭提供的证据的数量和质量(换句话说,证据的分量)的规定"。① 以此来审视我国法律规定的"有证据证明有犯罪事实",我们会发现其对于证据"量"和"质"的描述都很模糊,不具有可操作性,在司法实践中难以适用。

其次,移送审查起诉和提起公诉的证明标准设计得不够科学。从《刑事诉讼法》中相关的表述来看,法律对移送审查起诉和提起公诉规定了与有罪判决大致相同的证明标准,这是不符合诉讼规律的。因为从认识论的角度来说,人类对事物的认识是一个不断深入的过程。所以,侦查和起诉作为诉讼的初始阶段,对其所能达到的对案件真相的揭示程度不应当有过高的期待。否则,很容易导致"超期羁押"等侵犯程序性人权的情况出现。

最后,有罪判决的证明标准是否科学合理,尚值得进一步研究。目前学界在这一问题上存在不同意见。笔者认为,我国现行有罪判决的证明标准没有得到严格执行,证明标准过高也是原因之一。现行立法的初衷固然是好的,然而倘若做出的规定不能得到遵守,反而会构成对法的形式理性的破坏。

四、完善我国刑事证明标准人权保障功能的对策

由上文的分析可以看出,我国刑事证明标准的规范功能发挥欠佳,以致于其人权保障功能未能很好地实现,这其中既有证明标准立法本身不完善的原因,也有配套制度缺失方面的原因,还有法治环境方面的原因。要切实发挥刑事证明标准的人权保障功能,就必须认真解决这些问题。

(一)积极推进刑事证明标准立法的科学化

针对目前我国刑事证明标准立法与司法的现状,笔者认为,应当进一步完善刑事证明标准体系,并精确地设计刑事证明标准。这样才能更好地发挥刑事证明标准的判断功能、平衡功能和量化功能,进而实现对人权的有效保障。

1.明确部分强制措施和侦查措施的证明标准

搜查、扣押等强制措施以及电话监听、电子监控、秘密拍照或录像、邮件

---

① Inns of Court School of Law, *Evidence*, Oxford University Press, 2004 at 31.

检查等技术侦查手段,都可能对被追诉人人权构成严重侵害,应当确立一个适当的证明标准对其加以规制。对此,美国"合理根据"的证明标准可资借鉴。然而,对于何谓"合理根据",美国联邦最高法院一直未加以定义,只是在一个知名的判决中指出,"合理根据"并非僵硬的法律规则,应依具体的个案事实评估相当性的程度,是一个流动性的法律概念(a fluid concept)。①可想而知,基于历史文化传统和现实国情的差异,这样的表述不适合我国采用。笔者认为,我国可以将"重大犯罪嫌疑"作为司法机关实施上述诉讼行为的证明标准。

关于拘留和逮捕的证明标准,首先需要明确我国的"逮捕"和西方国家的"逮捕"之间的本质差异。在西方国家,逮捕和羁押是分开的,前者仅指一种行为,在紧急情况下可以由警察自行决定实施;后者表明一种状态,必须获得法官的许可。在美国,逮捕的证明标准是"有合理根据";而羁押的证明标准虽然没有明文规定,但考虑到某些司法区拒绝保释的证明标准是"清楚而有说服力的证明"。再加上英美国家以保释为原则、以羁押为例外的制度设计,笔者认为可以据此推断羁押的证明标准为"清楚而有说服力的证明",也就是说,羁押需要比逮捕更高的证明标准。在我国,逮捕笼统地指代行为和状态。考虑到我国现行诉讼制度的这一特点以及我国的现实国情,笔者主张,对于拘留确立相当于英美的"合理根据"的证明标准,即"重大犯罪嫌疑";而对于逮捕则应当确立"优势证明"作为证明标准。

2.修正重大追诉行为的证明标准

现行法律明确了移送审查起诉和提起公诉的证明标准。这是十分必要的,因为随着诉讼进程的推进,被追诉人面临着越来越不利的诉讼后果,其在不同诉讼阶段的处境和心理感受是不同的。所以,对于重大追诉行为,特别是提起公诉,很多国家都施加程序和证据方面的限制。上文提到,我国的移送审查起诉和提起公诉的证明标准过高,笔者认为,移送审查起诉和提起公诉的证明标准可以修改为"主要犯罪事实已经查清"。

3.完善定罪量刑的证明标准

上文提到,我国现行的有罪判决的证明标准是"案件事实清楚,证据确

---

① 王兆鹏:《美国刑事诉讼法》,北京大学出版社 2005 年版,第 68 页。

实、充分"。从我国司法实践的情况来看,这一证明标准定得过高,以致于在很大程度上被虚置了。笔者认为,与其确立一个高不可攀的标准而使之形同具文,不如从实际出发确立一个符合现实需要的证明标准。这是因为,一方面,刑事证明标准要在控制犯罪与保障人权这两个社会功能之间有所取舍,如果法律不顾及惩罚犯罪的现实需要而孤注一掷地追求对被追诉人的人权保障,必然使得司法的权威性和公信力受到质疑,这样的立法也难以切实得到贯彻。正如学者指出的:"改变人们的司法预期,即使从纯技术角度看完全合理,也是违背法治原则的。这不仅可能影响司法机关的合法性——人们下意识的认同,更可能引起许多人……规避法律,或借助其他手段追求实质正义,进而使司法制度形同虚设。"①另一方面,强化人权保障是一个渐进的过程,任何时代对人权的保障都会受到历史条件的局限。马克思就曾说过:"权利永远不能超出社会的经济结构以及由经济结构所制约的社会的文化发展。"②所以,如果法律不顾及现实条件的制约而盲目地追求对被追诉人的人权保障,从而确立过高的证明标准,反而会出现"过犹不及"的结果,使得刑事证明标准的应有功能难以得到正常发挥。因此,依笔者之见,可以考虑适度降低证明要求,将"犯罪事实清楚"作为定罪证明标准,其证明程度类似于大陆法系的"内心确信"或英美法系的"排除合理怀疑";同时将"严格的逻辑证明"作为死刑判决的量刑证明标准,③其证明程度相当于我国现行立法确立的"案件事实清楚,证据确实、充分"。

笔者的具体设想是:将刑事审判的定罪程序和量刑程序适当分离。在定罪阶段适用"排除合理怀疑"的证明标准以确定是否有罪;如果确定有罪,则在其后的量刑阶段再考虑"严格的逻辑证明"的证明标准,以决定是否适用死刑。对于控方对犯罪事实的证明达到"排除合理怀疑"的标准而被确定有罪,但尚未达到死刑的量刑标准的,只能判处死刑以外的刑罚。这样就能够有效地缓解控制犯罪的需要与刑事司法资源的现实状况之间的冲突,同时把被追诉人的生命权这一最重要的人权摆到了至高无上的位置。

---

① 苏力:《法治及基本土资源》,中国政法大学出版社1996年版,第165页。

② 马克思:《哥达纲领批判》,《马克思恩格斯选集(第三卷)》,人民出版社1972年版,第12页。

③ 阮方民、封利强:《论我国刑事证明标准的现实选择:混合标准》,《浙江大学学报》(人文社会科学版)2002年第5期。

从具体操作层面来说，可以借鉴英美陪审团的"一致裁决"机制来决定是否适用死刑。换言之，如果全体合议庭成员或者全体审判委员会委员一致认为本案证据达到了死刑的适用标准，则可以判处死刑；未能达成一致裁决的，一律使用死刑以外的刑罚。

应当承认，为死刑案件确立高于普通刑事案件的证明标准确实容易受到质疑。笔者于 2001 年在浙江大学法学院第二届研究生论文报告会上首次提出"刑事证明标准层次化"观点时，就受到了时任浙江大学法学院院长李龙教授的质疑，他认为如此一来会有"双重标准"之嫌。实际上，如果仅从实体法的角度来考察，确实会让同样实施了可能判处死刑的犯罪的被告人面临不同的结局；但从证据法的角度来看，由于控方对不同被告人所达到的证明程度不同，就不能被作为"同类案件"看待了。

还有的学者质疑："主张死刑案件的证明标准高于其他刑事案件，暗含着其他案件的证明标准可以低于死刑案件的证明标准，暗示了只要不判处死刑，证明标准可以适当降低。因此，这一主张貌似合理，实则未必；虽动机可嘉，但结果有害；虽可以避免错杀，但却不利于防止错判。总的说来，积极意义有限，负面功能很大。"①笔者认为，这一担心是多余的，因为针对死刑判决确立的特殊证明标准旨在体现对被告人生命权的尊重，而普通刑事案件所涉及的人身自由权被剥夺显然是不可与生命权被剥夺同日而语的。

从司法实践的情况来看，刑事审判往往面临着惩罚犯罪与保障人权之间的艰难抉择。笔者在实证调研过程中遇到一起抢劫杀人案件，在庭审时，辩方提供了证人出庭作证，这个证人到庭作证证明被告人当时在深圳打工，没有作案时间。法官们在庭后对其证言产生怀疑，因为人们通常不会把某个人在几年前的某一天所做的事情记得那么清楚，况且又不是什么特别的日子。但是，后来再也找不到这个证人了，结果导致法院在庭后出现的疑问无法核实。最终法院判处被告人死缓。

为死刑判决确立更高证明标准的做法从世界范围来看也是一种趋势。联合国经社理事会于 1984 年 5 月通过的《关于保护面临死刑的人的权利的保障措施》明确规定："只有根据明确而令人信服的证据认定被告人有罪，对

①李建明：《刑事司法错误：以刑事错案为中心的研究》，人民出版社 2013 年版，第 125 页。

事实没有其他解释余地的情况下,才能判处死刑。"这里的"对事实没有其他解释余地"显然要高于"排除合理怀疑"的证明标准。在美国,近年来针对新发现的大量错判死刑的案件,有越来越多的人呼吁适用"排除任何怀疑"(beyond any doubt)①、"无疑"(no doubt)②、"排除一切怀疑"(beyond all doubt)③等新的证明标准,而且其中大多数人主张上述标准仅在按照"排除合理怀疑"的证明标准定罪之后的死刑量刑程序中适用。④

4.确立被告人对抗辩事实的证明标准

"虽然按照无罪推定原则的基本要求,控方负证明责任一直是指导各国刑事立法及司法的一条黄金定律,但从世界各国在证明责任分配上的立法与实践来看,被告人不承担证明责任只是一项概括性的原则,在法律规定的例外情况下,被告人仍要对特定事项尤其是证明其无罪的事项承担局部的证明责任。"⑤笔者认为,对于积极抗辩事实应当由被告人承担证明责任,但考虑到被追诉人举证能力的有限,可确立"优势证明"作为辩方的证明标准。

5.明确排除非法证据的证明标准

鉴于司法实践中绝大多数冤错案件与刑讯逼供有关,而辩方在举证证明刑讯逼供等非法取证行为的存在方面有诸多困难,因而法律不应提出过高的要求。笔者认为,可以确立"合理怀疑"作为辩方在此种情形下的证明标准,即当辩方能够有"合理怀疑"地证明存在刑讯逼供等违法取证行为的情况下,则发生证明责任转移,由控方来证明该证据并非以非法手段获取,并且其证明要达到足以排除辩方所提出的"合理怀疑"的程度。

(二)健全刑事证明标准实施的保障机制

刑事证明标准立法的科学化、合理化虽然是刑事证明标准发挥人权保

①William Glaberson, *Killer's lawyers Seek to Raise Standard of Proof for Death Penalty*, N. Y. TIMES, Jan. 11, 2004, p. 27.

②Craig M. Bradley, *A (Genuinely) Modest Proposal Concerning the Death Penalty*, Ind. L. J. ,72(1996), p. 30.

③Elizabeth R. Jungman, Beyond All Doubt, *Geo. L. J.* ,91(2003), p. 1065.

④Margery Malkin Koosed, Averting Mistaken Executions by Adopting the Model Penal Code's Exclusion of Death in the Presence of Lingering Doubt, *N. ILL. U. L. REV.* ,21(2001), p. 129.

⑤卞建林主编:《刑事证明理论》,中国人民公安大学出版社2004年版,第211页。

障功能的必要条件,但还不是充分条件。法的实施是法对社会生活产生影响,进而实现其功能的关键环节。因此,需要构建一系列确保严格实施证明标准的机制。

1. 裁判中立

刑事证明标准得以严格实施的一个重要条件就是有一个中立的裁判者。这就要求在审前程序中确立学界广泛讨论的"程序性裁判"和"程序性制裁"机制,由法官来主持对证明活动是否达到法定证明标准的评判,即在审前程序中借鉴西方国家的令状制度、司法审查、司法救济等制度。这样才能更好地发挥证明标准的判断和平衡功能,切实实现对追诉权的有效制约。

2. 依法独立行使审判权

在地方各级法院对一些社会影响较大的案件的审理中,法院往往面临着来自各方面的干预和压力,从而使得刑事证明标准的严格适用受到影响,因而有必要通过司法体制改革排除上述干扰,进而真正实现法院依法独立行使审判权。除了法院独立于其他国家机关以外,确保合议庭或者独任审判员不受来自法院内部领导或上级的干预,同样是依法独立行使审判权的内在要求。当前我国正在推进的司法责任制改革,强调"让审理者裁判,让裁判者负责",将有助于这一目标的实现。

3. 对自由裁量权的监督与制约

适用证明标准的过程本质上是一种特殊的认识过程,需要发挥法官的主观能动性。刑事证明标准的适用,尤其对于主观证明标准的适用,赋予法官自由裁量权是必需的。然而,对于自由裁量权不加节制也难以确保"同等情况同等对待"。因此,需要通过确立"裁判理由制度"等一系列制度对裁判者施加必要的约束。

4. 法官精英化

被后人广为传颂的柯克法官与英王詹姆士一世的对话,深刻地揭示了司法的技术理性。刑事证明标准的适用,特别是多元化的证明标准的实施,是一项技术性很强的工作,应当由高素质的法官队伍承担。实现法官精英化是实现刑事证明标准人权保障功能的必要条件。

5. 完善错案追究制度

我国目前的刑事司法实践中仍然存在根深蒂固的"口供情结",表现为追诉机关千方百计地获取被追诉人的口供,而在死刑案件审判中若没有口供,法官往往不敢做出死刑判决。这显然与刑事证明标准的适用规则不一致。究其原因,担心受到错案追究应该是一个重要因素。实际上,一个案件在认定事实上是否有错误,不能简单地依据所谓的"客观事实"作为参照物,而应当着眼于审查法官在评判证据和认定事实的过程中是否存在故意和重大过失。所以,促进"错案观"的转变,进一步完善"错案追究制",将使刑事证明标准的严格适用更有保障。与此同时,刑事司法摆脱"口供情结"对于从源头上遏制刑讯逼供也有积极意义。

(三)大力弘扬人权意识和法治观念

学者对于实践中"法院由于受到地方党政机关的干预而难以严格依照刑事证明标准进行裁判"的现象颇有微词,而且倾向于把原因全部归结于现行的司法体制。实际上,在很多情况下,地方党政部门基于"保一方平安"的考虑,对司法机关施加压力只是一个外在的表象,这一现象折射出的是社会公众对司法的态度。其深层次的原因在于,为了严格执行法律而付出让真正的犯罪人逍遥法外的代价是中国老百姓在心理上难以接受的。换句话说,法治的代价超出了公众的承受能力。

法治是有代价的。正如一位丹麦学者所言:"一方面,社会希望减少刑事罪;另一方面,又希望维持社会公民的最大程度的法律安全,这两者是有矛盾的。目的在于保护无辜者的规章必然会被犯罪分子滥用。因此,人们必须在有效地减少犯罪行为和广泛保护个人之间作出选择。不管人们是选择前者还是选择后者,有一个结论是不可避免的,那就是这种选择要求付出不愉快的代价。"①可见,要厉行法治就不能回避法治的代价。鉴于刑事证明标准的严格实施,特别是"疑罪从无"原则的严格贯彻,有赖于法治环境的培育和形成,因而,树立全民的人权意识,增强公民的法治观念,进而确立对法的信仰,是保障包括刑事证明标准在内的一切法律制度发挥正常功能的重要条件。

①龙宗智:《相对合理主义》,中国政法大学出版社1999年版,第37页。

第五章
被追诉人会见权的保障机制

从认知的维度来看,确保法官裁判正确性的重要条件之一就是兼听则明。因此,被告人的辩护权对于保障审判公正和防范冤错案件具有重要意义。为了切实保障被追诉人的辩护权,我国现行立法已将被告人委托辩护律师的时间提前至侦查阶段,并且正在不断扩大法律援助的覆盖范围。

会见权是被告人辩护权的重要组成部分。众所周知,律师妥善履行辩护职责的前提是了解案情,其中会见犯罪嫌疑人、被告人是必不可少的工作内容。所以,一旦提起会见权,人们就会很自然地联想到"律师会见权"。但实际上,律师的辩护权本身就是对被告人辩护权的延伸。所以,会见权本质上是犯罪嫌疑人、被告人的权利,包括"申请会见"和"被会见"两个方面的内容。尽管笔者早在十年前就提出了这一观点,①但时至今日,无论是立法上还是实践中均缺乏对犯罪嫌疑人、被告人会见权的充分保障。其主要表现是,被羁押的犯罪嫌疑人、被告人往往只能被动地等候律师上门会见,而通常无权主动要求会见律师。

不过,令人感到欣慰的是,2018 年新修订的《刑事诉讼法》第三十六条第二款中规定:"人民法院、人民检察院、看守所应当告知犯罪嫌疑人、被告人有权约见值班律师,并为犯罪嫌疑人、被告人约见值班律师提供便利。"其

---

① 封利强:《会见权及其保障机制研究——重返会见权原点的考察》,《中国刑事法杂志》2009 年第 1 期。

中的"约见"应当理解为"申请会见"。虽然局限于主动要求会见值班律师，但这可以被看作一种前所未有的突破。从防范刑事错案的角度来看，全面赋予处于羁押状态的犯罪嫌疑人、被告人主动要求会见律师的权利，已成为当务之急。为此，笔者再次重申构建被追诉人会见权保障机制的必要性和迫切性。

一、原点回归：会见权的内涵与本质

笔者在查阅相关文献的时候发现，人们往往习惯于使用"律师会见权"的提法。对此，笔者不免心生疑问：刑事诉讼中的会见权究竟是律师的权利，还是被追诉人的权利？可以说，揭示会见权的内涵与本质，是深入讨论会见权问题的基本前提。

（一）会见权的内涵

从国内外立法和司法实践的情况来看，刑事诉讼中会见权的完整内涵应当包括以下三个方面。

1.会见权的主体是被追诉人及其辩护人

会见权究竟是谁的权利？这是必须首先予以澄清的一个问题。笔者发现，世界上大多数国家的立法都首先将会见权界定为处于羁押状态的被追诉人的权利。也就是说，法律侧重于保障被追诉人会见他人以及被他人会见的权利。比如，在美国和英国，警察在讯问犯罪嫌疑人之前必须告知其享有沉默权和律师帮助权，只有在其合法地放弃这些权利之后，警察才能开始讯问。如果在讯问过程中，犯罪嫌疑人要求与律师会见的，除法定的例外情况外，那么，警察必须立即停止讯问，并安排会面和协商。[①]　在德国，"根据刑事诉讼法第一百三十六条第一款第二句话，犯罪嫌疑人在被讯问之前，必须被告知其有权同辩护人商议。如果其确实希望如此，讯问必须停止，讯问人有义务尽合理努力帮助嫌疑人确定辩护人"[②]。法国《刑事诉讼法》第一

---

①王以真主编：《外国刑事诉讼法学（新编本）》，北京大学出版社 2004 年版，第105—364 页。

②［德］托马斯·魏根特著：《德国刑事诉讼程序》，岳礼玲、温小洁译，中国政法大学出版社 2004 年版，第 52 页。

百四十五条第二款和第三款规定:"除前款规定情况外,任何被宣布临时羁押的人,在取得预审法官的允许后,可在羁押场所会见他人。宣布临时羁押后满一个月,预审法官不得拒绝许可被羁押人会见其一名家庭成员,除非特别说明是基于预审的必要以书面做出相反的决定。"①日本《刑事诉讼法》第三十九条规定:"身体受到拘束的被告人或者被疑人,可以在没有见证人的情况下,与辩护人或者受可以选任辩护人的人委托而将要成为辩护人的人会见,或者授受文书或物品。"②

国际公约也大多将会见权首先界定为被追诉人的权利。比如,《保护所有遭受任何形式拘留或监禁的人的原则》第十八条第一项和第二项规定,"被拘留或监禁的人有权与其法律顾问联系和磋商;被拘留或监禁的人应当有充分的时间和便利与其法律顾问磋商";第十九条还规定,"被拘留或监禁的人有权接待其家庭成员来访或者与其家庭成员联系……"。《关于律师作用的基本原则》第八条规定:"遭逮捕、拘留或监禁的所有的人应有充分机会、时间和便利条件,毫无迟延地、在不被窃听、不经检查和完全保密的情况下接受律师来访和与律师联系协商。"

综观多数国家的立法以及国际公约的规定,被追诉人是会见权的首要主体。在会见对象方面,被追诉人不仅可以会见律师,还可以会见其他辩护人、未来的辩护人以及家庭成员。

此外,会见权也是辩护人的一项诉讼权利。基于辩护权行使的需要,各国法律通常也认可辩护人的会见权。比如,《俄罗斯联邦刑事诉讼法典》通过第四十六条和第四十七条分别规定了犯罪嫌疑人和刑事被告人会见辩护人的权利之后,又在第五十三条"辩护人的权限"中规定,辩护人有权依照上述规定会见犯罪嫌疑人、刑事被告人。③ 日本判例也认为,会见权"是在押犯罪嫌疑人接受辩护人援助的、刑事程序法上最重要的基本权利,同时从辩护人来看,会见权也是他的一个最重要的固有权利"④。

由此可见,会见权的主体是被追诉人及其辩护人。所以,我们应当澄清

①余叔通、谢朝华译:《法国刑事诉讼法典》,中国政法大学出版社 1997 年版,第 71 页。
②宋英辉译:《日本刑事诉讼法》,中国政法大学 2000 年版,第 11 页。
③黄道秀译:《俄罗斯联邦刑事诉讼法典》,中国人民公安大学出版社 2006 年版,第 48—57 页。
④[日]田口守一:《刑事诉讼法》,刘迪、张凌、穆津译,法律出版社 2000 年版,第 94 页。

一种常见的误解,即"会见权是律师的权利"。其实,享有会见权的首先是处于羁押状态的被追诉人,其次才是辩护人。实践中,辩护律师的会见权并非基于其律师的身份而取得,而是基于其辩护人的身份而取得;并且,执业律师以外的人担任辩护人的,同样应当享有此项权利。

2.会见权的内容包括申请会见和被会见的权利

会见是一种双方进行见面和会谈的行为,会见权的行使方式既可以是主动要求会见,也可以是被动接受会见。但是,由于被追诉人处于羁押状态,其与辩护人的会见需要羁押机构提供方便。因此,无论是被追诉人要求会见其辩护人、未来辩护人或者家庭成员,还是辩护人要求会见被追诉人,都必须事先提出会见申请。在法定情形下,被追诉人及其辩护人中的任何一方均可以提出会见另一方的申请,而另一方在此情况下都有权得到对方的会见。所以,羁押机构对任何一方会见申请的无理拒绝,都不仅会侵犯该方申请会见的权利,还会侵犯另一方被会见的权利。可见,申请会见的权利与被会见的权利是会见权的两个重要方面。

世界各国立法和国际公约普遍确立了被追诉人及其辩护人申请会见与被会见的权利。在西方国家的实践中,被追诉人享有沉默权,其在面对讯问时可以主动行使会见申请权;而在其后的诉讼过程中,辩护人基于了解案情的需要也可以随时申请会见被追诉人。联合国《关于律师作用的基本原则》也将被羁押者的会见权利明确地区分为"与律师联系协商"(right to communicate and consult with a lawyer)和"接受律师来访"(right to be visited by a lawyer)两个方面。

3.会见权的客体是与案情有关的信息交流

被追诉人及其辩护人的会见权的行使,不仅有助于被追诉人了解相关的法律规定,明确自身行为的性质,还有助于辩护人深入了解案情,以便有针对性地准备辩护。这种面对面的交流是书信等交流方式所无法替代的。

正是由于会见权的客体是与案情有关的信息交流,而相关的信息一旦被追诉机关所掌握便可能给被追诉人带来更加不利的后果,若不采取相应的措施保障会见的秘密性,无异于对会见权的取消或剥夺。所以,各国立法和国际公约几乎无一例外地规定,被追诉人与其辩护人会见的过程应当保密。例如,联合国《关于律师作用的基本原则》规定:"这种协商可以在执法人员的视线之内进行,但不得在其能够听见的范围以内。"再比如,联合国《被监禁者待遇最低限度标准规则》第九十三条也明确规定:"被监禁者与其律师之间的会见,可以在警察或监所官员的视线之内进行,但不得在其能够听见的范围以内。"①

(二)会见权的本质

在我国目前的司法实践中通常把会见权视作律师的执业权利,那么,在律师担任辩护人的情况下,会见权究竟是一种执业权利,还是一种诉讼权利? 只有揭示会见权的本质,才能明确其权利属性及其在刑事司法活动中的地位。

1. 会见权是辩护权的衍生权利,是辩护权行使的重要保障

辩护权是被追诉人最基本的诉讼权利。刑事辩护包括自行辩护和辩护人辩护两种形式。就自行辩护而言,由于实践中大多数被追诉人接受教育的文化程度较低,法律知识欠缺,处于羁押状态的被追诉人往往只能通过与辩护人的会见来了解相关的法律规定;就辩护人辩护而言,辩护人为了有效地展开辩护,必须先了解案件的发生经过、被追诉人的主观状态和客观行为以及被追诉人的个人情况等,而在了解案情的渠道方面,与被追诉人的会见无疑是最直接和最有效的方式。因此,不但被追诉人的自行辩护有赖于会见权的行使,而且辩护人履行辩护职责同样离不开会见权的行使。正是由于这个原因,各国法律都赋予被追诉人及其辩护人会见权,以保障辩护权的实现。可见,会见权是由辩护权所派生的诉讼权利。离开了辩护权,会见权

---

① 学者通常将该文件的名称译为《囚犯待遇最低限度标准规则》,并将文件中的"prisoner"译为"囚犯",这属于翻译上的错误。该文件第九十三条一开头就明确了该条的适用主体是"untried prisoner",即"未决犯"。此类对国际文件相关表述的误译并非个例。笔者曾在 2007 年的国际研讨会上指出刑事诉讼法学界最经常引用的国际公约,即《公民权利和政治权利国际公约》中的翻译错误。该公约的中文译本将公约第十四条第三款 e 项中的"To examine, or have examined, the witnesses against him"错误地翻译为"讯问或业已讯问对其不利的证人",而其原意为"讯问对其不利的证人或者让对其不利的证人接受讯问"。这样明显错误的翻译多年来一直为我国法学界所沿用,频频出现在法学著述中,这足以从一个侧面反映出国内学者对外文文献的不求甚解。封利强:《对我国证据理论英美化倾向的反思》,王进喜、常林主编:《证据理论与科学国际研讨会论文集》,中国政法大学出版社 2009 年版,第 264 页脚注。

便不再具有诉讼法上的意义。

2.会见权是辩护方的防御权利,影响控辩对抗的诉讼构造

现代刑事诉讼构造的基本要求是"控审分离、控辩对抗和审判中立"。其中,"控辩对抗"要求法律赋予辩方与控方相同或者对等的诉讼手段,这样才能使法官做到"兼听则明",以实现司法公正。而在实践中,被追诉人在被羁押以后,与外界失去了联系,其行为能力受到极大的限制。

为了保障被追诉人拥有足够的防御能力,以便与强大的国家追诉机构展开平等的理性抗争,世界各国都确立了辩护制度。然而,有了辩护人并不等于被追诉人能够得到有效的辩护。会见权的实现状况直接关系到刑事辩护的质量。只有保障被追诉人与辩护人之间的充分交流,才有可能使刑事辩护达到理想的效果。此外,通过会见和交流,辩护人还能够对其辩护人或者未来的辩护人进行审查,以便确认其是否适宜担任辩护人。这样就能充分保障被追诉人选择辩护人的权利。辩护权的全面实现,有助于增强被追诉人的防御能力,使无罪的人得到清白,使有罪的人得到公正的处理。

3.会见权主要是被追诉人的权利,反映了国家与公民之间的关系

尽管在会见权问题上存在着被追诉人权利与辩护人权利的竞合,但是,从根本上讲,会见权主要是被追诉人的权利。这是因为,辩护人在诉讼中属于其他诉讼参与人,其诉讼地位与当事人是难以相提并论的。而且,无论是委托辩护,还是指定辩护,辩护人的诉讼能力都是对被追诉人诉讼能力的延伸。没有当事人的授权或者主管机关的指定,辩护人的权利便无从谈起。所以,辩护人的权利具有很强的依附性。

可见,会见权主要是被追诉人的权利,更确切地说,会见权是受到国家追诉并处于羁押状态的公民在诉讼中依法享有的权利。作为公民的一项基本权利,其义务人自然是国家。因此,国家有义务保障公民会见权的实现。联合国《公民权利和政治权利国际公约》第十四条对缔约国提出了以下要求:"在判定对公民提出的任何刑事指控时,人人完全平等地有资格享受以下的最低限度的保证:……(乙)有相当时间和便利准备他的辩护并与他自己选择的律师联络。"

通过以上分析可以看出,会见权在本质上是被追诉人的权利,而辩护人基于辩护职责而享有的会见权,实际上是对被追诉人会见权的延伸。正是

由于具有辩护人身份的律师可以依法行使会见权,并且,律师已经成为一个庞大的职业群体。所以,会见权的实现状况也在一定程度上关乎其职业利益,以致于律师界通常将会见权作为其执业权利来看待。但这一点并不足以改变会见权的本质。

二、视角调整:会见权实现障碍的成因探究

在我国目前的司法实践中,被追诉人及其辩护人的会见权面临着很多实现障碍,主要表现在以下几个方面:一是,我国的被追诉人通常不享有主动要求会见辩护人的权利,只能被动地等待辩护人前来会见;二是,犯罪嫌疑人在侦查阶段被首次讯问之前不得聘请律师,也不得委托其他辩护人,会见权自然无从谈起;三是,尽管依照法律规定,律师可以同在押的犯罪嫌疑人、被告人会见和通信,并且除法定的例外情况外会见不需要经过批准,但实践中很多地方都自行规定了批准程序,律师会见通常要经过羁押机构和办案机关的“双批准”;四是,很多地方的主管机关时常采取无理拒绝会见、无故拖延会见、限制会见时间和次数等做法阻挠正常的会见活动;五是,侦查机关在会见时不仅派员在场,有的侦查人员还随意打断犯罪嫌疑人与律师的谈话或者插话;六是,会见权受侵犯之后“告状无门”,难以获得有效的救济……可以说,实务部门为辩护人会见被追诉人设置障碍的做法,实际上限制和剥夺了被追诉人被会见的权利,不仅妨碍了辩护人准备辩护的活动,还影响到被追诉人自行辩护权的行使,进而危及司法公正的实现。

多年来,虽然理论界与实务界为消除会见障碍付出了不少努力,但是,上述会见障碍依然存在,以致“会见难”成为律师执业的“头号难题”。新《律师法》出台了保障会见权的新规定,然而,这些新规定刚刚开始实施便遭到来自实务部门的强烈抵制。笔者认为,要想根治“会见难”这一“顽疾”,必须摆脱“头痛医头、脚痛医脚”的思维定势,以被追诉人权利保障为全新视角,寻找问题的根源所在,以便“对症下药”。在笔者看来,导致会见权实现障碍的成因主要包括以下几个方面。

(一)现行立法存在先天不足

从会见权的本质来看,会见权主要是被追诉人的权利。然而,我国现行《刑事诉讼法》与《律师法》仅确立了辩护人的会见权,特别是辩护律师的会

见权,而没有明文规定被追诉人的会见权。在此情况下,被追诉人只是推定性地享有被会见的权利,其会见权显然是不全面的。

这种"舍本逐末"的片面立法方式导致了两个方面的恶果:一是,在立法层面,由于法律预设的会见权主体是辩护人,而辩护人与证人、翻译人员等同属于其他诉讼参与人,其诉讼地位显然不同于当事人,其权利救济自然也就得不到立法者的足够重视。这样一来,法律没有为会见权的行使规定任何救济途径或保障措施也就不难理解了。二是,在司法层面,人们普遍将会见权看作是辩护人而非当事人的权利,这种权利主体的"错位"在一定程度上导致了司法人员对会见权的漠视乃至抵触心理。实践中主管机关不仅会对被追诉人主动会见辩护人的要求置之不理,而且连辩护人会见被追诉人的要求也可能设法予以阻挠。

(二)我国犯罪形势依然严峻

目前我国社会处于转型时期,腐败现象难以消除,贫富分化日益加剧,社会矛盾越来越突出,诱发和滋生犯罪的因素逐渐增多,由此导致近年来我国犯罪率不断攀升,恶性刑事案件层出不穷。因此,追诉机关打击犯罪的任务十分艰巨。

惩罚犯罪与保障人权都是刑事诉讼的重要目标,二者不可偏废。片面强调对辩方权利的保障,不仅难以得到追诉机关的认同,还会给国家和社会带来灾难性的后果。古人说,"仓廪实而知礼节,衣食足而知荣辱"。只有在惩罚犯罪的目标得以实现,社会治安状况良好的前提下,我们讨论辩方权利的保障才更有实际价值。因此,不顾及惩罚犯罪的需要,而一味地强调对会见权的保障,便会陷入"法治浪漫主义"的泥潭。可见,我国立法和司法对会见权的保障不到位也存在客观方面的原因。

(三)侦查水平和观念相对落后

实践中,"会见难"问题在侦查阶段比较突出。侦查机关担负着查明案件事实、收集和保全证据的重要职责,为公诉和审判工作提供事实依据。众所周知,由于案件事实发生在过去,通过收集证据来加以证明绝非易事,更何况在侦查开始之前侦查人员往往对于案件情况一无所知,而被追诉人则可能亲历了案件实施过程,所以双方处于严重的信息不对称状态。

这种侦查工作的艰巨性与我国目前侦查水平和观念的落后性形成了鲜明的反差。我国的侦查队伍整体素质不高,侦查装备和技术不够先进,侦查方法和手段单一,加之受到传统侦查观念的影响,"由供到证"的侦查模式没有根本改观。所以,侦查机关在很多情况下仍然是依靠心理攻势来促使被追诉人供认犯罪事实,而被追诉人与律师的会见则会给侦查工作带来很大的冲击。

正是由于会见权作为辩方的防御性权利,在客观上会给案件侦办带来不少阻力,从而使追诉机关常常在会见问题上心存顾虑。虽然实践中追诉机关阻挠会见的手法多种多样,给出的理由也五花八门,但其深层次的原因基本上是一致的,那就是担心辩护人的会见妨碍侦查,影响追诉工作的开展。追诉机关的这种顾虑绝非杞人忧天,因为实践中被追诉人在与律师会见后翻供的案例确实为数不少。

(四)律师执业监管乏力

在司法实践中,由律师担任辩护人的情况比较多见。我国现行法律之所以赋予辩护律师比一般辩护人更为广泛的诉讼权利,原因就在于律师是一个受过专门法律训练的群体,有着严格的执业纪律,因而其滥用会见权的情况不太可能出现。然而,实际情况却并非如此。伴随着我国经济体制改革的不断深入,越来越多的律师将自己定位为自由职业者,甚至有的律师将经济利益最大化作为执业目标,这不可避免地导致律师滥用执业权利的情况出现。

近年来,与律师行业市场化进程的快速推进极不协调的是,律师执业监管工作却始终没有跟上。我国律师业起步较晚,并且曾经因为历史原因一度被否定和取缔,改革开放以后才开始恢复重建。因此,在律师监管方面,我国不像西方国家那样形成了较为成熟的监督机制和管理模式,很多制度尚处于尝试和摸索阶段。实践中,行政部门的监管具有很大的局限性,律师协会的监管职能还有待于进一步发挥,而律师事务所对律师的监管作用则更为薄弱,甚至有的律师事务所沦为执业律师的"租赁柜台"……这样一来,律师在刑事诉讼中的违规执业行为便缺乏有效的规制,而仅仅依靠刑事处罚这种极端的惩戒方式显然是不够的。在此情况下,公、检、法机关对于律师会见被追诉人会有更强的戒备心理,这也在一定程度上导致了"会见难"。

（五）部门利益与职业利益存在冲突

由于被追诉人处于羁押状态，因而律师会见被追诉人需要羁押机构提供方便。在我国，看守所隶属于肩负追诉职责的公安机关，而公安、检察机关的控诉职能与律师的辩护职能则是对立的，其职责的履行状况在一定程度上是此消彼长的关系。具体来说，若被追诉人被定罪处刑，则追诉机关及其工作人员可能会被立功授奖或者得到其他积极的评价；若被追诉人被宣告无罪，则辩护律师可能会因此而名利双收。而会见权的实现情况则无疑是控辩对抗天平上的一个重要砝码。所以，在实践中，不少追诉机关倾向于维护其部门利益，有意识地阻挠律师会见，而律师则出于维护其职业利益的考虑而据理力争。

这种部门利益与职业利益的对立和紧张关系在一定程度上加剧了"会见难"问题，追诉机关的部门利益与律师的职业利益事实上成了实现会见权的一大障碍。从围绕会见权的立法和司法问题所展开的争论来看，追诉机关的代表与律师界的代表往往从各自立场出发去研究和讨论问题，以致于出现了双方各执一词、谁也说服不了谁的局面。

由以上分析可见，会见障碍的出现既有立法层面的原因，也有司法层面的原因；既有主观方面的原因，也有客观方面的原因。尤其值得注意的是，在实践中，"追诉难"与"会见难"是并存的，追诉机关与辩护律师在会见权问题上均有其利益诉求。所以，无论是在制度设计上，还是在司法操作上，都不能一味地强调辩护律师的"难"，还要考虑追诉机关的"难"。只有设法引导双方摆脱对抗思维，走向合作共赢，才能使司法有机体得以协调运转。

三、出路分析：我国会见权保障机制的构建

针对上文对会见权实现障碍的成因分析，笔者主张，立足于我国现实的社会物质生活条件，寻找国家利益与被追诉人权利的平衡点，合理地设定会见权的界限，完善会见权的保障机制。

（一）在法律上明确赋予被追诉人会见权

我国现行立法仅确立了辩护人的会见权而未确立被追诉人的会见权，这是将被追诉人客体化的表现。鉴于会见权主要是被追诉人的权利，应当

在未来的《刑事诉讼法》中明确赋予被追诉人会见权,即被追诉人可以主动提出会见律师的要求,而不仅仅是被动地等待律师申请会见。这样有助于增强被追诉人的防御能力,凸显其主体地位。

正如上文所述,目前的司法实践中会见权遭遇实现障碍的根源之一,就在于有些司法人员把会见权纯粹看作是律师的权利,这使得会见权之争演变为部门利益与职业利益之争,偏离了会见权的本来涵义。而以被追诉人权利为中心的制度设计,有助于回归会见权的本来涵义,将各方的利益之争转向对当事人权利的关注,使追诉机关和辩护人各司其职,共同保障被追诉人会见权的实现。

(二)设定会见权行使的合理界限

任何权利都不应当是不受限制的。很多国家都对会见权的行使规定了例外情况。比如,日本《刑事诉讼法》第三十九条第二款和第三款就分别规定了"以法令规定必要的措施"和"指定日时、场所及时间"的限制方式;[①]而在德国,"在法律规定的有限的紧急情况下,被羁押被告人和其辩护人之间的交流可以被截断"。[②] 此外,联合国《保护所有遭受任何形式拘留或监禁的人的原则》第十八条、联合国《被监禁者待遇最低限度标准规则》第九十二条也分别规定,为保障安全或良好秩序的考虑,可以对会见权施加必要的限制。

通常来说,权利保护的范围和程度取决于特定国家的经济和社会发展状况,最终是由社会物质生活条件决定的,这是不以人的意志为转移的客观规律。所以,我国会见权的界限还需要经历一个逐步扩展的历史过程。在现阶段,我国的犯罪形势依然严峻,而侦查水平和观念却相对落后,打击犯罪的任务十分艰巨。因此,对于会见权应当设定科学合理的界限,否则只会导致法律条文的形同虚设。

首先,应当在法律上明确,除法定例外情况外,被追诉人及其辩护人享有"即时会见"的权利,并且其谈话内容不被追诉机关监听;其次,应当延续

---

①宋英辉译:《日本刑事诉讼法》,中国政法大学 2000 年版,第 11 页。
②[德]托马斯·魏根特著:《德国刑事诉讼程序》,岳礼玲、温小洁译,中国政法大学出版社 2004 年版,第 63 页。

现行《刑事诉讼法》关于会见起始时间的规定,即被追诉人在被首次讯问后开始享有会见权;再次,对于严重危害社会的恐怖犯罪、黑社会犯罪、毒品犯罪等案件,在必要的情况下不适用关于"即时会见"以及"不被监听"的规定,但法律应当对这些例外情况下的会见程序做出具体规定,以确保不妨碍被追诉人防御权的行使。

(三)赋予被追诉人提起会见权诉讼的权利

"无救济则无权利",然而,我国现行立法缺乏关于会见权救济途径的规定。有的地方司法机关在这方面进行了探索和尝试。比如,北京市公、检、法、司等机关于 2008 年 6 月出台的《关于律师会见在押犯罪嫌疑人、被告人有关问题的规定(试行)》第十三条规定:"对办案机关或看守所违反法律或本规定的,律师、该律师所在的律师事务所可以向律师协会或司法行政机关反映,也可以直接向办案机关或看守所的主管机关投诉,要求依法纠正,接受投诉的机关应当在 10 日内予以答复。"但是,此类的"反映"和"投诉"究竟能够对追诉机关施加多少影响是值得怀疑的。因此,为了使被追诉人的法定权利真正成为实有权利,必须在法律上构建会见权救济制度。而相对于申诉、投诉、申请复议等救济途径来说,提起会见权诉讼无疑将是最有效的救济方式。

虽然我国现行立法没有赋予被追诉人及其辩护人提起会见权诉讼的权利,但是,在近年来的实践中,不少辩护律师在会见权遭到侵犯后,尝试对羁押机关提起行政诉讼,以维护自身的合法权益。比如,1999 年湖南律师廖建华诉湖南省娄底市公安局侵犯会见权一案,就是通过行政诉讼途径寻求救济的典型案例。娄底市中级人民法院的一审判决确认被告娄底市公安局在审查起诉阶段不许可原告廖建华律师会见犯罪嫌疑人的具体行政行为违法,湖南省高级人民法院终审维持原判。学者认为,这一案例开创了律师会见权受到侵犯,可以通过行政诉讼予以救济的先河。[①]

然而,通过行政诉讼来解决会见权纠纷合理却不合法。这是因为,我国《行政诉讼法》第二条规定:"公民、法人或者其他组织认为行政机关和行政机关工作人员的行政行为侵犯其合法权益,有权依照本法向人民法院提起

---

①陈光中主编:《刑事诉讼法实施问题研究》,中国法制出版社 2000 年版,第 34 页。

诉讼。"《最高人民法院关于执行〈中华人民共和国行政诉讼法〉若干问题的解释》第一条第二款也明确规定:"下列行为不属于人民法院行政诉讼的受案范围:(一)公安、国家安全等机关依照刑事诉讼法的明确授权实施的行为;……"虽然看守所隶属的公安机关属于行政机关,但依照刑事诉讼法的规定,其承担部分刑事司法职能,而其羁押行为以及拒绝会见的行为完全是依照刑事诉讼法实施的刑事司法行为,所以,不属于行政诉讼的受案范围。

笔者主张,在刑事诉讼的框架内构建相应的程序性诉讼机制来解决会见权的救济问题。在日本,侦查机关对于会见申请可能以此时正是"需要侦查的时间"为由指定其他会见日期,这样就有可能导致自由会见权难以实现。所以,在实务中允许辩护人对此提出准抗告。① 我国对此可予以借鉴。不过,考虑到会见权主要是被追诉人的权利,并且,被追诉人与案件的实体处理结果具有直接的利害关系。因此,应当将被追诉人作为行使诉权的主体。由此,无论是在审前程序,还是在审判程序中,被追诉人的会见权受到侵犯的,都有权向人民法院提起程序性诉讼,由人民法院依法做出裁决。对裁决不服的,被追诉人可以提出上诉。当然,由于被追诉人处于羁押状态,其诉权只能由辩护人代为行使,即辩护人经被追诉人同意,可以提起和参与此类诉讼。人民法院经过审理,可以视情况做出裁决。对于拒绝会见或故意拖延会见时间的,应当裁定追诉机关在指定时间内安排会见;对于侵犯会见权情节严重的,应当裁定取消该追诉机关对案件的管辖权,由其上级主管机关另行指定管辖。

这种刑事诉讼过程中的程序性诉讼机制对于及时救济会见权利,保障被追诉人获得有效辩护具有重要意义。目前有的学者主张借鉴英美法系国家的做法,即通过排除讯问口供的方式来遏制侵犯会见权的行为,笔者对此不敢苟同。这是因为,排除讯问口供是一种事后救济方式,不可能直接对羁押机关予以制裁,而且,一旦排除口供导致不能定罪,其司法代价过于沉重,会超出我国民众的心理承受能力。当然,笔者主张的事中救济的负面效应在于可能导致羁押期间的延长,但这种完全取决于被追诉人的自愿选择,并不违背被追诉人的根本利益。

---

① [日]田口守一:《刑事诉讼法》,刘迪、张凌、穆津译,卞建林审校,法律出版社2000年版,第94—95页。

（四）确立有利于实现追诉的法律规则

由于会见权是辩方的防御权利，影响到控辩对抗的诉讼构造。因而，会见权的提升和保障意味着辩方拥有了更多的防御手段，可能导致追诉目标难以实现。因此，在会见权保障问题上必须兼顾追诉犯罪的需要。目前，有的学者片面地强调会见权的保障，认为会见权的全面落实可以迫使侦查机关转变侦查模式，改善侦查装备，提高侦查水平。笔者对于此类观点持保留态度，因为侦查模式、装备和水平等因素并非一朝一夕可以改变的，以这样的思想来指导立法将是很危险的。笔者认为，在会见权保障问题上，应当坚持"先挖渠，后放水"，即先采取措施增强追诉机关的追诉能力，确保追诉犯罪目标的实现，再考虑保障被追诉人的会见权；否则，可能导致犯罪形势的失控。

目前，我国刑事诉讼法已经赋予了公安机关对于危害国家安全犯罪、恐怖活动犯罪、黑社会性质的组织犯罪、重大毒品犯罪或者其他严重危害社会的犯罪案件，以及人民检察院对于利用职权实施的严重侵犯公民人身权利的重大犯罪案件，采取技术性侦查措施的权力；同时，对于隐匿身份实施侦查以及控制下交付等侦查措施均做出了相应的规定。这显然有助于提升侦查机关追诉犯罪的能力。依笔者之见，未来还可以考虑从以下两个方面确立有利于追诉的法律规则：一是，确立"禁止反言"规则，赋予首次讯问笔录较强的证明效力。鉴于被追诉人在首次讯问前无权聘请律师，而其后与律师及其他辩护人的会见则可能导致被追诉人翻供。因此，可以考虑确立"禁止反言"规则。这样一来，首次讯问笔录便被赋予了较强的证明效力，即被追诉人在会见辩护人之后不得随意翻供，其推翻首次讯问时的供述需要有证据证明原供述为虚假或者原供述是在受到刑讯、威胁或者欺骗等情况下做出的。从司法实践来看，被追诉人在没有外在压力的情况下所做出的首次供述一般都是真实的。"禁止反言"规则的确立，可以最大限度地减少会见活动对侦查工作的不利影响。二是，针对某些存在证明困难的犯罪，实行证明责任倒置或者降低证明标准。联合国《打击跨国有组织犯罪公约》以及《反腐败公约》都规定，对于公约所列犯罪的明知、故意或者目的等主观方面的因素可以从客观实际情况推定。如果我国在法律上确立了类似的规则，就可以缓解侦查工作对口供的过分依赖，从而减轻侦查人员对会见问题的戒备心理。

(五)强化对律师执业行为的监管

立法者确立会见权旨在增强被追诉人的赋予能力。因此,辩护人不得滥用会见权从事违法犯罪活动,尤其是在律师担任辩护人的情况下,更应当恪守职业道德和执业纪律。联合国《关于律师作用的基本原则》第十二条对律师执业行为提出的要求是:"律师应随时随地保持其作为司法工作重要代理人这一职业的荣誉和尊严。"我国《律师法》第二条第二款也规定:"律师应当维护当事人合法权益,维护法律正确实施,维护社会公平和正义。"然而,由于实践中律师队伍素质良莠不齐,加之司法腐败的猖獗,仅仅依靠道德自律是不够的,只有加强律师执业监管对于督促律师依法执业才具有重要意义。

现行《律师法》进一步强化了对律师会见权的保障,参考国外立法做出了"律师会见犯罪嫌疑人、被告人,不被监听"的新规定。然而,在此情况下,如果律师执业监管不到位,势必会增加道德风险。我们目前实践中很多司法人员对于律师会见的抵触心理也在一定程度上来源于律师执业监管的乏力。不过,实务部门以此为由而限制会见权的行使也是不适当的,毕竟不能因为律师滥用权利的可能性而剥夺被追诉人接受司法保护的机会,否则就等于让当事人为律师的违规执业行为"埋单"。

可见,强化对律师执业行为的监管是十分必要的。在具体的监管措施上,为了化解"不被监听"所带来的风险,可以由司法行政部门或律师行业管理机构负责对律师会见被追诉人的全过程进行录音录像,以便作为对律师监督和惩戒的依据。当然,应当明确,除非律师的行为已经构成犯罪,录音录像资料不得被移交给司法机关,也不得向社会公开。这样既可以保障律师会见被追诉人的活动不被随意干扰,确保当事人获得有效的辩护,又可以防范少数律师滥用会见权利的违规行为,将赋予会见权可能产生的负面效应降至最低点。

(六)培育和构建法律职业共同体

在实践中,控诉职能与辩护职能的天然对立导致了部门利益与职业利益之争,这在一定程度上加剧了律师会见的难度。其实,与追诉机关和律师双方的自身利益相比,更为重要的是其各自所维护和代表的利益,即国家利益与当事人利益。而在实践中,追诉机关与律师之间的利益博弈常常使国家利益蒙受损失,使当事人成为"牺牲品"。这是因为,当事人的会见权被侵犯所导致的不仅仅是其个人不能获得有效辩护,还会影响到司法机关对犯罪事实的查明和案件实体公正的实现,而无论"错杀"还是"错放"都会使国家利益遭到严重损害。

实际上,无论是追诉机关及其工作人员,还是依法执业的律师,其在维护法律正确实施和社会公平正义方面具有价值取向上的一致性。因此,我们应当努力培育和构建法律职业共同体,加强各界法律人士之间的交流和磋商,把各方对自身利益的关注引导到对国家利益和当事人利益的关注上来,使司法真正成为法律人共同的事业。值得注意的是,西方法治发达国家的法官、检察官和律师等法律职业者之间的沟通机制比较成熟和完善,这在很大程度上减少了由于职能分工而导致的人为对立以及司法运作过程中的内耗。近年来,我国已经开始着手培育法律职业共同体,统一司法考试的实施就是一个重要举措,但由于司法体制和观念等方面的障碍,法律职业共同体的形成还需要时间。为此,我们应当大力促进法律职业不同群体之间的人员流动,加强不同群体之间的交流和沟通,增强相互之间的理解和信任,使法律职业者共同承担起维护国家、社会和公民合法权益的神圣使命。

综上所述,从本质上来看,会见权主要是被追诉人的权利,是法律为保障被追诉人得到有效辩护、维护刑事诉讼构造的平衡而赋予被追诉人及其辩护人的防御权利。尽管在我国的立法和司法过程中客观上存在着不同部门和行业之间的利益角逐,然而,在事关被追诉人生命权、人身自由权以及重大财产权益的刑事司法领域,决不能舍本逐末,将任何部门或职业利益凌驾于当事人利益之上,使当事人成为利益博弈的牺牲品。而长期以来,我国立法和司法都把着眼点放在律师会见权的保障上面,漠视被追诉人的会见权,这是我国会见权问题始终难以走出困境的原因之一。

与其他任何权利一样,会见权保护的范围和程度取决于我国现阶段的经济和社会发展状况。受目前各种主客观条件的制约,我国现阶段对会见权的保障还不可能达到理想的程度。然而,《律师法》中的有关条文却几乎没有为会见权的行使施加任何限制,这也就决定了其在实施过程中不可避免地会被司法机关以各种方式"自行解释",以致出现所谓的会见权"缩水"现象。不过,只要确立了完善的会见权保障机制,会见权的合理界限便能够在司法有机体的良性运作过程中逐步形成,并在我国未来的《刑事诉讼法》中得到确认。

第六章

辩护律师执业权利的救济机制

从认知科学的角度来看，由公、检、法、司等各机关共同组成的刑事司法机器可以被看作一个具有认知能力的整体。实际上，律师也是这个刑事司法机器中不可或缺的重要部件。党的十八届四中全会《关于全面推进依法治国若干重大问题的决定》将律师视为"法治工作队伍"的组成部分，并且明确提出要"提高律师队伍业务素质，完善执业保障机制"。最高人民法院前副院长沈德咏也曾指出，要高度重视、充分发挥辩护律师在防范冤假错案上的重要作用，充分认识到律师是法律职业共同体的重要一员，充分尊重和保护律师依法履职的权利，充分相信绝大多数律师是具备良好职业素养的，是理性、客观、公正、中肯的，是人民法院可以依靠而且应当依靠的重要力量。①

"冤案的责任不仅仅只存在于检察官与法官身上。"②然而，目前国内学者对于辩护律师在冤错案件中应当承担的责任疏于关注。美国的相关研究表明，对案件裁判影响最大的首先是律师辩护的质量，有 39% 的案件因为律师未能尽到应有的辩护职责，从而导致被告人被错误地判处死刑。③ 虽然这与美国的当事人主义诉讼模式以及陪审团审判制度有关，但并不能因

①沈德咏：《我们应当如何防范冤假错案》，《人民法院报》2013 年 5 月 6 日第 2 版。
②[日]秋山贤三：《法官因何错判》，曾玉婷译，法律出版社 2019 年版，第 114 页。
③陈永生：《刑事冤案研究》，北京大学出版社 2018 年版，第 84 页。

此否认在我国同样存在无效的律师辩护现象。不过,在中国,制约律师辩护效果的最大因素恐怕不在于辩护律师的不负责任,而在于辩护律师执业权利保障机制的缺失。尽管我国法律援助事业已经取得长足进步,当前正在推进刑事辩护全覆盖工作,但只注重律师辩护的广度还不够,应当通过强化对律师执业权利的保障,拓展律师辩护的深度,全面提升其法律服务的质量和水平。

辩护律师执业难是我国刑事司法领域的"老大难问题",其中较为突出的会见难、阅卷难和调查取证难,就是人们常说的辩护律师执业"旧三难"问题。如今,随着刑诉法的修改和司法改革的不断深入,辩护律师的执业环境总体已有明显改观,"旧三难"问题得到了很大程度的解决。但刑事司法辩护中又出现了"新三难"问题,即质证难、辩论难、申请证人出庭作证难,成为影响律师行使辩护权利的重大阻碍。[①] 实际上,这些"新三难"问题并非新生事物,只是因为"旧三难"问题的缓解而相对凸显出来。上述执业难题的出现可谓由来已久。早在我国第一部《律师法》刚刚颁布实施之际,广大律师就反映了刑事辩护工作中遭遇的各种困难和问题,被概括为律师刑辩"十三难"问题。[②] 这一概括基本上涵盖了所谓的"旧三难"和"新三难"问题。我们不禁要问,为什么二十多年来律师执业难题一直得不到根本解决? 只有找到症结所在,方可"对症下药"。

一、执业权利与执业纠纷之法理分析

在笔者看来,律师执业难题得不到根治的制度根源是权利救济机制的缺位和失灵;而其思想根源则是理论界和实务界将执业权利与诉讼权利混为一谈,没有将执业权利侵权纠纷作为一种不同于案件实体和程序争议的特殊纠纷来看待。

(一)执业权利之界定

探讨律师执业权利救济问题,首先要搞清楚什么是执业权利。长期以来,人们对于辩护律师的执业权利与诉讼权利之间的关系纠缠不清,这种概

---

①陈卫东:《全面保障律师执业权利的重大举措》,《中国律师》2015 年第 10 期。
②夏露:《律师刑辩"十三难"的问题及改进》,《中国律师》1997 年第 12 期。

念上的混淆在一定程度上掩盖了问题的本质。

依笔者之见,辩护律师的执业权利与其诉讼权利是两种完全不同的权利。二者的主要区别在于:其一,法律依据不同。前者的法律依据是律师法,属于司法制度的范畴;后者的法律依据是刑事诉讼法,属于诉讼制度的范畴。其二,产生基础不同。前者是基于权利主体的律师身份而产生的,旨在保障其职业利益;后者是基于权利主体的诉讼参与人身份而产生的,旨在保障刑事诉讼程序的公正。其三,权利性质不同。前者具有独立性,是辩护律师的固有权利;后者具有依附性,是被追诉人辩护权的衍生权利。其四,权利内容不尽相同。由于辩护律师的执业活动是刑事诉讼活动的组成部分,所以,辩护律师的执业权利与诉讼权利存在着竞合关系。例如,辩护律师依法享有的会见权、阅卷权、调查取证权、质证权、辩论权、申请证人出庭作证权等权利既是执业权利,也是诉讼权利。但并非所有的执业权利都具有诉讼权利的属性。例如,辩护律师依法享有的拒绝辩护权、职业豁免权等权利就是纯粹的执业权利,而非诉讼权利。

由上述分析可见,辩护律师具有律师和诉讼参与人的双重身份,尽管其在刑事诉讼中享有的绝大多数权利兼具执业权利和诉讼权利的双重属性,但是,对于这两种权利,我们应当分别在不同的语境下加以讨论。[①] 因此,对于执业权利的救济与对于诉讼权利的救济应当采用不同的程序和方法,二者不可相互替代。[②]

(二)执业纠纷之性质

辩护律师在执业过程中与公、检、法等办案机关之间可能发生两类纠纷:一类是办案机关认为辩护律师涉嫌违规执业而产生的争议;另一类是辩护律师认为办案机关涉嫌侵犯其执业权利而产生的争议。前者应当由司法行政机关按照行政程序来进行调查和处理,其中情节严重构成犯罪的可以

[①]长期以来,人们习惯于在诉讼权利的语境下探讨执业权利保障问题,而律师诉讼权利的依附性决定了其难以获得应有的重视,这是导致专门化救济机制缺位的重要因素。

[②]这一点构成了辩护律师与其他辩护人的基本区别。其他辩护人只具有诉讼参与人的单一身份,因而只享有诉讼权利;办案机关对其他辩护人诉讼权利的侵犯也不涉及对律师制度的损害。

启动刑事诉讼程序。这是十分明确的，不需要专门讨论。此处所谓的"执业纠纷"特指后者而言，即辩护律师执业权利侵权纠纷。①

辩护律师执业权利侵权纠纷（以下简称"执业纠纷"）究竟属于何种性质？目前理论界对此尚缺乏深入研究，这也导致了实践中的一些乱象。比如，早在 1999 年，湖南省娄底市中级人民法院就将律师起诉公安局侵犯其会见权的案件作为行政诉讼案件受理，并判决确认被告的"具体行政行为"违法。后来国内又出现了几起类似的案件，有的法院支持了原告的诉讼请求，有的法院则以案件不属于行政诉讼受案范围为由驳回起诉。实际上，根据我国现有法学理论和现行法律规定，办案机关在刑事诉讼中涉嫌侵犯律师执业权利的纠纷不属于行政争议，被明确排除在行政诉讼的受案范围之外。那么，此类纠纷是否属于刑事诉讼程序争议呢？答案是否定的。上文已经提到，执业权利不同于诉讼权利，而刑事诉讼程序争议是不同主体之间发生的关于诉讼权利和义务的争议。

笔者认为，要想澄清执业纠纷的性质，还要从探究此类纠纷的成因入手。从实践的角度来看，此类纠纷的出现主要是基于以下三个方面的原因。

1.认知角度的差异

在我国，尽管学界一直在呼吁建设法律职业共同体，但现实却不尽如人意。在我国现行的体制下，法官、检察官和律师等职业之间尚缺乏顺畅的人才流动渠道，大多数从业者的执业经历比较单一，这就难免导致职业之间认同感的缺失。认知科学的研究表明，思维的本质就是对信息的加工和处理，即人们通过感知获得认知表征，然后再运行心理程序产生思维和行动。然而，不同职业的主体在心理程序方面存在着显著差异，由此会导致他们对同一现象的认知存在天壤之别。例如，在某实证调研中，对于"律师能否在法庭上充分发言"这一问题，法官与律师这两个不同群体做出的回答有着显著的差异（见图 6-1）。只有 5.4％的律师声称从未遇到随意打断发言或限制辩论的情形，这与 81.9％的法官认为他们能够让律师充分进行辩论形成鲜

———————

①实际上，"执业纠纷"是一个比较宽泛的概念，从广义上讲，除了与办案机关之间的纠纷外，还包括律师与主管部门、律师事务所、其他律师、当事人等的纠纷。但为了论述简便，此处从狭义的角度，特指辩护律师执业权利侵权纠纷。

明的对比。[1]

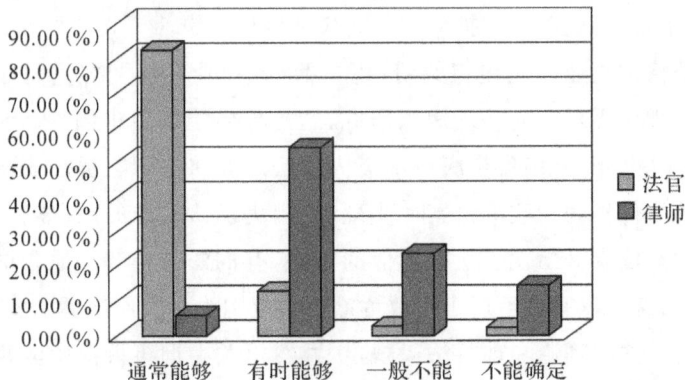

图 6-1　法官与律师对"律师能否在法庭上充分发言"的认知差异

2.职业偏见的存在

在我国,"重实体、轻程序"是由来已久的司法传统,被追诉人的辩护权容易遭到办案机关的漠视,辩护律师的诉讼权利也不例外。正如学者所言:"律师执业权利落实的不好,在很大程度上是因为在刑事诉讼中,我国对犯罪嫌疑人、被告人的人权保障还不充分。"[2]由于对被追诉人及其辩护律师诉讼权利的保障不可避免地会导致追诉障碍,辩护律师被某些办案人员视为"麻烦制造者"也就不足为奇了。此外,从历史上看,律师制度在 20 世纪50 年代末到 70 年代末的近二十年时间里曾遭到否定,并且很多人在恢复律师制度后相当长的时期内仍然对辩护律师存在偏见,这种偏见至今仍存在于某些办案人员的头脑中。而目前律师队伍中少数"害群之马"的违规行为则进一步加深了办案人员对辩护律师的偏见。上述偏见难免会引起办案人员与辩护律师之间的误解和不信任。

3.职业利益的冲突

在刑事诉讼中,控、辩、审三方分别承担着不同的诉讼职能。在某些西方人士看来,三方之间的利益博弈是不可避免的。"很多法官都把自己看作是执法体制的一部分,是警察和检察官的延伸,他们打心眼里希望罪犯能被

---

①卞建林、程滔、封利强:《律师执业权利保障的多维视角——我国律师执业现状的调查报告》,陈光中主编:《刑事司法论坛》(第 2 辑),中国人民公安大学出版社 2009 年版。
②王进喜:《论〈律师法〉修改的背景、原则和进路》,《中国司法》2017 年第 11 期。

认定有罪并关进监狱。"①"刑事控诉人被标榜为是寻求正义,而不是寻求治被告的罪,但实际上却是寻求治被告的罪。"②"尽管律师知道证人在讲实话,但他们常常努力使证人难堪。另一方面,虽然律师知道其当事人在作伪证,却仍把他们推上证人席。"③在我国,办案机关及其工作人员与辩护律师之间同样存在着不同的利益诉求。公、检、法机关内部分别有各自的考评机制,不仅对个人有考核,对单位也有考核。这就决定了办案机关的部门利益和办案人员的职业利益不可避免地会成为司法决策的考量因素。于是,在利益驱动下,出现侵犯辩护律师执业权利的事件也就不难理解了。

由以上分析可见,辩护律师执业权利侵权纠纷是发生在不同法律职业群体之间的一种特殊纠纷。此类纠纷的产生与案件的实体争议或程序争议没有直接关联,而是根源于不同法律职业群体之间的隔阂。对于这类特殊的"民告官"案件,既不应套用类似于行政诉讼的纠纷解决方式,也不宜在刑事诉讼程序内部加以解决,而应当从其特殊规律出发,探索有助于协调不同法律职业群体间互动关系的方案,理顺辩护律师与公、检、法等机关之间的关系,以切实保障国家司法制度的正常运行。

二、我国现有执业权利救济机制的弊端

执业纠纷的出现需要立法者提供相应的纠纷解决机制。这种纠纷解决机制也就是对执业权利的救济机制。有学者指出,目前我国辩护制度改革的根本出路不是增加辩护权利的外延和规模,而是确立基本的权利救济机制。在当前的制度基础上,最为重要的是解决已有权利的救济机制问题,使得当前的权利能够真正落实。④ 然而,我国《律师法》却只规定了对律师的惩戒措施,而未规定权利救济机制。自《律师法》颁布实施到党的十八届四中全会召开的十几年里,辩护律师执业权利受侵犯的事件屡屡上演,辩护律

---

①[美]艾伦·德肖维茨:《最好的辩护》,唐交东译,法律出版社 2014 年版,第 4 页。

②[美]迈克尔·D.贝勒斯:《法律的原则——一个规范的分析》,张文显、宋金娜、朱卫国、黄文艺译,中国大百科全书出版社 1996 年版,第 39 页。

③[美]迈克尔·D.贝勒斯:《法律的原则——一个规范的分析》,张文显、宋金娜、朱卫国、黄文艺译,中国大百科全书出版社 1996 年版,第 40 页。

④陈瑞华:《增列权利还是加强救济?——简论刑事审判前程序中的辩护问题》,《环球法律评论》2006 年第 5 期。

师权利保障问题引发了社会各界的广泛关注,国家层面除了对《律师法》和《刑事诉讼法》的修订以外,还先后出台了不少相关的规范性文件。① 不过,上述法律文件未能确立有效的执业权利救济机制,在破解辩护律师执业难题方面收效甚微。

2013 年 11 月,党的十八届四中全会通过了《中共中央关于全面推进依法治国若干重大问题的决定》,强调要"提高律师队伍业务素质,完善执业保障机制"。自此,旨在保障律师执业权利的一系列规范性文件密集出台,对辩护律师的执业权利救济也掀开了新篇章。② 特别是,2015 年"两院三部"出台的《关于依法保障律师执业权利的规定》被学者称为"新形势下保障律师执业权利的纲领性文件"。③ 该文件明确提出:"人民法院、人民检察院、公安机关、国家安全机关、司法行政机关和律师协会应当建立健全律师执业权利救济机制。"这些规范性文件的出台,彰显了有关单位致力于保障律师执业权利、改善律师执业环境的决心,其中的很多改革举措力度空前,具有相当强的可操作性。

归结起来,上述文件确立了六个层次的执业权利救济机制:(1)投诉机制。律师可以就办案机关及其工作人员侵犯律师执业权利的行为向办案机关及其上一级机关投诉。(2)申诉控告机制。律师认为办案机关及其工作人员的行为阻碍其依法行使诉讼权利的,可以向同级或者上一级人民检察院申诉、控告。(3)违纪调查机制。有关机关拒不纠正或者累纠累犯的,应当由相关机关的纪检监察部门依照有关规定调查处理,相关责任人构成违

---

①这些规范性文件主要包括:2004 年最高人民检察院《关于人民检察院保障律师在刑事诉讼中依法执业的规定》;2004 年最高人民法院、司法部《关于规范法官和律师相互关系维护司法公正的若干规定》;2006 年最高人民检察院《关于进一步加强律师执业权利保障工作的通知》;2006 年最高人民法院《关于认真贯彻律师法依法保障律师在诉讼中执业权利的通知》。

②这些规范性文件主要包括:2014 年最高人民检察院《关于依法保障律师执业权利的规定》;2015 年"两院三部"《关于依法保障律师执业权利的规定》;2015 年最高人民法院《关于依法切实保障律师诉讼权利的规定》;2016 年中办、国办《关于深化律师制度改革的意见》;2017 年司法部《关于建立律师工作联席会议制度的方案》;2017 年全国律协《律师协会维护律师执业权利规则(试行)》;2017 年"两院三部一协"《关于建立健全维护律师执业权利快速联动处置机制的通知》;2018 年最高人民法院、司法部《关于依法保障律师诉讼权利和规范律师参与庭审活动的通知》。

③陈卫东:《全面保障律师执业权利的重大举措》,《中国律师》2015 年第 10 期。

纪的,给予纪律处分。(4)申请维权机制。律师可以向注册地的市级司法行政机关、所属的律师协会申请维护执业权利。(5)沟通协调机制。建立由司法行政机关牵头、有关部门参加的联席会议制度,各部门定期沟通保障律师执业权利工作情况,及时调查处理侵犯律师执业权利的突发事件。(6)快速联动机制。各级人民法院、人民检察院、公安机关、国家安全机关、司法行政机关和各律师协会加强沟通联动,第一时间受理、第一时间调查、第一时间处理、第一时间反馈,切实提高维护律师执业权利的及时性和有效性。

上述执业权利救济机制在实践中已经初见成效,然而,也暴露出一些问题,实施效果并不十分理想。从执业纠纷解决的角度来看,现有的执业权利救济机制主要存在以下四个方面的弊端。

(一)低效乏力的同体监督

向办案机关及其上一级机关投诉是典型的同体监督,其效果可想而知。基于各办案机关之间的亲和性,辩护律师向同级或者上一级人民检察院申诉、控告,也存在类似的问题。尤其是,检察机关作为与辩护律师分庭抗礼的追诉机关,本身就是执业纠纷的利益相关者,由利益相关者来担任裁判者,自然容易引起质疑。有学者指出,在实践中,有的律师提出申诉、控告后,要么回复较及时但毫无实际效果,要么是一直未有回复,这些情形严重影响了律师提出申诉、控告活动的积极性;并且,不少案件是上级检察院指定下级检察院进行侦办的,当辩护律师向上级检察院控告下级检察院侵犯其诉讼权利时,基于办案利益的一致性,上级检察院对下级检察院的违法行为纠错动力不强,救济效果也不甚理想。[1] 此外,对于有关机关拒不纠正或者累纠累犯的,由相关机关的纪检监察部门依照有关规定调查处理,也同样是一种内部处理方式。

(二)息事宁人的行政协调

联席会议相当于一个由多部门派员组成的机构,专门负责定期沟通相关情况和调查处理突发事件。根据 2017 年司法部发布的《关于建立律师工

---

①董坤、段炎里:《当前检察环节律师权利的保障现状与新现问题研究——以阅卷权、会见权和检察救济权切入》,《河北法学》2017 年第 6 期。

作联席会议制度的方案》,"联席会议办公室设在司法部律师公证工作指导司,承担联席会议的日常工作。办公室主任由司法部律师公证工作指导司司长兼任"。这显然是一种行政化的纠纷解决方式。而根据 2017 年"两院三部一协"发布的《关于建立健全维护律师执业权利快速联动处置机制的通知》,在特定情况下由办案机关、司法行政机关和律师协会等组成联合调查组进行调查,这同样是一种行政化的处理方式。这些行政手段显然不应当成为执业纠纷的最终解决方式。

同时,现有执业权利救济机制过分倚重协调,而忽略了裁判的必要性。2017 年"两院三部一协"《关于建立健全维护律师执业权利快速联动处置机制的通知》规定了"三个层面的协调",即律师协会协调、司法行政机关协调;联席会议协调。而浙江省多部门联合出台的《关于建立健全维护律师执业权利快速联动处置机制的实施意见》还增加了第四个层面的协调,即政法委协调。[①] 这种通过协调来解决纠纷的方式,较之裁判明显缺乏权威性和公信力。

(三)缺乏制裁的处理结果

当律师向注册地的市级司法行政机关、所属的律师协会申请维护执业权利时,其维权方式便由个体维权转向集体维权。这种对集体维权的依赖,无形中会弱化个体维权的效果。虽然律师协会与消费者协会一样,属于社会团体,当然可以代表律师出面维权,但倘若所有的律师在遭遇执业权利侵犯的情况下都求助于律协,律协必然会疲于奔命、应接不暇。在笔者看来,律师协会应当将维护律师行业整体权益作为工作重点,而不是在每一起侵权案件中充当申诉代理人或协调人。此外,这种集体维权方式还有一个弊端,那就是把司法行政机关看作律师的"娘家",这显然会导致司法行政机关的"错位",不利于其履行监管职责。因而,集体维权不应当成为常态化的机制。

更为重要的是,在现有的救济机制下,司法行政机关和律师协会的工作

---

①2017 年浙江省高级人民法院等六部门联合发布的《关于建立健全维护律师执业权利快速联动处置机制的实施意见》规定:"有重大社会影响的,报党委政法委'维护律师执业权利协调小组'协调处理。"

方式主要是与办案机关进行沟通和协调。这种"和稀泥"的处理方式不可能对侵犯律师执业权利的单位和个人施加任何制裁。没有制裁也就无法形成震慑力,难以使仲裁裁决发挥教育、警示和预防作用。例如,深圳市律师协会在某律师被逐出法庭一案的维权过程中,该区法院有关负责人通过观看庭审录像,认定律师在庭审过程中没有过错,遂致电该律师,称法官经验不足,工作方式简单,并向律师表达了歉意,希望得到其谅解。① 这样的处理结果虽然可以让人接受,但因为没有对直接责任人的惩戒,仍然难以避免类似的事件重演,况且,侵犯律师执业权利的行为往往涉嫌违法甚至犯罪,如果通过沟通和协调的方式来处理必然有损于律师执业权利救济制度的刚性。

(四)"运动式"的治理方式

当前推行的权利救济机制具有"运动式治理"的特点。据报道,"2017年,各律师协会维权中心共收到维权申请502件,成功解决279件,与2016年的84件、2015年的54件、2014年的51件相比,数量大幅提升"②。这种数量上的大幅攀升显然是集中整治的结果。对于执业权利救济来说,不仅求助于律师协会不应成为常态,快速联动处置也不应成为常态,而"第一时间受理、第一时间调查、第一时间处理、第一时间反馈"更应适用于重大突发事件的应对。否则,对每一起执业纠纷都如此兴师动众,必然会使相关部门不堪重负;况且,联席会议、联合调查组等也只是一种工作机制的创新,而非制度创新。因此,"运动式"的治理方式只能起到"扬汤止沸"的效果,难以从根本上遏制侵犯执业权利的行为。

由此可见,尽管现有执业权利救济机制的"治标"作用不容否认,但只能作为一种临时性对策或者过渡性安排,绝非长久之计。我们应当通过科学合理的制度设计来寻找"治本之策",构建执业权利救济的长效机制。

---

①蒋安杰:《全国律协通报 2017 年度十大典型维权案例》,http://www.legaldaily.com.cn/index/content/2018－03/31/content_7511562.htm? node＝20908,2018 年 5 月 16 日访问。

②蒋安杰:《全国律协通报 2017 年度十大典型维权案例》,http://www.legaldaily.com.cn/index/content/2018－03/31/content_7511562.htm? node＝20908,2018 年 5 月 16 日访问。

三、构建律师执业纠纷仲裁制度的设想

长期以来,国内学者习惯于从西方立法和司法实践中寻找解决中国问题的方案。然而,西方法治发达国家的律师制度历史悠久,其法律职业共同体已经发展得较为成熟,尽管控、辩、审之间也存在利益冲突,但类似我国办案机关严重侵害律师执业权利的情况比较罕见。因此,西方法治发达国家在这方面难以为我们提供现成的答案。因为我国律师制度产生较晚,历史上曾一度遭到破坏,当前包括律师制度在内的司法制度还处于不断完善的过程中,司法改革仍在向纵深推进。所以,针对"辩护律师执业难"这种我国现阶段特有的问题,应当从本土实际出发,探索与现有法律制度和司法体制相适应的解决方案。笔者认为,对于辩护律师控告公安司法机关侵权的"民告官"案件,可采取一种与行政诉讼具有类似功能的纠纷解决方式,即律师执业纠纷仲裁制度。

(一)执业纠纷仲裁之必要性

近年来,国内学界在构建执业权利救济机制方面开展了初步探索,提出了两种具有代表性的主张:一是将执业纠纷的裁判权交给法院,构建程序性裁判制度;二是充分发挥检察院的法律监督职责,由其对律师执业权利遭受的侵犯实施救济。然而,笔者认为,这两种方案均不具有可行性,理由在于:(1)任何人不能做自己案件的法官。执业纠纷发生在辩护律师和办案机关之间,由法院或者检察院来担任裁判者无异于让被告来担任自己案件的法官,从而会违背纠纷处理的中立原则。(2)执业纠纷不同于程序争议,不应当在诉讼程序的框架内寻求解决方案。刑事诉讼程序的核心是解决被告人的刑事责任问题,其人权保障功能主要体现在对被追诉人人权的保障方面,其他诉讼参与人的诉讼权利并非关注的重点;并且,在程序性裁判或者检察监督程序中,辩护律师只能以诉讼参与人的身份参加进来,目的只能是维护其诉讼权利而非执业权利。因此,辩护律师的执业权利应当在诉讼程序之外寻求救济。

从实践的角度来看,我国实务部门近年来尝试构建的联席会议制度、快速联动处置机制等,基本都属于诉讼程序外的纠纷解决机制。另外,无论是现行的《刑事诉讼法》还是当前正在对其进行的修订均未涉及律师执业权利

救济问题。这也从一个侧面表明,执业权利的救济不同于诉讼权利的救济,根本不可能通过完善刑事诉讼程序来得到解决。

基于上述分析,笔者认为,我们应当从执业纠纷的特殊规律出发,结合我国实际,在诉讼程序外构建执业纠纷仲裁制度,为辩护律师的执业权利提供专门化的救济机制。这种救济机制应当以个体维权作为常态,即辩护律师以个人名义提出申请,以办案机关及其工作人员作为被申请人,由办案机关以外的中立的第三方担任裁判者。采取仲裁的方式,由社会各界人士担任仲裁员,有助于避开办案机关的干扰;并且,以快捷高效为特色的仲裁能够满足权利救济及时性的要求,做到"第一时间受理、第一时间调查、第一时间处理、第一时间反馈"。

在我国现行体制下,此类仲裁机构应当由司法行政机关负责日常管理。笔者建议,司法行政机关转变职能,由过去协助辩护律师维权的角色转变为执业纠纷仲裁机构的主管部门。为了保障社会各界的充分参与,确保裁判的中立性,司法行政机关只负责对仲裁机构的组织和管理工作,即负责设立仲裁委员会和公开选聘仲裁员,而对具体案件的裁判则由仲裁庭负责。

(二)申请与受理机制

辩护律师认为自己的执业权利受到办案机关及其工作人员侵害的,可以向办案机关所在地的仲裁委员会申请仲裁。此类对律师执业纠纷的仲裁不同于民商事仲裁,仲裁申请不以仲裁协议为条件。仲裁申请和受理信息应当在省级行政区域内实现联网,以便省级司法行政机关对仲裁工作进行监管。必要时,省级司法行政机关可以依申请决定异地仲裁。需要注意的是,申请仲裁的事项应当限于执业纠纷。仲裁庭不应受理纯粹属于刑事案件实体问题和程序问题的争议,否则会涉嫌干涉人民检察院和人民法院依法独立行使检察权和审判权。

仲裁委员会经审查认为符合立案条件的,应当受理案件并发出受理通知。仲裁委员会应安排值班仲裁员负责仲裁前的调解工作。对于侵权情节轻微、案情简单的案件,可以由值班仲裁员联系双方进行调解。达成调解协议的,由申请人撤回仲裁申请或者由值班仲裁员依申请人的请求制作调解书;一方拒绝调解或者调解不成的,应当择期仲裁。

（三）仲裁庭的组成

仲裁庭应当由三人组成。争议双方可以各自在仲裁员名单中推荐 1 名仲裁员，另 1 名仲裁员由双方共同推荐。双方就共同推荐仲裁员的人选协商不成的，由仲裁委员会指定。需要注意的是，与办案机关及其工作人员或者与辩护律师及其所属律师事务所存在隶属关系或者其他利益关系的仲裁员应当回避。

司法行政机关应当按照规定程序和条件，在当地资深法官、资深检察官、资深律师或者具有高级职称的法学教育和研究工作者中择优进行仲裁员的遴选，严格把关。仲裁员应当品行良好，具有法律职业资格，且没有受过刑事处罚。凡是有侵犯律师执业权利不良记录的法官和检察官，有违规或违反诚信等不良执业记录的律师，以及有学术不端等不良记录的学者，都不应当被纳入遴选范围；已经被聘任为仲裁员的，应当取消其仲裁员资格。此外，司法行政机关还应加强对仲裁员的日常管理与定期考核，对违纪违法或考核不合格的仲裁员及时予以清退。对于涉嫌收受贿赂、枉法裁判的，应进行相应的调查和处理；对于构成犯罪的，应移交监察机关依法追究其刑事责任。

（四）审理与裁决机制

仲裁委员会对于不适合调解或者调解不成的案件，应当在三日内组成仲裁庭。仲裁庭确定开庭日期后，应通知辩护律师和办案机关代表以及直接责任人按指定日期到庭参与调查和辩论。除双方同意外，审理不公开进行。仲裁庭依法独立进行审理和裁决，不受行政机关、社会团体和个人的干涉。仲裁庭有权通知办案机关的知情人员出庭作证，有权向办案机关调取相关文件、物证或视听资料等证据，以便审查办案机关刑事司法行为的合法性。办案机关无正当理由不予配合的，可以做出对该办案机关不利的推定。申请人拒不到庭的，仲裁庭可以驳回其仲裁请求；被申请人拒不到庭的，仲裁庭可以缺席裁决。

仲裁裁决原则上应当当庭做出，对于重大、疑难、复杂案件也可以在庭审结束后五日内做出。仲裁庭除了认定是否构成侵权以外，还应对存在侵权的案件做出相关的处理决定。具体的处理决定要根据侵权的性质、类型和后果等情况综合加以确定。例如，对于阻碍会见或妨碍阅卷的，除指定日期要求办案机关重新安排会见和阅卷以外,还应责令办案机关赔偿律师的交通费、误工费等损失;对于未依法告知相关事项的,除要求办案机关重新告知以外,还应明确办案机关应以何种方式来弥补律师因此遭受的不利后果;对于阻碍质证、辩论和申请证人出庭作证的,除要求办案机关通过重新开庭审理等方式予以补正以外,还应责令办案机关赔偿律师的交通费、误工费等损失……此外,仲裁庭对于侵害辩护律师执业权利,情节恶劣或者后果严重的,应当提出对直接责任人的惩戒建议,交主管部门处理。

仲裁庭除做出仲裁裁决书以外,还可以向办案机关提出仲裁建议,责令其整改。仲裁庭提出惩戒建议的,还应将惩戒建议书送达主管部门,由其对直接责任人做出相应的处理,并将违法情况和处理结果记入其执法档案。

(五)对仲裁裁决不服的救济

仲裁实行一裁终局,裁决一旦做出即发生法律效力,争议双方必须遵守。裁决做出后,如果当事人没有新的事实和理由,就同一纠纷再次申请仲裁的,仲裁委员会则不予受理。

办案机关不履行裁决的,申请人可向仲裁机构所在地的中级人民法院申请强制执行。对于拒不履行裁决,情节严重的,司法行政机关应当提请同级监察机关启动问责程序,并将拒不履行裁决的情况记入直接责任人的执法档案,作为将来对直接责任人进行考核与奖惩的依据。但是,如果存在仲裁庭组成违法、仲裁程序严重违法以及仲裁员收受贿赂或枉法裁判等情况的,那么,争议双方均可向仲裁庭所属的司法行政机关及其上一级司法行政机关请求撤销裁决,然后重新组成仲裁庭进行审理和裁决。

四、律师执业纠纷仲裁的配套机制

由司法行政机关设立的仲裁机构对辩护律师与办案机关之间的执业纠纷进行仲裁,还需要建立相应的配套机制。否则,不足以保障仲裁的权威性、有效性和便捷性。

(一)政法委与司法行政机关合署办公

长期以来,政法委是实现党对政法工作领导的部门,支持和监督公、检、法、司等机关依法行使职权,并指导和协调各机关之间相互配合、相互制约。

正是基于政法委的这一职能，浙江省关于执业权利快速联动处置机制的地方性规定还增加一条，"有重大社会影响的，报党委政法委'维护律师执业权利协调小组'协调处理"。笔者认为，将党委政法委的协调作为最后一道防线，是符合我国国情的务实做法。然而，从法理上来说，政法委作为党的部门而非国家机关，其在执业纠纷解决中的功能发挥受到较大的制约。党的十九大报告已经提出，赋予省级及以下政府更多自主权，在省市县对职能相近的党政机关探索合并设立或合署办公。在这一背景下，实现政法委与司法行政机关合署办公，显然有助于政法委更好地发挥对政法工作的领导作用，同时也有助于提升司法行政机关在解决执业纠纷方面的话语权。

政法委与司法行政机关合署办公，有助于提高仲裁的权威性。与公、检、法机关相比，司法行政机关在执业纠纷的处理方面处于相对中立的地位；并且，中共中央办公厅、国务院办公厅印发的《关于深化律师制度改革的意见》也明确提出"建立由司法行政机关牵头，有关部门参加的联席会议制度"。从这一意义上讲，由担负律师执业监管职责的司法行政机关来组建和管理仲裁机构是完全合理的。但是，无论是从我国司法体制的整体格局来看，还是从实践中的权力分配和运行情况来看，司法行政机关始终处于相对弱势的地位。这对于保障仲裁机构的权威性来说是极为不利的。而一旦实现政法委与司法行政机关合署办公，将仲裁机构的组织和管理工作置于政法委的直接领导下，则可以充分提升仲裁机构的地位，并且有助于政法委通过这一方式来实现对辩护律师执业纠纷的管控，进而加强党对办案机关的指导和监督，以及对司法队伍建设的领导。

（二）建立统一的法律职业人事管理制度

办案机关及其工作人员侵犯执业权利的原因之一是职业利益的驱动，即为了成功地办理案件，提升自己的工作业绩，不惜损害辩护律师的执业权利。因此，只有将尊重和保障律师执业权利的情况纳入考核体系，才能实现"釜底抽薪"的目的，从根本上杜绝漠视执业律师权利的现象。2017年"两院三部一协"《关于建立健全维护律师执业权利快速联动处置机制的通知》已经提出："要建立完善侵犯律师执业权利行为记录、通报和责任追究制度，对严重侵犯律师执业权利的行为予以严肃处理。"这是值得充分肯定的。但是，如果不将侵犯律师执业权利的情况作为不良记录存入直接责任人的执法档案,并且真正使其成为考核依据,则难以切实发挥震慑作用。那么,可否由执业纠纷处理机构将相关侵权记录移交办案机关,由其负责存入直接责任人的执法档案并纳入业绩考核呢? 从我国司法的现实情况来看,如果得不到办案机关的重视和配合,则这一规则很难落到实处。因此,这一规则应当与相关人事管理制度的改革结合起来。

有鉴于此,笔者认为,应当建立统一的法律职业人事管理制度,将法官、检察官以及律师等法律职业从业者统一纳入司法行政机关的人事管理范围。首先,从司法行政机关的性质来讲,它本身就应当承担起司法队伍的建设和管理职责。但目前的实际情况是,司法行政机关只负责对律师的监管。对于法官、检察官而言,只有在取得从业资格的法律职业资格考试环节与司法行政机关发生交集,这是很不正常的。其次,由于法官和检察官由各自所在机关负责招录、考核以及奖惩,很容易导致上下级之间出现人身依附关系,这显然不利于法官和检察官对案件依法独立做出判断,从而可能妨碍司法责任制的落实。将与审判无关的职能从法院系统剥离出来,将与检察无关的职能从检察院系统剥离出来,符合我国司法改革的总体要求。因此,建立统一的法律职业人事管理制度,还有助于实现法院和检察院的"去行政化"。再次,将法官、检察官和律师纳入统一的管理渠道,还有助于推进法律职业共同体的建设。党的十八届四中全会通过的《中共中央关于全面推进依法治国若干重大问题的决定》在第六部分"加强法治工作队伍建设"中分别提出了"建设高素质法治专门队伍"和"加强法律服务队伍建设"的目标和任务。据此,作为"法律服务队伍"组成部分的律师与作为"法治专门队伍"的法官、检察官同属"法治工作队伍",是建设社会主义法治国家的重要保障。由司法行政机关统一负责对法治工作队伍的建设和管理,才能真正做到同等对待,避免职业歧视。该文件还同时提出:"建立从符合条件的律师、法学专家中招录立法工作者、法官、检察官制度,畅通具备条件的军队转业干部进入法治专门队伍的通道,健全从政法专业毕业生中招录人才的规范便捷机制。"建立统一的法律职业人事管理制度,将为法官、检察官和律师的职业流动提供更多的机会和便利。当然,为了与当前正在推进的法院、检察院人、财、物省级统管的司法管理体制改革相协调,法律职业从业者的人事管理工作应当由省级司法行政机关统一负责。

笔者的具体设想是,将法官、检察官的录用、考核、晋升、奖惩和档案等统一归口司法行政机关管理,或者由司法行政部门牵头负责。法官、检察官的考核、晋升和惩戒等工作,均由司法行政机关成立专门的委员会来负责实施。委员会由资深法官、资深检察官、资深律师和具有高级职称的学者等来自不同职业的法律人共同组成。对于经仲裁庭认定侵害辩护律师执业权利,且情节恶劣或者后果严重的直接责任人,应给予惩戒,并限制其晋升,甚至可以按照有关规定降低其法官等级或者检察官等级;同时,将侵权行为和处理结果记入其本人执法档案。其实,早在 2006 年,最高人民检察院出台的《关于进一步加强律师执业权利保障工作的通知》就已经明确规定:"在业务考评考核中,要将贯彻实施律师法和其他相关法律、保障律师执业权利的情况,作为考评考核的重要内容。"但由于考评考核由本单位内部负责组织实施,其效果可想而知。因此,"异体考评"机制的建立将使侵犯律师执业权利行为的记录、通报和责任追究制度真正落到实处,能够对广大办案人员起到警示作用。

(三)建立律师执业纠纷解决网络平台

仲裁这一纠纷处理方式固然有助于满足执业权利救济及时性的要求,但是,在互联网等信息技术高度发达的背景下,仲裁机构还应尝试通过建立律师执业纠纷解决网络平台来更加快捷、高效地处理案件。因此,我们不妨借鉴"智慧法院"建设的成功经验,由各个省级司法行政机关建立仲裁案件受理的网络平台,统一受理仲裁申请。辩护律师可以通过电脑上网或者使用手机登录 App 或微信等应用程序提交仲裁申请。仲裁庭可以通过网络平台发出开庭通知,在征得争议双方同意的前提下还可以采用网络交流的方式来审理案件,即争议双方通过远程视频传输系统或者微信群等网络方式提交图片、视频、录音等证据,参与质证和辩论。为了更好地便利各方参与仲裁,还可以借鉴杭州互联网法院开创的"异步审理模式",实现各方跨越时空的互动。

互联网技术的充分运用,将使得执业纠纷仲裁变得更为方便和快捷,有助于大幅节约办案机关及其工作人员以及辩护律师的时间成本;同时,这一方式也便利了仲裁员远程参与案件审理。此外,在这一背景下,异地仲裁也将变得更为容易,即只要在申请仲裁时提出了异地仲裁的请求和理由,司法行政机关认为理由成立的,即可商请其他地区的仲裁机构通过网络方式进行审理并做出裁决。不过,需要注意的是,司法行政机关和仲裁机构应当注意保存所有网络通信的电子记录,对所有电子文件进行存档和妥善保管,确保"全程留痕"。这些电子记录将有助于将来对案件进行复查,以及对涉嫌收受贿赂或枉法裁判的仲裁员进行追责。

综上所述,律师制度的产生是人类社会文明进步的重要标志,它构成了现代法治的基石。很多西方国家确立了律师基于其职业身份的拒证特免权,不惜牺牲案件真相和国家追诉利益来捍卫委托人与律师之间的信任关系。在我国,律师制度也是中国特色社会主义司法制度的重要组成部分。可以说,律师执业权利得不到保障,就会动摇律师制度的根基,进而导致国家民主与法治进程的倒退。因此,律师执业权利的保障状况是国家法治状况的"晴雨表"。

当前我国正在推进全面依法治国,以审判为中心的刑事诉讼制度改革、值班律师制度的确立、刑事辩护全覆盖的改革,以及申诉由律师代理的改革等都有赖于律师的积极参与及其作用的充分发挥。然而,近年来媒体不断曝光的律师执业权利遭遇侵害的事件却在不断挫伤律师投身刑事辩护事业的积极性。实际上,引发媒体关注的侵权事件以及与办案机关"死磕"的律师,都只是律师执业权利遭遇侵害现象的"冰山一角"。实践中,大多数律师都出于种种顾虑往往选择妥协和沉默,但这种逆来顺受并不意味着矛盾的化解,反而会导致不良情绪的累积,进而在无形之中加深律师与办案机关之间以及律师与法官、检察官等群体之间的隔阂,最终必然阻碍法律职业共同体的构建和依法治国宏伟目标的实现。

律师执业难的"顽疾"缘于执业权利救济难。长期以来,我们过分倚重刑事诉讼程序内的救济途径,而在刑事诉讼程序之外则着重通过协调来化解矛盾,导致执业纠纷裁判机制的缺位。低效乏力的同体监督、息事宁人的行政协调,以及缺乏制裁的处理结果在一定程度上构成了对侵权行为的姑息与纵容,让不尊重律师执业权利的办案人员更加有恃无恐。建立专门针对律师执业纠纷的仲裁制度,能够凸显律师在纠纷解决中的主体地位,有助于及时、充分地实现对执业权利的救济,惩戒和教育侵犯律师执业权利的行为人,从而彻底改善律师执业环境,为法律职业共同体的构建创造良好的条件。从性质上来说,这一仲裁制度仍然属于司法制度而非诉讼制度的组成部分,应当作为对律师执业权利的救济机制在未来的《律师法》中得以确立。

第七章
刑事专家辅助人制度的构建

从认知科学的角度来说,法官据以做出裁判的证据不过是他所理解的证据;而法官所运用的经验法则也不过是他所认为的经验法则。自古以来审判人员仅凭经验来审查和运用证据的传统做法正在遭遇挑战。进入21世纪以来,现代科技的全方位渗透正在彻底改变司法证明的方式,司法裁判正在从依赖经验走向依赖科学。

近年来的研究表明,很多冤错案件都是因为司法人员未能妥善运用法庭科学知识造成的。美国2009年《无效的法庭科学证据及错误定罪》研究报告对涉及咬痕、脚印、毛发、土壤、血液、精液、声音、指甲,甚至DNA等无效科学证据进行了识别。报告指出,通过对137例DNA检测得以昭雪的案件的分析,发现在82起案件,超过60%的案件的审判中,控方证人提供了无效的司法鉴定证据,这些证据要么是基于实验数据的误导而得出的结论,要么是完全没有实验数据支持的证据。[1] 在英国伯明翰六人案中,相关的技术专家(仅受雇于警方)信誓旦旦地认定从犯罪嫌疑人的手上检出了爆炸物粉末的残留物,然而随后的科学检验证明先前的结论是不准确的、不适合的,因为抽烟也有可能产生此类残留物。[2] 一名错案无辜者曾经形象地说:

---

[1] 姜保忠:《以审判为中心视角下刑事错案防范机制研究》,法律出版社2017年版,第113页。

[2] [美]肯特·罗奇:《错案形成的原因及其救济》,李哲译,高鸿钧、张建伟主编:《清华法治论衡》(第9卷),清华大学出版社2008年版,第223页。

"垃圾科学把我送进了监狱,但真正的科学证据证明了我的清白。"①

我国之所以在 2012 年通过修订《刑事诉讼法》将"鉴定结论"改为"鉴定意见",就是要强化法官在审查判断专门知识方面的职责。而专家辅助人则有助于为法官的审查判断提供依据,及时矫正可能产生的认知偏差。专家辅助人制度正是在这一背景下应运而生的。从本质上来说,专家辅助人的参与是对控、辩、审各方在科学知识和技能方面的延伸。构建中国特色的刑事专家辅助人制度,将有助于从根本上防范和纠正冤错案件。

一、科学证据裁判时代的来临

从人类历史的角度来看,科学技术的发展不仅带来了生产和生活方式的改变,也带来了司法证明方式的深刻变革。有学者指出:"就司法证明的方法而言,人类社会曾经历过两次重大的转变:第一次是从以'神证'为主的证明方法向以'人证'为主的证明方法的转变;第二次是从以'人证'为主的证明方法向以'物证'为主的证明方法的转变。"②可以说,这种证明方法的转变,本身就从一个侧面反映了人类社会从愚昧走向文明的进程,而从以"人证"为主到以"物证"为主的转变在根本上取决于科学技术进步的推动。特别是近几十年来,科技发展日新月异,"越来越多对诉讼程序非常重要的事实,现在只能通过高科技手段查明""人类感官在事实认定中的重要性已经开始下降"。③ 在这一背景下,有的学者主张将"证据裁判主义"改称为"科学证据裁判主义"。④ 进入 21 世纪以来,现代科技的全方位渗透正在彻底改变司法证明的方式,科学证据裁判的时代已经来临。专家辅助人制度正是在这一背景下应运而生的。

(一)历史演进:技术进步催生科学证据

人类社会早在远古时期就已经开始探索与科学证据相关的问题。国外

---

① 姜保忠:《以审判为中心视角下刑事错案防范机制研究》,法律出版社 2017 年版,第 112 页。

② 何家弘、刘品新:《证据法学》,法律出版社 2007 年版,第 1 页。

③ [美]米尔建·达马斯卡:《漂移的证据法》,李学军等译,中国政法大学出版社 2003 年版,第 200 页。

④ 蔡墩铭:《刑事证据法论》,五南图书出版公司 1997 年版,第 4 页。

有学者认为,关于法医的最早记录是在古巴比伦。公元前约 2200 年,在巴比伦国王汉谟拉比制定的法典中,载有医生法规细节及业务。古埃及对毒物有最早的文献记载。在公元前约 1800 年的埃伯斯纸莎草纸文献上,记载着 800 多种处方,其中许多已鉴定为毒物。①

我国古代也较早开始关注科学证据问题。西周时期,立法者要求定罪处刑必须对证据进行审查核实。例如,《吕刑》规定:"两造具备,师听五辞。五词简孚,正于五刑。"此处,明确了对言词证据进行审查判断的方法。据《周礼·秋官·小司寇》记载,"以五声听狱讼,求民情:一曰辞听(观其出言,不直则烦);二曰色听(观其颜色,不直则赧);三曰气听(观其气息,不直则喘);四曰耳听(观其听聆,不直则惑);五曰目听(观其眸子,不直则眊)"。这种"五听"审判方式对于判断言词证据的真伪提供了指导原则。秦朝时期,立法者已经对讯问技术给予了必要的关注,据《封诊式·治狱》记载,当时对讯问方法的规定是:"凡讯狱,必先尽听其言而书之,各展其辞。虽知其訑,勿庸辄诘。其辞已尽,书而无解,乃以诘者诘之。诘之又尽,听书其解辞,又视其他无解者以复诘之。"勘验鉴定技术也已经初具规模,但尚未形成系统化的证据理论。到了宋代,《洗冤集录》《棠阴比事》《折狱龟鉴》等法医学名著的相继出现,表明中国古代的物证技术已经相当发达,并逐步走向理论化,尤其是《洗冤集录》作为世界上第一部法医学著作,其问世标志着古代法医学的形成。《洗冤集录》的作者宋慈也被视为法医学的奠基人之一。

随着自然科学的进步,人们对证据的运用逐步经历了从凭借经验到依赖科学的转变,科学证据在司法领域得到越来越广泛的应用。16 世纪以后,随着世界科学技术的迅猛发展,司法鉴定领域发生了质的飞跃,先后完成了从古代法医学到现代法医学,从手迹、手指纹、足迹、工具痕等直观运用到指纹学、痕迹学,从土枪土炮创伤和弹痕的简单知识到司法弹道学、枪弹鉴定学,以及从古代书法识别术到现代笔迹学、文书鉴定学的迅速过渡。②1575 年,法国著名的外科医生安布罗斯·巴雷出版了轰动一时的著作《法庭的报告》,成为法医史上重要的里程碑。1621 年,"法医之父"保罗扎契亚

①[英]本·戴维斯:《法医学简史》,汪立荣译,《甘肃政法学院学报》1986 年第 3 期。
②金光正:《司法鉴定学及其发展概况》,《法律文献信息与研究》1995 年第 1 期。

出版了名著《法医问题》。① 1813 年，"现代毒物学之父"约瑟夫·奥菲拉出版了《毒物化学》。之后，人体测量法、指纹鉴别法、血型鉴别法等人身识别技术相继问世。

进入 20 世纪以后，物质交换原理、同一认定原理等理论被相继提出，成为近代证明科学的理论基础。1910 年，法国著名专家埃德蒙·洛卡德（Edmond Locard）发现，在两个物体相互接触、摩擦、碰撞的情况下，在物体间分子引力、静电引力、黏结等作用下，在接触面上就会发生物质交换。这就是"物质交换原理"（也称为洛卡德原理），其核心内容就是"任何接触都会留下痕迹"（every contact leaves a trace）。其后，苏联、美国、法国等国的法庭科学学者致力于法庭科学规则和制度、方法等方面的研究，建立了同一认定理论、比较检验方法、仪器分析方法。②

20 世纪 40 年代以后，西方国家开始广泛使用"法庭科学"（forensic science）这一概念，③包括物证技术学、法医学、法齿学、法人类学、司法精神病学、司法工程学等在内的法庭科学不断得到发展，以 DNA 鉴定等技术为标志的现代证明科学向专业化、精确化方向迈进。美国法庭科学学会创建于 1948 年，学会下设病理学与生物学、齿科学、精神病学、毒物学、刑事技术、文件检验、人类学等十个分支学科。④ 1957 年，国际法庭科学协会成立。这是目前国际范围内唯一涵盖法庭科学各专业工作者的学术组织，致力于推动法医学、物证鉴定科学以及其他与法庭科学有关的研究工作，每三年举办一次全球性会议。至此，世界各国对于司法证明科学的研究进入了一个新阶段。

近年来，法医学、物证技术学等学科得到蓬勃发展，对实物类证据的鉴定和检验技术日趋成熟和完善；同时，计算机网络犯罪、知识产权犯罪等与现代科技相关的犯罪案件也越来越多。刑事审判对科技证据的依赖性逐渐增强，科学技术在司法证明中发挥的作用日益彰显。在一份研究专家证言

---

①［英］本·戴维斯：《法医学简史》，汪立荣译，《甘肃政法学院学报》1986 年第 3 期。

②郭金霞：《法庭科学、科技发展与证据法之间的互动》，王进喜、常林主编：《证据理论与科学国际研讨会论文集》，中国政法大学出版社 2009 年版，第 327 页。

③何家弘：《外国法庭科学鉴定制度初探》，《法学家》1995 年第 5 期。

④麻永昌：《我国刑事科学技术工作者应邀参加美国法庭科学学会第 38 届年会》，《中国法医学杂志》1986 年第 1 期。

在美国法院影响范围的报告中,兰德公司发现在86%的审判中使用了专家作证,而就平均水平来看,每起案件的审判使用3.3名专家。① 笔者对2013年1月1日至2018年10月15日的3176484份刑事判决书进行检索,发现判决书中包含"鉴定意见"一词的刑事判决书共计771411份,约占判决书总数的24.3%。

华尔兹教授曾指出:"相关性有时依赖于人类那不断增长的知识和在特殊领域内的专门知识。"②现在人们认为不相关的证据,随着科技的发展,就变得与案件事实相关了。2005年,第17次国际法庭科学大会(17th Meeting of the International Association of Forensic Science)在中国香港举行,大会的主题是"通过科学实现正义"(Justice Through Science)。因此,科学证据的运用大大增强了裁判者的证据审查能力,对于准确认定案件事实,避免冤错案件具有重要意义。

(二)理性回归:对科学不确定性的认识

无论是大陆法系国家的职业法官,还是英美法系国家的陪审员,往往不了解案件所涉及的专门知识,所以,两大法系国家采用了不同的方式来求助于专业人士。大陆法系国家的鉴定人通常被视为法官的助手,协助法官洞悉专门领域的技术问题,为其提供结论性的意见。这种结论性的意见被作为一种独立的证据形式来看待。英美法系国家的专家证人通常被视为控辩双方各自的助手,协助其向法庭提供对其有利的专业性意见。这种往往具有倾向性的意见被作为一种证人证言来看待,只不过在适用的证据规则上有别于普通的证人证言。比如,意见规则对于专家证人是不适用的。尽管两大法系的做法有所不同,但殊途同归,最终被法庭采纳的专业意见往往被披上科学的外衣,被视为毋庸置疑的。

然而,近年来,人们逐渐认识到,法庭科学并不像我们想象得那样可靠,鉴定人提出的鉴定意见或者专家证人提供的专家证言都存在很大的错误风险。例如,有学者指出,"传统的假设——诸如指纹和刀痕之类的被检测物

---

①[美]Edward J. Imwinkelried:《从过去30年美国使用专家证言的法律经历中应吸取的教训》,王进喜、甄秦峰译,《证据科学》2007年第2期。

②[美]乔恩·R.华尔兹:《刑事证据大全》,何家弘等译,中国人民公安大学出版社2004年版,第84页。

具有独特图形使得专家能够准确地判断其来源——已经遭到了挑战，并且正在被一种新的司法鉴定报告逻辑所取代。这种新型逻辑要求专家们去评估和衡量可能性而非主张必然性。法庭科学家们现在必须要节制对其自身准确性的主张，并要更为频繁地使用数字来描述其结论的强度。"[1]该论者指出，传统的"可识别独特性理论"正在消亡。根据传统观念，法庭科学家的工作首先就是评估印痕上可见的图形是否包含有足够多的细节以便判断来源；接下来，第二步就是对多份印痕图形进行比较。如果有足够多的细节，那么图形之间的"匹配"就意味着这些印痕必然是出自同一来源，而不匹配（匹配失败）则意味着这些印痕的来源肯定不同；如果可见的细节不足以进行确切的判断，那么该次鉴定便是无结果的（尚无定论）。来自许多法庭科学科目的鉴定人已经作证称这种分析令他们可以得出完全确定的来源判断。对此，一位著名的指纹鉴定人曾有过以下解释：指纹鉴定人们常规性地主张已经"识别出"或"个体化"了某个未知印迹为某具体已知对象的指印。这种识别常常被描述为"完全排他式识别"，并且所使用的比对方法被称为零出错率。这些主张所基于的前提是每个人的指纹是独一无二且永久不变的。然而，不幸的是，这些主张却经受不起科学性审查。事实上，更广泛的科学界和学术界（而不仅仅是法庭科学从业者群体）在这个问题上的评价几乎已经是一致性地在斥责上述主张缺乏根据。[2]

有鉴于此，美国法庭对待专家证言的态度逐步经历了四个阶段的转变：在第一个阶段，法庭通常要求专家证人担保其所提供的专家意见具有医学或科学上的确定性；在第二个阶段，法庭开始允许专家证人以概率或可能性的方式来提供专家意见；在第三个阶段，某些法院或机构开始禁止专家证人将其意见表述为确定性的；在第四个阶段，出现了这样一种司法趋势，即要求专家证人为裁判者提供关于不确定性的定量描述。[3]

---

[1] William C. Thompson, Joelle Vuille, Franco Taroni, Alex Biedermann：《独特性之后：法庭科学意见的演进》，汪诸豪译，《证据科学》2018 年第 4 期。

[2] William C. Thompson, Joelle Vuille, Franco Taroni, Alex Biedermann：《独特性之后：法庭科学意见的演进》，汪诸豪译，《证据科学》2018 年第 4 期。

[3] Edward Imwinkelried, *Forensic Metrology：The New Honesty About the Uncertainty of Measurements in Scientific Analysis*. 常林、张中主编：《证据理论与科学——第四届国际研讨会论文集》，中国政法大学出版社 2014 年版。

在我国,因科学技术的不成熟而导致错误鉴定结论的案件也并不罕见。例如,在滕兴善案中,湖南省麻阳县公安局委托另一地区公安处对无名女尸和在麻阳县城打工女青年石小荣的照片进行颅像重合鉴定,根据"可定为同一人"的鉴定意见,认定无名女尸就是石小荣。然而事实上,石小荣至今仍活着,最终酿成错案。在滕兴善案中,颅像重合技术被应用,而这一技术本身具有不成熟和不稳定的特点,其结论只能作为参考,不能作为同一性认定的依据。①

在笔者看来,对科学证据不确定性的认知是人类社会文明进步的表现。实际上,随着认识的不断深入,很多原本我们想当然地认为确定无疑的东西居然变得不可靠、不确定了,这是一种很正常的现象。国内学界在 21 世纪初开始的关于"客观真实"与"法律真实"的大讨论,正是对这种"不确定性"的一次理性审视。而英美学者早已认识到,事实认定通常无法达到确定性的程度。有学者指出:"在司法活动中,判定主张事实的真实性通常是一个概率问题,达不到绝对的确定性。"②甚至有学者认为,在所有的语境下,根据证据所获得的结论都必定是盖然性的。③ 有的学者还从证据推理的角度解释了其内在原因:第一,证据总是不全面的,永远不可能掌握所有的证据;第二,证据一般是非结论性的;第三,我们拥有的证据常常是模棱两可的;第四,证据内部通常是不和谐的;第五,证据具有不尽完美的可信性等级。④在西方世界,除法学领域外,哲学、心理学等领域的学者也早已对这种不确定性进行了长期的研究和探索。这种对不确定性的察觉,或者说对人类认知能力的怀疑,固然是令人恐惧的,就像那个可怜的贵妇通过德国地理学家亚历山大·冯·洪堡(Alexander von Humboldt)的显微镜看到仆人和她自

---

①刘广三、汪枫:《论我国刑事诉讼专家辅助人制度的完善》,《中国司法鉴定》2013年第 2 期。

②William Twining and Alex Stein (eds.), *Evidence and Proof*, New York University Press, 1992, p. xvii.

③[美]David A. Schum:《关于证据科学的思考》,王进喜译,《证据科学》2009 年第 1 期。

④[美]特伦斯·安德森、[美]戴维·舒姆、[英]威廉·特文宁:《证据分析》(第 2版),张保生、朱婷、张月波等译,中国人民大学出版社 2012 年版,第 327—328 页。

己头上虱子的时候吓得目瞪口呆一样。① 但是,这在本质上是人类理性的回归。

在我国,近年来鉴定意见引发各界质疑的情况并不罕见,甚至有专家对于鉴定人能否做出以盖然性来表述的鉴定意见提出质疑。例如,在念斌案中,辩方委托的微量物证专家肖某就质疑"倾向于认定门把上残留物含有氟乙酸盐"的鉴定意见存在着结论不规范的问题。其实,这种盖然性判断是由专业问题的复杂性和不确定性所决定的,不以人们的主观意志为转移。正如美国大法官卡多佐所言:"尽管我们对绝对真理心向往之,但在拥有更深刻的洞察力之前,必须很大程度地满足于作为权宜之计的妥协,满足于接近真理和相对真理。"②

(三)专家辅助:从科学证据到科学证明

既然科学证据未必可靠,那么如何才能正确对待和妥善运用科学证据来认定案件事实,真正实现司法证明的科学化呢? 这里包括两个方面的问题,一是正确对待科学证据,客观评价其自身的可靠性;二是妥善运用科学证据,准确评价其证明力的大小,确保在科学证据与案件事实之间建立起科学的联系。要想完成这两个方面的任务,对科学知识的理解和掌握是必不可少的。

然而,从司法实践的角度来看,裁判者自身的知识储备都是极其有限的。在我国,职业法官受过专门的法律职业教育,然而对于案件所涉及的专门知识却可能一窍不通。尤其是,当前处于知识爆炸的时代,学科划分越来越细,新兴学科和交叉学科层出不穷。学者们普遍认为,从 20 世纪下半叶开始,人类社会进入了"知识爆炸"的时代。"知识爆炸说"的提出是基于以下事实:(1)1967 年,全世界科学家的人数共约 300 万人,占人类历史上累计科学家总数的 90%;到 1977 年(即经过十年),全世界科学家的人数已激增到约 500 万人。(2)1750 年,全世界科学杂志不过 50 种;到 1976 年已增为 10 万种。现在,全世界的科学家加上工程技术人员约有 1300 万人在写

---

① Edward F. Dolan,Green universe: The story of Alexander von Humboldt,Dodd,Mead: First Edition edition (1959).

② [美]本杰明·N.卡多佐:《法律的成长——法律科学的悖论》,董炯、彭冰译,中国法制出版社 2002 年版,第 87 页。

文章和作报告,一年的科学情报量达 6000 万张;社会科学论文,一年也至少在 30 万份左右。① 可见,"知识爆炸"这一概念虽然有些夸张的意味,却形象地描述了当今世界知识总量的飞速增长。"知识爆炸"所带来的直接后果便是进一步推动了近现代以来的学科划分,使得学科划分越来越精细,即随着知识的增长和科学的发展,人类对未知领域的探索在广度和深度上都达到了前所未有的水平,新的学科门类层出不穷,原有的学科不断地被进一步划分为更细的学科,从而呈现出"学科爆炸"的态势。20 世纪 80 年代,我国科学家意识到"进入 20 世纪以来,现代科学发生了伟大的革命。但是,自 20 世纪中期以来,这场革命显现出了明显的'饱和现象'。在这种情况下,人类强大的科学能力又不能弃置不用,于是就产生了一系列的交叉学科(边缘学科、横断学科、综合学科)。可以预料,在某种意义上说,20 世纪末到 21 世纪初将是一个交叉科学时代。"②从国际范围来看,学科交叉的局面在 20 世纪初便已经初露端倪了。2004 年,美国国家科学院、国家工程院以及国家卫生研究院共同发表了促进跨学科研究的报告,将"跨学科研究"界定为团队或者个体的一种研究模式,整合来自两门或者两门以上的学科或专门知识体系中的信息、数据、技术、工具、视角、概念和(或)理论,以提高基本认识或者解决某一学科或研究领域内所不能解决的问题。③ 因此,在这一背景下,求助于相应领域的专家是必不可少的。

从本质上来说,专家辅助人是对参与诉讼的各方在科学知识和技能方面的延伸。控辩双方借助于专家辅助人来理解和阐明案件所涉及的专业技术问题,裁判者借助于专家辅助人来对案件专门性问题进行理解和做出判断,类似于我们借助于电脑来进行文字编辑以及借助于视听传输设备来开展言语交流,是现代发展到一定程度的必然要求。在某种意义上说,当事人委托专家辅助人参与诉讼,类似于对辩护律师或代理律师的委托。因此,专家辅助人制度也与律师制度有着相通之处。只不过,专家辅助人制度所针对的是技术层面的问题,而非法律层面的问题。

在专家辅助之下,不仅控辩双方在对科学知识的理解和运用能力方面

---

① 水火:《知识爆炸》,《大理学院学报》1980 年第 1 期。

② 钱三强:《迎接交叉科学的新时代》,《中国机械工程》1985 年第 3 期。

③ 邹寿彬:《探索促进跨学科研究的体制与机制》,http://www.jyb.cn/high/gjsd/200906/t20090622_284804.html,2017 年 12 月 8 日访问。

的差距缩小了,事实裁判者的个体认知差异也显著缩小了,这样就能够最大限度地抑制事实裁判者的个性、习惯和偏见等主观因素对司法证明活动的干扰。

更为重要的是,真理越辩越明。在专家辅助人的帮助下,法庭查明真相的能力大大提高,接近真相变得更为可能。过去,当事人对于鉴定结论不服的,往往通过申请重新鉴定来解决。然而,重新鉴定所获得的鉴定结论也未必是科学的。浙江东阳有个刑事案件曾反复重新鉴定,在七年间先后得出了八个各不相同的鉴定意见。该案的基本案情是:1992 年 8 月 12 日晚 11时,东阳市吴宁镇村民胡尚军因误断贼而误伤卢伯成。1992 年 11 月,东阳市公安局法医鉴定结论:"虽然被检人于头部外伤后出现脑外伤的一些临床症状,但对该损伤不宜做伤势程度的评定。"1993 年 4 月,金华市公安局做出与此结论相同的鉴定。据此,东阳市公安局不追究胡尚军的刑事责任。后经东阳市人民法院法医鉴定,鉴定结论为:"卢伯成的脑外伤及外伤性脑积水致人格改变可以认定'其伤势为重伤'"。浙江省公安厅法医分析则认为:"患者脑积水应于伤前即已存在,伤后缺乏症状及临床记录依据,卢伯成伤势应属轻微伤范围。"其后,浙江省人民检察院首先委托省精神卫生研究所进行精神病学鉴定,结论为:"卢伯成患有外伤性精神病"。据此,浙江省检察院鉴定认为:"卢伯成存在重度脑积水,其形成与 1992 年 8 月 12 日的头部外伤是否有关,据现有材料难以认定。参照有关规定,可以评定为重伤。"1996 年 4 月,东阳市人民法院委托浙江省高级人民法院再做鉴定。浙江省高级法院的司法精神病鉴定结论是:"卢伯成患有脑外伤后精神病。"但是,对于检察院、法院的法医鉴定,东阳市公安局难以接受。他们于 1996 年委托公安部进行鉴定,结论是:"脑积水伤前即存在,与本次外伤无直接关系。"1998 年,东阳市检察院委托浙江医科大学附属第二医院对卢伯成的伤情进行鉴定,结论是:"卢伯成的头颅外伤程度为轻伤。"由此可见,反复重复鉴定无助于揭示真相,反而会损害司法公信力。

此外,除了正确对待和妥善运用科学证据,裁判者对于普通证据的分析和运用同样可以借助于科学原理。例如,四川省广安市中级人民法院在审理杨某某故意杀人案时,就委托研究家庭暴力问题的专家对杨某某杀害其丈夫的动机从专业角度进行了分析。该案一审判决书指出:"本院认为,从事家庭暴力问题研究的陈敏专家多年从事相关学术研究及直接深度接触上百名受暴妇女,其 2008 年起草的《涉及婚姻家庭暴力审理指南》被国家立法和司法解释采用。2012 年完成涉家暴刑事司法改革研究课题,其研究意见成为最高法院成立涉家暴刑事司法改革课题小组的依据。曾经在多个法院以专家证人的身份出庭提供专家意见,其在法庭上对家庭暴力方面的专业知识做出了客观、充分的解释,在认定本案的起因以及被告人的犯罪动机时可予以参考。"①这种借助于专家对案件起因和犯罪动机的分析,显然比传统上凭借日常生活经验进行的分析要更为科学和可靠。

二、刑事专家辅助人的制度属性

我国学者对刑事专家辅助人制度的探讨尚处于起步阶段。目前,与专家辅助人制度相关的专著只有寥寥数本,而专门研究"刑事专家辅助人"的专著则尚付阙如。国内公开发表的以"刑事专家辅助人"为主题的论文也仅有数十篇。这显然与当前"科学证据时代"的大背景以及刑事诉讼法学研究的繁荣局面形成了鲜明的反差。这些已有的研究成果固然可圈可点,但不足之处在于:(1)与我国司法鉴定制度和英美专家证人制度之间的关系始终纠缠不清;(2)多数研究者讨论主题过于笼统和宽泛,从而失之肤浅;(3)学者们在诸多问题上众说纷纭,尚未达成共识。比如,关于专家辅助人的角色,存在着专家证人、特殊证人、诉讼代理人、辩护人、鉴定人、"准鉴定人"、法官助手或法庭之友、独立的诉讼参与人等多种不同的界定。而对于专家辅助人陈述的性质,则存在着鉴定意见、专家证言、辅助证据、弹劾证据、补助证据等多种不同观点。

从世界范围来看,英美学者对专家证人制度有着系统而深入的研究,并且在对专家证言的审查方面经历了从 Frye 规则、Daubert 规则到修订后的《联邦证据规则》第七百零二条的演变。特别值得注意的是,目前在英美"新证据学"研究中备受推崇的"威格莫尔分析法"强调通过揭示证明过程中每一个推论所隐含的"理据"(Warrant)来完整地呈现从证据到结论的逻辑过程。这种在证据与事实之间充当"黏合剂"的理据包含经验法则和科学原理,而对于其中的科学原理可以由法官对专家证人在法庭上所做的陈述予以"把关",这对我国具有借鉴意义。大陆法系国家传统上基于职权主义的

---

① 参见四川省广安市中级人民法院(2016)川 16 刑初 7 号刑事判决书。

诉讼模式实行司法鉴定制度。不过,近年来,意大利等国开始吸收英美法系专家证人制度的合理因素,确立了技术顾问或专家制度,允许争讼双方各自委托专家参与诉讼,这一做法值得我们借鉴。

(一)目前理论和实务中界定之混乱

从我国现行法律和司法解释的表述来看,"有专门知识的人"涵盖了勘验人(如法医)、检查人(如医师)、鉴定人、检验人、专家辅助人等不同的主体。从司法实践的情况来看,专家辅助人在裁判文书中被采用了多种不同的提法,诸如"专家""专家证人""证人""有专门知识的人""专业人员""专家辅助人"等。根据笔者对 2013 年 1 月 1 日至 2018 年 10 月 15 日的 3176484份刑事判决书进行检索,发现判决书中包含"专家辅助人"一词的刑事判决书只有 33 份,包含"专家证人"一词的刑事判决书有 59 份,包含"有专门知识的人"一词的刑事判决书共有 185 份。此外,还有一些判决书,如念斌案的判决书,采用了《行政证据规定》中的"专业人员"的提法。这一检索结果至少反映了两个方面的问题:一是目前专家辅助人在刑事诉讼中的参与度仍处于较低水平;二是目前称谓上的不统一反映了实务部门人士对专家辅助人制度的属性在理解上的混乱。

从理论界的研究来看,对专家辅助人的称谓也是五花八门,包括"专家辅助人""诉讼辅助人""诉讼辅佐人""专家证人""技术顾问""专业技术人员"。"由于这种概念或者术语的不统一、不规范,致使对其性质、内涵以及外延的认识与界定存在一定程度的混乱,造成其诉讼地位的模糊以及诉讼权利义务在实践中的不均等,影响了专家辅助人作为一项创新制度的完善与发展。"[1]

(二)关于专家证人说、鉴定补充说之批判

当前理论界和实务界之所以会对专家辅助人制度持有各种不同的理解,其根源在于人们对专家辅助人的制度属性存在着认识上的模糊。其中两种比较典型的错误认识分别是"专家证人说"和"鉴定补充说"。

"专家证人说"将专家辅助人制度看作是对英美专家证人制度的移植和

---

①郭华:《专家辅助人制度的中国模式》,经济科学出版社 2015 年版,第 12 页。

借鉴。然而,笔者通过研究发现,英美专家证人的身份及其资格审查制度、专家证言的性质及其审查方式,实际上都与英美法系国家特定的诉讼模式和诉讼文化密切相关。因此,在表面的制度差异背后,隐藏着深层次的理念差异和文化差异。

首先,专家证人制度源自英美法系国家的"人证中心主义"传统,这一传统已经不合时宜了。在历史上,英美证据法曾经历了由"神证中心主义""文书中心主义"向"人证中心主义"的演变。当今英美证据法最鲜明的特色之一是"人证中心主义"的证明方法,其整个制度体系都是围绕人证而设置的。"人证中心主义"的基本含义就是"实体法中对证据形式一般不做特殊要求,任何法律行为都可以用证人的形式加以证明"。① 笔者认为,与"物证中心主义"相比,"人证中心主义"存在明显的弊端。因为在"人证中心主义"的视野下,物证、书证、科学鉴定等证据都是需要人来解释和说明的,所以,证言以外的书面文件、专家证人的科学鉴定等也被纳入传闻证据规则调整。而传闻排除规则本质上是"非言词证据排除规则",原则上针对不属于在法庭上以口头方式向裁判者所做的陈述,都要否定其证据能力。然而,这一做法在很大程度上忽略了书证、科学鉴定结论等有别于证人证言的客观性。正是由于以人证为中心的制度设计遮蔽了鉴定活动的科学性和客观性,不是把科学本身作为关注的焦点,而是像对待证人那样审查专家,所以这显然有"本末倒置"之嫌。

其次,英美法系国家将专家证言作为证据种类之一,这在我国既无必要也无可能。英美学者将专家意见看作证人证言的一种表现形式,只是在适用的证据规则上与普通证人证言略有区别,这并非从专家意见的本质规律出发而形成的制度设计,完全是英美法系国家的法律传统和诉讼制度使然。从本质上来说,专家所提供的意见并不符合人们通常对于"证据"的理解和认知。一般认为,证据是遗留于外部世界的一种痕迹。埃德蒙·洛卡德所提出的"物质交换原理",实际上就是强调物体的接触会导致某种痕迹。实际上,除了这种客观痕迹以外,证明信息还包括主观痕迹。证人证言实际上就是证人对案件事实在其头脑中所遗留的主观痕迹的一种呈现。这一看法

①[美]约翰·W.斯特龙主编:《麦考密克论证据》,汤维建等译,中国政法大学出版社 2004 年版,代译序。

被不少国内外学者所接受。例如,有学者指出:"在大多数情况下,法律要解决有争议的案件事实必须依赖于某些能够给予我们启发的不可替代的'痕迹'——在人们头脑中、纸张上遗留的痕迹以及在有形物品上遗留的独特痕迹。"[1]国内也有学者指出,"证据是事实发生所遗留下的客观物质痕迹与主观印象痕迹"。[2] 针对主观痕迹,甚至有国内学者提出了直接提取主体"记录"的原始信息的大胆设想。[3] 由此可见,旨在提供某些特殊经验法则或科学法则的专家辅助人陈述根本不符合上述的界定。在我国,鉴定意见之所以被视为一种证据,其原因在于它是直接针对案件发生所遗留痕迹的一种解读,并且有着严格的主体和程序要求。而专家辅助人在法庭上所做的陈述,则是为了在证据与事实之间建立某些联系,不应当被界定为证据。

"鉴定补充说"将专家辅助人制度视为对司法鉴定制度的补充,是一种十分狭隘的观点。有学者指出:"从学理的角度来说,专家辅助人制度建立的原因是鉴定意见本身可能存在错误或局限性。"[4]有学者认为:"在我国职权主义的诉讼模式下,专家辅助人制度缘于弥补我国司法鉴定制度不足而设置,在制度架构上形成了'以司法鉴定为主,以专家辅助人作为补充'的'二元制'专家制度。"[5]笔者对此不敢苟同。固然,我国传统的司法鉴定制度具有浓厚的职权主义色彩。鉴定人由公安司法机关指派或聘请,当事人无权自行委托。实践中,当事人由于知识的局限难以对司法鉴定的过程和结果提出有效质疑,助长了司法人员对鉴定意见的"迷信",使得因错误鉴定而导致的冤错案件时有发生。专家辅助人则可以对鉴定意见提出有效的质疑和辩驳,不仅有助于法官兼听则明,更有助于强化当事人的诉讼能力,以便在现行司法鉴定制度的框架下实现控辩双方的平等对抗,构建有效的鉴定意见审查机制,进而保障事实认定的准确性。这是专家辅助人制度出台的直接原因。不过,尽管专家辅助人制度对于弥补当前司法鉴定制度存在

---

[1] Henry M. Hart, Jr. and John T. McNaughton, *Evidence and Inference in the Law*, 87 Daedalus 44 (Fall 1958).

[2] 龙宗智:《"大证据学"的建构及其学理》,《法学研究》2006年第5期。

[3] 刘昊阳:《诉讼证明科学》,中国人民公安大学出版社2007年版,第445页。

[4] 刘广三、汪枫:《论我国刑事诉讼专家辅助人制度的完善》,《中国司法鉴定》2013年第2期。

[5] 郭华:《专家辅助人制度的中国模式》,经济科学出版社2015年版,第11页。

的缺陷具有重要意义,但我们也应该看到,专家辅助人制度自身具有独立价值,并不依附于司法鉴定制度而存在,理由如下。

首先,鉴定意见是我国法定的证据种类之一,而专家辅助人的意见却不是证据,二者在性质上有所不同。虽然在某些情况下,专家辅助人陈述能够弥补鉴定意见的不足,但不能因此而否认二者之间的独立性。例如,很多司法鉴定是针对物证进行的,旨在帮助司法人员更好地揭示物证所蕴含的证明信息,但我们不能由此认为司法鉴定制度是对物证制度的补充。再比如,侦查实验有助于还原犯罪现场的某些情况,但我们不能据此认为侦查实验制度是对现场勘验制度的补充。

其次,专家辅助人参与诉讼与案件是否存在鉴定意见并无直接关联。正如上文所述,专家辅助人制度的出现是科学技术进步的结果,是司法证明科学化的必然要求。由于司法人员和当事人对于案件所涉及的专门问题缺乏相应的分析和判断能力,需要在专业人士的帮助下运用专门知识来展开庭审和辩论。在实践中,专家辅助人并不依赖于鉴定意见而存在。因此,将专家辅助人制度理解为鉴定制度的补充是缺乏理论依据和实践基础的。

再次,司法鉴定制度与专家辅助人制度体现了不同的诉讼理念。我国的司法鉴定制度是在借鉴大陆法系国家司法鉴定制度的基础上形成的,鉴定人被视为法官的助手,其中立性特征与英美法系国家专家证人的党派性特征形成了鲜明的反差。我国的专家辅助人制度则有所不同。与司法鉴定由公安司法机关主导不同的是,专家辅助人可以由控、辩、审各方分别委托或聘请,从而成为各方的技术助手。由于专家辅助人参与诉讼的基础是不同主体的委托或聘请,所以,其在诉讼中发表专家意见的倾向性难以完全避免。有学者指出,在意大利技术顾问的立场也并非完全中立,他们往往从有利于当事人的角度就案件中的专门性问题提供帮助。[1]

最后,司法鉴定制度与专家辅助人制度适用不同的程序。司法鉴定活动通常是在法庭外进行的,鉴定人参与庭审的目的在于接受各方有关鉴定人资质、鉴定方法、鉴定依据、鉴定过程以及鉴定结果等的询问。专家辅助人的陈述通常应当在法庭上进行,一般不需要开展专门的庭外活动。相比

---

[1] 刘广三、汪枫:《论我国刑事诉讼专家辅助人制度的完善》,《中国司法鉴定》2013年第2期。

于在庭外开展的缺乏直接监督的司法鉴定,专家辅助人在法庭上接受控辩双方交叉询问和法庭询问的过程更能够体现"阳光司法"和"看得见的正义"。

由以上分析可见,专家辅助人制度与司法鉴定制度是两种并行的制度。无论是将刑事专家辅助人制度看作司法鉴定制度的替代物,还是将其视为对司法鉴定制度的补充,都是不可取的。在司法证明科学化的视野下,证据和理据都存在借助于专家辅助人展开精细化审查的必要性。如果没有理据作为桥梁或纽带,一个个孤立的证据与待证事实之间就无法衔接起来。我国刑事司法实践中人们经常提到的"证据锁链",实际上就是强调运用理据在证据之间建立起严密的逻辑联系,而对科学原理的审查需要专家辅助人的参与。因此,以司法证明的科学化为视角,我们可以将刑事专家辅助人制度确立为与司法鉴定制度并行不悖、功能互补的制度。虽然二者之间有时会发生密切关联,比如,控、辩、审各方委托专家辅助人对鉴定意见提出意见,但二者在理念和制度上存在显著的差异,各自独立发挥其制度功能。因此,笔者认为,专家辅助人制度并不依附于司法鉴定制度而存在,将二者混为一谈,合称为所谓的"专家制度"也是不可取的。

笔者认为,在制度构建方面,我们不应该"东施效颦",一味地模仿英美法系国家的做法,构建专家证人制度;同时,司法鉴定制度符合中国国情,目前也没有改造的必要。司法制度应当保留的一个重要原因在于,有些专业技术问题的解决需要借助于专业设备,在实验室中进行,并且通常耗时很长,不可能在法庭上完成。在针对科学证据的审查方面,司法鉴定制度发挥着不可替代的作用。所以,刑事专家辅助人制度的确立,并不意味着对司法鉴定制度的否定。因此,对刑事专家辅助人制度的研究,不应当继续纠缠于对司法鉴定制度与英美专家证人制度之间的优劣比较,而应当从我国的现实条件和司法机关的实践需求出发,去构建符合我国实际情况的刑事专家辅助人制度。

(三)专家辅助人制度是一种证明制度

英美法系国家的专家证人制度,旨在为法庭提供专家证言作为认定案件事实的证据,大陆法系国家的司法鉴定制度旨在为司法机关提供鉴定意见作为认定案件事实的证据,二者在本质上是一种证据制度;专家辅助人制度则旨在为控、辩、审各方提供案件所涉及的专门问题的知识,从而在证据与事实之间建立起逻辑联系,因而它在本质上属于一种证明制度。

我国学者从 20 世纪 80 年代末开始将证据法学理论区分为"证据论"和"证明论"两大部分。一般认为,"证据论"侧重从静态的角度考察证据的概念、属性、种类等;"证明论"则侧重从动态的角度考察运用证据来证明案件事实的过程。这两个部分同等重要。传统上,我们习惯于使用"证据法学"的学科称谓,并且,经常采用"证据制度"的提法。其主要原因在于,我国证据法学自产生之日起就受到英美证据法的重要影响。我国在 20 世纪上半叶出版的证据法学教材和图书基本上都是对英美证据法的翻译和介绍。由于陪审团制度的存在,传统英美证据理论历来将证据的采纳或排除(而非证明过程)作为其研究的核心内容。例如,传统英美证据法学的代表人物之一塞耶就认为,证据法是由自由证明原则的一系列互不相干的例外所组成的。在这一思想的支配下,英美学者们通常将关注的焦点置于各类证据排除规则之上,而对"自由证明原则"这一本体视而不见。这显然是一种本末倒置的做法。正如特文宁所言,既然证据法由一个独立原则(自由证明原则)的一系列例外所构成,那么我们就应当在考虑例外之前先学习这个自由证明原则。[1] 他还指出,整体而言,塞耶从未明确阐述过自由证明的原则,而自由证明原则却能够为我们从整体上对这门学科形成协调一致的观点提供基础。[2] 近几十年来,随着"新证据学"研究的不断深入,"新威格莫尔主义者"们(the Neo-Wigmoreans)将威格莫尔的证明科学思想发扬光大,并对威格莫尔分析法加以修正和发展。比如,特文宁等就提出了改良版的威格莫尔分析法(Modified Wigmorean Analysis)。理据作为威格莫尔分析法中连接证据与推论的"黏合剂",正是在这一背景下被揭示出来的,并受到很大的关注。专家辅助人制度作为向法庭提供理据的制度,自然应当被视为证明制度的重要组成部分。

虽然大陆法系的学者较少使用"理据"这一概念,但他们使用的"经验法则"这一术语则有异曲同工的效果。大陆法系国家的学理和法律通常明确

---

[1] William Twining, *Rethinking Evidence:Exploratory Essays*, Cambridge University Press,2006,p. 244.

[2] William Twining, *Rethinking Evidence:Exploratory Essays*, Cambridge University Press,2006,p. 247.

要求裁判者的证据推理活动符合逻辑法则和经验法则。比如,有学者指出:"起初,自由证明原则被理解为极端的形式,它不仅要让司法者从法律锁链中获得分析证据价值的自由,而且还要从规范事实认定结论的所有可以超越个体主观意志而确定的标准中获得这种自由。只要裁判者内心确信事实已被证明,就可以做出判决。"然而,除了法国以及与其文化紧密相连的几个国家之外,这种罗曼蒂克的观点并没有持续太久。一个相对不太扩张的自由证明概念出现了并开始传播。按照这一新的观点,自由证明被认为只是将事实认定者从有关证据价值分析的法律规则中解放出来。它不再意味着司法者获得了无视关于有效推定之超法律教条的许可证。① 目前在大陆法系国家,"逻辑"会在上级法院审核下级法院如何得出关于事实的结论时受到检验。虽然在权衡证据方面不可能出现违反法律规则的情况(自由心证原则),但下级法官采信某一特定证据而不是其他证据的理由很可能被认为是薄弱或不完备的,这可能导致以"错误逻辑"为由的推翻。② 还有的学者指出:"在自由心证原则下,法官亦无例外地需受思考及经验法则的限制。"③

(四)专家辅助人制度与相关制度的衔接

整个刑事司法制度是个大系统。我们需要考虑刑事专家辅助人制度与我国诉讼模式、诉讼制度以及司法体制等方面的兼容性。此外,刑事专家辅助人制度的构建还必须考虑与司法鉴定制度的衔接,特别是在专家辅助人参与庭审的程序上要与其他相关的程序规定协调一致。

专家辅助人制度的构建,是推动我国刑事诉讼模式转型的需要。我国从 20 世纪 90 年代开始吸收英美法系国家当事人主义诉讼的合理因素,开展庭审方式的改革,推动刑事诉讼模式的转型。1996 年《刑事诉讼法》的修订巩固了改革成果,并且将刑事诉讼模式转型进一步向前推进。2012 年

---

①[美]米尔建·达马斯卡:《漂移的证据法》,李学军等译,中国政法大学出版社2003 年版,第 28 页以下。

②[美]米尔伊安·R. 达玛什卡:《司法和国家权力的多种面孔——比较视野中的法律程序》,中国政法大学出版社 2004 年版,第 74 页。

③[德]克劳思·罗科信:《刑事诉讼法》,吴丽琪译,法律出版社 2003 年版,第 121页、118 页。

《刑事诉讼法》修正案明确规定："公诉人、当事人和辩护人、诉讼代理人可以申请法庭通知有专门知识的人出庭,就鉴定人做出的鉴定意见提出意见。"这对于充分保障控辩双方的诉讼权利,特别是对于增强辩方的防御能力,具有重要意义。在刑事诉讼中,司法鉴定通常是在侦查机关主导下形成的,赋予辩方委托专家辅助人对鉴定意见提出质疑和展开辩驳的权利,显然有助于增强庭审的对抗性,更好地体现诉讼民主,实现对鉴定意见的实质性审查。

从刑事诉讼制度改革的角度来看,专家辅助人制度旨在强化各方对科学法则的理解和运用能力,有助于实现"审判中心主义"和"庭审实质化"。从本质上来看,专家辅助人是对控、辩、审三方在科学知识和技能方面的延伸。因此,在对科学法则的审查过程中,不仅争讼双方可以委托专家辅助人,裁判者也可以委托或聘请专家辅助人协助进行审查。专家辅助人在法庭上除了可以对鉴定意见提出质疑以外,还可以像提交证据一样提出己方的理据,主动向法庭阐释相关的科学法则,以便对法官心证产生影响。

此外,尽管刑事专家辅助人制度与司法鉴定制度在理念上存在着差异,但二者能够相互兼容。二者在价值目标上可以协调一致,在功能上实现互补。正如学者所言:"构建完善的刑事诉讼专家辅助人制度,在一定程度上可有效纠正鉴定人的错误判断,防止刑事司法人员错误地采信证据,纠正他们对鉴定意见的盲信,使刑事司法活动符合正义的要求。"[1]不过,我们应当摆脱多数学者遵循的将专家辅助人制度视为对司法鉴定制度的补充的惯性思维。其实,专家辅助人制度并不依附于司法鉴定制度而存在。司法鉴定只能解决证据的科学化问题,却无法解决理据的科学化问题。专家辅助人则着眼于对科学法则的阐释,而非对证据的检验。所以,二者适用的对象不同,在功能上不能相互替代,但可以实现优势互补。例如,在某个刑事案件中,虽然鉴定人已经提供了鉴定意见并且出庭作证,但辩护人向法庭提出了关于尸体检验的检材与被害人袁某遗体不具有同一性的辩护意见。在此情况下,专家辅助人出庭对尸体长度的变化做出了科学的解释,表明本案中能

---

[1] 刘广三、汪枫:《论我国刑事诉讼专家辅助人制度的完善》,《中国司法鉴定》2013年第 2 期。

够认定经检验的尸体就是袁某遗体。[①]

可见,目前多数学者将专家辅助人制度视为对司法鉴定制度的补充,这是对前者功能的"矮化"。实际上,专家辅助人出庭未必以存在鉴定意见为前提,只要专门问题涉及科学性争议即可。

三、刑事专家辅助人的角色定位

在明确了专家辅助人制度的性质之后,我们还需要对专家辅助人在刑事诉讼中的角色进行明确的界定。而要想准确地给予其角色定位,就需要对专家辅助人的制度功能以及专家辅助人在刑事诉讼中的主要职责展开分析。

(一)专家辅助人的制度功能

我国的专家辅助人制度因何而来? 一个比较流行的说法是:"从我国审判实践出发,在吸收和借鉴英美法系专家证人和大陆法系技术顾问等制度相关内容的基础上,创设了我国的专家辅助人制度。"[②]然而,在笔者看来,对国外制度的移植和借鉴只是确立该制度的过程中必不可少的环节而已。从根本上来说,专家辅助人制度的确立是我国司法实践需求推动的结果。

长期以来,司法鉴定是我国裁判者在涉及科学证据的案件中赖以辨别是非、准确认定事实的重要手段。然而,面对不同机构做出不一致的鉴定意见,裁判者往往感到不知所措;同时,随着科技发展的日新月异,案件所涉及的专业知识的范围越来越宽,适合司法鉴定的情形所占的比例越来越低,很多案件中的专业技术问题难以通过鉴定来得到解决。《最高人民法院关于适用〈中华人民共和国刑事诉讼法〉的解释》第八十七条第一款规定:"对案件中的专门性问题需要鉴定,但没有法定司法鉴定机构,或者法律、司法解释规定可以进行检验的,可以指派、聘请有专门知识的人进行检验,检验报告可以作为定罪量刑的参考。"然而,该条文中所谓的"检验"的适用范围也是极其有限的,通常只适用于运用技术手段对有形物所进行的检测。更为

[①]参见四川省内江市市中区人民法院(2017)川 1002 刑初 108 号刑事判决书。

[②]叶青、王刚:《论我国专家辅助人制度的立法与实践——兼析〈关于民事诉讼证据的若干规定〉第 61 条》,陈光中主编:《诉讼法理论与实践(下)》,中国政法大学出版社 2003 年版,第 189 页。

重要的是,鉴定意见和检验报告经过庭审质证后,通常是作为证据来加以采纳的,裁判者在实践中还常常需要依据相关的经验法则或者科学法则在证据与事实之间建立逻辑联系,这是根本无法通过鉴定或者检测来实现的。

专家辅助人制度旨在通过提供必要的专门知识,来防范基于各种主客观因素而导致的认知偏差,为证据与事实之间的逻辑关联提供可靠的"黏合剂"。因此,专家辅助人的介入不以存在鉴定意见为前提,更不以控辩双方对鉴定意见存在争议为前提,而只要裁判者运用证据来认定事实的过程中涉及对专业知识的运用,就需要聘请或者委托专家辅助人参与诉讼。在摒弃以往学者们对专家辅助人制度的狭隘理解之后,我们就不难得出如下结论:专家辅助人制度所保障的不仅仅是控辩双方的对质权,而是更广泛意义上的证明权。这是因为,专家辅助人除了可以帮助控辩双方对鉴定意见本身提出意见之外,还可以像提交证据一样提出运用证据推导案件事实所需要的理据,主动向法庭阐释相关的科学原理,以便对法官的心证产生影响。有学者认为:"被法庭通知出庭的有专门知识的人是作为证人出庭,而不是协助质证的'专家辅助人'。因此,应当允许其发表独立的专业意见,并将该种意见作为定案的根据之一。"①笔者虽赞同其结论,但对于其理由却不敢苟同。该论者实际上是囿于多数学者对专家辅助人职责所做的狭隘理解,进而将"有专门知识的人"界定为"证人"。从地方性规定来看,浙江省高级人民法院《关于专家辅助人参与民事诉讼活动若干问题的纪要》第三条规定:"以下情形当事人可以申请1—2两名专家辅助人出庭:(一)需要专家辅助人出庭就鉴定意见提出意见的;(二)需要专家辅助人出庭就案件涉及的其他专门性问题提出意见的。"

从目前的情况来看,现行《刑事诉讼法》中刑事专家辅助人相关规定的实施情况不够理想。比如,某些地方由于鉴定人不出庭,于是专家辅助人异化为对鉴定人出庭的"替代品",从在一定程度上影响和制约了专家辅助人制度功能的发挥。可以说,扭转对专家辅助人制度功能的错误认识,是明确专家辅助人角色定位的前提。

(二)专家辅助人的主要职责

司法证明的科学化至少应当包括证据的科学化和理据的科学化两个方

---

① 龙宗智、苏云:《刑事诉讼法修改如何调整证据制度》,《现代法学》2011 年第 6 期。

面,但长期以来,人们只注重对证据的审查,而往往忽略对理据的审查。所以,实践中人们通常将专家辅助人的职责单纯地理解为专门针对鉴定意见而展开质证。实际上,专家辅助人的职责应该包括两个方面:一是针对鉴定意见这一科学证据本身发表意见;二是向法庭阐明从证据到事实的推论所需要的科学理据,即科学原理如图 7-1 所示。

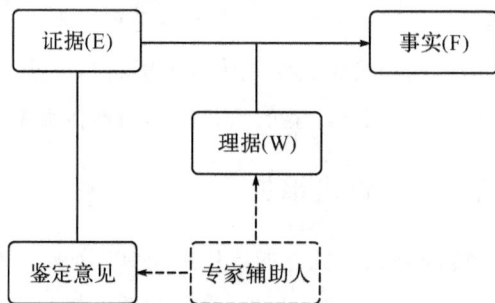

图 7-1　刑事专家辅助人的双重职责

基于上述分析,结合刑事司法实践的具体情况,笔者将专家辅助人常见的职责概括为以下三类。

一是针对鉴定意见本身的可靠性提出质疑或者进行解释和说明。专家辅助人需要运用相关的科学原理来支持或者否定鉴定方法、鉴定依据、鉴定过程以及鉴定结果等的科学性。在这一过程中,专家辅助人陈述所针对的对象仍然是一种理据,即鉴定过程中的理据。这是因为,任何鉴定结论都是鉴定人根据鉴定过程中呈现出来的某些现象,结合相关的科学原理,最终经过推理而获得的。专家辅助人在法庭上固然可以对鉴定人使用的样本和检材等事项提出质疑,但质疑的重点往往是鉴定人运用的方法和依据,这些都属于鉴定过程中的理据。

二是针对鉴定意见对案件事实的证明作用提出质疑或者进行解释和说明。正如有学者所言:"与应用技术手段密切联系的是,对技术性专家意见的依赖也在增加:必须对结构复杂的机器得出的结论进行解释,还要评估该结论的证明价值。"①鉴定意见是我国法定的证据种类之一,裁判者运用鉴定意见来认定事实的过程,实际上就是运用证据获得推论的过程。因此,在

①[美]米尔建·R.达马斯卡:《漂移的证据法》,李学军、刘晓丹、姚永吉、刘为军译,中国政法大学出版社 2003 年版,第 200 页。

这一过程中,专家辅助人陈述所针对的对象是运用鉴定意见展开证据推理的理据。

三是针对鉴定意见以外的证据运用过程中的理据展开解释、说明、质疑或者辩驳。上文提到,在刑事司法实践中,专家辅助人的介入常常与鉴定意见无关。即使在不存在鉴定意见的案件中,裁判者运用证据来推导案件事实的过程,也可能需要借助于专门知识作为桥梁和纽带。正如有学者所言:"事实裁判者的经验和知识已经无法成为证据资料与事实之间的连接点,他们只能依靠具有这方面知识与经验的人将空白的连接点填充起来。"①

(三)专家辅助人的诉讼地位

对于应否赋予专家辅助人独立的诉讼地位,以及赋予其何种诉讼地位,学界有不同的看法。比如,有学者认为,专家辅助人就其实质来说仅仅是帮助控辩双方审查鉴定意见的辅助人,对鉴定意见进行质疑评价和对鉴定人进行质证辩论,其在诉讼中的作用决定了专家辅助人不享有诉讼主体地位,仅是一种附属性的诉讼参与人。② 还有的学者认为,我国应借鉴《俄罗斯联邦刑事诉讼法典》和《意大利刑事诉讼法典》有益经验,增设专家辅助人为其他诉讼参与人,明确其应享有的权利和承担的义务。如拒绝参加刑事诉讼的权利、向侦查阶段鉴定人提问的权利、了解侦查阶段笔录内容和提出意见的权利以及保密的义务,由此确立专家辅助人刑事诉讼参与人地位。③

笔者赞同后一种观点。刑事专家辅助人制度的确立,并不意味着对司法鉴定制度的取消和否定,二者是并行不悖的两种制度。刑事专家辅助人制度的建构能够在发挥司法鉴定中立性优势的同时,还能适应司法证明科学化的时代要求,彰显司法民主,强化刑事诉讼程序的纠错功能。然而,根据我国现行刑事诉讼法的规定,诉讼参与人并不包括"有专门知识的人",这使得刑事专家辅助人在身份上处于尴尬位置,"名不正则言不顺",将刑事专

---

①New York Times v. Sullivan. 376 U. S. 254(1964), at 279 n. 19. 转引自郭华:《专家辅助人制度的中国模式》,经济科学出版社 2015 年版,第 203 页。

②李苏林:《我国刑事诉讼专家辅助人制度探析》,《广西政法管理干部学院学报》2013 年第 5 期。

③刘广三、汪枫:《论我国刑事诉讼专家辅助人制度的完善》,《中国司法鉴定》2013 年第 2 期。

家辅助人明确为一种独立的"诉讼参与人"可谓势在必行。

当然,正如上文所言,由于我国现行立法尚未确立真正意义上的专家辅助人制度,因此专家辅助人的独立地位也无从谈起。《俄罗斯联邦刑事诉讼法典》第五十八条规定:"专家是具有专门知识、依照本法典规定的程序为了在研究刑事案件的材料方面协助查明、确认和提取物品和文件、采用技术手段、向鉴定人提出问题以及向控辩双方和法院解释其职业权限范围内的问题而被聘请参加诉讼行为的人员。"①笔者认为,我们不妨借鉴俄罗斯的立法经验,在《刑事诉讼法》的"诉讼参与人"章节明确对"专家辅助人"做出清晰的界定,使其成为具有独立身份的诉讼参与人。

值得注意的是,在专家辅助人与鉴定人、专家证人的关系上,学界有多种不同的主张。有的学者主张把鉴定人纳入专家证人;有的学者主张以专家证人取代专家辅助人;还有的学者主张建立以专家鉴定为主、专家证人为辅的"鉴定人+专家"制度。② 在笔者看来,专家辅助人应当是独立于鉴定人的一种诉讼参与人,其与英美法系国家的专家证人之间也有着严格的区别。

首先,专家辅助人不同于鉴定人。上文提到的专家辅助人制度与司法鉴定制度的区别表明,专家辅助人与鉴定人有着不同的职责和任务,二者不可相互取代;并且,鉴定人是一种专门的职业,而专家辅助人只是特定案件中的诉讼参与人,不是一种职业。此外,有学者将专家辅助人视为"准鉴定人",③笔者对这一观点不敢苟同。倘若将专家辅助人制度的讨论局限在司法鉴定制度的框架之内,必然会导致对专家辅助人制度的狭隘理解。

其次,专家辅助人不同于专家证人。英美法系国家之所以确立专家证人制度,而不实行鉴定人制度,不仅与当事人主义的诉讼模式相关,还与陪审团制度相关。大陆法系和我国是法官代表法院委托鉴定人,法官基于对自己委托的鉴定人的信赖自然可以采信其鉴定意见,但在英美法系国家,陪审团才是真正的裁判者;而即便主审法官委托专家来做出鉴定,陪审团也没有理由采信。因而,两大法系国家基于不同的理念选择了不同的制度。从

---

① 《俄罗斯联邦刑事诉讼法典》,黄道秀译,中国人民公安大学出版社 2006 年版,第 64 页。

② 郭华:《专家辅助人制度的中国模式》,经济科学出版社 2015 年版,第 88—89 页。

③ 郭华:《专家辅助人制度的中国模式》,经济科学出版社 2015 年版,第 92 页。

历史上来看,法国曾经仿效英国的做法,采取了"对立鉴定"的办法,允许诉讼双方分别聘请鉴定人,但这一做法最终被证明是行不通的,从而在 1958 年法国刑事诉讼法修改时恢复了法官委托鉴定的做法。[①] 我国历来秉承大陆法系国家的传统,实行法官委托鉴定的制度,专家证人制度则与我国现有的诉讼模式和司法体制难以兼容。此外,专家证人是被作为证人看待的,如果将专家辅助人视为证人,则必然会与我国现行立法对证人概念的界定发生冲突。专家辅助人并非在案件发生之际亲身感知案件事实的人,其与证人的区别是显而易见的。

(四)专家辅助人的权利义务

明确专家辅助人的权利和义务,有助于进一步清晰地界定其在刑事诉讼中的角色。鉴于专家辅助人旨在为法庭提供专门知识,与鉴定人、专家证人、辩护人和诉讼代理人等诉讼参与人所承担的职责不同,因而其享有的诉讼权利和承担的诉讼义务自然也与上述人员有所区别。

专家辅助人应当享有其履行职责所必需的诉讼权利。除了所有诉讼参与人所共同享有的诉讼权利外,专家辅助人所特有的诉讼权利至少应当包括:

(1)知情权。专家辅助人应当享有了解案件所涉及的专业问题的权利。在"知识爆炸"的时代背景下,学科划分越来越细,即使是某个领域的权威专家也未必对该领域所有专业技术问题了如指掌。因此,专家辅助人在决定接受聘请或者委托之前有权了解案件涉及何种具体的专业问题。

(2)查阅权。专家辅助人在接受聘请或者委托后,有权通过查阅勘验检查笔录、鉴定意见书等相关诉讼文书,以便获取为提供专家意见所必需的资料和信息。有学者主张赋予专家辅助人阅卷权,即"专家辅助人接到办案机关的通知后,有权获得需要提出意见的鉴定意见、鉴定相关材料以及专业问题,有查阅与鉴定意见有关材料与案卷的权利"[②]。还有学者主张赋予专家辅助人查阅、摘抄、复制鉴定意见书、基本案情等与鉴定有关的诉讼材料的

[①] 郭华:《国外鉴定制度与我国司法鉴定制度改革的关系》,《中国司法》2011 年第 1 期。

[②] 郭华:《专家辅助人制度的中国模式》,经济科学出版社 2015 年版,第 111—112 页。

权利。① 实务部门也出台了类似的规定,例如,浙江省高级人民法院《关于专家辅助人参与民事诉讼活动若干问题的纪要》明确规定专家辅助人有"阅卷了解鉴定意见或者其他专门性问题的相关资料"的权利。但是,笔者认为,在我国现有刑事诉讼制度框架下,阅卷权是专属于辩护人和诉讼代理人的权利。辩护人和诉讼代理人为履行辩护和代理职责,需要尽可能全面了解案件的相关信息。然而,专家辅助人为提供专家意见所需要的信息仅限于与专业问题相关的信息,其查阅案卷材料的范围应当受到严格限制,只能查阅与案件专业技术问题有关的材料,这与专家辅助人不得旁听案件审理是一个道理。②

（3）询问权。专家辅助人在庭前准备和庭审过程中有权向当事人、侦查人员、鉴定人、证人等相关人员提问,以便获取为提供专家意见所必需的资料和信息。询问权也是专家辅助人履行职责所必需的权利,当事人、侦查人员、鉴定人、证人等相关人员在接受其询问时应当积极予以配合。

（4）出庭陈述权。专家辅助人应当有权出席法庭,在控、辩、审各方的参与下完整地陈述其对案件所涉专门问题的分析判断意见及其理由,非因法定事由,其陈述不应被打断或干扰。

（5）独立发表意见权。专家辅助人有权运用自己的专业知识,按照案件所涉专门问题本身的是非曲直,独立发表专家意见,不受任何人干扰,也不受聘请方或者委托方意志的左右。辩护人的独立辩护职责源于其必须依据法律,专家辅助人同样要依据科学原理,所以应当独立于委托人的意志。有一种观点认为,专家辅助人在庭审中应当如实回答合议庭、公诉人、当事人和辩护人、诉讼代理人在专门性问题上的各项提问,帮助各方查明鉴定意见是否科学正确,但因其属于控辩方的辅助人而不能独立于委托人,如果当事人不同意其意见,可以撤销委托,或者当庭表示不同意其意见,此时应当以

①朱华、王绩伟:《赋予"有专门知识的人"独立诉讼地位》,《检察日报》2013 年 1 月 16 日第 3 版。

②《最高人民法院关于适用〈中华人民共和国刑事诉讼法〉的解释》第二百一十六条规定:"向证人、鉴定人、有专门知识的人发问应当分别进行。证人、鉴定人、有专门知识的人经控辩双方发问或者审判人员询问后,审判长应当告知其退庭。证人、鉴定人、有专门知识的人不得旁听对本案的审理。"

当事人的意见为准。① 对此,笔者不敢苟同。专家辅助人不同于诉讼代理人,其职责并非代表当事人为诉讼行为,因而当事人对于专家辅助人在法庭上所做的陈述无权撤销。专家辅助人向法庭提供的不是证据,而是理据,即使当事人当庭发表了不同的意见,法庭也应综合考虑何种意见符合科学原理和案件本身的情况,从而决定取舍。至于法院或者控方聘请的专家辅助人,同样不应受制于聘请方的意志,而应实事求是地提供专业意见。正如英国威尔伯福斯勋爵所言:"尽管当事人在一定程度上取得专家和法律顾问的咨询是完全正当的,但专家证据应该并且至少看起来应是这样,即向法院提交的专家证据应该是专家独立的意见,不受当事人之间诉讼的形式和内容的影响,这一点非常重要。如果不是这样,则专家证据可能不仅不正确,而且将击败自身。"②值得一提的是,有的学者认为应当赋予专家辅助人提出补充鉴定或者重新鉴定的权利。③ 笔者认为,提出补充鉴定或者重新鉴定属于诉讼行为,只有当事人及其辩护人、诉讼代理人方可实施,专家辅助人无权实施此类诉讼行为,否则有"越俎代庖"之嫌。

(6)个人信息保密权。为了保护个人隐私和免受打击报复,专家辅助人有权要求法庭对其个人信息予以保密。法庭未经专家辅助人本人书面许可,不能在公开发布的裁判文书或者新闻报道中透露其完整的姓名及相关个人信息。

(7)庭审意见专用权。由于个案的情况千差万别,所涉及的专业知识和科学原理各不相同。因此,专家辅助人在法庭上提供的专业意见应当仅限于本案审理使用,任何人不得在其他案件的审判中援引。

根据权利义务相一致的原则,专家辅助人还应当承担相应的诉讼义务。除了所有诉讼参与人均应履行的诉讼义务以外,笔者认为专家辅助人特有的义务至少应当包括以下几个方面:

(1)依通知出庭的义务。在接到法庭通知后,专家辅助人应当按照出庭通知中明确的时间和地点到庭参与诉讼,以免影响诉讼顺利进行。原则上

---

① 江必新主编:《最高人民法院关于适用〈中华人民共和国刑事诉讼法〉的解释理解与适用》,中国法制出版社 2013 年版,第 219 页。

② 裴小梅:《论专家辅助人的性格要中立性抑或倾向性》,《山东社会科学》2008 年第7 期。

③ 郭华:《专家辅助人制度的中国模式》,经济科学出版社 2015 年版,第 114 页。

不得以书面意见取代出庭陈述,否则相当于部分地剥夺了对方的质证权。

（2）接受询问的义务。专家辅助人在法庭上有义务接受控辩双方的交叉询问以及法官的询问,如实陈述其在该领域的学识、执业经历等情况,并对其做出专家意见的理由进行解释和说明。但是,其对于与专家辅助人的知识、能力、资历以及专业技术问题无关的问题,有权拒绝回答。

（3）客观义务。专家辅助人是以其专业知识为案件事实认定提供理据的人,应当坚持实事求是,尊重科学原理和客观规律。在英美当事人主义的诉讼模式下,专家证人的党派性导致了很多弊端。有学者指出,在美国,"事实上有些专家证人对金钱胃口很大,以致圈内人也在说这样的话:'有钱能使鬼推磨'。所以,许多声誉好的专家不愿意卷入诉讼之中"①。我们在确立专家辅助人制度的时候一定要尽量克服这一弊端。但有的国内学者认为:"在程序上,专家辅助人难以保持完全的中立性。相反,专家辅助人具有一定的党派性更有利于此制度发挥作用,尤其是辩护人、诉讼代理人申请的专家辅助人是为了弥补其专门知识的不足,可以视为辩护、控诉意见的一部分,其费用可以在辩护费或者代理费中支出,视为辩护费或者代理费一部分,或者委托的当事人单独支付。专家辅助人在诉讼中的依附性、非中立性,决定了专家辅助人不应当也无法适用回避制度;同时,非中立性可以避免当事人与辩护人或者诉讼代理人因是否委托专家辅助人及其提出意见的立场不一致而在指控或者辩护内部发生争议,避免引发法庭上诉讼角色的混乱。"②笔者对此不敢苟同。从审判实践来看,当事人委托的专家辅助人确实难以完全避免其所提供的专业意见的倾向性,但这种倾向性绝对不应该得到立法者的肯定和提倡,而应当设法予以减少和避免。尤其是,法院和公诉机关聘请的专家辅助人更应当妥善履行客观义务,否则将极大地损害司法的权威性和公信力。

（4）回避义务。对于专家辅助人是否应适用有关回避的规定,学界有不同的看法。2012年《刑事诉讼法修正案》中明确规定:"第二款规定的有专门知识的人出庭,适用鉴定人的有关规定。"这里所谓的第二款规定,即"公

---

①［美］乔恩·R.华尔兹:《刑事证据大全》,何家弘等译,中国人民公安大学出版社2004版,第451页。

②郭华:《专家辅助人制度的中国模式》,经济科学出版社2015年版,第163页。

诉人、当事人和辩护人、诉讼代理人可以申请法庭通知有专门知识的人出庭,就鉴定人做出的鉴定意见提出意见"。鉴于这一条文的措辞是"适用",而非"参照",因此可以认为专家辅助人也应当适用关于回避的规定。立法机关在对刑诉法修正案进行阐释时也做出了类似的说明。[1] 不过,有的学者认为,专家辅助人与委托方具有天然的利害关系,设置回避制度既没有理论上的必要性,也没有现实上的操作性。[2] 笔者认为,为了避免专家辅助人对专门知识的曲解和滥用误导裁判者,同时也为了更好地维护司法的权威性和公信力,应当限制某些可能影响其公正、客观地提供专家意见的人接受司法机关的聘请担任专家辅助人,即法院或者公诉机关聘请的专家辅助人如果与本案当事人或者与案件处理结果有利害关系,则应当适用有关回避的规定。

四、刑事专家辅助人参与诉讼的程序

当前,实现"审判中心主义"和"庭审实质化"已成为理论界和实务界的共识,而庭审实质化的核心和关键在于确保控辩双方能够充分地展开辩论。刑事专家辅助人制度旨在强化各方对专门知识的理解和运用能力,有助于实现"审判中心主义"和"庭审实质化"。

(一)适用范围

完善刑事专家辅助人参与诉讼的程序,首先需要明确专家辅助人制度的适用范围,即哪些人可以受聘或受委托担任专家辅助人,在哪些诉讼阶段允许专家辅助人介入?

首先,在专家辅助人的人选范围上,学界存在着不同的见解。有的学者认为,专家辅助人应当像鉴定人一样要有专门的管理部门,并建立专家辅助人名册,以利于公诉人、当事人和辩护人、诉讼代理人选择确定合格的专家辅助人出庭。具体而言,即只有在司法部司法鉴定管理局制定的鉴定人全

---

[1] 王尚新、李寿伟主编:《〈关于修改刑事诉讼法的决定〉解释与适用》,人民法院出版社 2012 年版,第 192 页。

[2] 龙宗智、孙末非:《非鉴定专家制度在我国的刑事诉讼中的完善》,《吉林大学社会科学学报》2014 年第 1 期。

国名册中登记的鉴定人才能够接受双方当事人的委托,担任当事人的专家辅助人。① 有的学者则主张,专家辅助人应当以在具有鉴定人资格的人中进行选任为一般原则,以在其他具有专门知识的人中确定为补充。这样,既可以确保专家辅助人的技术专业性和权威性,又提高了实践的可操作性,同时也为特殊情形时的选任留有足够的空间。② 还有的学者主张对办案机关聘请的专家辅助人与当事人委托的专家辅助人做出区别对待。对于当事人委托的专家辅助人,一般只需要实质要件的要求,即以是否具有一定的科学技术知识或专门知识即可。对办案机关委托的专家辅助人应循资格法定原则,即形式、实质要件均要具备,从鉴定专家名册中选任。其理由在于,当事人委托专家辅助人,是其行使诉权及其他具体诉讼权利的一种表现,"权利"的属性决定了当事人具有自主处分权,法院不应过多干预并为当事人申请的专家辅助人设置过高的资格准入条件,否则不利于其行使辩护权;而办案机关委托专家辅助人,性质上属于查明案件事实真相的"义务"范畴,必须以客观事实为根据、追求案件的公正处理为目标,必须严格依法进行,并尽可能为其申请的专家辅助人设置严格的资格条件,因此形式要件、实质要件均应具备。③

笔者认为,专家辅助人制度与司法鉴定制度是两种并行不悖的制度设计,专家辅助人的职责和工作内容与鉴定人不同。所以,对专家辅助人的资格要求不应当套用鉴定人的资格要求;同时,从司法实践来看,专家辅助人陈述所涉及的事项既包括某些专门行业的特殊经验法则,也包括某一学科领域的科学法则,其范围十分广泛。在知识爆炸和新兴学科层出不穷的背景下,建立涵盖所有行业、包含全部学科的专家辅助人名册既没有必要,也不可能实现。因此,原则上,所有具有专门知识的人都可以受聘或接受委托担任专家辅助人。

但是,这并不意味着法庭不需要对专家辅助人的学识和资历等进行审

①汪建成:《司法鉴定模式与专家证人模式的融合——中国刑事司法鉴定制度改革的方向》,《国家检察官学院学报》2011年第4期。

②朱华、王绩伟:《赋予"有专门知识的人"独立诉讼地位》,《检察日报》2013年1月16日。

③王跃:《专家辅助人制度基本问题研究——以〈刑事诉讼法〉第一百九十二条规定为切入点》,《西南政法大学学报》2014年第1期。

查。浙江省高级人民法院《关于专家辅助人参与民事诉讼活动若干问题的纪要》第四条规定："当事人申请专家辅助人出庭，应当向人民法院提出书面申请。专家辅助人出庭申请书应附专家辅助人的个人基本信息以及能够证明该专家辅助人具有相关专门知识的证明材料，如职业资格、专业职称、从业经验等。人民法院可根据案件审理需要，要求申请人补充有关专家辅助人的材料。"笔者认为，这一规定可资借鉴，专家辅助人在出庭参与诉讼时，应当向法庭提交相关材料证明其具备相应的知识和能力，并接受控辩双方和法庭对其进行的相关询问。值得注意的是，这种对专家辅助人知识和能力的审查不同于英美法系国家对专家证人的资历审查，后者是对证据可采性的审查，目的是取消那些不具有足够资质的专家在法庭上作证的资格，以免误导作为裁判者的陪审团。我国以职业法官审判为主，对专家辅助人知识和能力的审查旨在审查判断专家向法庭提供的专门知识的可信度。如果对专家辅助人的资质要求过高，可能会剥夺某些经济状况欠佳的当事人委托专家辅助人的机会。

确定专家辅助人的人员范围，还涉及是否需要对某些特殊情况做出特别规定等问题。笔者认为，为了避免专家辅助人对专门知识的曲解和滥用误导裁判者，同时更好地维护司法的权威性和公信力，应当限制某些可能影响其公正、客观地提供专家意见的人担任专家辅助人，比如上文提到的与本案当事人或者与案件处理结果有利害关系的人等。但是，考虑到对当事人诉讼权利的保障，对于这些特殊人群也不应一概剥夺其参与诉讼的资格。对此，不妨参照例外情况下可以担任辩护人的规定。我国《刑事诉讼法》第三十三条第三款规定："被开除公职和被吊销律师、公证员执业证书的人，不得担任辩护人，但系犯罪嫌疑人、被告人的监护人、近亲属的除外。"《最高人民法院关于适用〈中华人民共和国刑事诉讼法〉的解释》第三十五条规定："人民法院审判案件，应当充分保障被告人依法享有的辩护权利。被告人除自己行使辩护权以外，还可以委托辩护人辩护。下列人员不得担任辩护人：（一）正在被执行刑罚或者处于缓刑、假释考验期间的人；（二）依法被剥夺、限制人身自由的人；（三）无行为能力或者限制行为能力的人；（四）人民法院、人民检察院、公安机关、国家安全机关、监狱的现职人员；（五）人民陪审员；（六）与本案审理结果有利害关系的人；（七）外国人或者无国籍人。前款第四项至第七项规定的人员，如果是被告人的监护人、近亲属，由被告人委托担任辩护人的,可以准许。"因此,如果上述人员是被告人的监护人、近亲属,则仍然可以接受被告人的委托担任专家辅助人。

　　其次,在专家辅助人参与诉讼的阶段,有的学者主张借鉴域外立法经验,允许专家辅助人在审前阶段介入。有学者指出:"如果专家辅助人介入诉讼的时间仅仅限定在审判阶段,就会使鉴定人的鉴定在审前程序之前始终处于封闭状态,在一定程度上也就等于限制专家辅助人在鉴定意见质证、纠错作用的范围,实质上排斥了专家辅助人对鉴定进行'全程目击、现场监督'的作用。实践证明,将专家辅助人介入诉讼的时间限定为审判阶段,蕴涵着重大立法漏洞,不利于控辩平等对抗,不利于维护犯罪嫌疑人、被告人以及被害人的合法权益。专家辅助人在刑事诉讼中的诉讼地位和基本功能决定了专家辅助人还具有对鉴定工作的'全程目击证人'和'现场监督'的功能。也就是说,专家辅助人对鉴定人做出鉴定意见的"纠错者"的功能不能限于质证功能,还应赋予其现场监督的功能,以实现控辩力量平衡的立法目的。"①从域外立法经验来看,《意大利刑事诉讼法典》第二百二十五条规定:"在决定进行鉴定后,公诉人和当事人有权任命自己的技术顾问,各方任命的技术顾问数目不得超过鉴定人的数目。在国家救助法规定的情况和条件下,当事人有权获得由国家公费提供的技术顾问的协助。"②意大利的技术顾问不仅可以就鉴定人的选聘向法官发表意见,还有权参与鉴定工作,对鉴定人的鉴定工作发表自己的观点,分析鉴定人出具的鉴定报告,询问鉴定人、考察被鉴定的物品和地点,对鉴定人进行监督。③《俄罗斯联邦刑事诉讼法典》第五十八条规定:"专家有权:……(2)经调查人员、侦查员、检察长和法院的许可向侦查行为的参加人提出问题。"显然,俄罗斯的专家也有权在侦查阶段介入诉讼。笔者认为,专家辅助人在审前阶段介入有助于侦查机关和公诉机关尽早查明真相,还无辜者一个清白,同时有助于及早锁定真凶。不过,专家辅助人发挥作用最重要的场域仍然是法庭。从当前来看,让专家辅助人介入审前程序的时机尚不成熟。鉴于我国尚未确立严格意义上的专家辅助人制度,所以,当务之急是解决专家辅助人参与庭审的程序问

---

　　①郭华:《专家辅助人制度的中国模式》,经济科学出版社 2015 年版,第 137 页。
　　②《意大利刑事诉讼法典》,黄风译,中国政法大学出版社 1994 年版,第 74 页。
　　③刘广三、汪枫:《论我国刑事诉讼专家辅助人制度的完善》,《中国司法鉴定》2013年第 2 期。

题。尤其是,让专家辅助人介入鉴定过程的做法未必符合我国现实情况。我国是人情社会,各种关系网错综复杂,加之缺乏有效的监管,专家辅助人对鉴定过程的介入难免会滋生各种腐败现象。因此,在未来时机成熟后,可以逐步考虑解决专家辅助人介入审前程序的问题。

(二)启动程序

我国《刑事诉讼法》第一百九十七条第二款规定:"公诉人、当事人和辩护人、诉讼代理人可以申请法庭通知有专门知识的人出庭,就鉴定人做出的鉴定意见提出意见。"这一规定并未赋予法院聘请专家辅助人参与诉讼的权力。那么,是否应该赋予法院聘请专家辅助人参与诉讼的权力呢?

在民事诉讼领域,对于法院可否聘请专家辅助人参与诉讼也有不同意见。有学者认为,专家辅助人是当事人聘请来帮助当事人向审判人员说明案件事实中的专门性问题,并协助当事人对案件中的专门性问题进行质证的人。① 据此,法院无权聘请专家辅助人参与民事诉讼。但是,2008年厦门市中级人民法院出台的《知识产权审判专家辅助人制度》则规定,专家辅助人是指受当事人或法院聘请,以证人的身份,运用其知识、经验、技能对涉及案件的专门问题出具意见,并出庭进行说明、接受质询的具有专门知识的人。据此,法院可以聘请专家辅助人参与民事诉讼。在行政诉讼领域,《最高人民法院关于行政诉讼证据若干问题的规定》第四十八条规定:"对被诉具体行政行为涉及的专门性问题,当事人可以向法庭申请由专业人员出庭进行说明,法庭也可以通知专业人员出庭说明。必要时,法庭可以组织专业人员进行对质。"据此,法庭可以聘请专家辅助人参与行政诉讼。

从我国刑事司法实践来看,法院聘请专家辅助人参与庭审的案例并不罕见。例如,在江苏省泰州市中级人民法院做出的一份刑事判决书中写道:"关于上诉人姚某、曹某、戴某丙所持'一审认定损害结果的评估方法不当'的上诉理由。经查,江苏省环境科学学会作为本案的鉴定机构,其单位和相关鉴定人员均具有鉴定资质,在一审法院开庭审理过程中,鉴定人到庭接受了法庭的询问,并就相关问题当庭进行了专业解释;江苏省高级人民法院聘任的专家辅助人吕某教授,亦向一审法庭提供了专家意见,故该鉴定意见可

---

① 江伟主编:《民事诉讼法》,中国人民大学出版社2013年版,第181页。

以作为认定本案损害结果的依据。"①该案中担任专家辅助人的吕某教授即为江苏省高级人民法院所聘任。另外,福建省漳州市中级人民法院的一份刑事判决书中指出:"二审期间,本院依法通知有专门知识的人刘某(湖北同济法医学司法鉴定中心法医)出庭,对本案法医学尸体检验鉴定发表如下意见:被害人的直接死因主要是外伤导致感染,糖尿病和高血压是辅助死因,被害人自身条件与死亡结果从法医学上不构成因果关系。根据法医学鉴定意见,被害人的死亡是因肺挫伤等引发感染导致呼吸循环衰竭,且有专门知识的人认为被害人的直接死因主要是外伤导致感染,糖尿病和高血压是辅助死因。因此,上诉人交通肇事行为与被害人死亡有因果关系,上诉人依法构成交通肇事罪。该辩护意见不能成立。"②在该案中,接受法庭聘请出庭的刘某发表的专家意见对鉴定意见起到了印证和支撑作用。

依笔者之见,刑事专家辅助人制度的出现是司法证明科学化的必然要求。专家辅助人是对控、辩、审三方在科学知识和技能方面的延伸,三方均可委托或聘请专家辅助人参与庭审,就像借助于计算机和网络等信息化工具一样。随着现代科学的发展,案件所涉及的知识门类越来越多,法官面对控辩双方委托的专家辅助人之间关于科学原理的不同观点,往往缺乏足够的评判能力;同时,即使控辩双方没有委托专家辅助人参与诉讼,法庭在查明真相的过程中也可能遇到各种专门知识方面的困惑。为了确保案件的审判质量,有必要聘请专家辅助人提供专业意见。因此,我国未来立法应当明确,法院可以根据需要聘请专家辅助人参与刑事诉讼。

笔者认为,法院聘请专家辅助人应当包括依职权聘请和依申请聘请两种方式。允许当事人申请法院聘请专家辅助人,主要是基于实践中很多当事人因为经济能力的限制,无力支付委托专家辅助人的费用。那么,对于此类低收入群体,是应该考虑通过申请法庭聘请专家辅助人来解决,还是应该考虑通过构建所谓的"技术援助"制度来解决呢?

有学者主张,为使专家辅助人制度真正实现对当事人人权的保障,可参考法律援助制度,建立专家辅助人援助制度,原则上适用于犯罪嫌疑人、被

---

①参见江苏省泰州市中级人民法院(2014)泰中环刑终字第00001号刑事判决书。
②参见福建省漳州市中级人民法院(2015)漳刑终字第71号刑事判决书。

告人或者被害人因经济困难确实无力聘请专家辅助人的公诉案件。① 笔者认为,这一设想有点不切实际。技术援助与法律援助存在显著的区别。目前实践中法律援助制度的推行,依靠的是广大执业律师,司法行政机关通常要求每个执业律师每年都需要承担一定数量的法律援助案件。然而,技术援助所需要的专家从何而来呢? 即使司法行政机关要求每个鉴定人每年承担一定数量的技术援助,也难以满足现实需要,毕竟个案情况千差万别,所涉及的专门知识远远超出司法鉴定的范围。如果像某些学者设想的那样建设专家库,且不说能否建成包罗万象的专家库,即使能够建成,如此庞大的专家队伍也必然面临管理上的困难。

笔者认为,与其构建不切实际的技术援助制度,不如通过申请法院聘请专家辅助人来得以解决。这样一来,我们就可以充分发挥职权主义诉讼模式的优势,让法院根据现实需要,决定选聘适合案件所涉专门问题的专家来参与诉讼,协助辨别技术问题的是非曲直。

当然,实践中更为常见的情形是控辩双方委托专家辅助人参与诉讼。通常情况下,控辩双方应当在法院开庭前委托专家辅助人,并将专家辅助人的姓名、单位和联系方式等信息告知法庭。如果控辩双方在庭审质证过程中才提出申请,就会涉及延期审理等问题。所以,对于争讼双方在庭审过程中提出的申请,法院应当先进行审查,以避免不必要的专家辅助人出庭导致诉讼拖延和司法资源的浪费。法庭拒绝争讼双方申请的,应当说明理由。

从司法实践的角度来看,公诉机关委托专家辅助人参与诉讼,能够对鉴定意见的科学性进行有效的、客观的分析和判断。例如,在齐齐哈尔铁路运输法院审理的一起刑事案件中,公诉机关聘请的专家辅助人张丽娜认为该鉴定机构按照2014年1月1日起实行的《人体损伤程度鉴定标准》(以下简称《鉴定标准》)进行鉴定,已评定钱某某右手中指、环指、拇指、伸屈指功能略受限,各指活动范围减少约20°。但对钱某某手指功能丧失累计是否达一手功能的4%并没有做出详细论述,在这种情况下认定钱某某所受损伤为轻微伤缺乏理论依据,建议法庭不予采信。② 再比如,在四川省南部县人民法院审理的一起刑事案件中,公诉机关申请补充侦查申请延期审理,并申请

---

① 刘水华:《刑事诉讼专家辅助人制度的程序构建》,《人民检察》2013年第13期。
② 参见齐齐哈尔铁路运输法院(2014)齐铁刑初字第7号刑事附带民事判决书。

专家辅助人出庭对相关鉴定结论进行质证。该专家辅助人即南充市人民检察院技术处主检法医师谢勇出庭发表质证意见:郑某甲上唇红肿,四颗牙齿松动,可以证明这四颗牙齿受到外力损伤,本身存在的牙科疾病医生在检查时肯定做过详细的检查,还拍过片子。根据检查的结果看,牙齿松动仅存在四颗牙齿,可以肯定其他牙齿不存在松动,故四颗牙的松动是因外力导致,根据《鉴定标准》其符合轻伤程度。牙齿松动但及时治疗是可以控制的。华西的鉴定并未明确告知伤前牙齿是否松动,无法作出解释,这是一份无效的鉴定书,因为它既不肯定也不否定,不符合法医鉴定的规范。任何疾病的发生都会有一定的发展,牙槽、牙周疾病不一定会导致牙齿松动,就算有,也是一个漫长的过程,医生在检查时会如实记载,没有记载便不存在。[1] 可见,上述专家辅助人陈述均能够防止不可靠的鉴定意见被法庭采纳,有助于实现专家辅助人制度的功能。

那么,公诉机关委托专家辅助人是否以对鉴定意见持有异议为前提呢?答案是否定的。例如,在四川省攀枝花市东区人民法院审理的一起刑事案件中,公诉机关聘请的专家辅助人并未针对任何鉴定意见发表意见,而是向法庭提供了该案所涉及的特定领域的专门知识。在该案中公诉机关向法庭提交了相关证据,并申请四川省攀枝花市工商行政管理局有企业登记专门知识的人楼某某出庭作证,指控被告人赵永林、刘辉、王东、彭长金犯重大劳动安全事故罪,应以《中华人民共和国刑法》第135条第一款之规定追究四被告人的刑事责任。判决书中写道:"证明上述事实的证据有:……29. 具有专门知识的人楼某某的证言,证实工商行政管理机关核准的经营范围是以国家统计局《2011国民经济行业分类注释》确定,该注释明确销售是指商品在流通环节中的批发和零售活动;采矿业中包含黑色金属矿采选。"[2]

(三)资格审查

专家辅助人参与诉讼时,法庭是否应当首先进行资格审查?对于该问题,理论上和实践中都存在不同的观点。有人认为,专家辅助人是否具备相应的资格和能力,取决于当事人的认识,法院对专家辅助人不应作资格上的

---

[1]参见四川省南部县人民法院(2014)南刑初字第129号刑事附带民事判决书。
[2]参见四川省攀枝花市东区人民法院(2016)川0402刑初108号刑事判决书。

审查。① 例如,在柳州市中级人民法院审理的一起民事案件中,合议庭明确告知当事人,人民法院不对专家辅助人作资格上的审查。② 但是,《最高人民法院关于行政诉讼证据若干问题的规定》在第 48 第 2 款明确规定:"当事人对出庭的专业人员是否具备相应专业知识、学历、资历等专业资格等有异议的,可以进行询问。由法庭决定其是否可以作为专业人员出庭。"福建省厦门市中级人民法院于 2009 年出台的《关于知识产权审判专家辅助人制度的若干规定(试行)》要求专家辅助人必须具备三个条件,即具有案件涉及专业硕士研究生以上学历或中级以上技术职称,或从事案件涉及的行业十年以上;具有丰富的经验和娴熟的技能;品行端正,没有违法违纪记录。

笔者认为,对专家辅助人进行资格审查是必要的。上文提到,专家辅助人不同于英美法系的专家证人,其在法庭上做出的陈述不是被作为证据使用,同时,法庭也不必考虑基于误导陪审团的可能性而排除专家陈述的问题。但是,对专家辅助人的资格审查仍然是必要的。主要审查内容包括以下两个方面:一是审查专家辅助人是否适格。该项审查旨在将法律禁止担任专家辅助人的专家排除在外,同时根据控辩双方提出的回避申请来决定专家辅助人是否应当回避。二是通过对专家辅助人的学识、经验、能力、资历等的审查,来评估其在法庭上所做陈述的可信度。

在实践中,法庭审查的重点在于对专家辅助人的学识、经验、能力、资历等的审查。例如,在云南省楚雄彝族自治州中级人民法院审理的一起刑事案件中,公诉机关和辩护人共同申请专家辅助人陈某某出庭参与诉讼,在庭审中陈某某提供了多项有关家庭暴力的专业知识。判决书写道:"本院认为,有家暴方面专门知识的人陈某某,具有多年的学术研究成果及接访上百名家庭暴力受暴妇女的经验,其在法庭上对家庭暴力方面的专业知识做出了客观、充分的阐释,对认定本案的起因、被告人的犯罪动机、作案过程及犯罪行为所造成的社会危害时可予以参考。"③再比如,在浙江省温州市中级人民法院审理的一起刑事案件中,家暴问题专家陈某接受了控、辩、审三方的询问,向法庭解释了有关家暴方面的知识。判决书中写道:"本院认为,家

① 宋春雨:《对新民诉法证据制度若干问题的理解》,《山东审判》2013 年第 1 期。
② 郭华:《专家辅助人制度的中国模式》,经济科学出版社 2015 年版,第 8 页脚注。
③ 参见云南省楚雄彝族自治州中级人民法院(2016)云 23 刑初 15 号刑事判决书。

暴问题专家有着多年的学术研究及接访上百名家庭暴力受暴妇女的经验，其在法庭上对家庭暴力方面的专业知识做出了客观、充分的解释，在认定本案的起因以及被告人的犯罪动机时可予以参考。"[1]另外，在四川省宜宾市翠屏区人民法院审理的一起刑事案件中，宜宾市翠屏区体育局射击教练刘某作为专家辅助人出庭参与诉讼，在庭审中证实公安机关在被告人何辉家中所扣押的四川燎原机械厂生产的"山峰"牌 2700 发气枪弹为气枪使用的铅弹，以及刘某证明对 2700 发气枪弹的检验过程与专业射击子弹大体上是一样，这种子弹的主要成分是铅，在他们的靶子上实验是能穿透靶子，形成弹道，通过他们测试这子弹就是气枪子弹，具有杀伤力。判决书指出："四川省业余训练教练员岗位培训合格证书复印件、宜宾市翠屏区体育局证明，证实刘某于 2008 年 9 月 8 日至同年 9 月 12 日参加射击教练员培训，考试合格，现任宜宾市射击队专业教练，从事教练工作 14 年。"上述案件均表明，对专家辅助人的学识和能力进行审查对于法庭决定是否采信专家辅助人陈述是十分必要的。

裁判者对专家辅助人的资格审查，主要通过法庭询问的方式进行。专家辅助人不同于英美法系国家的专家证人，在审查的内容方面应当与专家证人有所区别，同时，专家辅助人也不同于鉴定人，不必要被限定为在专门机构执业的专业人士。在资格审查方面，可以借鉴英美法系有关专家证人审查的做法，通过交叉询问的方式来确认专家辅助人的知识和能力等情况。当然，也允许专家辅助人向法庭提交能够证明其知识和能力的材料。原则上任何因"知识、技能、经验、训练和教育"而精通某专业领域的人均可接受委托。问题的关键不在于学历、职称，而在于对这一特定领域的熟悉程度，毕竟目前学科的划分越来越细。此外，专家辅助人必须具有完全民事行为能力，职业道德良好，未受过刑事处罚，且不属于依法应当回避的情形。

(四)调查程序

专家辅助人制度的功能在于向法庭提供认定事实的理据而非证据，但是在调查程序上却可以比照证据调查的程序来展开。这是因为，理据和证据虽然在性质上完全不同，但都构成证据推理的前提，对于事实认定的结论

---

[1]参见浙江省温州市中级人民法院(2015)浙温刑初字第 68 号刑事附带民事判决书。

有着十分重要的影响。具体来说,专家辅助人出庭后,应当接受控辩双方的交叉询问和法庭的询问。在专家陈述的方式上可以根据需要采取问答式、陈述式或者二者相结合的方式来展开。

为了扭转长期以来刑事审判活动中"重证据、轻理据"的传统做法,我们应当对举证、质证、认证的理论进行重塑,并对相关的程序进行再造。笔者认为,既然理据与证据一样,同属于司法人员在事实认定环节进行审查判断的重要对象,那么,我们就应当在证据法学理论上扩大举证、质证、认证的内涵,把"举证""质证"和"认证"分别理解为"提供证明""质疑证明"和"认可证明"。这是因为,虽然上述证明行为包含了对证据的提交、质疑和认可,但从本质上来讲,上述证明行为指向的对象都是待证事实。① 在举证阶段,当事人不仅要提供证据,也要说明其推理所依据的理据;在质证阶段,当事人不仅可以质疑和否定对方提交的证据,还可以质疑和否定对方提出的理据;在认证阶段,裁判者不仅要对证据的证据能力和证明力进行审查和认定,还要对理据的有效性进行审查和认定。在法庭辩论阶段,争讼双方除了围绕证据能力和证明力问题展开辩论以外,还可以围绕理据的有效性问题展开辩论。如此一来,就可以扩大专家辅助人参与诉讼的广度和深度,以便使其在庭审中发挥更大作用。

专家辅助人出庭陈述应当被作为一般原则加以确立。这不仅是审判中心主义和庭审实质化的要求,也是充分保障对质权和证明权的要求。从司法实践的角度来看,由于涉及专门知识,如果专家辅助人不出庭进行必要的解释和说明,澄清控、辩、审三方可能存在的疑问,那么对使用专业语言表述的书面意见的质证必然会流于形式。例如,在四川省泸县人民法院审理的一起刑事案件中,两名专家辅助人分别出庭陈述了专家意见。其中专家辅助人郭某的专业意见为:"死者下颌创口表浅,出血较少,林上树院坝内水盆内侧血迹的分布及形态为接触性血迹和擦拭血迹,不支持滴落形成,可排除由下颌创口形成,死者衣服4件破口,左腰部创口形态特征与开边刀高度吻合,创口单一可排除二次受伤,死者左腰部伤口对应左肾,该肾创口深达1.5cm,内脏感觉神经较躯体感觉神经痛阈较高,且有个体差异存在;死者又醉酒,受伤后有可能痛感不明显。"另一名专家辅助人简某的专业意见是:

---

① 封利强:《司法证明过程论》,法律出版社2012年版,第240页。

"内脏器官对刺伤不敏感,被害人从受伤到死亡约 15 小时,肾脏伤口浅失血慢,是慢性休克死亡,左肾创口和 4 件衣服破口位置高度吻合,凶器开边刀前宽后尖,与创口形态符合,结合凶器上熊某的 DNA,判断该刀为本案凶器,熊某系被锐器刺破肾脏出现慢性休克后死亡。"①可见,对于普通人来说,理解上述专业术语难免存在一定的困难,而对于未受过良好教育的被告人或者被害人来说,就会面临更大的障碍。通过专家辅助人出庭进行解释和说明,便可以充分保障当事人的质证权。

为了防止法庭被不可靠的科学原理误导,同时防止专家辅助人有意混淆视听,应当允许控辩双方向对方的专家辅助人发问,双方的专家辅助人也可以交互诘问。由于这种交叉询问旨在质疑对方专家证人陈述的科学性,因此,应当允许提出诱导性问题;同时,为了防止裁判者偏听偏信,所有的陈述都必须在法庭上进行,法官不得私下征求或者听取专家辅助人的意见。上述交叉询问和法庭询问旨在对专门知识的可靠性进行审查。因此,专家辅助人只能围绕专门知识展开陈述,不得对专门知识以外的其他问题发表意见。

那么,专家辅助人可否以向法庭提交书面意见来替代出庭呢?从实际操作层面来说,由于人们普遍存在"厌讼"心理,如果要求所有的专家辅助人一律出庭,就有可能导致某些当事人难以找到愿意提供服务的专家辅助人。目前实践中,鉴定人出庭率低就是明证。笔者对 2013 年 1 月 1 日至 2018 年 10 月 15 日的刑事判决书进行检索,发现判决书中包含"鉴定意见"一词的刑事判决书共计 771411 份,然而,判决书中包含"鉴定人"一词的刑事判决书只有 49198 份,仅占包含"鉴定意见"判决书总数的 6.4%。正是在这一背景下,实践中出现了以专家辅助人出庭来弥补鉴定人不出庭的尴尬局面。因此,要求所有专家辅助人出庭也是不现实的。笔者认为,可以考虑适当限缩需要出庭的专家辅助人的范围,仅限于控辩双方对专家辅助人意见存在重大分歧,并且该专门知识对案件主要事实的认定有重要影响的案件。在实践中,很多案件的当事人对专家辅助人意见不持异议,那么让专家辅助人出庭便会徒增诉讼成本和社会成本。例如,在浙江省云和县人民法院审理的一起刑事案件中,云和县水利局专家出具专家意见书,认定两名被告人非

———————

① 参见四川省泸县人民法院(2017)川 0521 刑初 241 号刑事判决书。

法捕捞野生溪鱼经济价值为人民币 110.31 元,建议缴纳人民币 2206.2 元的渔业资源增殖保护费用于修复该水域的渔业生态资源。云和县人民检察院为此支付了专家意见费共计人民币 1000 元。被告人对公诉机关指控的罪名及事实均无异议,当庭自愿认罪;对附带民事公益诉讼部分的事实亦无异议,愿意赔偿相应的渔业资源损害赔偿金、生态修复费用及专家意见费。最终两名被告人共同赔偿渔业资源损害赔偿金人民币 110.31 元、生态环境修复费用人民币 2206.2 元、专家意见费人民币 1000 元。诸如此类的案件,即使专家辅助人不出庭,对案件审理的影响也不大。

从法理上来讲,虽然法庭应当依法保障被告人的质证权,但质证权作为一种权利是可以放弃的。因此,如果控辩双方对于对方委托专家辅助人提交的专家意见书不持异议,那么,法庭便可以不再要求专家辅助人出庭陈述。但是,这里有一个前提,那就是专家辅助人应当在庭审前向法庭提交书面意见,法院则应当将此书面意见送达给对方,并询问其有无异议。目前理论界和实务界对于是否要求专家辅助人提前向法庭提交书面意见有不同的看法。例如,四川省高级人民法院于 2012 年出台的《关于知识产权案件专家证人出庭作证的规定(试行)》要求专家辅助人在出庭之前提交书面的专家意见。而浙江省高级人民法院《关于专家辅助人参与民事诉讼活动若干问题的纪要》第十六条则规定:"人民法院要求专家辅助人提交书面意见的,专家辅助人应当庭或者在法庭指定期限内提交书面意见。书面意见应就鉴定意见或者其他专门性问题提出结论并说明理由。"笔者认为,为了保障对方提前了解专家辅助人的专业意见以便决定是否提出异议或者准备庭审中的交叉询问,应当要求专家辅助人提前向法庭提交书面意见。

五、刑事专家辅助人陈述的审查判断

在法庭调查之后,裁判者需要对专家辅助人就专业问题所做的陈述进行审查判断,以便决定是否作为认定案件事实的根据。为此,首先要对专家辅助人陈述的法律属性做出明确的界定。

(一)专家辅助人陈述的法律属性

对于专家辅助人陈述的性质,在理论界和实务界有不同看法。有学者认为,专家辅助人出庭就鉴定意见发表的意见或者就专业问题提出意见,应作为证据使用,属于专家证言。只不过,仅限于有关专业知识的陈述,即只有对与案件有关专业知识事实的陈述、分析、推理内容才具有证据属性。[①] 还有的学者认为,专家辅助人的意见是辅助证据,多数情况下是弹劾证据,可以加强或者削弱证据的证明力。[②] 还有的学者认为,鉴于《俄罗斯联邦刑事诉讼法典》第七十四条将"专家的结论和陈述"作为法定的证据种类加以规范,并在第八十条中分别对"专家的结论"和"专家的陈述"进行了定义,建议将专家辅助人意见增设为法定证据种类之一。[③] 从实务部门的角度来看,浙江省高级人民法院《关于专家辅助人参与民事诉讼活动若干问题的纪要》将专家辅助人提出的意见视为当事人陈述。最高人民法院《关于适用中华人民共和国民事诉讼法的解释》亦是如此规定。[④]

依笔者之见,证据是案件发生遗留下来的主客观痕迹。鉴定意见之所以属于证据,是因为鉴定人通常是运用专门的知识和技术直接对实物证据等进行技术检测。从专家辅助人陈述的法律属性来看,由于专家辅助人的职责是向法庭阐明相关的科学法则,而非像鉴定人那样借助于特定技术设备来对证据进行检验,因而其陈述不属于证据,而属于针对科学法则的辩论意见。专家辅助人固然可以在法庭上针对鉴定意见发表看法,尤其是针对有瑕疵的鉴定意见从鉴定的主体、程序、方法和结果上提出质疑和否定意见,但这一过程是对科学法则的阐释过程。而专家辅助人针对理据问题提出见解、质疑或者展开论辩的过程,更是对相关科学法则的阐释过程。虽然这些辩论意见会对裁判者的心证产生影响,但这种影响类似于公诉人、辩护人或代理人的辩论意见对心证产生的影响。如果简单地套用英美法系国家的做法而视其为证人证言,则会与我国现有的证据理论产生抵牾。

我们不宜将专家辅助人陈述视为证据还有一个很重要的原因在于,任何证据都必须具备相应的证据能力。然而,由于专家辅助人陈述涉及的是专门知识,很难套用有关证据能力的审查标准。有学者指出,一般说来,在

---

① 王戬:《"专家"参与诉讼问题研究》,《华东政法大学学报》2012 年第 5 期。

② 程雷等:《新〈刑事诉讼法〉的理解与实施——中国刑事诉讼法学研究会 2012 年年会综述》,《中国司法》2013 年第 1 期。

③ 刘广三、汪枫:《论我国刑事诉讼专家辅助人制度的完善》,《中国司法鉴定》2013 年第 2 期。

④ 郭华:《专家辅助人制度的中国模式》,经济科学出版社 2015 年版,第 184 页。

刑事诉讼法中明确规定证据的"法定种类",具有两个法律意义:一是限定证据的法定表现形式,将已经确立的证据种类视为"证据",而在此之外的其他实物、文件、笔录则被排除于"证据"之外;二是为证据转化为定案根据设定一种独立的资格要求,那就是证据必须属于刑诉法所确立的法定证据种类之一,否则,就不具有证据能力,而应被排除在法庭之外。[1] 专家辅助人陈述通常不存在要不要排除在法庭之外的问题,问题的关键是要不要对其加以采信。

从性质上来说,专家辅助人陈述更接近于辩论意见,只不过它是针对专门领域的特殊经验法则或者科学原理的辩论意见,对于裁判者正确认知和理解证据的证明价值具有重要意义。有学者指出,在意大利,法官心证并非完全建立在技术顾问评价的基础上,而是以查证属实的鉴定意见为基础。[2] 因此,专家辅助人陈述只是一种理据,而非证据,其价值主要在于,能够在诉讼证据与案件事实之间建立逻辑联系。正如学者所言,其主要的功用在于为法官心证的形成和排除合理怀疑提供逻辑上的链接和路径上的支持。[3]

从内容来看,实践中的专家辅助人陈述主要包括下列两类情况:

一类是作为理据的特殊经验法则。例如,在广州市中级人民法院审理的一起刑事案件中,专家辅助人辜某(广州市旅游协会秘书长)发表了如下专业意见:"旅游佣金的结算方法,因为经营者之间,在合约结算价内直接减除,不存在事后返佣的问题,如果合约没有提及返佣的问题,就不存在佣金。旅行社关联企业的返佣,由负责操作的组团社直接收取。对于本案所称返佣的情况,在旅游业中不存在,有可能是他为了另一个项目,情愿该项目亏钱,以维护与客户的合作关系。"据此,法院认为:"专家证人广州市旅游协会秘书长辜某证实按照行业惯例,旅游合同佣金会在经营者合约结算价内直接减除,不存在事后返佣的情况。"[4]本案中,专家辅助人所陈述的内容并非科学原理,而是旅游行业的行业惯例,属于专门领域的特殊经验法则。

另一类是作为理据的科学法则。具体包括三种情形:其一是针对鉴定意见所涉及的科学原理进行阐释,以便强化鉴定意见对案件事实的证明作

①陈瑞华:《证据的概念与法定种类》,《法学杂志》2011年第1期。
②郭华:《专家辅助人制度的中国模式》,经济科学出版社2015年版,第174页。
③王戬:《"专家"参与诉讼问题研究》,《华东政法大学学报》2012年第5期。
④参见广东省广州市中级人民法院(2015)穗中法刑二重字第11号刑事判决书。

用。例如,在福建省长泰县人民法院审理一起刑事案件的过程中,专家辅助人刘某甲(华中科技大学同济医学院法医学系主任、教授、博士生导师)对司法鉴定涉及的专门知识进行了阐释。其陈述能够证明肝脏破裂有即时性和迟发性两种情况。肝脏迟发性破裂的情况中,肝脏破裂时包膜没有破裂,人的行为不会有较大的异常,当出血量达到一定程度,包膜受到外力或者自身产生压力时才会破裂。在人受伤后没有马上死亡的情况下,受伤部位机体会进行处理,白细胞作为抵抗的细胞会发生作用。白细胞有不同种类,根据不同情况有不同反应,受伤后六小时之内一般看不到太多中性粒细胞,八到十小时后中性粒细胞会大量增多。被害人郭某甲肝门处、灶性区域被大量中性粒细胞浸润,肝脏破裂时间应在死亡前十小时左右。被害人郭某甲的失血量很大,足以导致死亡,郭某甲身上的其他擦伤、挫伤不会致命,头面部损伤很轻,不容易发现,只有打开头皮才发现两小处损伤,一般是由于摔跌导致。头部皮下的出血可能跟他死亡过程中出现的状况相关。郭某甲是因肝脏破裂大出血致失血性休克死亡。[①] 其二是指出鉴定意见所涉及的科学原理的适用范围限制或者其例外情况,以便否定或者削弱鉴定意见对案件事实的证明作用。例如,在陕西省凤翔县人民法院审理的一起刑事案件中,被告人石某某聘请的专家辅助人任某某提供的专家意见认为,西安交通大学认定被害人张某甲的伤情为重伤的依据不足,张某甲伤情系外伤诱发引起的损害,疾病为主要作用,依照相关规定不应评定损伤程度,只说明因果关系,如要评定损伤程度,最多评定为轻微伤。[②] 其三是提出并非针对鉴定意见的专门知识,作为认定事实的理据。例如,在河北省康保县人民法院审理的一起刑事案件中,专家辅助人付某某的出庭意见证实,取水系统的最大取水能力不仅受水泵型号的影响,还受系统封闭程度、管径等因素的影响,并就《河北水文工程地质勘察院关于张家口清远梦特芳丹假日酒店管理有限公司用水量计算说明》中梦特芳丹假日酒店日最大取水量的计算方法进行了说明。法庭最终采纳了专家辅助人的意见,判决书指出:"张家口市水务局以 200 QJ 63-96/8 型水泵的额定流量 63 m³/h 计算梦特芳丹假日酒店日最大取水能力为 1512 m³,公诉机关仅以此为据计算出三被告人给国家

[①]参见福建省长泰县人民法院(2014)泰刑初字第 13 号刑事判决书。
[②]参见陕西省凤翔县人民法院(2014)凤翔刑初字第 00121 号刑事附带民事判决书。

造成经济损失 964260.09 元。但取水系统的日最大取水能力不仅受水泵型号的影响,还受水泵接装水管管径与抽水系统的封闭性等各项因素的制约,《河北水文工程地质勘察院关于张家口清远梦特芳丹假日酒店管理有限公司用水量计算说明》在计算梦特芳丹假日酒店的最大取水能力时综合考虑了该酒店在取水时使用的水泵、水管管径、系统的封闭性等因素,计算方式与结果更为客观,故对该说明中计算出梦特芳丹假日酒店日最大取水能力为 696 m³ 的结果予以采信,对公诉机关所依据的张家口市水务局关于 200 QJ 63－96/8 型潜水泵日最大取水能力及水资源费(税)标准说明中日最大取水能力为 1512 m³ 的意见不予采信,对公诉机关指控的造成经济损失的数额变更为 443326.5 元。"①

值得注意的是,由于理论上对专家辅助人陈述的法律属性界定不清,在实践中存在一些概念上的混淆。一种情况是将证人证言作为专家辅助人陈述来看待。例如,在黑龙江省苇河林区基层法院审理的一起刑事案件中,有专门知识的人郭某某出庭证明,挖沙取土现场位于苇河林业局辖区管理范围,并对地貌情况通过卫星图片进行说明,证实了挖沙现场属国有林地中有林地及宜林地情况。② 在本案中,虽然郭某某借助了卫星图片进行说明,但此类情况显然是为了陈述某种事实,而非向法庭提供专门知识,本应当作为证人证言来看待。另一种情况是将出庭人员提出的关于法律适用的意见作为专家辅助人陈述来看待。例如,在四川省达州市通川区人民法院审理的一起刑事案件中,有专门知识的人陈某某(达州市食品药品政策法规科科长))出庭说明情况。具体说明:根据《药品管理法》规定,非药品不得在包装、说明上标注功效。而本案的假药在包装上均标注了药品适应症、用量,当按假药论处。且本案假药没有申请任何许可。③ 本案中,陈某某关于《药品管理法》规定的陈述显然属于对法律的理解和适用问题,与某些刑事案件中法律专家出具的关于法律适用的参考意见属于同一性质,不属于专家辅助人陈述。

(二)专家辅助人陈述与相关概念的区分

为了准确把握专家辅助人陈述的法律属性,我们还需要澄清专家辅助

---

① 参见河北省康保县人民法院(2017)冀 0723 刑初 33 号刑事判决书。
② 参见黑龙江省苇河林区基层法院(2017)黑 7523 刑初 10 号刑事附带民事判决书。
③ 参见四川省达州市通川区人民法院(2017)川 1702 刑初 195 号刑事判决书。

人陈述与相关概念的区别。

首先,应当正确区分专家辅助人陈述与鉴定意见。二者之间的区别包括以下几个方面:(1)形成的时间不同。鉴定意见通常形成于庭审之前,往往需要大量庭外检测工作;① 专家陈述通常形成于庭审过程中,往往通过庭审中的交叉询问和法官询问来获得。(2)主体资质要求不同。鉴定意见必须由法定主体依照法定程序制作,鉴定意见书通常需要鉴定人的签名和鉴定机构盖章;法律对于专家陈述的做出主体没有严格的资质要求,其所做出的陈述只需本人签名认可即可。(3)表现形式不同。鉴定一般都要有结论,而专家辅助人陈述则未必要有结论。(4)适用范围不同。鉴定意见受到鉴定机构和鉴定人执业范围的受制,而且,并非一切事项都适合鉴定,随着诉讼的科技含量的提高,将会出现越来越多的技术问题难以通过司法鉴定来得到解决;然而,几乎任何专门问题都可以找到相关的专家来提出专业意见。(5)党派性不同。鉴定意见通常由司法机关聘请或者委托鉴定机构做出,其中立性相对较强;控辩双方委托的专家辅助人则通常具有不同程度的倾向性。(6)法律效果不同。鉴定意见是一种法定的证据形式,专家陈述则是一种理据,而非证据。裁判者对于鉴定意见通常是直接采纳其结论,而对于专家陈述通常是采纳其提出的经验法则和科学法则。

其次,应当正确区分专家辅助人陈述与证人证言。上文提到,英美法系的专家证人制度不适合我国,专家辅助人陈述不是专家证言;同时,由于专家辅助人并非亲自感知案件事实的人,因而其陈述不宜被作为普通的证人证言看待。然而,从司法实践来看,对上述概念的混淆却比比皆是。例如,在四川省乐山市中级人民法院审理的一起刑事案件中,控辩双方对于"技术报告编写人"的身份及其应当适用的出庭程序产生了争议。袁贵兴的辩护人辩称:一审法院庭审中将建研地基公司技术报告编写人李某作为鉴定人通知出庭,又在判决书中将其认定为专家证人,质证程序违反了刑事诉讼法关于鉴定人、专家证人出庭的法定程序,鉴定意见不能作为本案定罪依据使用。检察员发表意见认为:李某系咨询报告的执笔人,因咨询报告并非鉴定意见,故判决书中将李某表述为专家证人的做法符合事实和法律;按照有专

---

① 鉴定所使用的技术大致可以划分为两类:实验型鉴定和经验型鉴定。郭华:《专家辅助人制度的中国模式》,经济科学出版社 2015 年版,第 201 页。

门知识的人出庭,适用鉴定人的有关规定的规定,李某出庭符合法律规定。而法院做出的判决最终认定:"李某系咨询报告的执笔人,因咨询报告并非鉴定意见,故判决书中将李某表述为专家证人的做法符合事实和法律,且一审庭审中李某是作为专家证人出庭,控辩双方均无异议。袁贵兴的辩护人的该辩护意见不成立。① 显然,法院将专家辅助人陈述和专家证言混为一谈了。又如,四川省泸州市龙马潭区人民法院在一份刑事判决书中指出,"有专门知识的人袁某到庭参加诉讼。……认定上述事实的证据有:……鉴定意见通知书,证人袁某证言……,并经庭审质证查实,足以认定"。② 在该案中,专家辅助人陈述被作为普通证人证言看待了。

再次,应当正确区分专家辅助人陈述与当事人陈述。在理论界和实务界均有人认为专家辅助人陈述属于当事人陈述。值得注意的是,浙江省高级人民法院《关于专家辅助人参与民事诉讼活动若干问题的纪要》也将专家辅助人提出的意见视为当事人陈述。最高人民法院《关于适用中华人民共和国民事诉讼法的解释》亦是如此规定。③ 然而,专家辅助人并非当事人,而应当是一种具有独立身份的其他诉讼参与人。因为专家辅助人制度的出现是司法证明科学化的结果,所以,专家辅助人理应在立法层面和司法层面受到足够的重视,专家辅助人陈述虽然不是证据,但应当被赋予相应的法律效力;同时,专家辅助人并非当事人,应当承担相应的客观义务,其故意违背科学原理和客观事实做出虚假陈述的,应当依法承担相应的法律责任。当然,作为专家陈述内容的理据并非只有专家辅助人可以向法庭提出,当事人在其陈述中也可以提出,辩护人和诉讼代理人同样可以提出。只不过,这些由当事人及其辩护人和诉讼代理人提出的理据只能被作为辩论意见来看待,不具有专家辅助人陈述的法律效果。

最后,应当正确区分专家辅助人陈述与辩护人、诉讼代理人陈述。二者的主要区别在于:(1)性质不同。专家辅助人陈述是专门针对技术问题的陈述;辩护人、诉讼代理人陈述则是针对案件事实问题和法律问题的陈述。(2)独立性不同。专家辅助人独立于当事人且不得旁听庭审;辩护人、诉讼

---

① 参见四川省乐山市中级人民法院(2018)川 11 刑终 17 号刑事裁定书。
② 参见四川省泸州市龙马潭区人民法院(2017)川 0504 刑初 271 号刑事判决书。
③ 郭华:《专家辅助人制度的中国模式》,经济科学出版社 2015 年版,第 184 页。

代理人则旨在维护当事人的合法权益且通常全程参与庭审。此外,即使当事人不同意专家辅助人的意见,专家辅助人陈述仍然可以被法庭采纳;而如果当事人不同意诉讼代理人的意见,则可以当庭予以撤销。(3)委托主体不同。在实践中,控、辩、审三方均可聘请或者委托专家辅助人参与诉讼;辩护人、诉讼代理人则通常是接受当事人委托参与诉讼的,只有在法律规定的特殊情况下部分辩护律师被司法机关指定为犯罪嫌疑人、被告人辩护。(4)权利义务不同。专家辅助人应当承担客观义务,辩护人、诉讼代理人则通常只负责维护当事人的合法权益。实践中,有的法院将辩方委托的专家辅助人意见视为辩护人、诉讼代理人陈述,这是不可取的。例如,在湖南省保靖县人民法院审理的一起刑事案件中,辩护人质证认为,湘西州擎天司法鉴定中心在无原 X 线摄片比对的情况下,做出的鉴定意见不准确、不科学,并申请鉴定人高生发及有专门知识的人胡志强出庭作证。法院在判决书中的表述为:辩方的质证意见(即有专门知识的人的意见),骨折病人到医院检查,通过“问”、“看病人有没有疼痛的表现、看局部和全部的红肿等表现”、通过做 X 线摄片检查,最后得出诊断结论,在没有当时的 X 线摄片的情况下,鉴定是无法进行的,推测傅祥龙的伤是三年前形成的。综上,湘西州擎天司法鉴定中心“关于被害人傅某某的伤情鉴定意见”不客观,不科学,不准确。[①] 显然,这种将专家辅助人陈述作为辩方的质证意见来看待的做法,实际上抹煞了专家辅助人陈述与辩护人、诉讼代理人陈述的区别。

(三)对专家辅助人陈述的审查判断

鉴于理据与证据一样,是事实认定的重要环节,法庭应当认真对待专家辅助人陈述,凭借法官的经验、理性和智慧审慎地决定取舍。必要时,法庭可以自行聘请专家辅助人,以便协助法官对控辩双方委托的专家辅助人所做的陈述进行审查判断。与英美法系国家陪审团认定事实无须说明理由不同的是,法庭无论是否采信专家辅助人陈述,都应当阐明理由。

目前法律对于专家辅助人是否必须出庭,以及在不出庭的情况下如何处理未做出明确规定。从实践的角度来看,法院对于控辩双方委托的专家辅助人在处理上似乎有所区别。例如,在陕西省西安市长安区人民法院审

[①] 参见湖南省保靖县人民法院(2015)保刑初字第 29 号刑事判决书。

理的一起刑事案件中,西安交通大学法医学司法鉴定中心向西安市公安局交通警察支队长安大队出具了专家证人意见书,意见如下:"一、伤情介绍中目前诊断的:1.特重型闭合性颅脑损伤、弥漫性轴索损伤、原发性脑干损伤、多发脑挫裂伤、脑室出血、创伤性蛛网膜下腔出血、双侧额颞部头皮裂伤、左侧颞部皮肤擦伤、双侧额颞部头皮下血肿;2.创伤性休克;3.左眼钝挫伤、左眼下睑皮肤裂伤、左眼眶周软组织损伤;4.胸部外伤、双肺挫伤、双侧胸腔积液、右侧第 11、12 肋骨骨折;5.左肩部皮肤擦伤;6.左侧前臂皮肤擦伤;7.双侧手背部皮肤擦伤;8.腹部外伤;9.右侧胫腓骨开放性骨折;10.骨盆多发性骨折;11.右侧小腿皮肤裂伤;20.脾包膜下血肿。以上损伤符合被钝性外力(碰撞、倒地)作用所致。二、伤情介绍中目前诊断的:12.左侧内踝粉碎性骨折;13.左侧腓骨下段骨折;14.左侧内踝皮肤擦伤,共 3 项伤情符合被钝性外力(碾压)作用所致。"该书面意见最终被法庭采信。[①] 然而,在江西省南昌市西湖区人民法院审理的一起刑事案件中,法院却以专家辅助人未出庭为由不予采纳其书面意见。该案判决书中写道:"辩护人提交了:……2.观鱼村财务印章照片及证人宗某、王某 2 的证言,证实经证人鉴别,该印章是光敏印章而非原子印章。……针对本案争议焦点,本院综合分析、评判如下:被告人胡知国的辩护人提交的盖印情况说明,不能证明印油未更换过,而宗某、王某 2 的证言实际上系有专门知识的人的意见,二人既未出庭也未提供材料证明其具备相应的专业知识及能力,故上述证据不予采纳。"法院在对待专家辅助人书面意见上的双重标准不符合法理,并且势必会加剧控辩双方力量的失衡。未来可行的做法是,按照笔者在上文中提出的方案,明确规定专家辅助人应当出庭陈述的情形,对于应当出庭而无正当理由拒不出庭的专家辅助人陈述,无论其是基于控方委托还是基于辩方委托,一律不得予以采信。

值得注意的是,虽然专家辅助人是否需要出庭应当取决于控辩双方对于专家意见是否存在争议,但对于专家辅助人已经当庭提出的意见,法庭应当进行审查,而不应以控辩双方达成合意为由不予审查。这既是职权主义诉讼模式对法庭职责的要求,也是刑事诉讼追求实质真实的需要。在山西省平遥县人民法院审理的一起刑事案件中,法院以辩方撤回重新鉴定申请

---

① 参见陕西省西安市长安区人民法院(2017)陕 0116 刑初 125 号刑事判决书。

为由,对专家辅助人当庭提出的质疑意见不予审查,这一做法是欠妥的。在该案中,有专门知识的人李某某、王某当庭对两份鉴定书提出异议称,两份鉴定意见缺乏客观、科学、充分的依据,被害人听力问题不是被告人外伤所致,两者之间没有因果关系,其重伤二级不能成立。(1)被鉴定人听力下降明显缺乏损伤基础:被鉴定人仅有左耳显著轻微的外力作用,不可能导致正常听力下降,不宜引用鉴定标准评定。(2)现有鉴定书所载的听力指标不构成现行标准规定的重伤二级。(3)被鉴定人并非如鉴定书所认为的"内耳迷路听觉毛细胞受损",其符合中耳病变的特征,具体病因尚不能确定,但可以肯定,轻微外力作用不足以导致该损害后果。本例,不能排除突聋的可能。本案中的感应神经性损伤用 CT 和核磁检查不出来。其表述对鉴定意见的态度是建立在委托人向其反映的基础上的,委托人说什么其就认为是什么。听委托人说,山西大医院的检测不客观。法院最终认定:以上证据,经当庭质证,被告人及其辩护人在其与受害人达成和解后表示不再申请重新鉴定,对于以前的鉴定结论表示认可。① 众所周知,我国不存在刑事自认制度,刑事诉讼应当追求客观真实,如果鉴定意见确有错误,即使被告人及其辩护人认可,法庭也不应予以采纳。因此,法院对于专家辅助人提出的意见应当进行审查,并说明其是否成立的理由。

此外,还需注意的是,专家辅助人陈述通常属于专门知识,裁判者应当以科学的态度进行审查判断,以科学原理为依据来决定取舍,而不应像运用证据那样通过"相互印证"来做出判断。在江西省铅山县人民法院制作的一份刑事判决书中写道:专家辅助人陆叶某针对被告人王林平处砂石混合料机械设备的专业性问题发表意见:被告人王林平经营的八都第一沙场处的锥碎机、破碎机(制砂机)等一整套设备均是浙江省嘉兴市海盐县通惠地质矿山机械有限公司研发的,砂石混合料经该机械加工,除去混合料中天然砂成分,其他石头等成分一次性制砂成品率是 20%至 50%,但是可以不断回熔,出砂率是百分之百的,在加工过程中,有电费和设备损耗,电费是一小时320 度工业用电。……经查,专家辅助人陆叶某庭审中发表的专业意见与被告人王林平当庭供述相印证,均证实八都第一沙场处的锥碎机、破碎机等设备对原始砂石混合料能进行筛选、加工、分离等,所有砂石混合料经过多

---

① 参见山西省平遥县人民法院(2016)晋 0728 刑初第 46 号刑事判决书。

次回熔加工,除天然砂外,其他石头等成分均能百分百制成"成某"……从有利于被告人原则,铅山县公安局在八都第一沙场内扣押到的砂子、碎石单价均应按混合料单价计算,即应按每立方米 12 元的单价计算。① 可见,该案中对专家辅助人陈述的审查判断简单套用证据相互印证的方法,相当于放弃了对专家辅助人陈述自身科学性的审查。

六、刑事专家辅助人制度的配套机制

为了确保专家辅助人制度的功能得以正常发挥,我们还需要从配套机制方面提供必要的保障。

(一)完善裁判文书说理制度

裁判文书说理是一个"老生常谈"的话题。阐明裁判理由有助于确保法官心证过程的公开,强化公众对审判活动的监督,这是审判公开原则的应有之义。英美法系国家的陪审团只需要给出裁判结果,而无须说明理由,这是由该制度自身规律所决定的。目前在大陆法系国家,"逻辑"会在上级法院审核下级法院如何得出关于事实的结论时受到检验。虽然在权衡证据方面不可能出现违反法律规则的情况(自由心证原则),但下级法官采信某一特定证据而不是其他证据的理由,很可能被认为是薄弱或不完备的,这可能导致以"错误逻辑"为由的推翻。② 我国实行职业法官审判制度,裁判文书说理既有必要性也有可行性。

专家辅助人陈述不属于证据,而属于理据,它对于法庭认定案件事实具有重要意义。那么,在否定专家辅助人的陈述属于证据之后,如何确保法官像对待证据一样,认真地对待专家辅助人所阐述的经验法则和科学法则呢?笔者认为,对于争讼双方委托的专家辅助人在法庭调查和辩论中提出的作为理据的经验法则和科学法则,裁判者无论是否采信,都应当在裁判文书中阐明理由,作为二审和再审审查的依据,同时便于接受公众监督。③

①参见江西省铅山县人民法院(2017)赣 1124 刑初 30 号刑事判决书。

②[美]米尔伊安·R.达玛什卡:《司法和国家权力的多种面孔——比较视野中的法律程序》,中国政法大学出版社 2004 年版,第 74 页。

③封利强:《我国刑事证据推理模式的转型:从日常思维到精密论证》,《中国法学》2016 年第 6 期。

　　然而,从司法实践的情况来看,现实却不尽如人意,全国各地的法院在刑事审判中对于专家辅助人陈述普遍不够重视。

　　笔者通过调查发现,有很多判决书中只提到有专家辅助人参与诉讼,却对专家辅助人所做的陈述只字未提。例如,在河北省沽源县人民法院制作的一份刑事判决书中,只在首段提到"沽源县人民检察院指派检察员刘某(1)李某出庭支持公诉,附带民事诉讼原告人鲁某及委托代理人河北金某律师事务所律师张某、被告人葛建军及其辩护人李成旺、到庭参加诉讼,鉴定人孙某、焦某 2 及专家辅助人刘某(2)胡某出庭参与诉讼"①,后文再无任何有关专家辅助人的信息。在四川省旺苍县人民法院制作的一份刑事判决书中,只提及"公诉机关四川省旺苍县人民检察院申请了有专门知识的人王昕到庭接受询问"②。在安徽省旌德县人民法院制作的一份刑事判决书中,只提及"有专门知识的人古平等到庭参加诉讼"③。在上海市静安区人民法院制作的一份刑事判决书中,只提及"有专门知识的人王挺到庭参加诉讼"④。在山东省济南市天桥区人民法院制作的一份刑事判决书中,只提及"公诉机关申请的有专门知识的人杨某某到庭说明意见"⑤。在江西省南昌市西湖区人民法院制作的一份刑事判决书中,只提及"有专门知识的人龚志强、张巍等到庭参加了诉讼"⑥。在浙江省海宁市人民法院制作的一份刑事判决书中,只提及"相关具有专门知识的人到庭参加诉讼"⑦。在重庆市渝中区人民法院制作的一份刑事判决书中,只提及"法庭依法通知鉴定人刘某丁、王某甲、甘某某、张某某、梁某、孙某某、王某乙出庭作证,有专门知识的人刘某戊出庭对鉴定意见提出意见"⑧。在河北省张家口市万全区人民法院制作的一份刑事判决书中,只提及"有专门知识的人张某 2,河北省土木建筑学会地基基础学术委员会主任。有专门知识的人王某 2,河北省土木建筑学会地基基础学术委员会副主任。万全区人民检察院以万某公诉科刑诉

　　①参见河北省沽源县人民法院(2017)冀 0724 刑初 97 号刑事判决书。

　　②参见四川省旺苍县人民法院(2017)川 0821 刑初 9 号刑事判决书。

　　③参见安徽省旌德县人民法院(2013)旌刑初字第 00028 号刑事附带民事判决书。

　　④参见上海市静安区人民法院(2016)沪 0106 刑初 746 号刑事判决书。

　　⑤参见山东省济南市天桥区人民法院(2016)鲁 0105 刑初 434 号刑事判决书。

　　⑥参见江西省南昌市西湖区人民法院(2015)西刑初字第 1069 号刑事判决书。

　　⑦参见浙江省海宁市人民法院(2014)嘉海刑初字第 179 号刑事判决书。

　　⑧参见重庆市渝中区人民法院(2014)中区法刑初字第 00799 号刑事判决书。

(2016)126 号起诉书指控被告人王健、王国典、白振琦犯工程重大安全事故罪,于 2017 年 1 月 3 日再次向本院提起公诉。有专门知识的人张某 2、王某 2 等到庭参加诉讼"①。在上述判决书的后文中,均再未提及专家辅助人的任何信息。

另外,有的刑事判决书虽然提及了专家辅助人陈述,却没有阐明对专家辅助人陈述不予采纳的理由,或者没有从科学原理的角度予以详细阐明。例如,在南京市浦口区人民法院审理的一起刑事案件中,被告人李某甲的辩护人提交并经当庭出示、宣读了下列证据:……(4)胡志强的证言称挫伤应当依据《人体损伤程度鉴定标准释义》和《人体损伤程度鉴定标准适用指南》解释为"由于钝器作用造成的皮下和(或)皮下软组织出血为主要改变的闭合性损伤",施某乙的体表损伤仅以皮内出血为主,且伤后当日能安卧、次日能正常上学、3—4 日基本吸收,其损伤轻微,不属于轻伤范畴。法院在判决书中的回应只有一句话,即"有专门知识的人胡志强的证言缺乏法律依据,本院不予采信",而未阐明不予采信的理由。② 再比如,在山东省日照市中级人民法院审理的一起刑事案件中,上诉人及其辩护人对司鉴中心(2017)临鉴字第 726 号司法鉴定意见书仍有异议,提交北京云智科鉴咨询服务中心出具的法医学书证审查意见书,并申请有专门知识的人出庭,经本院允许,北京云智科鉴咨询服务中心胡志强法医出庭发表了自己的专家意见,认为能够导致颅骨骨折的外力是较大的,一定会在损伤的局部留下明显的皮肤损伤,被审查人陈某 1 伤后照片没有发现左侧有外伤,其左额骨骨折诊断、鉴定可能有误,其损伤程度不宜认定为轻伤。然而,法院在判决书中指出:"经查,本案专家证人系在未看到原始的医学影像资料、未见到被鉴定人本人的情况下,依据本案卷宗、病历、三份鉴定书所做出的个人审查判断;而司法鉴定科学技术研究所司法鉴定中心是隶属于司法部的具有合法主体资格的司法鉴定机构,鉴定人具有法定资质,鉴定程序合法,鉴定过程和方法符合相关规范要求,鉴定意见明确,且鉴定意见与案件待证事实有关联性,故本案专家意见不能有效对抗(2017)临鉴字第 726 号司法鉴定意见书,本

①参见河北省张家口市万全区人民法院(2017)冀 0729 刑初 1 号刑事判决书。
②参见南京市浦口区人民法院(2015)浦少刑初字第 13 号刑事判决书。

院对专家证人发表的出庭意见及法医学书证审查意见书不予采信。"①显然,该判决书所阐述的对专家辅助人陈述不予采信的理由并非依据相关科学原理所做出,而是以专家辅助人"未看到原始的医学影像资料""未见到被鉴定人本人"为由不予采信,自然难以令人信服。特别是,该判决书还刻意强调专家辅助人陈述是"个人审查判断",似乎包含着"个人审查判断意见不能对抗鉴定机构的鉴定意见"的意味,难以体现对专家辅助人陈述的尊重。

不过,值得注意的是,也有部分法院在刑事案件的审判中对专家辅助人的意见给予重视,并且在判决书中详细阐述专家辅助人的陈述。例如,江西省吉安市吉州区人民法院在一份刑事案件的判决书中指出,因被害人杨某甲无正当理由拒绝配合重新鉴定。为此,辩护人即申请鉴定人出庭接受专家辅助人对鉴定意见进行质证,专家辅助人认为江西人民法医学鉴定所于2014年11月26日评定杨某甲重伤二级的鉴定意见,依据不足,不符合国家《人体损伤程度鉴定标准》中的应以"被动活动度为准"的规定。理由是江西人民法医学鉴定所主要是根据南昌大学第一附属医院《人身伤害司法法医学鉴定专家咨询意见》进行评定,而该专家意见存在以下问题:一是对杨某甲左肩关节活动功能检查中缺少"内收"活动功能检查,导致功能计算不准确;二是"左肩主动活动功能丧失"程度不明确,"左腕关节功能丧失约20%"是否指左腕关节被动活动功能丧失程度不明确;三是未对杨某甲左肩关节及左腕关节做肌力检查,不符合规定;四是未对杨某甲左某甲肢做神经诱发电位检查是不科学、不严谨的。鉴定人余某认为,该所根据受委托的南昌大学第一附属医院专家意见,认定杨某甲重伤二级,鉴定程序合法,且由于影响关节活动功能的因素与骨、肌肉、神经等多种因素有关,因神经不是唯一因素,而杨某甲是刀砍致骨折和肌肉损伤,修复后可以导致功能障碍,故专家未做肌电图检查。本院认为,根据我国《人体损伤程度鉴定标准》附录C中"C.6肢体关节功能丧失程度评价"第四项"由于本标准对于关节功能的评定已考虑到肌力减退对关节功能的影响,故在测量关节运动活动度时,应以关节被动活动度为准"的规定,对杨某甲"左肩关节及左腕关节活动度"的测量,不仅要做"左肩关节及左腕关节"肌力检查和左某甲肢做神经诱发电位检查,更应以杨某甲"左肩关节及左腕关节被动活动功能丧失度"进

①参见山东省日照市中级人民法院(2016)鲁11刑终59号刑事附带民事判决书。

行评定,但江西人民法医学鉴定所仅以杨某甲"左肩关节及左腕关节主动活动功能"障碍程度评定为重伤二级,显然不符合我国《人体损伤程度鉴定标准》附录 C 中"C.6 肢体关节功能丧失程度评价"的规定要求,故江西人民法医学鉴定所于 2014 年 11 月 26 日出具的"人民法医(2014)临鉴字第 334 号鉴定意见书"不能作为本案证据采信,被害人杨某甲伤情应以江西吉安司法鉴定中心的鉴定意见为准(即轻伤一级)。辩护人关于被告人杨某甲的伤情应以江西吉安司法鉴定中心鉴定的轻伤一级为准的辩护意见予以支持。[①]

有的法院在阐述专家辅助人意见的同时,还对是否予以采信详细阐明理由。例如,在汪某、万某等侵犯著作权案中,被告人申请专家辅助人吴某甲、吴某乙出庭,对鉴定意见发表了看法。关于两款软件的客户端比对,认为可被剔除的公共程序及第三方程序文件要远比鉴定意见书中提出的多,且只比对了文件数量,未考虑具体文件的权重,故相似性比例偏差较大,服务器端同样存在类似的问题,数据偏差也较大,均应当予以修正,不足以得出实质性相似的结论;鉴定内容不包含网站,导致结论不具有完整性;虽认为两款软件有相同的部分,但《家育星》软件不是《乌龙学苑 3.0 版》软件的复制品;从教育软件的功能和内容来分析,在使用对象上《乌龙学苑 3.0 版》面向学校老师,而《家育星》软件面向家庭,显然功能上、本质上不同。学生端功能上也有差异,《家育星》上有更多的功能,此外网站功能和相关教学内容的数量均存在较大差异,从教育领域来说,教学软件应该包括软件基本功能、学习内容等主要要素,两款软件应用对象有区别,功能上存在明显差异,内容方面《家育星》软件比《乌龙学苑 3.0 版》软件明显丰富。法院在判决书中指出,本院认为,我国《刑法》第二百一十七条第一项规定,"未经著作权人许可,复制发行其文字作品、音乐、电影、电视、录像作品、计算机软件及其他作品的"属侵犯著作权的情形,其中"复制发行"是构成此罪的行为要件。《计算机软件保护条例》第二十四条也规定了复制或部分复制著作权人的软件属于民事侵权或触犯刑律的行为之一。如果一款软件与另一款软件经鉴定比对,文件相似度比例较高,主体结构及功能实质性相同,再结合其他具体行为,综合判断为构成实质性相似,则应理解为构成著作权法意义及刑法意义上的复制。本案中,汪某等被告人复制《乌龙学苑 3.0 版》软件部分文

---

① 参见江西省吉安市吉州区人民法院(2014)吉刑初字第 253 号刑事附带民事判决书。

件制作出《家育星》软件并运行后获利应予确认,关键是这样一种部分复制的行为是否达到了两款软件实质性相似的程度,从而构成刑法规定的因"复制"而侵犯著作权呢? 本案中,各被告人及辩护人、专家证人对两款软件相似度鉴定的鉴定结论提出的异议主要有检材来源有问题,检测时间不同步,对《家育星》软件客户端程序检测时仅为测试版本;鉴定的方法有问题,仅比对了两款软件的客户端及服务器端文件,网站及语音包等未包括,故鉴定的内容不完整,不能说明软件全貌,大量公共程序文件及第三方文件、作废文件未排除,部分文件压缩包未解压,导致文件相似度比例不准确等,概括意见是认为两款软件有相似之处,但不构成实质性相似,从而不构成刑法条款规定意义的"复制"。本院认为,经审理查明,关于检材,本案用于鉴定的《乌龙学苑 3.0 版》软件及《家育星》软件的客户端程序系由乌龙公司股东之一王某某于 2012 年 3 月 7 日向上海市长宁公证处申请保全证据后,由长宁公证处的公证员根据公证法的规定,通过该处电脑上网操作在软件官网所提取保存,其来源的合法性毋容置疑,至于比对的《家育星》软件客户端程序究竟是商业版还是测试版,在迟至本案软件服务器端程序比对鉴定的同时该《家育星》软件客户端程序是否已作更新升级而导致内容有所不同,并不能改变鉴定当时该程序已开发完成并已在官网发布的事实。《乌龙学苑 3.0 版》软件及《家育星》软件的服务器端程序,系公安机关从孙某某处于 2013 年 1 月 15 日扣押的笔记本电脑中取得,并提供给鉴定机构做两款软件的服务器端程序相似性比对,孙某某在家翊星公司的工作主要为测试《家育星》软件并将软件置于服务器上,其又系原乌龙公司从事《乌龙学苑 3.0 版》软件相同工作的员工,其被扣电脑中相关软件程序的真实性、客观性应予确认。故对各被告人及辩护人就本案鉴定检材来源、检测时间、测试版本等的辩称不予采信。关于在软件相似度比对时采用对软件客户端及服务器端程序文件进行比对的方法是否合理及完整的问题,本院认为,本案中公安机关委托的鉴定机构上海辰星电子数据司法鉴定中心,依托于公安部第三研究所、国家反计算机入侵和防病毒研究中心、信息网络安全公安部重点实验室,是依法获批具有鉴定资质及鉴定能力的专业电子数据、信息网络安全类鉴定机构,其采用的检验方法是依据国家公共安全行业标准及其自制的作业指导书进行,具有科学性、客观性及权威性;涉案软件的客户端程序及服务器端程序系软件的主要及核心部分,本案中《乌龙学苑 1.0 版》软件在申请著作权登记时，其登记申请表上亦明确表述"整套软件分为客户端程序和服务器端程序两部分"，可见用途和功能基本相同的《乌龙学苑3.0版》及《家育星》软件也同样如此，故就软件客户端程序和服务器端程序进行比对，能够反映出两款软件的整体全貌。按一般惯例，就网络游戏类的计算机软件比对时，采取就软件的客户端程序进行比对的方法居多，而本案中鉴定机构根据涉案软件的特点，依据相关标准就两款软件的客户端程序及服务器端程序项下文件及文件目录结构进行整体比对得出相似度比例，方法正确，结论客观，故对相关被告人及辩护人的辩称亦不予采信。关于公共文件、第三方文件鉴定时未充分排除、部分文件压缩包未解压而导致文件相似度比例不准确的问题，经庭审质证，鉴定机关在鉴定中，因不比对文件的具体内容，故压缩文件是作为一个单独文件进行计算，实际操作时已经就明显、可以判断的公共文件、第三方文件进行了排除，鉴于涉案软件的专业性，不排除比对时有少量的公共文件、第三方文件遗漏的可能，但由于实际比对时会就两款软件相关文件做同步排除或不排除，故对文件相似度比例的最终结果影响并不大，相同文件的数量及文件所占原软件程序文件的比重才是判断是否复制及复制程度的重要依据。根据鉴定人的当庭陈述，即使按被告人所称的方法予以排除，最终两款软件的服务器端程序文件目录结构相似度达80％以上，文件相似度达70％以上，客户端程序文件目录结构相似度及文件相似度均达90％以上。更何况文件目录结构相似度及文件相似度比例的大小只是判断两款软件是否构成实质性相似的重要依据之一，最终的结论需要鉴定人依据行业标准、专业知识及能力、涉案软件特点及相关行业惯例、鉴定中发现的其他情况等综合判断而得出，法院也是依据案件的其他证据材料再结合鉴定结论从而判定被告人是否构成刑法条款规定意义的"复制"。鉴于本案鉴定结论为《乌龙学苑3.0版》与《家育星》软件的服务器端程序文件相似度在70％以上的文件数占《乌龙学苑3.0版》软件服务器端程序文件数的75％，《乌龙学苑3.0版》软件安装程序与《家育星》软件安装程序文件相似度达到90％以上，在《家育星》的应用程序目录的文件中出现了"乌龙学院""汪某"、带乌龙名称的网址，《家育星》部分应用程序目录文件的"签名人姓名"与《乌龙学苑3.0版》的一致，故两款软件存在实质性相似；再结合前面所述的汪某及万某通过其实际掌控的家翊星公司，指使原为乌龙公司员工或代理商的其余各被告人，复制乌龙公司享有著作权的《乌龙学苑 3.0 版》软件的相关文件,制成《家育星》软件并投入运营等主观表现及客观行为,本院确认各被告人制作的《家育星》软件与《乌龙学苑 3.0 版》软件虽有一定的不同之处,但主体结构、功能实质性相同,从而构成两款软件实质性相似,构成对他人享有著作权的计算机软件的复制。①

再比如,在郑建兴故意杀人案中,专家辅助人陈某 1 出庭陈述,说明了家庭暴力发生的原因、主要特征,与家庭纠纷的区别,阐述了家庭暴力中施暴者与受暴者的心理特征,以及评判家庭暴力严重性的标准,并提出只有通过有效的外力介入,才能根除家庭暴力的意见。法院经综合评判后认为,根据专家证人的证言,家庭暴力的施暴方与受暴方往往具有一些典型表现,比如施暴方往往是两副面孔型的人,会无由来地猜疑,在描述暴力行为时会淡化暴力的严重程度等;受暴方在暴力威慑下内心表现为害怕施暴者。本案中被告人郑建兴无故怀疑妻子有外遇,怀疑妻子会与医生串通给他吃毒药,在描述暴力行为时避重就轻,将掐脖子描述为推脖子,其相关表现符合施暴行为人的特征。在案发当日持续长达近六小时的控制、殴打过程中,被害人郑某 5 只是通过咬被告人手指、用脚踢被告人等轻微的暴力,实施了任何一个公民在遇到类似危及自己生命安全时都有权利采取的措施,在被勒脖子时只能祈求耶稣保佑,在案发后放弃进一步伤情鉴定,不愿意提起之前的家暴事实等,这些表现均符合受暴者的特征。② 这种对专家辅助人陈述的描述以及对是否予以采信的理由所做的详尽阐释,能够彰显法庭对专家辅助人陈述的尊重,更好地公开法官心证的形成过程,进而显著增强司法裁判的权威性和公信力。

(二)法官庭外咨询之禁止

我国《刑事诉讼法》第一百九十七条第二款规定:"公诉人、当事人和辩护人、诉讼代理人可以申请法庭通知有专门知识的人出庭,就鉴定人做出的鉴定意见提出意见。"这一条文并未明确法院有权聘请专家辅助人参与诉讼。《最高人民法院关于适用〈中华人民共和国刑事诉讼法〉的解释》第二百一十五条规定:"审判人员认为必要时,可以询问证人、鉴定人、有专门知识

①参见上海市徐汇区人民法院(2013)徐刑(知)初字第 20 号刑事判决书。
②参见浙江省乐清市人民法院(2016)浙 0382 刑初 1270 号刑事判决书。

的人。"这一规定仅适用于对控辩双方委托的专家辅助人的询问。《最高人民法院关于适用〈中华人民共和国刑事诉讼法〉的解释》第二百一十七条规定："公诉人、当事人及其辩护人、诉讼代理人申请法庭通知有专门知识的人出庭，就鉴定意见提出意见的，应当说明理由。法庭认为有必要的，应当通知有专门知识的人出庭。申请有专门知识的人出庭，不得超过两人。有多种类鉴定意见的，可以相应增加人数。有专门知识的人出庭，适用鉴定人出庭的有关规定。"这一规定也不过是对控辩双方委托专家辅助人出庭施加了一定的限制，即以"法庭认为有必要"为前提。可见，根据上述规定，法院自行委托和聘请专家辅助人尚缺乏法律依据。从域外立法来看，《意大利刑事诉讼法典》第二百二十五条规定："在决定进行鉴定后，公诉人和当事人有权任命自己的技术顾问，各方任命的技术顾问数目不得超过鉴定人的数目。在国家救助法规定的情况和条件下，当事人有权获得由国家公费提供的技术顾问的协助。"①可见，意大利同样规定只有控辩双方可以委托技术顾问。

那么，我们需要面对的问题是，如果法庭对于案件涉及专门知识，而当事人由于经济困难等原因没有委托专家辅助人的，应当如何处理呢？有学者认为："当法院遇到专业问题而当事人不委托专家辅助人时，法院如何理解专业问题以及查明案件事实呢？对此种情形，法院可以告知负有举证责任的一方当事人聘请专家辅助人到庭就专业问题提出意见，通过释明权来帮助当事人申请专家辅助人出庭。倘若当事人拒绝聘请专家辅助人，法院可根据举证责任的分配来确定需要认定的专业问题。"②笔者对此不敢苟同。证明责任固然是世界各国普遍确立的一种裁判机制，但它不能从根本上解决真相发现问题。波斯纳曾就证明责任的本质做出过如下精辟的阐述："人们也许会认为这是法律制度的一个耻辱，即法律制度常常对它必须解决的法律纠纷的是非曲直没有任何线索，但是，通过运用举证责任，以它来作为缺乏这种知识的代位者，法律制度就避开了这种耻辱。"③因此，笔者在上文中主张，充分发挥我国职权主义诉讼模式的优势，在这种情况下赋予

①《意大利刑事诉讼法典》，黄风译，中国政法大学出版社1994年版，第74页。
②郭华：《专家辅助人制度的中国模式》，经济科学出版社2015年版，第140页。
③[美]理查德·波斯纳：《法理学问题》，苏力译，中国政法大学出版社2002年版，第272—273页。

法院主动聘请专家辅助人的权力,同时,赋予经济困难的当事人在特定条件下申请法庭聘请专家辅助人的权利。

实际上,在审判实践中,控辩双方常常会对鉴定意见或者其他专门问题产生争议,法官由于缺乏专门知识而难以做出判断。即使控辩双方委托了专家辅助人,对于专家辅助人陈述的评价和取舍同样可能让法官感到无所适从。有学者建议:"在实践中,法庭基于个案的鉴定意见或者专业问题存在疑义不能确定或者无法借助其查明案件事实时,可通过专家咨询的机制来完成查清事实的目的,即无须指派专家辅助人到庭提供意见。"[1]笔者认为,法官在庭外向专家进行咨询,可能会侵犯控辩双方的质证权,并且容易导致偏听偏信。

因此,为了保障争讼双方的质证权,裁判者应当杜绝庭外咨询。实际上,在专家辅助人制度得以确立之前,法官在遇有专业问题时往往在庭外向专业人士进行咨询,这是违背诉讼规律的。此类庭外的专家咨询活动应当被杜绝。法院认为必要时也可以依职权聘请专家辅助人,并且,法院聘请的专家辅助人应当出庭发表意见,并接受争讼双方及其专家辅助人的交叉询问。

在备受瞩目的念斌案的庭审过程中,控辩双方围绕有关毒物的专门知识展开了论辩。据报道,辩方的意见得到了毒物专家的支持。原公安部物证鉴定中心毒物麻醉药品鉴定处处长张继宗、原北京市公安局法医中心毒物检验室高工潘冠民旁听了庭审。经辩方律师申请,福建高院同意两人出庭,以专家辅助人的身份与此案的鉴定人就毒物性质、中毒情形、毒物检测等问题进行讨论。然而,因鉴定人未能出庭,法官由此未同意两位毒物专家出庭作证。不过,庭审结束后,合议庭向两人咨询了专业毒物知识。"当主审法官一听我说氟乙酰胺的特性时,他立刻就明白了。"除此之外,两人还向法院提出了另外两项疑点:(1)一份鉴定结论为"倾向于认定门把上残留物含有氟乙酸盐"不规范。"毒物鉴定只能做是与非判断,要么'检出',要么'未检出','倾向于认定'过于草率。"(2)根据念斌供述,念曾在货架上和地面上洒过鼠药。念斌投毒时时值深夜,光线黑暗,鼠药遗洒在煤炉和壶嘴上的可能性非常大。但福州市警方并未从这些部位检测到毒药成分。"这样

---

① 郭华:《专家辅助人制度的中国模式》,经济科学出版社 2015 年版,第 140 页。

可看出,本案的证据链是支离破碎的。"①笔者认为,在该案中,合议庭以鉴定人未能出庭为由拒绝两名专家辅助人出庭是不可取的,而其在庭审结束后向两名专家辅助人咨询与毒物相关知识的做法同样不可取。

正如证据需要经过庭审质证一样,专家辅助人提供的理据也需要经过庭审质证。任何庭外咨询活动都应该被禁止。从司法实践的角度来看,不少法院尝试聘请专家辅助人参与诉讼,取得了良好的效果。例如,在河北省廊坊市广阳区人民法院审理的一起刑事案件中,法院聘请专家辅助人王某到庭参与诉讼,专家辅助人的陈述表明,董某甲嫁接的行为从理论上是可以的,属于可嫁接的行为。法院认为,本案研判的焦点在于被告人董某甲截干是否具有故意毁损的主观目的。综观全案证据,证人魏某1、魏某2、董某的证言和被告人董某甲的供述及现场勘验笔录及现场照片相互印证、佐证,能够证实被告人董某甲截干的目的是为了嫁接。且该种嫁接方式得到了有专门知识的人出庭证言佐证。综上,公诉机关出具的现有证据不能够证实被告人董某甲有毁坏财物的主观故意。对被告人、辩护人的辩解、辩护意见,本院均予以采纳。②

实际上,早在2002年《最高人民法院关于行政诉讼证据若干问题的规定》发布之际,针对该规定中新确立的专家辅助人制度,实务部门就认为:"这种方式一改过去法院就专门性问题走访专家,听取各方面意见,而形成法院的判断方式。过去的方式,法官所获取信息都不能进入法庭,当事人对法院形成的判断持怀疑态度,认为是'暗箱操作'的结果,即使是正确的,也认为法院没有公正判决。"③

为了更好地贯彻以审判为中心的刑事诉讼制度改革要求,真正实现庭审实质化,应当从根本上切断法官从庭外接受专门知识的渠道。为此,对于专家辅助人当庭陈述与庭前向法庭提交的书面意见不一致的,应以当庭陈述为准。在这方面,浙江省高级人民法院的做法可资借鉴。浙江省高级人民法院《关于专家辅助人参与民事诉讼活动若干问题的纪要》第十六条规

---

① 黄秀丽:《一碗稀饭引发的投毒悬案》,http://www.infzm.com/content/37918,2017年5月3日访问。

② 参见河北省廊坊市广阳区人民法院(2017)冀1003刑初235号刑事判决书。

③ 最高人民法院行政审判庭:《最高人民法院〈关于行政诉讼证据若干问题的规定〉释义与适用》,人民法院出版社2002年版,第305页。

定:"人民法院要求专家辅助人提交书面意见的,专家辅助人应当庭或者在法庭指定期限内提交书面意见。书面意见应就鉴定意见或者其他专门性问题提出结论并说明理由。……书面意见观点及理由应当与当庭发表的言词意见保持一致。如出现不一致的,以专家辅助人在法庭上发表的意见为准。"

(三)确立伪证责任追究制度

刑事专家辅助人作为一种独立的诉讼参与人,没有类似鉴定人那样严格的资格限制;并且,由于刑事案件可能涉及的专门知识十分广泛,根本不可能组建所谓的"专家库";同时,专家辅助人并非一种职业,而是基于司法机关的聘请或者当事人的委托而参与特定案件的审理并发表专业意见,因此不可能像对待律师那样实施行政监管和行业自律。那么,如何确保专家辅助人客观地阐述科学原理,而避免出现英美法系国家常见的专家证人被当事人收买的情况呢?

对于是否应当对专家辅助人的不当行为追责,学者们进行了探讨。比如,有的学者认为,专家辅助人提出的意见不客观甚至虚假仅仅影响作为证据的鉴定意见,尽管就专业问题提出的意见可能影响法庭对事实的认定,但因提出的意见不是证据,不直接对案件事实的认定发生作用,因此无须对提出的专家意见的错误或者虚假陈述承担意见不实的法律责任。如《最高人民法院关于适用〈中华人民共和国刑事诉讼法〉的解释》第二百一十一条规定:"证人、鉴定人到庭后,审判人员应当核实其身份、与当事人以及本案的关系,并告知其有关作证的权利义务和法律责任。""证人、鉴定人作证前,应当保证向法庭如实提供证言、说明鉴定意见,并在保证书上签名。"没有规定专家辅助人"在保证书上签名"的问题。相反,其虚假的陈述和似是而非的意见通过鉴定人发问以及对方专家辅助人的对质是完全可以被揭穿的,鉴定人作为资格型的专业人员也能够发现专家辅助人意见的错误,且具有指出其虚假以维护其提供鉴定意见正确性的职责,对专家辅助人虚假意见完全可以依靠程序来过滤与澄清。① 对于这一观点,笔者不敢苟同。首先,其认为专家辅助人"提出的意见不是证据,不直接对案件事实的认定发生作

---

① 郭华:《专家辅助人制度的中国模式》,经济科学出版社 2015 年版,第 125 页。

用"的看法是错误的。上文已经提到,理据与证据对于认定案件事实来说同等重要。其次,以最高人民法院的司法解释没有规定专家辅助人"在保证书上签名"来加以论证是缺乏说服力的。现行法律的缺陷不能为其正当性提供支持。最后,"对专家辅助人虚假意见完全可以依靠程序来过滤与澄清"的看法也是有失偏颇的。从立法目的的角度来说,之所以要构建专家辅助人制度,就是因为裁判者对于专业问题缺乏评判能力,需要求助于具有专门知识的人。不对专家辅助人的行为施加必要的约束和监管,而是寄希望于所谓的"依靠程序来过滤与澄清"是很荒谬的。

此外,有的学者还主张赋予专家辅助人"意见豁免权"。比如,有学者认为,为了促进专家辅助人更好地履职,充分保障专家辅助人独立发表意见权,只要没有发表危害国家安全、恶意诽谤他人严重扰乱法庭秩序的言论,就不得追究其法律责任。正如辩护律师一样,专家辅助人特别是被告方委托的专家辅助人,都是为了维护委托人的正当权益,利用自己的专业知识及特殊经验,在法庭上发表意见,以实现控辩双方的平等武装。不同的是,律师的"武器"主要是其法律知识与经验,专家辅助人则是依托其在专门知识领域的经验、技术、知识,二者虽然知识领域不同,但二者的目的与功能都是一致的,即维护当事人正当的诉讼权利尤其是辩护权。① 笔者认为,拿专家辅助人与辩护律师做类比是不适当的。辩护律师是一种职业,对辩护律师的执业权利保障旨在保障被追诉人的基本人权。更为重要的是,之所以可以赋予辩护律师以言论豁免权,是因为其错误言论的危害是有限的,原因就在于职业法官受过专门法律职业训练,不容易被律师的错误言论所误导。专家辅助人则完全不同,不仅缺乏针对律师的司法行政监管和行业自律,而且法官对于专家辅助人陈述所涉及的专门知识往往是"一窍不通"的,况且实践中还不同程度地存在着法官对专家意见的迷信。因而,赋予专家辅助人"意见豁免权"是不可行的,容易滋生乱象,导致严重的后果。

对于专家辅助人的不当行为应当如何追责,也有学者进行了分析。比如,有的学者认为:"如果专家辅助人在诉讼过程中故意或者因重大过失提供虚假意见,导致法官对专业问题的认定出现重大偏差而使当事人的合法

---

① 王跃:《专家辅助人制度基本问题研究——以〈刑事诉讼法〉第一百九十二条规定为切入点》,《西南政法大学学报》2014 年第 1 期。

权益遭受重大损失的,可依据委托合同及有关法律规定承担赔偿责任,并要求司法鉴定管理部门参照《决定》第十三条的规定进行惩戒。"①笔者对此不敢苟同。专家辅助人不同于鉴定人,由司法鉴定管理部门来进行惩戒显然是既不可行也不合理的。

笔者认为,对于专家辅助人明显违背科学原理,故意做虚假陈述,情节轻微且未造成严重后果的,法庭可以比照扰乱法庭秩序的行为,视情节采取警告、训诫、责令退出法庭、罚款或者拘留等制裁措施;对于情节严重或者造成严重后果的,应当依法追究刑事责任。根据目前我国刑法的规定,伪证罪是指在刑事诉讼中,证人、鉴定人、记录人和翻译人对与案件有重要关系的情节,故意做虚假证明、鉴定、记录、翻译,意图陷害他人或者隐匿罪证的行为。未来需要对该刑法条文做出修改,将"专家辅助人"规定为伪证罪的主体之一。

(四)从"专家辅助"走向"人工智能辅助"

习近平总书记曾提出要加快构建中国特色哲学社会科学。他指出:"要按照立足中国、借鉴国外,挖掘历史、把握当代,关怀人类、面向未来的思路,着力构建中国特色哲学社会科学,在指导思想、学科体系、学术体系、话语体系等方面充分体现中国特色、中国风格、中国气派。"②然而,长期以来,很多国内法学学者却已经习惯于从西方法学典籍中寻找学术灵感,从西方立法和司法实践中去寻找摆脱我国现实困境的答案。这不仅是一个误区,同时也是国内有关专家辅助人制度的研究陷入僵局的原因所在。实际上,我国刑事专家辅助人制度的构建不必要照抄照搬国外经验,既不应效法英美法系国家建立专家证人制度,也不应固守大陆法系国家通过司法鉴定来解决专门问题的传统,而应当从司法证明科学化的发展趋势出发,以理据的科学化为目标,构建具有中国特色的刑事专家辅助人制度。

目前,刑事专家辅助人制度在司法实践中的应用还有很大的提升空间。理论的滞后、认识的模糊和制度的缺位是导致这一局面的根源所在。其实,早在20世纪初,作为司法心理学的开拓者之一闵斯特伯格就主张在司法审

---

① 郭华:《专家辅助人制度的中国模式》,经济科学出版社2015年版,第213—214页。
② 习近平:《在哲学社会科学工作座谈会上的讲话》,http://www.xinhuanet.com/politics/2016－05/18/c_1118891128.htm,2018年3月20日访问。

判中使用心理学专家证人,为法庭提供关于心理学方面的专家意见。遗憾的是,他关于以心理学研究成果来取代陪审员的常识作为事实裁判依据的观点在当时遭到了摩尔和威格莫尔的抨击。从当今司法实践来看,很多对言词证据和视听资料的分析都需要借助于心理学方面的专家,只有借助于专家提供的关于心理分析的科学法则,司法人员才能将证据与案件事实联结起来。其他学科领域的专家意见同样可以发挥类似的功能。从发展的角度来看,专家辅助人在协助司法人员解决刑事诉讼中的专业问题方面将起到越来越重要的作用。刑事专家辅助人的参与有助于深化控、辩、审三方对专业问题的理解,从而保障事实认定的准确性,对于推动实现审判中心主义和庭审实质化具有重要意义。

笔者认为,在对科学法则可靠性的评判标准上,可以借鉴美国对科学证据进行审查的有益经验。从美国科学证据可采性标准的嬗变过程可以发现,诸如弗赖伊案件、多伯特案件和后来发生的锦湖轮胎案(Kumho Tire Co. v. Carmichael)等大量的经典案件,以及《联邦证据规则》都对科学证据的可采性标准进行了调整,美国联邦最高法院积累了审查判断科学证据的丰富经验,不断调整法官采信科学证据必须综合考虑的因素。[①]

专家辅助人的职责在于提供理据,从而为证据与事实之间建立逻辑联系。而作为理据的经验法则和科学法则的运用取决于专家所拥有的"知识库"的数量和质量。正是由于专家辅助人拥有对案件所涉专业领域的专门知识,其参与诉讼并向法庭提供专业意见才成为可能。而随着互联网、大数据和人工智能等信息技术的发展,电脑在对专门知识的收集、储存、提取和运用方面的潜力逐渐显现,并且呈现出超越人脑的趋势。因此,在不久的将来,专家辅助人的工作在很大程度上将被专业机器人所取代。

从世界范围来看,人工智能在司法证明领域的应用日益活跃。近年来,以"人工智能与司法证明"为主题的研究日趋活跃,甚至有学者将这一研究进路称为"第二种类型的新证据学",认为它较之以往的"新证据学"更为广泛地运用数学运算和数学模型。[②] 其实,早在三十多年前,特文宁教授就曾

---

①陈邦达:《美国科学证据采信规则的嬗变及启示》,《比较法研究》2014 年第 3 期。

②Peter Tillers, *Introduction: A Personal Perspective on 'Artificial Intelligence and Judicial Proof'*, 22 Cardozo Law Review 1365(2001).

经指出威格莫尔分析法在人工智能领域的应用前景："或许比这些更为重要的是这样一个事实：与运算法则一样，这种方法似乎为与新的信息技术相关的应用提供了相当大的可能性。这至今仍在很大程度上是一个尚未被探索的领域，但威格莫尔的方法似乎很可能在计算机时代占据一席之地。"①尽管由于个案的情况千差万别，机器只能辅助而不可能完全替代人脑，但认知科学将人脑与计算机都看作"智能实体"，认为其工作机制是相似的。随着科学技术的发展，人工智能在事实认定中运用的深度和广度必将不断得到拓展，在解决专门知识方面从"专家辅助"走向"人工智能辅助"将成为大势所趋。为此，我们应当加大相关的投入，在完善刑事专家辅助人制度的同时，开展对人工智能辅助的深入研究。

---

①William Twining, *Theories of Evidence：Bentham and Wigmore*, Stanford University Press,1985,p.135.

第八章

我国刑事错案纠正机制的完善

近年来,我国司法改革不断向纵深推进,刑事司法领域的公平公正得到前所未有的彰显,各级各地司法机关正在努力做到"让人民群众在每一个司法案件中都感受到公平正义";然而,不断曝光的冤错案件始终是挥之不去的阴影。当今我国刑事司法领域最大的问题就是错案问题,尤其是无辜者被错误定罪的问题。错判往往会导致巨大的司法成本和社会成本,对司法权威性和公信力会造成不可估量的损害。"一审和二审中即便审理的速度飞快,但若造成冤案,就要以再审案件的形式再审理上几十年,这对司法无疑是个巨大的负担。"①"一个案子,对法律家而言,不过是'无数案件中的一起';对于被告而言,却是人生的重大转折点。"②

错案的不可避免性决定了完善我国刑事错案纠正机制的必要性。就纠错过程而言,错案纠正包括发现和纠正两个环节。目前来看,刑事错案的发现环节和纠正环节均存在不同程度的问题。

从发现环节来看,刑事错案尚存在较大的"黑数"。我国近年来纠正的数十起重大冤错案件大多是在偶然因素的作用下得以发现的。至于目前尚有多少冤错案件尚未被发现和纠正,仍是一个未知数。实践中,不少冤错案件的申诉得不到受理和认真的审查,甚至当事人没有提出申诉。比如,赵作

---

① [日]秋山贤三:《法官因何错判》,曾玉婷译,法律出版社 2019 年版,第 136—137 页。
② [日]秋山贤三:《法官因何错判》,曾玉婷译,法律出版社 2019 年版,第 137 页。

海在入狱后没有申诉,他解释说:"之前在社会上生活并不好,入狱后感觉'生活稳定',就不想再折腾,安心服刑,以求早日出去。"①再比如,在聂树斌于 1995 年被执行死刑后长达近十年的时间里,其近亲属并未提出申诉,直到聂母在 2005 年得知"一案两凶"的情况后才开始为聂树斌伸冤。其实,国外的情况也大致如此。有美国学者基于对 250 名无辜者被错判和平反的情况指出:"这 250 起无罪释放案件仅是冰山一角。冰山水下的部分藏匿在我们的视线之外,散发着隐隐的不祥之感。这些无罪释放案件最关键的问题还不能解决。我们不知道,也不可能知道,有多少其他的无辜者还在监狱里饱受煎熬。他们仍然没有被发现。这些无罪释放案件最令人难忘的特点之一就是,它们很多是被偶然发现的。"②

从纠正环节来看,刑事错案的纠正过程往往曲折而漫长。有学者就党的十八大召开后纠正的 24 起重大冤案进行了统计,被告人蒙冤的时间,即从被公安司法机关拘留、逮捕,到被改判或认定为无罪,平均长达 17 年。其中,蒙冤时间最长的是辽宁省锦州市的郑永林案,蒙冤时间长达 27 年;其次是河南省灵宝市的王玉虎案,蒙冤时间长达 26 年;再次是海南省海口市的陈满案,蒙冤时间长达 23 年。③ 在如此漫长的过程中,倘若没有各界人士的支持、媒体的呼吁以及舆论的关注,恐怕最终也难以获得平反。正如有学者所言:"纵观近年来得以平反的错案,大多是由于新闻媒体的参与介入,在强大的社会舆论压力之下,司法机关开启再审程序,对无辜者作出无罪判决。"④

笔者认为,这种凭借偶然因素来发现错案以及依靠舆论压力来推动再审和改判的现象是刑事纠错机制失灵的表现,必将严重损害司法的权威性和公信力。长期以来,发现和打击犯罪被司法机关视为"主业",而调查和平反冤案则似乎沦为"副业",这是很不正常的。实际上,办案和纠错这两条战线同等重要。为了扭转上述局面,应当建立有助于实现"有错必纠"的常态

---

①曹林:《赵作海"有冤不申诉"令人错愕》,《新京报》2010 年 5 月 11 日 A14 版。

②[美]布兰登·L.加勒特:《误判:刑事指控错在哪了》,李奋飞等译,中国政法大学出版社 2015 年版,第 10 页。

③陈永生:《刑事冤案研究》,北京大学出版社 2018 年版,第 144 页。

④邓辉、徐光华:《影响性刑事冤假错案的产生、纠错、追责与民意的关联考察——以 22 起影响性刑事冤假错案为主要研究范本》,《法学杂志》2018 年第 4 期。

化机制。在我国全面推进依法治国的背景下,刑事错案的纠正机制应当符合现代法治理念和原则的要求,符合我国基本国情,同时还要符合司法活动中的认知规律。

一、我国错案纠正机制的改革设想

从司法实践的角度来看,当事人申诉一直是刑事错案发现的主要来源。而当前我国错案纠正机制存在的主要问题就在于:当事人及其法定代理人、近亲属的申诉难以获得应有的重视,申诉权往往遭到司法机关的漠视;司法机关面对申诉缺乏专门机构给予处理,发现错案和纠正错案的责任比较分散;现行立法上的审判监督程序以及相关制度强调原审法院的自我监督,以及上级法院对下级法院的监督而非对当事人权利的救济;原办案机关和办案人员的利益纠葛导致对申诉的复查阻力重重,再审程序难以启动。可见,现行错案纠正机制的主要症结在于"申诉难"。

然而,令人遗憾的是,近年来很多学者都把关注的重点放在审判监督程序的改革上面,而对申诉复查制度的完善关注不足。近年来冤错案件平反的实践已经表明,案件一旦启动审判监督程序,基本上就不存在难以纠正的问题。问题的关键并不在于审判监督程序本身,而在于审判监督程序启动难。因此,我国错案纠正机制改革的重点在于完善申诉复查机制,进而根治"申诉难"问题。笔者认为,我国错案纠正机制的改革应当从以下几个方面入手。

(一) 以诉权保障为原则

申诉权是诉权的一种,是在个体权利遭受侵害后寻求救济的权利。它既是一项宪法性的权利,也是一项具体的诉讼权利。我国《宪法》第四十一条第一款规定:"中华人民共和国公民对于任何国家机关和国家工作人员,有提出批评和建议的权利;对于任何国家机关和国家工作人员的违法失职行为,有向有关国家机关提出申诉、控告或者检举的权利,但是不得捏造或者歪曲事实进行诬告陷害。"这一权利在《刑事诉讼法》上体现为一种具体的诉讼权利,当事人在侦查、起诉、审判各阶段以及判决生效后均依法享有申诉权。由于讨论主题的限定,本书探讨的"申诉权"仅指针对法院生效裁判的申诉而言。解决"申诉难"问题,就要将诉权保障原则作为制度设计的基本原则。

以此观之，我国现行《刑事诉讼法》将申诉制度作为"审判监督程序"的组成部分来加以规定似有不妥。这一"审判监督程序"是借鉴苏联刑事诉讼立法的产物。一般认为，"审判监督程序是指人民法院、人民检察院对已经发生法律效力的判决和裁定，发现认定事实或适用法律确有错误，依法提起或者决定重新审判，以及进行重新审判所应遵循的特别程序"①。根据这一定义，"审判监督程序"的宗旨在于通过对生效裁判的纠错来实现对审判活动的监督。其中包括两个方面：一是法院系统自身的监督，即原审法院的自我监督以及上级法院对下级法院审判活动的监督；二是检察监督，即上一级检察院有权对下一级法院做出的生效裁判通过抗诉的方式进行监督。可见，当事人的申诉权在审判监督程序的制度设计中很难找到位置。

为此，笔者建议将《刑事诉讼法》中的"审判监督程序"更名为"再审程序"，并将"申诉"和"监督"作为启动再审程序的两种事由来加以规定。如此一来，当事人的"申诉"便可与法院和检察院的"监督"拥有同样的名分。只不过，前者还需要经过一个复查程序。如果复查程序的设计有助于申诉目的的实现，那么，"申诉"和"监督"这两种事由之间的差别就会缩小。尽管长期以来一直存在"申诉难"的问题，但从近年来冤错案件的平反来看，错案纠正仍然主要依靠当事人申诉。换言之，与"监督"相比，"申诉"是再审程序启动的主要事由。所以，我国现行的错案纠正机制应当从"权力本位"走向"权利本位"。

申诉制度在我国的出现由来已久。从古代早期的"乞鞠"到后来的"邀车驾""击登闻鼓"都体现了不同时代统治者为畅通申诉渠道所做的努力。社会越进步，申诉的渠道应该越顺畅。特别是在人权保障理念逐渐深入人心、申诉权被作为宪法权利加以规定并在刑事诉讼法中明确加以规定的今天，我们更应当坚持诉权保障原则，从制度设计上明确对申诉的复查主体、复查程序以及司法机关相应的责任，从而彻底扭转当事人"告状无门"的窘境。

（二）以责任明确为前提

目前根据我国《刑事诉讼法》和相关司法解释的规定，再审程序可以基

---

①《刑事诉讼法学》编写组：《刑事诉讼法学》，高等教育出版社2017年版，第398页。

于"申诉"和"监督"两种事由而启动。而在"申诉"和"监督"这两种情形之下,分别由不同的机关担负着错案纠正的职责,导致责任不明确。

首先,从申诉的角度来说,当事人及其法定代理人、近亲属既可以向法院申诉,也可以向检察院申诉。《刑事诉讼法》第二百五十二条规定:"当事人及其法定代理人、近亲属,对已经发生法律效力的判决、裁定,可以向人民法院或者人民检察院提出申诉,但是不能停止判决、裁定的执行。"

当事人及其法定代理人、近亲属向法院申诉的,原则上由终审法院负责审查处理,但同时,司法解释还明确了第一审法院、核准死刑的法院以及终审法院的上一级和上级法院负责审查处理的具体情形。《最高人民法院关于适用〈中华人民共和国刑事诉讼法〉的解释》第三百七十三条规定:"申诉由终审人民法院审查处理。但是,第二审人民法院裁定准许撤回上诉的案件,申诉人对第一审判决提出申诉的,可以由第一审人民法院审查处理。上一级人民法院对未经终审人民法院审查处理的申诉,可以告知申诉人向终审人民法院提出申诉,或者直接交终审人民法院审查处理,并告知申诉人;案件疑难、复杂、重大的,也可以直接审查处理。对未经终审人民法院及其上一级人民法院审查处理,直接向上级人民法院申诉的,上级人民法院可以告知申诉人向下级人民法院提出。"该司法解释第三百七十四条规定:"对死刑案件的申诉,可以由原核准的人民法院直接审查处理,也可以交由原审人民法院审查。原审人民法院应当写出审查报告,提出处理意见,层报原核准的人民法院审查处理。"该司法解释第三百七十七条还规定:"申诉人对驳回申诉不服的,可以向上一级人民法院申诉。上一级人民法院经审查认为申诉不符合刑事诉讼法第二百四十二条和本解释第三百七十五条第二款规定的,应当说服申诉人撤回申诉;对仍然坚持申诉的,应当驳回或者通知不予重新审判。"

当事人及其法定代理人、近亲属向检察院申诉的,原则上由做出生效判决、裁定的人民法院的同级人民检察院负责办理,但同时,该司法解释还明确了该同级人民检察院的上一级检察院和上级检察院应当予以办理的具体情形。《人民检察院刑事诉讼规则(试行)》第五百九十三条规定:"当事人及其法定代理人、近亲属认为人民法院已经发生法律效力的刑事判决、裁定确有错误,向人民检察院申诉的,由做出生效判决、裁定的人民法院的同级人民检察院刑事申诉检察部门依法办理。当事人及其法定代理人、近亲属直接向上级人民检察院申诉的,上级人民检察院可以交由做出生效判决、裁定的人民法院的同级人民检察院受理;案情重大、疑难、复杂的,上级人民检察院可以直接受理。当事人及其法定代理人、近亲属对人民法院已经发生法律效力的判决、裁定提出申诉,经人民检察院复查决定不予抗诉后继续提出申诉的,上一级人民检察院应当受理。"

其次,从监督的角度来说,不同级别的法院和检察院分别享有启动再审的权力。其中,各级法院对本院的生效裁判、上级法院对下级法院的生效裁判均可启动再审程序。《刑事诉讼法》第二百五十四条第一款规定:"各级人民法院院长对本院已经发生法律效力的判决和裁定,如果发现在认定事实上或者在适用法律上确有错误,必须提交审判委员会处理。"该条第二款还规定:"最高人民法院对各级人民法院已经发生法律效力的判决和裁定,上级人民法院对下级人民法院已经发生法律效力的判决和裁定,如果发现确有错误,有权提审或者指令下级人民法院再审。"同时,上级检察院对下级法院的生效裁判均可以抗诉的方式启动再审程序。《刑事诉讼法》第二百五十四条第三款规定:"最高人民检察院对各级人民法院已经发生法律效力的判决和裁定,上级人民检察院对下级人民法院已经发生法律效力的判决和裁定,如果发现确有错误,有权按照审判监督程序向同级人民法院提出抗诉。"

由以上分析可见,目前不同层级的法院、检察院均担负着发现和纠正错案的职责。其结果是,当事人及其法定代理人、近亲属可以分别向不同的机关申诉。由于责任不明,导致多头管辖,容易产生责任分散效应。所谓"责任分散效应",也称"旁观者效应",是指对某一件事来说,如果是单个个体被要求单独完成任务,责任感就会很强,会做出积极的反应。但如果是要求一个群体共同完成任务,群体中每个个体的责任感就会很弱,面对困难或遇到责任往往会退缩。① 具体到司法实践中,由于错案纠正的责任分散,接收申诉材料的机关往往欠缺"有错必纠"的责任感。因此,完善我国错案纠正机制的前提是明确责任归属,进而把错案纠正的责任落到实处。

近年来,英国刑事案件审查委员会的运作模式引起了国内学者的广泛

①《旁观者效应》,https://baike.baidu.com/item/％E6％97％81％E8％A7％82％E8％80％85％E6％95％88％E5％BA％94/8760271?fromtitle=％E8％B4％A3％E4％BB％BB％E5％88％86％E6％95％A3％E6％95％88％E5％BA％94&fromid=9792502&fr=aladdin,2018年9月20日访问。

关注。英国刑事案件审查委员会(Criminal Cases Review Commission,CCRC)是根据 1995 年英国《刑事上诉法》第八条法令成立,并于 1997 年 3 月开始运行的专门机构,负责调查英格兰、威尔士和北爱尔兰地区的司法不公案件。该机构独立于司法,只对英国议会负责。近年来,不少国内学者也提出了类似的主张,即在全国人大之下成立专门机构来负责对刑事错案的纠正。比如,有学者建议,设立一个隶属于全国人大的专门机构来处理申诉案件及其他事宜,该机构在财政上由国家统一拨款,脱离地方和原有的司法机构而独立运行,拥有足够的权威和法律地位,可以撤销和改变终审的错误判决,裁定纠正警、检二方的错误决定等。① 还有的学者主张,设立一个只隶属于全国人大的申诉案件复查委员会来统一受理、审查和筛选申诉案件,具体履行我国各级人民代表大会及其常务委员会对各级人民法院的个案监督职责;同时,各级人大、政法委、人民法院和人民检察院将不再接受错案申诉,其内设的专门接受冤错案件申诉、上访的部门将被撤销。②

然而,笔者认为,英国刑事案件审查委员会的模式并不符合我国国情,在全国人大之下设专门机构负责错案纠正或申诉复查的方案不具有可行性。这是因为,我国《刑事诉讼法》已经明确将申诉权作为诉讼权利加以规定,对申诉的受理和调查显然属于司法权力的范围。而人大作为权力机关,主要行使立法权和对包括司法机关在内的国家机关的监督权,在人大之下设立专门委员会来行使部分司法权显然会违背我国宪法所确立的国家权力配置和行使原则。值得注意的是,英国的国家机构设置具有特殊性。在英国刑事案件审查委员会成立之际,英国议会两院之中的上议院仍然是英国司法体系的最高上诉机构,上议院的全体贵族们共同行使最高司法权力;并且,英国刑事案件审查委员会成立的另一个背景是当时内政大臣担负着刑事司法纠错职责,这显然不符合行政与司法的分权原则。据学者介绍,皇家刑事司法委员会经过两年的深入调查,在 1993 年发布了著名的伦西曼报告(The Runciman Report)。对由"内政大臣"纠正司法错误的现行诉讼体制表达了意见:由于内政部的部门性质,现行法律赋予内政部的案件纠错权有

---

① 刘斌:《冤假错案——中国司法的一块霾区》,《20 世纪末平反冤假错案案例纪实》,珠海出版社 2001 年版,代序。

② 刘品新:《刑事错案的原因与对策》,中国法制出版社 2009 年版,第 134 页。

悖于司法权与行政权相分离的宪法性原则。委员会建议终止内政部错判案件的纠正权,成立一个新的、独立的组织,赋予它广泛的调查权、审查权和提起冤错案件再审的权力。①

正是由于英国体制的特殊性,这一做法并不具有普遍适用性。比如,加拿大有些调查委员会建议仿照英国模式来创设一个独立进行错案调查的委员会。但是,加拿大政府并没有采纳这些建言,在相信有错案发生的情况下仍然由联邦司法部长决定指令再审或者重启上诉。②

此外,还有学者主张我国借鉴美国"无辜者运动"的经验,动员民间力量参与错案的纠正。目前,国内已有多家机构致力于为蒙冤者及其近亲属提供法律帮助,代理其进行申诉。笔者认为,这些努力值得充分肯定。但是,这些个别化的努力并不能从根本上改变司法系统自身存在的问题,对于刑事错案的纠正来说只能是"扬汤止沸"。

在笔者看来,要想建立错案纠正的长效机制,就必须在司法系统内部进行改革,使司法系统自身具备强大的纠错能力。为此,我们应当在法律上明确错案纠正的主体责任和监督责任。

首先,法院作为审判机关对于错案的纠正责无旁贷,应当承担纠错的主体责任。从实践的角度来看,无论是当事人及其法定代理人、近亲属的申诉,还是检察机关的抗诉,其诉求最终都要通过法院启动再审程序才能实现。倘若将错案追究的主要责任赋予检察机关或者法院以外的其他机关,那将意味着法院系统自身难以发现和纠正生效裁判的错误,这必将严重损害人民法院的权威性和公信力。尤其是在当前我国正在推进以审判为中心的刑事诉讼制度改革的背景下,我国错案纠正机制的设计必须注重发挥法院在错案复查和纠正方面的作用。

其次,检察院作为国家法律监督机关,应当承担纠错的监督责任。在国家监察体制改革以来,检察机关的法律监督进一步聚焦于诉讼监督,包括对侦查活动、审判活动和执行活动等的监督。对生效裁判的监督当然也属于审判监督的重要组成部分。检察机关作为司法系统内部专门的法律监督机

---

①董坤:《侦查行为视角下的刑事冤案研究》,中国人民公安大学出版社2012年版,第129页。

②[加]肯特·罗奇:《错案问题比较研究》,蒋娜译,中国检察出版社2015年版,第47页。

关,其所能发挥的功能是人大监督、民主监督、社会监督、舆论监督所无可比拟的。值得注意的是,此处强调检察机关的监督责任并不意味着对人大监督、民主监督、社会监督、舆论监督的排斥和否定,只是进一步明确和强化检察机关在错案纠正中的职责,为深入落实错案追究的司法责任制创造条件。

在明确法院的主体责任和检察院的监督责任之后,错案纠正的责任就变得更为明晰了。各级人民法院应当依法积极主动履行错案追究责任,在其履责不力的情况下,检察机关应当依法介入,启动监督程序。检察机关除了督促和推进错案的追究之外,对于法院怠于纠错的单位和个人也应当依法提出检察建议,责令主管部门做出相应的处理,对于构成职务犯罪的司法工作人员应当依法立案侦查。当然,基于主体责任和监督责任的区分,当事人及其法定代理人、近亲属应当依法先向法院系统提出申诉,在法院系统驳回申诉或者在法定期间内不予答复的,再向检察机关提出控告和申诉。

(三)以异体审查为方向

我国现行刑事诉讼法虽明确了当事人的申诉权,但并未明确负责受理和审查申诉的机关。《刑事诉讼法》第二百五十二条规定:"当事人及其法定代理人、近亲属,对已经发生法律效力的判决、裁定,可以向人民法院或者人民检察院提出申诉,但是不能停止判决、裁定的执行。"而《最高人民法院关于适用〈中华人民共和国刑事诉讼法〉的解释》第三百七十三条明确规定:"申诉由终审人民法院审查处理。"这里所谓的"终审人民法院",显然是指做出生效裁判的人民法院而言的。对于这一规定是否合理,学界存在不同意见。

从认知科学的角度来看,认知主体通常倾向于本能地排斥与以往认知不同的观点。因此,让做出生效裁判的法院来负责受理和审查当事人的申诉,显然不利于申诉权的实现。在实践中,重大、疑难、复杂案件的最终裁判结论往往是经过审判委员会讨论决定的,在此情况下,本院内设部门的工作人员岂可随意给予质疑和否定?倘若发现案件确有错误,负责受理和审查申诉的工作人员仍须将案件提请院长提交审判委员会讨论,而由于可能面临事后的追责,让审判委员会来纠正自身的错误难免会面临诸多困难。即使对于那些并非经过审判委员会讨论的案件,工作人员在发现确有错误的情况下仍然会碍于原审承办人以及原审合议庭成员的情面,顾及同事可能面临追责的处境,难以做到公正处理。实践中很多冤错案件的纠正历时数年,甚至十几年或者二十几年,正是基于这一原因。

从法理的角度来说,由做出生效裁判的法院来负责受理和审查当事人的申诉也是违背法治原则的。刑事案件的申诉事由通常是原审裁判在事实认定或者法律适用方面存在错误,对于该申诉理由能否成立当然应该由与原审裁判没有利害关系的第三方进行。否则,让原审法院来受理当事人及其法定代理人、近亲属对其自身的投诉,就会违背"任何人不得做自己案件的法官"这一自然正义原则。

有鉴于此,近年来实务部门开始探索申诉案件的异地复查。在 2014 年 12 月 4 日,我国首个"宪法日"当天,最高人民法院指令山东省高级人民法院复查已申诉多年的聂树斌案,要求复查过程依照法律规定公开,充分体现客观公正。山东省高级人民法院经复查认为,原审认定聂树斌犯故意杀人罪、强奸妇女罪的证据不确实、不充分,建议最高人民法院启动审判监督程序重新审判,并报请最高人民法院审查。最高人民法院对山东省高级人民法院的复查意见进行了审查,于 2016 年 6 月 6 日做出再审决定,提审聂树斌案。由此,当事人近亲属向做出生效裁判的河北省高院申诉多年无果的案件终于被启动了再审程序。后来,聂树斌案被称为"中国异地复查第一案"。聂树斌案的"异地复查"得到了社会各界的充分肯定。随后,2015 年的中央政法工作会议上提出"探索建立刑事案件申诉异地审查制度"。2015年全国检察长会议、2016 年第十四次检察工作会议等都提出了要健全刑事申诉案件异地审查制度。2017 年最高人民检察院印发了《人民检察院刑事申诉案件异地审查规定》。

应当承认,对刑事案件申诉的异地审查有助于实现从自体监督到异体监督的转变,值得充分给予肯定。然而,异地复查也会带来很多新问题。首先,异地复查需要上级法院指令其他地方的法院复查案件,而上级法院不可能不加选择地发出异地审查的指令,其在发出指令前必须首先对案件进行初步审查,这就导致了对同一案件由不同层级的法院进行重复审查的局面。其次,上级法院面对大量的申诉案件应当确定哪个法院管辖,究竟是在下级法院之间交叉审查还是随机确定复查法院,是一个难以解决的问题。再次,异地审查的常态化将有违刑事案件管辖的基本规则。我国刑事诉讼法对于刑事案件的地域管辖做出了明确规定。《刑事诉讼法》第二十五条规定:"刑事案件由犯罪地的人民法院管辖。如果由被告人居住地的人民法院审判更为适宜的，可以由被告人居住地的人民法院管辖。"刑事申诉案件的异地管辖将使得大量案件由与犯罪行为地、犯罪结果地以及被告人居住地毫无关联的法院负责办理，从而违背了地域管辖立法的初衷。复次，虽然异地审查有助于摆脱原审法院及其办案人员的利益纠葛，但在常态化运行的背景下仍然可能在不同地域的法院之间形成新的关系网和利益链。最后，异地审查不利于查明案情，还会导致司法成本和社会成本的增加。其他地区的法院在复查案件的过程中会因与案发地的距离等原因导致调查取证的困难，并且讯问被告人、询问证人和被害人等都会增加相应的成本。因此，笔者认为，异地审查只能作为权宜之计，而绝非长久之策。

依笔者之见，与异地审查相比，异体审查更为可行。所谓"异体审查"，就是由原审法院以外的法院负责对刑事申诉案件的受理和审查。从操作层面来看，承担异体审查职责的只能是原审法院的上一级法院。早就有学者提出，接受再审申请的法院应为做出生效裁判的原审法院的上级法院。"除最高法院的生效裁判以外，其他任何生效裁判一旦被发现符合法律明确规定的再审理由，再审就应由原审法院的上级法院负责受理。"①这一建议之所以未被实务部门采纳，主要是考虑到最高人民法院的工作负担问题。众所周知，可能判处无期徒刑以上刑罚的案件以及法律规定的其他案件均由中级人民法院作为一审法院，在被告人上诉或者检察机关抗诉的情况下生效裁判均由高级人民法院做出。如果要求由上一级法院负责受理申诉，那么，这些案件只能由最高人民法院负责。由于全国各地此类案件数量众多，这必然会使最高人民法院不堪重负。不过，近年来最高人民法院巡回法庭的设立有助于解决这一难题。目前，最高人民法院在全国范围内已经设立了六个巡回法庭，并且，已经开始受理刑事申诉案件。根据《最高人民法院关于巡回法庭审理案件若干问题的规定》第三条的规定，巡回法庭审理或者办理的案件范围包括"刑事申诉案件"。只不过，此规定对于受理刑事申诉案件的范围和程序尚未做出进一步明确。值得注意的是，该条规定对于巡回法庭受理民事和行政诉讼案件的范围明确为"高级人民法院做出的已经发生法律效力的行政或者民商事判决、裁定、调解书申请再审的案件"。笔

---

① 陈瑞华：《刑事诉讼的前沿问题》，中国人民大学出版社 2000 年版，第 505 页。

者认为,巡回法庭对于刑事申诉案件的受案范围同样可以参考这一规定,明确将针对高级人民法院做出的生效裁判提起的所有刑事申诉案件均纳入巡回法庭的受理范围。如此一来,由各个巡回法庭分别负责所辖区域的刑事申诉案件,将大大减轻最高人民法院本部的工作负担。

按照上述异体审查的改革思路,笔者主张在中级以上人民法院设立刑事案件复查委员会,作为与审判委员会平行的机构,专门负责领导本院管辖的刑事申诉案件的复查工作。刑事案件复查委员会下设刑事申诉案件审查部,具体负责办理刑事申诉案件复查业务。其中,最高人民法院的刑事申诉案件审查部在各巡回法庭设立分部。当事人及其法定代理人、近亲属针对基层人民法院做出的生效裁判提起申诉的,由中级人民法院刑事申诉案件审查部负责受理和审查,最终是否启动再审由该院刑事案件复查委员会讨论决定;当事人及其法定代理人、近亲属针对中级人民法院做出的生效裁判提起申诉的,由高级人民法院刑事申诉案件审查部负责受理和审查,最终是否启动再审由该院刑事案件复查委员会讨论决定;当事人及其法定代理人、近亲属针对高级人民法院做出的生效裁判提起申诉的,由最高人民法院刑事申诉案件审查部交由原审法院所属区域的巡回法庭审查分部负责受理和审查,最终是否启动再审由最高人民法院刑事案件复查委员会讨论决定。

这样的制度设计可以实现由原审法院以外的法院负责受理和审查刑事申诉案件,从而避免了利益冲突,有助于提高刑事司法的权威性和公信力;并且,由更高级别的法院来负责受理刑事申诉,也符合广大民众的心理期待。从历史的角度来看,中国古代就有"邀车驾""击登闻鼓"等直诉制度。"邀车驾""击登闻鼓"是古代民众在遇有冤情的情况下通过法定方式直诉皇帝的制度。虽然这种直诉制度是基于巩固封建统治的需要,但这一制度也在客观上为民众提供了寻求救济的有效途径。试想,古人遇到冤情尚且可以直诉皇帝,在物质文明和精神文明已经高度发达的今天,为什么不可以让申诉人向更高一级的司法机关提出申诉呢?

从现实的角度来看,上级人民法院担负着对下级人民法院的指导和监督职责。在申诉人对下级人民法院的生效裁判提出质疑和申辩的情况下,上级人民法院有什么理由置之不理,将申诉拒之门外呢?况且,从近年来冤错案件平反的情况来看,很多案件都是由原审法院的上级法院提审或者指令再审,从而得以纠正的。如果不允许向上级法院申诉,显然于理不通。

此外，为了确保异体审查的效果，消除申诉人和公众的各种疑虑，各级法院的刑事申诉案件复查委员会应当吸收公安机关、检察机关、司法行政机关、律师界代表以及公众代表参加；并且，为了确保"让正义看得见"，应当努力实现全过程的公开，包括申诉信息公开、受理结果公开、复查流程公开、听证程序公开、复查结果公开。这与我国当前正在推进的司法责任制改革是完全契合的。2015年出台的《最高人民法院关于完善人民法院司法责任制的若干意见》指出："各级人民法院应当依托信息技术，构建开放动态透明便民的阳光司法机制，建立健全审判流程公开、裁判文书公开和执行信息公开三大平台，广泛接受社会监督。探索建立法院以外的第三方评价机制，强化对审判权力运行机制的法律监督、社会监督和舆论监督。"由人民法院主导、多方参与的刑事申诉案件复查机制，不仅有助于实现对刑事申诉案件的客观公正和公开透明的处理，还有助于促进社会各界达成共识，更好地弘扬社会主义司法理念和法治精神。

二、我国刑事申诉相关程序的具体设计

上文提到，我国当前刑事错案纠正机制存在的最大问题是"申诉难"问题。在刑事错案纠正的实践中最为关键的是从申诉到决定启动再审这个环节，一旦通过复查程序认定符合启动再审程序的条件，那么对于错案的纠正也就水到渠成了。因此，我们应当以刑事申诉案件的复查程序为中心来重构我国刑事错案纠正机制，完善我国刑事申诉相关程序。

(一)申诉和受理程序

申诉案件是否应当被作为案件看待？对申诉的受理是否属于立案？申诉立案与再审立案的关系如何？长期以来，诸如此类的问题在理论上未能得以澄清。笔者认为，只有明确申诉案件作为刑事案件的性质，明确规定申诉立案程序，才能真正把申诉复查工作纳入刑事诉讼程序，进而依法保障申诉人及其代理律师的合法权利。

首先需要明确的是，申诉案件不同于自查案件和抗诉案件。所谓"自查案件"，是指《刑事诉讼法》第二百五十四条第一款和第二款规定的，在各级人民法院发现本院的生效裁判确有错误或者上级法院发现下级法院的生效裁判确有错误的情况下，依法主动启动审判监督程序的案件。所谓"抗诉案

件",是指《刑事诉讼法》第二百五十四条第三款规定的,上级检察院发现下级法院的生效裁判确有错误,按照审判监督程序向同级人民法院提出抗诉的案件。前者是法院自行启动再审程序,后者是法院接受检察监督而启动再审程序,这两类案件均不需要经过复查程序。而申诉案件则截然不同。当事人及其法定代理人、近亲属的申诉并不必然引起再审,是否启动再审程序要由法院审查是否符合《刑事诉讼法》第二百五十三条规定的下列情形之一:(1)有新的证据证明原判决、裁定认定的事实确有错误,可能影响定罪量刑的;(2)据以定罪量刑的证据不确实、不充分、依法应当予以排除,或者证明案件事实的主要证据之间存在矛盾的;(3)原判决、裁定适用法律确有错误的;(4)违反法律规定的诉讼程序,可能影响公正审判的;(5)审判人员在审理该案件的时候,有贪污受贿、徇私舞弊、枉法裁判行为的。因此,与自查案件和抗诉案件直接作为再审案件不同的是,申诉案件必须经过相应的审查程序,才能由法院决定是否作为再审案件立案。

我国司法实践中长期以来并未将申诉案件的受理和复查纳入刑事诉讼程序来加以规制。最高人民法院于 1987 年出台的《关于各级人民法院处理刑事申诉的暂行规定》将对申诉案件的受理称为"立卷",以区别于人们平常所说的"立案"。该《暂行规定》第六条第二款规定:"原审人民法院审查、处理刑事申诉,均应立卷。立卷时可以将申诉材料及处理情况并入原卷或者另立副卷;原审的上级人民法院直接处理的刑事申诉和转交下级人民法院审查、处理的重点刑事申诉,应立申诉卷。"1990 年最高人民法院刑二庭关于《各级人民法院处理刑事申诉的暂行规定》有关问题的电话答复指出:"关于《暂行规定》第六条规定的立卷,能否理解为立案;审查处理刑事申诉,应否视为案件?我们认为,《暂行规定》所讲的立卷,是指立申诉卷,不是指再审立案。审查处理刑事申诉,是一个大的概念,不能一概而论。按照刑事诉讼法的规定,原审人民法院经过对申诉的审查,决定进入再审程序后才可作为案件。"从理论和立法上来看,我国刑事案件的类型包括一审案件、二审案件、死刑复核案件和再审案件等,并没有申诉案件存在的空间。

既然申诉不被作为刑事案件来加以看待,也没有被纳入刑事诉讼程序来加以规制,所以,在很长的时期里,当事人可否委托律师代理申诉、代理律师是否享有会见权和阅卷权、检察机关可否对法院受理和审查刑事申诉案件的过程进行监督等问题都没有得到明确。直到 2012 年,《最高人民法院关于适用〈中华人民共和国刑事诉讼法〉的解释》才明确规定："申诉可以委托律师代为进行。"至于申诉代理律师的诉讼权利和检察监督等问题则仍然悬而未决。此外，由于申诉案件并未被作为一种独立的案件类型，因而也就不会被纳入法院系统内部的考核指标。这也是刑事申诉案件得不到实务部门重视的原因之一。

由于刑事申诉案件的处理程序不规范、审查过程不公开，因此难以保障刑事申诉得到正确处理。有学者指出，申诉并不必然具有引起重新审判程序的法律效力，司法机关对申诉的审查一般不采取"诉讼"的形式，申诉人不被允许参与有关是否启动再审程序问题的讨论。申诉所具有的这种性质和效果，使得它与一般意义上的"来信""来访"并无实质上的区别。[1] 近年来的司法实践表明，绝大多数申诉案件经法院审查均被认为不符合上述情形而被驳回。虽然其中确有不符合申诉条件的案件，但也有一些被法院驳回申诉的案件最终被证明是冤案。

因此，我们应当把对刑事申诉的处理纳入刑事诉讼程序，将申诉案件作为独立的一种案件类型来加以对待。虽然申诉是当事人及其法定代理人、近亲属的个人行为，但后续的受理、复查等环节均涉及司法机关的职权行为，必须接受刑事诉讼程序的规制，而不能使之游离于诉讼之外。

我国现行法律和司法解释尚未对刑事申诉案件的受理和复查程序做出明确规定。最高人民法院于 1998 年出台的《关于执行〈中华人民共和国刑事诉讼法〉若干问题的解释》曾笼统地规定："各级人民法院对当事人及其法定代理人、近亲属对已经发生法律效力的判决、裁定提出的申诉，应当进行登记并认真审查处理。"同时又规定："人民法院经审查，对不符合刑事诉讼法第二百零三条规定的申诉，按来信、来访处理。"该条文既未明确由哪个部门负责登记，也未明确由哪个部门负责处理。从实施效果来看，绝大部分申诉案件都被作为来信、来访处理，最终不了了之。最高人民法院于 2012 年出台的《关于适用〈中华人民共和国刑事诉讼法〉的解释》（以下简称《解释》），对此规定得更为简略。该《解释》第三百七十一条规定："当事人及其法定代理人、近亲属对已经发生法律效力的判决、裁定提出申诉的，人民法院应当审查处理。"可见，这样简单粗疏的规定显然不利于对申诉权的保障。

---

① 陈瑞华：《刑事诉讼的前沿问题》，中国人民大学出版社 2000 年版，第 491—492 页。

此外,虽然现行立法对于应当由哪一级法院负责对申诉的审查和处理做出了一些规定,但规定得不够明确。最高人民法院于 2012 年出台的《关于适用〈中华人民共和国刑事诉讼法〉的解释》第三百七十三条规定:"申诉由终审人民法院审查处理。但是,第二审人民法院裁定准许撤回上诉的案件,申诉人对第一审判决提出申诉的,可以由第一审人民法院审查处理。上一级人民法院对未经终审人民法院审查处理的申诉,可以告知申诉人向终审人民法院提出申诉,或者直接交终审人民法院审查处理,并告知申诉人;案件疑难、复杂、重大的,也可以直接审查处理。对未经终审人民法院及其上一级人民法院审查处理,直接向上级人民法院申诉的,上级人民法院可以告知申诉人向下级人民法院提出。"该《解释》第三百七十四条还规定:"对死刑案件的申诉,可以由原核准的人民法院直接审查处理,也可以交由原审人民法院审查。原审人民法院应当写出审查报告,提出处理意见,层报原核准的人民法院审查处理。"

笔者主张,对刑事申诉案件一律规定由做出生效裁判的一审或二审法院的上一级法院负责受理和审查,但最高人民法院做出的生效裁判由最高人民法院负责。这样一来,就可以实现人民法院对生效裁判的异体复查。由于死刑复核程序与通常的审判程序存在显著差异,并且目前死刑核准权已全部收归最高人民法院行使,所以,不宜根据核准死刑的法院来确定申诉案件的管辖。

根据笔者在上文中提出的改革思路,应当在中级以上人民法院内部设立刑事申诉案件复查委员会,领导本院对下一级法院的生效裁判的刑事申诉处理工作,具体案件的受理和审查由该委员会下设的刑事案件审查部负责。为了强化上级法院对下级法院刑事申诉处理工作的指导和监督,同时确保刑事申诉处理工作接受检察监督和社会监督,防止出现刑事申诉案件"有案不立"的情况,应当在全国范围内建立全国联网的统一受理平台,统一的申诉电话,同时接受线上和线下申诉。无论当事人及其法定代理人、近亲属向哪一个地区的哪一级法院提起申诉,也无论该法院是否享有申诉案件的管辖权均应当先予以接收,在受理平台给予登记,然后移送给有管辖权的法院。最高人民法院、最高人民检察院、司法部于 2017 年联合出台的《关于逐步实行律师代理申诉制度的意见》规定:"律师接受申诉人委托,可以到人民法院、人民检察院申诉接待场所或者通过来信、网上申诉平台、远程视频接访系统、律师服务平台等提交申诉材料。"这就为司法机关充分运用信息技术建立全国联网的统一受理平台提供了政策指引。

为了确保申诉信息和受理结果的公开,该网络平台应当公开刑事申诉的基本信息以及受理情况,允许当事人以及公众随时查阅,同时也便于检察机关对申诉受理情况开展诉讼监督。最高人民法院、最高人民检察院、司法部于 2017 年联合出台的《关于逐步实行律师代理申诉制度的意见》已经针对律师代理申诉公开机制做出了规定,即"对律师代理的申诉案件,除法律规定不能公开、当事人不同意公开或者其他不适宜公开的情形,人民法院、人民检察院可以公开立案、审查程序,并告知申诉人及其代理律师,审查结果"。笔者认为,我们将来有必要进一步确立和强化司法机关的公开义务,并且将申诉信息公开的适用范围扩大适用到所有申诉案件。

由于该受理平台实行全国联网,各级人民法院实现数据共享,因而可以有效避免对同一生效裁判的重复申诉以及不同级别法院对同一案件的重复审查活动。此外,有学者指出,实践中存在某些法院规避司法解释的规定,导致刑事申诉审理期限形同虚设的情况。"在法院的实际操作过程中,有时候为了提高收结案的指标,还存在一些规避法律规定的情形。从立结案登记表上观察,几乎所有申诉案件的审理期限都是在法定期限内完成的,甚至有相当一部分申诉案件的审理期限相当短,但实际操作是收一个结一个,不挂号,不立案,等到可以审结时再挂号,变相将受理申诉案件的期限延长。"①可见,申诉信息和受理结果的公开还将有助于防止各级法院规避申诉处理期限的规定,减少对刑事申诉案件处理的拖延和搁置。司法人员必须认识到,如果生效裁判确有错误,那么正在服刑的无辜者所受到的伤害就一直处于不断加深的状态。在这种情况下,错案并非是一成不变的既成事实,而是一个会持续恶化的司法后果。所以,通过申诉信息和受理结果的公开来督促司法机关及时受理和复查案件,有望从根本上改善被错判为有罪者的处境。

为了保障服刑罪犯的申诉权,各类监管机构应当确保服刑人员通过书信、网络、电话等途径申诉的权利。对于书写存在困难的服刑人员,监管工作人员应当根据服刑人员的请求代为书写或者代为通过网络和电话等方式

---

① 邓颖:《刑事申诉制度研究》,中国人民公安大学出版社 2008 年版,第 117 页。

提出申诉。值得注意的是，中央政法委于 2013 年 8 月出台的《关于切实防止冤假错案的规定》已经明确规定："对罪犯提出的申诉、控告、检举材料，监狱或其他刑罚执行机关不得扣压，应当及时转送或者提请有关机关处理。有关机关应当认真审查、及时处理，并将处理结果通知监狱或其他刑罚执行机关。罪犯提出申诉、控告的，不影响对其减刑、假释。"这是值得充分肯定的。

目前的司法解释仅笼统地规定了刑事申诉案件处理的总周期，而没有单独规定法院决定是否受理的期限。《最高人民法院关于适用〈中华人民共和国刑事诉讼法〉的解释》第三百七十五条规定："对立案审查的申诉案件，应当在 3 个月内做出决定，至迟不得超过 6 个月。"其中的"决定"将"受理决定""复查决定"与"再审决定"混为一谈，显然是不可取的。为了保障申诉得到及时处理，法律应当明确规定法院做出受理决定的期限。首先，应当明确，法院须在收到申诉材料后于 3 日内将相关信息录入系统，在统一的网络受理平台公开；其次，应当规定，刑事案件审查部门应当及时对申诉材料进行形式审查，在 10 日内决定是否受理。

在刑事申诉案件的受理标准上，笔者主张确立"有冤推定"原则。所谓"有冤推定"，是指在未经复查程序确认不存在事实认定或法律适用等错误的情况下，推定当事人就生效裁判提起的申诉事由成立的原则或制度。刑事申诉的"有冤推定"原则有助于促进司法人员转变观念，从根本上扭转"申诉难"的局面。据此，对于所有属于刑事申诉范围的案件，法院都应依法受理。对于确因不属于刑事申诉范围而决定不予受理的，应当说明理由和依据并允许当事人及其法定代理人、近亲属向该院刑事申诉案件复查委员会提请复议。刑事申诉案件复查委员会在接到复议请求后，应当在 1 个月内做出是否受理的决定，答复申诉人并在统一的网络受理平台公布决定书的内容，以接受社会各界的监督。对原本属于刑事申诉范围的申诉，刑事案件审查部门不得以申诉材料不齐全等为由不予受理。针对申诉材料不全等情形，刑事案件审查部门可以要求申诉人补充或者自行予以补正。

（二）复查和听证程序

在法院立案受理后，刑事申诉案件便应当进入复查阶段。按照上文确立的标准，刑事申诉案件只要属于法律规定的申诉范围即应当予以受理。

那么,如果对于所有受理的案件均进行复查,是否会让司法机关不堪重负?应当承认,这种担心是不无道理的。但是,正如笔者在前文所说,办案与纠错是司法工作同等重要的两个方面,不可偏废。目前尽管司法机关普遍面临"案多人少"的困境,但对于申诉人认为存在错误要求予以纠正的申诉案件,司法机关也不应置之不理。复查程序的启动本身能够充分体现司法机关对公民申诉权的尊重,消除当事人及其法定代理人、近亲属对司法工作的不满,增进公众对司法机关的理解和信任;并且,随着复查工作的进行以及对申诉人的释法解惑,还能够发挥法制宣传教育的功能。这些都是复查程序独立价值的体现。公正、公开、透明的复查程序必将有助于减少实践中普遍存在的重复申诉情形。当然,由于受司法资源的限制,所以针对不同类型的申诉案件可以采取不同的复查方式。对此,笔者将在后文中详述。

目前实践中对刑事申诉案件的复查主要有三种模式。一是审监庭复查模式,即立案庭对刑事申诉只进行形式上的审查,符合受理条件的移送审监庭,由审监庭负责对收到的申诉材料及案卷再进行全面审查,决定是否进入再审程序。二是立案庭复查模式,即由立案庭对刑事申诉进行实质性的复查,对于申诉明显无理的,书面通知予以驳回;发现原判可能有问题的,经合议庭评议、院长同意,提交审判委员会讨论是否提起再审,提起再审后,再将案件转入审判监督庭,由审判监督庭来负责再审案件的审理工作。三是立案庭初查与审监庭复查相结合的模式,即由立案庭做好对于申诉或者申请再审明显无理的服判息诉工作,对坚持申诉的,向其发出驳回通知书;对于案件可能有问题,可能会引起再审程序的,经立案庭庭长批准,依照内部程序移送审判监督庭进行第二次申诉复查,如果审判监督庭认为申诉明显无理的,经合议庭评议,向其发送驳回通知书;如果经复查发现原判确有错误,需依法纠正的,依法提起再审程序。①

笔者认为,上述三种模式均有所不妥。就内容而言,申诉案件的复查工作旨在审查申诉人提出的申诉是否符合启动再审的条件,亦即原审生效裁判在事实认定和法律适用方面是否确有错误。这种复查工作具有两个方面的特点:一方面,它涉及对案件实体问题的审查,并非单纯地从程序和形式上对申诉人提交的材料进行审查;另一方面,它并非对案件进行的重新审

---

① 邓颖:《刑事申诉制度研究》,中国人民公安大学出版社 2008 年版,第 117 页。

理,而是旨在做出是否重新审理的判断。基于上述特点,由立案庭抑或审监庭来负责申诉案件的复查工作均有所不妥。众所周知,立案庭是人民法院内部专门负责案件受理工作的部分,由其负责对申诉案件的复查,有"越俎代庖"之嫌。而审监庭则是对再审案件进行重新审理的审判业务庭。倘若由审监庭来负责对案件的复查工作,容易导致角色冲突,甚至可能导致申诉案件的"先定后审"。具体来说,依照现行《刑事诉讼法》的规定,如果审监庭经复查后决定启动再审,就意味着审监庭认为原生效裁判在事实认定或者法律适用方面确有错误。那么,在随后启动的重新审理过程中一旦认定原生效裁判不存在事实认定或者法律适用方面的错误,便意味着对此前复查结论的否定。于是,为了避免陷入这种尴尬境地,审监庭必然在复查阶段开展大量的调查取证工作,确保对原生效裁判做出准确的认定。随后在此基础上进行的重新审判,不过是走个过场罢了。如此一来,便难以在再审程序中确保审判结果从庭审程序中产生,再审的实质化便成为一句空话。

因此,刑事申诉案件的复查工作应当由立案庭和审监庭以外的机构来承担。按照笔者在上文中阐述的改革思路,复查工作自然应当由刑事申诉案件复查委员会下设的刑事案件审查部来承担。如果刑事案件审查部经复查认为符合再审条件,则应当将案件移交立案庭作为再审案件立案,然后由审监庭对案件进行重新审理。这样一来,便可以理顺申诉立案、复查与再审立案、重新审判之间的关系。

为了减少和避免以往实践中原审案卷材料和证据离奇消失的情况,防止原审办案机关及工作人员阻挠案卷材料的转移,受理申诉的上一级法院的刑事案件审查部门应当在决定受理申诉后的第一时间向原审法院发出"调卷令"。原审法院应当在接到通知之日起 15 日内将全部案卷材料移送给上一级法院。调阅案卷可以采用电子形式,但原审法院必须确保电子卷宗与纸质卷宗在内容上完全一致。当然,为了避免卷宗移转过程中可能导致的毁损、遗失等问题,同时为了便于调查走访,上一级人民法院的工作人员可以到原审人民法院所在地开展复查工作。

值得注意的是,最高人民法院于 1987 年出台的《关于各级人民法院处理刑事申诉的暂行规定》(下文简称《暂行规定》)对本院以及上级法院的"调卷"做出过明确规定。该《暂行规定》第七条规定:"第一审人民法院对不服本院已经发生法律效力的判决、裁定的刑事申诉,一般应调出原卷进行审查。"第八条规定:"第二审人民法院对不服本院改判一审判决的刑事申诉,应调卷进行审查。"第十条规定:"上级人民法院审查不服下级人民法院处理后的刑事再申诉,可以调卷审查;可以派人下去,会同下级人民法院调查核实;可以与下级人民法院共同研究。"然而,上述规定并未要求一律进行调卷,而使用了"一般"或者"可以"之类的措辞。而在 2012 年《最高人民法院关于适用〈中华人民共和国刑事诉讼法〉的解释》,则没有对调卷做出任何规定。

笔者认为,调阅案卷是复查工作的基本步骤,没有对原审全部案卷材料的调阅,复查工作人员就不可能认真负责地对申诉理由是否成立做出准确的判断;同时,笔者认为,刑事申诉工作的复查重点是审查申诉理由是否成立,但应当同时坚持全案复查,审查申诉请求以外的部分是否存在错误。人民法院应当把复查工作视为行使上级法院对下级法院审判指导和监督职能的重要方式。

上一级法院自决定复查之日起,应当允许申诉代理律师阅卷。目前现行的司法解释已经明确律师可以代理刑事申诉案件,但尚未对代理律师的阅卷权做出规定。在聂树斌案的复查过程中,最高人民法院曾责成山东高院根据复查工作进展情况通知律师阅卷,依法保障律师阅卷、提出代理申诉意见等诉讼权利,这一做法受到了社会各界的好评。笔者认为,负责申诉复查工作的刑事案件审查部应当在收到原审法院移送的全部案卷材料之日起十日内通知申诉代理律师有权阅卷,并为其查阅和复制原审案卷材料和证据提供便利。此外,由于裁判已生效的案件不存在可能影响侦查等情形,还应当对申诉律师的会见权和调查取证权给予充分保障。

对刑事申诉案件的复查应当指定一名承办法官全程负责。至于在审查方式上采取独任制还是合议制要视情况而定。1990 年最高人民法院刑二庭关于《各级人民法院处理刑事申诉的暂行规定》有关问题的电话答复指出:"关于《暂行规定》第七、八、九条及有关条款提出对刑事申诉应当审查,由谁审查的问题。我们认为,根据司法实践,应当首先由审判人员进行审查。至于是否需组成合议庭进行审查,应根据申诉的不同情况分别掌握。如刑事申诉涉及对事实和罪名的认定需要调卷审查,应组成合议庭进行合议,以保证处理申诉工作的质量。"笔者认为,这一文件精神是基本符合刑事申诉工作规律的。据此,对于普通案件可以由承办法官作为独任审查员进行审查；原审裁判为无期徒刑以上的案件，或者其他重大、疑难、复杂案件，应当组成复查小组进行。为了提高复查工作的透明度和公信力，可以随机抽调原审法院以外的法官和律师与承办法官共同组成复查小组。复查小组由承办法官担任组长，在其主持下开展工作，但对复查中遇到的重要问题应实行"少数服从多数"的表决机制。

对于是否启动再审的最终决定权，1998 年《最高人民法院关于执行〈中华人民共和国刑事诉讼法〉若干问题的解释》第三百零二条规定，"人民法院受理申诉后，应当在三个月内做出决定，至迟不得超过六个月。经审查，认为有刑事诉讼法第二百零四条规定的情形之一的，由院长提请审判委员会决定重新审判"。2012 年《最高人民法院关于适用〈中华人民共和国刑事诉讼法〉的解释》（下文简称《解释》）第三百七十五条关于立案审查的申诉案件决定重新审判的规定未明确是否由院长提请审判委员会决定，但是，该《解释》第三百七十八条规定："各级人民法院院长发现本院已经发生法律效力的判决、裁定确有错误的，应当提交审判委员会讨论决定是否再审。"笔者认为，由审判委员会来决定是否启动再审体现了对启动再审程序的慎重。根据诉讼法上的"一事不再理"原则，为了保障生效裁判的既判力和法的安定性，除非有特别的必要，不宜对已决案件进行重新审判。但是，由审判委员会来决定是否启动再审并非最佳的选择，毕竟上下级法院之间难免存在利益上的瓜葛，对于可能牵涉对原审办案人员追责的再审问题即使是上一级法院的审判委员会也未必能够做到秉公而断。因此，笔者主张，独任审查员或者复查小组在完成复查工作并拟出处理意见后，应当提交刑事申诉案件复查委员会讨论决定。上文提到，刑事申诉案件复查委员会的成员不局限于上一级法院的法官，而是包含了公、检、法、司以及律师界的代表，其关于是否启动再审的决定不容易受到原审法院及办案人员的干扰，同时，其决定也更容易为公众所接受和信服。

刑事申诉案件的审查方式包括书面审查和调查讯问式审查两种。对于单纯针对法律适用、诉讼程序或者量刑问题提起的申诉，可以采用书面审查方式进行审查。对于针对事实问题或者证据问题提起的申诉，应当采取调查讯问式审查方式，即独任审查员或者复查小组应当讯问原审被告人、询问被害人和证人，听取申诉人及其代理律师的意见，必要时还可以实地调查走访。对于存在改判无罪可能性的案件，应当召开听证会，公开听取申诉人及其代理律师的意见。

听证是在独任审查员或者复查小组的主持下，公开听取申诉人及其代理律师意见的活动。它是实现复查程序公开的重要方式，也是让申诉案件复查工作接受社会各界监督以便消除各种疑虑和误解的重要途径。所以，听证程序的关键在于公开。目前最高人民检察院出台的司法解释已经对于公开听证做出了相应的规定。2012 年《人民检察院刑事申诉案件公开审查程序规定》第四条规定："人民检察院公开审查刑事申诉案件，包括公开听证、公开示证、公开论证和公开答复等形式。同一案件可以采用一种公开形式，也可以多种公开形式并用。"2014 年《人民检察院复查刑事申诉案件规定》第四条规定："人民检察院复查刑事申诉案件，根据办案工作需要，可以采取公开听证、公开示证、公开论证和公开答复等形式，进行公开审查。"最高人民法院、最高人民检察院、司法部于 2017 年联合出台的《关于逐步实行律师代理申诉制度的意见》规定："案件疑难、复杂的，申诉人及其代理律师可以申请举行公开听证，人民法院、人民检察院可以依申请或者依职权进行公开听证，并邀请相关领域专家、人大代表、政协委员及群众代表等社会第三方参加。"上述规定均可在未来建立和完善听证程序时予以参考和借鉴。

不过，需要注意的是，听证程序不同于审判程序。为了避免以听证替代审理，同时为了避免为再审程序的启动设置过高的门槛，刑事申诉复查阶段的听证程序原则上只审查申诉人及其代理律师一方提交的材料和证据，听取申诉人提供的证人陈述的证言，并听取申诉人及其代理律师陈述的意见。因此，检察机关无须派员参加。但是，法院应当将听证会通知送达被害人及其法定代理人、近亲属。如果被害人一方要求参加的，应当准许其参与听证会并发表意见，同时，由于复查程序针对的是原生效裁判，所以，应当通知做出原生效裁判的法院派员出席听证会并发表意见。原审法院不派员出席的，不影响听证会的进行。为了充分保障公众的知情权和监督权，听证会应当允许公众旁听，允许新闻记者采访和报道。

独任审查员或者复查小组在完成复查工作后，应当拟出处理意见，提请刑事申诉案件复查委员会做出是否启动再审程序的决定。刑事申诉案件复查委员会认为不应当启动再审程序的，应当驳回申诉；认为应当启动再审程序的，应当指令立案庭作为再审案件立案。至此，刑事申诉案件即可处理完毕。当然，法律应当对复查的期限做出明确规定，以防止不必要的拖延。

《最高人民法院关于适用〈中华人民共和国刑事诉讼法〉的解释》第三百七十五条规定:"对立案审查的申诉案件,应当在三个月内做出决定,至迟不得超过六个月。"笔者认为,这一期限规定可以适用于申诉案件的复查,即原则上从决定受理刑事申诉案件之日起三个月内完成包括调卷、复查、听证以及做出是否启动再审程序的决定等工作,必要时可以延长三个月。此外,还应当补充规定,如果因案情特殊仍须延长复查期限的,应提交最高人民法院刑事申诉案件复查委员会决定。

之所以要对复查期限做出上述补充规定,使之更具有弹性,是因为对申诉案件的复查是错案纠正最为关键的环节。而错案纠正的种种阻力也集中体现在复查阶段。从司法实践来看,不少冤案虽然在平反后案情似乎一目了然,然而在复查过程中却往往面临各种争议,导致久拖不决。与其让硬性的期限规定形同具文,不如做出富有弹性的规定,给法院统一思想认识、协调各方面意见留下更多空间。以聂树斌案的复查为例,该案山东省高院在接受最高人民法院的指令复查案件期间,曾先后四次延期。2014 年 12 月 12 日,山东高院立案复查当天,该院复查工作合议庭法官会见了聂树斌近亲属和其代理人,依法向聂树斌母亲张焕枝送达了立案复查决定书。第一次延期是在 2015 年 6 月,复查期限延期三个月。第二次延期是在 2015 年 9 月 15 日,聂树斌母亲张焕枝和代理律师李树亭来到山东高法询问案件复查结果,复查再次延期至 12 月 15 日。第三次延期是因案件重大、复杂,复查工作涉及面广,参照《最高人民法院关于适用〈中华人民共和国刑事诉讼法〉的解释》第一百七十三条的规定,经报请最高人民法院批准,决定再次延长复查期限三个月(至 2016 年 3 月 15 日止)。第四次延期是山东高院审查认为,申诉代理律师于 2016 年 2 月再次提交的相关证据材料及线索确有核查必要,相关调查工作在第三次延期内难以完成。经征求申诉人及代理律师的意见,参照《最高人民法院关于适用〈中华人民共和国刑事诉讼法〉的解释》第二百二十二条第一款、第二款及第一百七十三条的规定,报请最高人民法院批准,山东高院决定再次延长复查期限三个月,至 2016 年 6 月 15 日。在第四次延期后的复查期限即将再次届满之际,2016 年 6 月 6 日,最高人民法院决定依法提审原审被告人聂树斌故意杀人、强奸妇女一案,按照审判监督程序重新审判,并于 2016 年 6 月 8 日在山东省高级人民法院向聂树斌的母亲送达了再审决定书。① 尽管该案复查期限历经多次延期,但最终满足了申诉人的诉求。从法理上来讲,刑事诉讼法关于诉讼期限的规定主要有两个方面的意义:一是出于人权保障的考虑,这主要是针对羁押期限以及其他限制人身自由的期限而言的;二是出于诉讼效率的考虑,这主要是追求结案的及时性以及对司法资源的节约。就刑事申诉案件的复查期限而言,主要涉及后者,即对诉讼效率价值的追求。但对刑事司法来说,公正显然是比效率更为重要的价值。所以,为了进一步核实情况而延长复查期限,是符合申诉人利益的,这种旨在公正处理申诉案件的延期应当被允许。

复查的结果是决定启动或者不予启动再审程序,而非是否应当改判。所以,复查决定属于一种程序性裁判,其证明标准不宜过高。长期以来,我国《刑事诉讼法》对启动再审程序的要求是原审裁判"确有错误"。这使得"再审启动即意味着改判"成为人们约定俗成的观念。然而,这一观念与再审程序的原理是格格不入的。再审程序同样是一种审判程序,而审判程序意味着只有通过依照法定程序进行的审理才能做出判决。因此,启动再审的案件有可能改判,也有可能维持原判。倘若将复查阶段决定启动再审的证明标准与再审改判的证明标准等同,那么就会阻止大量有可能通过再审程序得以改判的案件进入再审阶段,进而剥夺当事人通过再审来寻求救济的机会。依笔者之见,决定启动再审程序的证明标准应当是"合理根据"(probable cause),即有合理的理由相信原生效裁判存在错误。如此才能避免以复查代替审判,将原本应当启动再审程序的案件挡在再审的大门之外。

(三)再审和改判程序

在刑事申诉案件的复查程序结束后,如果决定启动再审,便可进入再审程序。此时,因申诉而引起的再审与因抗诉引起的再审在程序上便没有了本质上的区别,都属于对原审案件进行的重新审判。

在再审案件的管辖方面,《刑事诉讼法》第二百五十四条第三款和第四款规定:"最高人民检察院对各级人民法院已经发生法律效力的判决和裁定,上级人民检察院对下级人民法院已经发生法律效力的判决和裁定,如果

---

①《聂树斌案》,https://baike.baidu.com/item/%E8%81%82%E6%A0%91%E6%96%8C%E6%A1%88/6748882? fr=aladdin,2018 年 6 月 5 日访问。

发现确有错误,有权按照审判监督程序向同级人民法院提出抗诉。人民检察院抗诉的案件,接受抗诉的人民法院应当组成合议庭重新审理,对于原判决事实不清楚或者证据不足的,可以指令下级人民法院再审。"笔者认为,此处规定的"可以指令下级人民法院再审"违背了刑事诉讼中级别管辖的一般原则。《刑事诉讼法》第二十四条规定:"上级人民法院在必要的时候,可以审判下级人民法院管辖的第一审刑事案件;下级人民法院认为案情重大、复杂需要由上级人民法院审判的第一审刑事案件,可以请求移送上一级人民法院审判。"据此,刑事诉讼中关于级别管辖的一般原则是只允许管辖权向上转移,而禁止管辖权向下转移。这构成了刑事诉讼制度与民事诉讼制度的重要区别之一。究其原因,是因为刑事诉讼事关被告人基本人权,可能涉及人身自由权乃至生命权的剥夺,不可不谨慎从事。通常来说,由于上级法院承担着对下级法院的指导和监督职责,由上级法院来进行审判更有助于保障刑事司法的公平和正义。所以,禁止管辖权向下转移,体现了对被告人程序利益的维护。而《刑事诉讼法》针对再审案件所做的关于管辖权向下转移的例外规定则于法理不合,反映了当前司法机关"重办案、轻纠错"的错误倾向,理应予以纠正。从操作层面来看,将再审案件指令原审法院进行审理显然会违背避免利益冲突的原则,不利于对错案的纠正。尽管根据《刑事诉讼法》第二百五十五条的规定,"上级人民法院指令下级人民法院再审的,应当指令原审人民法院以外的下级人民法院审理;由原审人民法院审理更为适宜的,也可以指令原审人民法院审理",显然是以"指令原审人民法院以外的下级人民法院审理"作为一般原则,但是,由原审人民法院以外的下级人民法院审理容易导致异地调查取证困难、被害人和证人出庭不便等问题,徒增司法成本和社会成本。因此,由上一级人民法院自行审理再审案件才是最佳选择。

笔者认为,因申诉而引起的再审与因抗诉引起的再审均应当由做出生效裁判的法院的上一级法院管辖。就申诉案件而言,按照笔者在上文中阐述的关于申诉案件复查制度的改革思路,对刑事申诉案件的再审决定是由上一级人民法院的刑事申诉案件复查委员会做出的,当然应当由本院来进行重新审判。当然,由于实践中绝大部分重大案件由高级人民法院做出终审裁判,这些案件的再审均由最高人民法院负责再审恐怕会导致其审判负担过重的问题。不过,近年来,最高人民法院巡回法庭的设立能够克服这一难题。正如最高人民法院对申诉案件的复查可以交由设立在巡回法庭的刑事案件审查分部具体负责组织开展复查工作一样,巡回法庭同样可以设立相应的审判业务庭来负责刑事案件的再审。2016 年 6 月,聂树斌故意杀人、强奸再审一案就是由最高人民法院交第二巡回法庭审理的。充分发挥最高人民法院各巡回法庭的作用,有助于摆脱原审法院"自我纠错"面临的各种障碍,对于当事人的权利救济和司法公正的实现具有重要意义。

为了解决异地审判面临的调查取证困难、被害人和证人出庭不便等问题,切实方便人民法院查明案情和方便诉讼参与人出席庭审,正如上文提到的上一级人民法院派员到原审法院所在地开展复查工作一样,可以让上级人民法院合议庭成员到原审人民法院所在地重新审理案件。

目前实践中再审程序存在的一个突出问题就是"先定后审"。换言之,再审的审判结果并非产生于庭审过程,这就使得再审的"庭审实质化"难以实现。这一点从再审案件的审判进程就可见一斑。依照《刑事诉讼法》的相关规定,人民法院按照审判监督程序重新审判的案件,应当在做出提审、再审决定之日起三个月以内审结,需要延长期限的,不得超过六个月。从以往实践中的再审进程来看,法院往往在做出再审决定后间隔相当长的时间才开庭审理,而在开庭审理之后却又会在很短的时间内做出再审判决。以刘涌案为例,最高人民法院于 2003 年 10 月 8 日做出(2003)刑监字第 155 号再审决定,以原二审判决对刘涌的判决不当为由,依照审判监督程序提审该案。直到两个多月以后,即 2003 年 12 月 18 日上午,最高人民法院才在辽宁省锦州市中级人民法院开庭再审刘涌一案。4 天后,2003 年 12 月 22 日上午 10 时许,最高人民法院在辽宁省锦州市中级人民法院对刘涌一案再审宣判,纠正了原辽宁省高院二审判处的死缓判决,改判死刑立即执行,并且在当天上午 11 时 35 分,刘涌被押赴刑场,执行死刑。其次,以张氏叔侄案为例。浙江省高院于 2012 年下半年就开始对张氏叔侄案进行复查,开展了大量的调查取证工作,甚至两度远赴新疆监狱提审两名被告人。2013 年 2 月 6 日浙江省高院做出再审决定,直到 2013 年 3 月 20 日,浙江省高级人民法院才在浙江省乔司监狱对张辉、张高平一案依法进行了不公开开庭审理(本案因涉及他人隐私)。6 天后,2013 年 3 月 26 日上午,浙江省高级人民法院依法对张辉、张高平强奸再审案公开宣判,撤销原审判决,宣告张辉、张高平无罪。再以聂树斌案为例。上文提到,该案从 2014 年 12 月最高人民法院指令山东省高院复查,到 2016 年 6 月复查结束,历时近 18 个月。2016 年 6 月 6 日,最高人民法院决定依法提审原审被告人聂树斌故意杀人、强奸妇女一案,按照审判监督程序重新审判,并于 2016 年 6 月 8 日在山东省高级人民法院向聂树斌的母亲送达了再审决定书。但直到此时,仍然没有在短时间内开庭审理。直到 5 个半月以后,2016 年 11 月 25 日上午,最高人民法院第二巡回法庭才听取了申诉人张焕枝及其代理人李树亭律师意见。7天后,2016 年 12 月 2 日,最高人民法院对聂树斌故意杀人再审案公开宣判,宣告撤销原审判决,改判聂树斌无罪。上述案例均表明,实践中再审案件的开庭审理和做出判决往往只需要数天时间,然而庭前准备工作却需要数月之久,这显然不符合庭审实质化的要求,有"先定后审"之嫌。

再审案件的"先定后审"主要有以下三个方面的弊端:一是再审合议庭成员把工作重心放在庭外,然而庭外调查所获取的证据往往缺乏控辩双方的当场质证,这就容易让法官先入为主,有导致其认知偏误的风险;二是由于在再审案件开庭之前案件调查工作已基本完成,甚至已经形成了裁判结论,这就导致再审案件被告人及其辩护律师在法庭上发表的意见难以对裁判结果产生实质性的影响,从而变相剥夺了被告人的辩护权;三是庭外调查是不公开进行的,而这一环节又恰恰是实质上形成裁判结论的关键,这就使得审判活动在一定程度上规避了公开审判原则,不利于实现社会各界对再审审判工作的监督,进而影响再审程序的公信力。因此,努力实现庭审实质化应当成为再审制度改革的基本方向。

关于再审改判无罪的证明标准,现行法律和司法解释均未予以明确。现行《刑事诉讼法》第二百五十六条规定:"人民法院按照审判监督程序重新审判的案件,由原审人民法院审理的,应当另行组成合议庭进行。如果原来是第一审案件,应当依照第一审程序进行审判,所做的判决、裁定可以上诉、抗诉;如果原来是第二审案件,或者是上级人民法院提审的案件,应当依照第二审程序进行审判,所做的判决、裁定是终审的判决、裁定。"根据这一条文来理解,再审案件裁判的证明标准应当与一审或二审的证明标准相同。现行《刑事诉讼法》第二百条为普通审判程序确立的有罪判决的证明标准是"案件事实清楚,证据确实、充分",《刑事诉讼法》第五十五条对"证据确实、充分"的解释就是"综合全案证据,对所认定事实已排除合理怀疑"。《刑事诉讼法》第二百条还规定:"证据不足,不能认定被告人有罪的,应当做出证据不足、指控的犯罪不能成立的无罪判决。"那么何谓"证据不足"？结合《刑事诉讼法》第五十五条来理解，就是"存在合理怀疑"。近来有学者呼吁刑事再审从"有错才纠"转向"有疑即纠"。其所谓的"有疑即纠"，是指对原裁判所依据的事实和适用的法律进行重新审查，或者加上新证据进行证据综合判断，发现原裁判可能存在错误，即对原裁判的事实认定存在合理的怀疑。① 这一理解显然是符合现行立法精神的。

但是，笔者不赞同将"有疑即纠"确立为再审改判的原则。采取与原审相同的证明标准貌似是合理的，毕竟再审是按照原一审或二审程序重新进行的审判。但是，这里存在一个不容忽视的问题，那就是法的安定性和原审裁判的既判力问题。众所周知，在司法实践中，是否存在"合理怀疑"取决于审判人员的主观判断，不同的人可能会做出不同的评判。倘若将裁判已经生效的案件交由另一个合议庭来重新审判，完全有可能做出不同的裁判结论。况且，很多申诉案件发生在多年之前，有些当时条件下认为无须收集或者因控辩双方无争议而未加以固定和保全的证据可能已经遗失，被害人和证人的记忆已经变得模糊，在此情况下，要想使再审合议庭对被告人有罪的心证达到若干年前的心证状态几乎是不可能的。因此，将"存在合理怀疑"确立为再审改判无罪的证明标准是不可取的，不仅可能导致轻率地否定原审生效裁判而放纵真凶，还可能诱使心存侥幸的罪犯企图通过再审程序来逃脱法网。

因此，再审案件在性质上有别于一审和二审案件，再审的证明标准同样应当有别于普通审判程序的证明标准。从国外的实践来看，根本不存在"有疑即纠"的再审裁判标准。比如，美国北卡莱罗纳州在 2006 年建立了无辜者调查委员会，由 8 人小组负责审查刑事判决，其中包括法官、检察官、刑事辩护律师、郡治安官、受害人的法律顾问和公众代表。如果 5 名小组成员同意被告人应当得到司法审查，那么州最高法院的首席大法官将指派 3 名法官。如果这 3 名法官一致认为有"清晰而令人信服的证据"表明被告是无辜的，那么首席大法官可以推翻原有的判决。② 笔者认为，我们也可以将"清

---

① 龙宗智：《聂树斌案法理研判》，《法学》2013 年第 8 期。

② ［美］布兰登·L.加勒特：《误判：刑事指控错在哪了》，李奋飞等译，中国政法大学出版社 2015 年版，第 205—206 页。

晰而令人信服的证据"作为再审改判无罪的证明标准。比如,在张氏叔侄案中,2011 年 11 月公安机关将案发后从被害女性指甲缝中提取却一直未明确来源的男性 DNA 与另一起犯罪情节相似、已被执行死刑的案犯勾海峰的 DNA 比对成功,从而表明其他人作案的高度可能性,这显然就属于能够证明张氏叔侄无罪的"清晰而令人信服的证据"。

"清晰而令人信服的证据"这一证明标准能够体现再审改判的严肃性,有助于确保再审改判的正确性,还能够实现法的安定性、生效裁判既判力与保障无辜者等多重价值和利益之间的平衡。

三、我国刑事错案纠正的配套机制

我国刑事申诉相关程序的完善,有助于申诉人通过向原审法院的上一级法院申请复查以及启动再审来寻求救济,进而纠正错误的刑事裁判。为了保障上述目标的落实,还需要建立和完善相应的配套机制,具体包括救济和保障机制以及激励和惩戒机制两个方面的内容。

(一)救济和保障机制

首先,应当通过加强刑事申诉的检察监督,为申诉人提供必要的救济途径。上文提到,我们应当在法律上明确法院对错案纠正的主体责任以及检察院对错案纠正的监督责任。强化法院在错案纠正中的主体责任,不仅符合刑事申诉的基本规律,契合以审判为中心的刑事诉讼制度改革方向,还有助于从根本上提高错案纠正的质量和效率。但是,检察机关在错案纠正中的监督责任也是不可或缺的。检察监督是督促法院正确履行主体责任的重要保障。笔者在上文中已经指出,将刑事申诉的审查处理纳入刑事诉讼程序之后,检察机关便有权对整个申诉处理的过程进行监督。此外,还应当赋予当事人及其法定代理人、近亲属在对申诉受理结果不服、对申诉复查结论不服以及对再审裁判结果不服的情况下,请求人民检察院开展法律监督并在必要时对生效裁判提起抗诉的权利。这样一来,不仅法院对刑事申诉的处理过程要接受检察监督,同时法院对刑事申诉的处理结果也要接受检察监督。特别是,当事人及其法定代理人、近亲属在对上一级法院驳回申诉、决定不启动再审程序以及再审裁判结果错误的情况下,仍然有机会请求检察机关通过抗诉来进行纠正,从而增加了一个补充性的救济渠道。当然,为了确保法院依法履行主体责任,检察机关在人民法院尚未做出上述处理结论之前,只宜针对人民法院的错误做法提出检察建议。只有在人民法院对刑事申诉处理完毕后,才能以抗诉的方式启动再审程序。

那么,当事人及其法定代理人、近亲属应当申请哪一级检察机关开展法律监督呢?《刑事诉讼法》第二百五十四条第三款规定:"最高人民检察院对各级人民法院已经发生法律效力的判决和裁定,上级人民检察院对下级人民法院已经发生法律效力的判决和裁定,如果发现确有错误,有权按照审判监督程序向同级人民法院提出抗诉。"据此,当事人及其法定代理人、近亲属应当向做出生效裁判的原审法院的上一级检察院提出申请,以确保其拥有对生效裁判的抗诉权。当然,如果申请人向不具有管辖权的检察机关提出申请的,该检察机关应当直接将申请材料移送给有管辖权的检察机关处理,并告知申请人。

从司法实践来看,检察监督在错案纠正中发挥了不可替代的作用。以于英生案为例,2002 年 12 月 8 日,于英生向安徽省高级人民法院提出申诉。2004 年 8 月 9 日,安徽省高级人民法院驳回于英生的申诉。后于英生向安徽省人民检察院提出申诉。安徽省人民检察院经复查,提请最高人民检察院按照审判监督程序提出抗诉。最高人民检察院经审查,于 2013 年 5 月 24日向最高人民法院提出再审检察建议。最高人民法院经审查认定该案证据不足,遂指令安徽省高级人民法院启动再审程序。2013 年 8 月 13 日,安徽省高级人民法院经再审,认为原审认定于英生故意杀害其妻韩某的事实不清、证据不足,宣告于英生无罪。再以徐辉案为例,2001 年 5 月,徐辉被珠海市中级法院以强奸罪、故意杀人罪判处死刑,缓期两年执行。徐辉不服,向广东省高级人民法院提出申诉。广东省高级人民法院于 2005 年 11 月 11日做出(2005)粤高法刑一申字第 8 号通知书,驳回被告人徐辉的申诉。徐辉不服,向最高人民检察院提出申诉,最高人民检察院将此案移交广东省人民检察院办理。广东省人民检察院于 2008 年 6 月 16 日做出检察意见书,提出建议广东省高级人民法院启动再审程序。广东省高级人民法院于2008 年 7 月 4 日做出(2008)粤高法立刑申字第 120 号再审决定,决定将本案再审,并于 2011 年 7 月 22 日做出(2008)粤高法审监刑再字第 12 号刑事裁定,裁定撤销珠海市中级法院(1999)珠中法刑初字第 57 号刑事附带民事判决及广东省高级人民法院(2001)粤高法刑终字第 537 号刑事裁定,将本案发回珠海市中级法院重新审理。2014 年 9 月 9 日,珠海市中级法院再审改判徐辉无罪。

其次,应当通过完善刑事申诉的律师代理和法律援助制度,为申诉人提供必要的法律帮助。律师介入申诉案件不仅有助于更好地帮助当事人行使申诉权,督促司法机关依法公正处理申诉案件,还有助于增进当事人与司法机关之间的理解和沟通,减少和避免不必要的申诉。有学者指出:"律师在申诉案件中能够告诉申诉人及其家属与案件相关的法律知识,这便能够使得申诉人及其家属理解法律和司法制度,从而对法院裁判加深理解,知道怎样的申诉才是合法的,这必将极大地减少无理申诉、反复申诉、违法申诉等,使得申诉人回到法制的轨道上来维护自己的合法权利,而那些因为不了解法律而申诉的情况就能自然息讼。"①

目前我国已经开始着手建立和完善刑事申诉的律师代理和法律援助制度。2012 年,《最高人民法院关于适用〈中华人民共和国刑事诉讼法〉的解释》明确规定:"申诉可以委托律师代为进行。"2014 年,党的十八届四中全会《关于全面推进依法治国若干重大问题的决定》指出:"对不服司法机关生效裁判、决定的申诉,逐步实行由律师代理制度。对聘不起律师的申诉人,纳入法律援助范围。"2015 年,中央政法委《关于建立律师参与化解和代理涉法涉诉信访案件制度的意见(试行)》指出:"对信访诉求符合法律规定,需要向政法机关提出申诉的,律师可帮助信访人撰写申诉材料、收集证据、接受询问,引导信访人依法按程序进行申诉。信访人需委托律师代理申诉的,可自行决定是否委托原接待服务律师或另行委托其他律师。条件成熟时,对聘不起律师的,纳入法律援助范围。"2017 年,最高人民法院、最高人民检察院、司法部联合出台的《关于逐步实行律师代理申诉制度的意见》指出:"当事人对人民法院、人民检察院做出的生效裁判、决定不服的,提出申诉的,可以自行委托律师;人民法院、人民检察院可以引导申诉人、被申诉人委托律师代为进行。申诉人因经济困难没有委托律师的,可以向法律援助机构提出申请。"

但是,到目前为止,刑事申诉的律师代理和法律援助制度尚未上升到法律层面。根据《刑事诉讼法》第四十六条的规定:"公诉案件的被害人及其法

---

① 胡铭:《刑事申诉论》,中国人民公安大学出版社 2005 年版,第 243 页。

定代理人或者近亲属,附带民事诉讼的当事人及其法定代理人,自案件移送审查起诉之日起,有权委托诉讼代理人。自诉案件的自诉人及其法定代理人,附带民事诉讼的当事人及其法定代理人,有权随时委托诉讼代理人。"同时,该法第一百零八条规定,"本法下列用语的含意是:……(五)'诉讼代理人'是指公诉案件的被害人及其法定代理人或者近亲属、自诉案件的自诉人及其法定代理人委托代为参加诉讼的人和附带民事诉讼的当事人及其法定代理人委托代为参加诉讼的人"。显然,目前《刑事诉讼法》尚未明确申诉人有权委托诉讼代理人,申诉代理律师尚未取得应有的名分。

在笔者看来,将来修订的《刑事诉讼法》不仅应当明确申诉人有权委托代理律师,将申诉代理律师纳入"诉讼代理人"的范围,还应当确立与当前的"指定辩护"相类似的指定代理制度。对于申诉人是未成年人、盲聋哑或限制行为能力人而没有委托代理人的,司法机关应当为其指定代理律师。此外,还应该充分保障申诉代理律师的会见权、阅卷权、调查取证权等诉讼权利。从实践的角度来看,由于申诉案件的原办案机关及其工作人员可能因错案纠正而面临被追责的问题,因而律师在申诉阶段的阅卷权往往难以得到充分的保障。例如,在聂树斌案申诉阶段,多位律师向河北省高级人民法院发出至少 94 次阅卷申请,但都被拒绝或以各种方式驳回。① 2017 年,最高人民法院、最高人民检察院、司法部联合出台的《关于逐步实行律师代理申诉制度的意见》已经做出了初步规定,即"依法保障法代理申诉律师的阅卷权、会见权。在诉讼服务大厅或者信访接待场所建立律师阅卷室、会见室。为律师查阅、摘抄、复制案卷材料等提供方便和保障。对法律援助机构指派的律师复制相关材料的费用予以免收。有条件的地区,可以提供网上阅卷服务。"然而,这一规定在实践中并没有得到严格执行,律师在代理申诉的过程中仍然很难查阅案卷材料。②

再次,为了防止原办案机关及其工作人员故意隐匿、毁损证据或因过失导致证据遗失,应确立无正当理由不提供证据情况下对原办案机关不利推定制度。我国民事诉讼法上有证明妨碍制度。最高人民法院于 1998 年《关于民事经济审判方式改革问题的若干规定》第三十条曾规定:"有证据证明

---

① 陈永生:《刑事冤案研究》,北京大学出版社 2018 年版,第 156 页。
② 陈永生:《刑事冤案研究》,北京大学出版社 2018 年版,第 194 页。

持有证据的一方当事人无正当理由拒不提供,如果对方当事人主张该证据的内容不利于证据持有人,可以推定该主张成立。"后来,这一规定被纳入最高人民法院《关于民事诉讼证据的若干规定》。但是,我国刑事诉讼法上并没有此类规定。

在刑事司法实践中,有的侦查机关只向公诉机关移送对被追诉人不利的证据,而刻意隐匿对被追诉人有利的证据,企图借此实现追诉目的。比如,在张振风强奸、抢劫案中,侦查人员对张振风进行 DNA 鉴定,鉴定结论显示张振风的 DNA 与被害人体内残留的精液 DNA 不一致,这完全排除了张振风作案的可能,但办案警察余鹏飞将鉴定结论予以隐匿,导致张振风被错误认定为有罪,被判处死缓。① 再比如,在浙江萧山五青年冤案中,侦查人员在徐彩华被害案的出租车内及车引擎盖上提取到 10 多枚指纹,在陈金江被害案的现场提取到至少 18 枚指(掌)纹,这两起命案现场提取的指(掌)纹,有比对条件的都在 10 枚以上,但被侦查、检察人员隐匿,导致五名被告人被错误地认定有罪。② 针对上述情形,中央政法委于 2013 年 8 月出台的《关于切实防止冤假错案的规定》中明确指出:"侦查机关移交案件时,应当移交证明犯罪嫌疑人、被告人有罪或者无罪、犯罪情节轻重的全部证据。严禁隐匿证据、人为制造证据。"

在司法实践中还有一些侦查人员由于保管证据的责任心不强,导致对被追诉人有利的证据遗失,从而使被追诉人丧失证明自己无罪的机会。例如,在河北隆尧"徐东辰故意杀人案"中,死者的阴道外残留有擦拭用的卫生纸,DNA 鉴定显示"不排除死者阴道擦拭纱布和卫生纸上的精斑是徐东辰所留"。一年多的时间里,徐东辰及其家人一再要求重新做 DNA 鉴定。终于得到允许后,徐东辰的哥哥徐东山和检察人员去了北京,但检察人员后来却对徐东山说:"检材(沾有精斑的卫生纸)没有了,做不了了。"③1999 年 12 月,邢台中院以被告人徐东辰犯故意杀人罪,判处死刑,剥夺政治权利终身。直到 2015 年 12 月,河北省高院才改判无罪。

可见,刑事诉讼中同样有必要确立类似于民事诉讼的证明妨碍制度。

---

① 陈永生:《刑事冤案研究》,北京大学出版社 2018 年版,第 36 页。
② 陈永生:《刑事冤案研究》,北京大学出版社 2018 年版,第 36 页。
③ 刘品新:《刑事错案的原因与对策》,中国法制出版社 2009 年版,第 174 页。

尤其是在刑事申诉案件的复查和再审过程中,由于很多案件是陈年旧案,证据遗失的情况更为多见。倘若没有相应的制度来倒逼司法机关做好证据保管工作,那么很多冤案可能会因证据遗失而难以得到平反。

聂树斌案的再审裁判就体现了在证据遗失情况下对指控做不利推定的精神。在该案再审过程中,聂树斌的近亲属和申诉代理律师提出原审据以定案的很多证据去向不明,涉嫌被办案机关故意销毁、隐匿,从而主张这些证据可能对原审被告人聂树斌有利。这些诉求最终部分地获得了再审法院的支持,主要体现在三个方面:一是,再审判决书指出,聂树斌被抓获之后前5天的讯问笔录缺失,严重影响在卷讯问笔录的完整性和真实性。"由于上述讯问笔录缺失,导致聂树斌讯问笔录的完整性、真实性受到严重影响。对申诉人及其代理人提出聂树斌被抓获之后前5天有讯问笔录,且缺失的笔录可能对聂树斌有利的意见,对检察机关提出缺失这5天讯问笔录存在问题的意见,本院予以采纳。"①二是,再审判决书指出:"案发之后前50天内多名重要证人证言全部缺失不合常理,且关键证人侯某某后来对与康某1最后见面时间的证言做出重大改变,直接影响对康某1死亡时间和聂树斌作案时间等基本事实的认定,导致在案证人证言的真实性和证明力受到严重影响。原办案人员对有关证人证言缺失的原因没有做出合理解释,故对申诉人及其代理人提出的这些缺失证据对聂树斌可能有利的意见,本院予以采纳。"②三是,再审判决书指出:"考勤表的缺失,导致认定聂树斌有无作案时间失去原始书证支持。对申诉人及其代理人提出的考勤表系对聂树斌可能有利的证据,本院予以采纳。"③笔者认为,该案再审裁判所做的上述推定有利于对申诉权的救济和保障,应当在未来立法中将其制度化。

(二)激励和惩戒机制

当前我国错案纠正机制存在的问题是多方面的,司法机关及其工作人员的切身利益也是构建纠错机制的重要制约因素。我们应当通过正向激励和反向惩戒相结合,督促司法机关及其工作人员切实履行职责,公正、及时

①参见最高人民法院(2016)最高法刑再3号刑事判决书。
②参见最高人民法院(2016)最高法刑再3号刑事判决书。
③参见最高人民法院(2016)最高法刑再3号刑事判决书。

地处理刑事申诉案件。

首先,应当完善法院和检察院的考评机制,将落实刑事错案纠正的主体责任和监督责任作为对单位业绩考核的重要指标;同理,对于司法工作人员的业绩考核,也应当将履行纠错职责的情况作为考核评价的重要依据。目前司法实践中普遍存在"重办案、轻纠错"的倾向,尤其是在当前"案多人少"的情况下,各级法院、检察院更是将主要精力放在应接不暇的日常案件处理上,而对于当事人及其法定代理人、近亲属提出申诉的案件则疏于关注。这与当前司法业绩考核的指标体系不无关系。因此,强化司法机关及其工作人员在错案纠正中的责任意识,应当成为进一步深化司法责任制改革的努力方向之一。

其次,应当推动错案追究制度的改革,基于"适度容错"原则对因过失导致错案且事后积极配合纠错的机关和人员减轻责任或者免于追责。刑事错案的纠正往往牵涉到从侦查人员到检察人员、审判人员以及其所在单位的切身利益,这是申诉案件启动复查和再审往往面临巨大阻力的根源。实际上,司法证明活动是一个从未知到已知的艰难探索过程。现代逻辑学、心理学以及证据学的研究成果已经表明,司法证明是一个复杂的多因素交互作用的过程,其结果具有很大的不确定性。裁判者的认知偏差、证人证言的错误、法庭科学知识的误用等都可能导致冤错。从世界范围来看,没有任何一个国家能够从根本上避免冤错案件的产生。以张氏叔侄案为例,尽管从原审裁判依据的证据来看疑点重重,但被告人口供、指认现场笔录、侦查实验笔录以及证人袁连芳的证言等证据都明确地指向两名被告人,被告人张辉在写给其父母和女友的信中也动情地表达了深刻的忏悔,并且两名被告人在接受检察机关讯问时仍然供认不讳,并没有对刑讯逼供等非法取证行为提出控告。此外,值得一提的是,在对具体案件的侦办、审查和审理过程中,不仅三大机关之间存在明确的职能区分,其内部工作人员之间也有各自的具体职责,由于司法机关每年要面对大量的刑事案件,除非已经引起社会各界的高度关注,司法人员之间对个案的信息交流不可能是很顺畅的。如果我们不是仅仅依据后来的DNA新证据来做"事后诸葛"式的分析,而是客观地从司法人员在办案时所面对的错综复杂的案情、其所承受的压力以及其所受到的各种体制性的局限出发来审视和评价整个司法过程的话,我们就不会简单地把办案人员"妖魔化"了。

刑事犯罪的隐蔽性、刑事案件的复杂性、诉讼时空的局限性、证据的不完整性等因素,都决定了错案的不可避免性。因此,在笔者看来,只要我们承认错案的不可避免性,就应当在错案追究方面遵循"适度容错"原则。除非有明确的证据证明司法人员故意制造冤错案件,否则就不应当固守"有错必罚"的思维,而应当根据具体情况做出妥善处理。

为了调动一切积极因素,确保及时纠正既往的错案,对于原审法院以及案件承办人、合议庭成员或者审判委员会成员在发现错误后主动及时报告的,积极配合调查并提供重要信息的,以及为错案纠正做出其他重要贡献的,应当减轻或者免除其错案责任。但是,对于拒不配合调查,不如实提供自己了解的案件信息,甚至通过毁灭、隐匿或者转移证据等方式阻挠错案纠正的,则应当比照故意制造冤案的司法责任来进行严厉追责。

反观我国司法实践,目前呈现"倒挂"状态,即那些怠于受理和复查申诉案件的司法机关及其工作人员并未因其消极应对或积极阻挠错案纠正而承受不利后果,甚至可以通过压制冤案来保护自身的既得利益;而主动报告或积极配合纠错促使案件得以纠正的原办案机关和人员则可能因冤案曝光而受到负面评价和责任追究。这种极不合理的现象必然压抑整个刑事司法系统开展纠错的积极性。因此,错案追究制度的科学设计不仅有助于实现对司法工作的客观评价,还有助于"釜底抽薪"式地消除申诉案件复查和再审程序启动的障碍,保障更多的刑事冤错案件得到及时平反。

再次,针对司法实践中屡屡发生的司法机关及其工作人员阻挠申诉、怠于复查以及为纠错设置障碍的做法,应建立和完善相应的惩戒机制,并在刑法中增设"妨害申诉罪"。申诉权既是刑事诉讼法确立的诉讼权利,也是我国宪法确立的基本人权。而错案纠正则是司法工作的重要组成部分,是实现司法公正、树立司法权威性和公信力的根本保证。近年来曝光的某些刑事申诉案件中,司法机关及其工作人员阻挠错案纠正的行为极其恶劣,后果极其严重,确实有必要采取包括刑事制裁之内的手段予以惩戒。

归结起来,我国司法实践中阻挠错案纠正的行为主要有以下几种:

一是明知原审裁判存在错误而拒不纠正,严重漠视当事人的基本人权。以滕兴善案为例,1988年12月,滕兴善因涉嫌杀害被害人石小荣被怀化中院一审判处死刑,1989年1月,湖南省高院终审裁定维持原判并被执行枪决。1993年,被拐卖到山东的石小荣返回老家,并明确要求当地法院撤销当年关于她与滕兴善"有暧昧关系"且已被滕"杀害"的错误判决。但是,直到 2006 年湖南省高院才依照审判监督程序对滕兴善故意杀人案再审,并改判无罪。再以呼格吉勒图案为例,1996 年 4 月,在呼和浩特第一毛纺厂家属区公共厕所内,一女子被强奸杀害。公安机关认定报案人呼格吉勒图是凶手。当年,呼格吉勒图被判处死刑并被立即执行。2005 年,真凶赵志红因系列强奸、抢劫、杀人案落网后交代该案系其所为。2006 年,内蒙古自治区政法委派出复核组对该案进行调查并确认呼格吉勒图案系冤案,但司法机关一直拒绝启动审判监督程序。经由呼格吉勒图的父母不断申诉、上访,直到 2014 年 11 月,内蒙古自治区高级人民法院向呼格吉勒图的父母送达立案再审通知书,才使该案进入再审程序。西方有句法律谚语叫作"迟到的正义非正义"。在这两起案件中,司法机关的无罪宣告分别因人为因素迟到了 13 年和 8 年之久,其所伤害的不仅仅是在不断申诉、上访中备受煎熬的申诉人,还包括广大人民群众对法治的信仰和对司法工作的信心。而对于那些当事人为服刑人员的申诉案件,司法机关及其工作人员对纠错的阻挠意味着让司法机关的错误延续下去,让蒙冤者继续遭受非正义的刑事制裁,此种行为与诬告陷害之类的犯罪行为何异?!

二是司法机关及其工作人员隐匿有利于蒙冤者的证据,妨碍错案的及时纠正。在江西乐平冤案中,被害人于 2000 年 5 月 23 日晚被害,警方在现场勘验时提取到 29 枚烟头、毛巾等物证,但办案机关没有进行鉴定。2012 年 4 月 12 日,涉嫌制造 4 起命案、侵害 10 余名女性的真凶方林崽因其他案件落网,供认乐平冤案系其所为。2013 年 4 月,乐平市公安局向公安部物证鉴定中心申请进行司法鉴定,公安部出具的鉴定意见表明有 3 枚烟蒂上的 DNA 来源于方林崽的可能性大于 99.99%。但是,这一对被冤者有利的物证却被隐藏长达 3 年之久,导致被告人在真凶出现 4 年后才被宣告无罪。①

三是打击报复申诉人及其证人,阻挠其正常申诉。比如,在 1994 年湖北荆门的佘祥林案件中,佘祥林的家人不断申诉、上访,但一直无法启动审判监督程序。不仅如此,佘祥林的家人以及提供对佘祥林有利证据的证人还受到了打击报复。佘祥林的母亲杨五香因不断上访被关押 9 个半月,在

---

① 陈永生:《刑事冤案研究》,北京大学出版社 2018 年版,第 178 页。

被释放后 3 个多月就含恨去世。佘祥林的哥哥佘锁林因不断上访被关押 41 天,其所担任的村治保主任职务和预备党员资格都被撤销。有四位证人出具"良心证据",证明在公安机关认定被害人张在玉"死亡"后 9 个多月,曾有一位与张在玉非常相似的人在他们村住过 2 天 1 夜。对这一证据,侦查机关不仅不进行调查,还将四名证人予以拘留、逮捕或监视居住,禁止他们出庭提供证言。① 再比如,2004 年,山西忻州村民刘翠珍因涉嫌故意杀人罪先后两次分别被忻州市中级人民法院判处死刑和死缓。刘翠珍再次上诉后,山西省高院以"原判取证违法,违反法律规定的诉讼程序"为由再次发回重审。2005 年 7 月 29 日,忻州市人民检察院对刘翠珍做出了不起诉决定。同年 8 月 2 日,刘翠珍被释放回家。2008 年 1 月 18 日,刘翠珍向忻州市人民检察院和忻州市中级人民法院提出国家赔偿请求。而结果是,刘翠珍不仅没有拿到赔偿金,相反,两天后她被忻府区公安分局再次逮捕。在没有新证据的情况下,刘翠珍被再次起诉。同年 10 月,刘翠珍被忻州市中级法院以故意杀人罪判处有期徒刑 15 年。在刘翠珍又一次上诉后该案引起了上级有关部门的高度重视,在有关部门的过问下,忻州市人民检察院再次做出了不起诉决定。②

　　针对上述严重违背职责,不择手段地阻挠错案纠正的行为,理应采取包括刑罚在内的手段给予严厉制裁,否则不足以遏制此类事件的重演。目前我国刑法中明确规定了妨害公务罪、妨害司法罪,却没有妨害申诉罪,这显然不符合注重司法公正和人权保障的历史潮流。为此,笔者建议在刑法中增设"妨害申诉罪"。妨害申诉罪是指,司法工作人员明知生效裁判可能存在错误,却拒不对申诉材料进行登记和处理,拒不配合复查工作或不如实提供相关信息,拒不提供或隐匿、转移、毁灭案件材料或证据,打击报复申诉人,或者以其他手段妨害申诉权行使,阻碍错案及时纠正,情节恶劣或者后果严重的行为。加大对阻碍冤案平反行为的惩治力度,必将有助于从根本上扭转"刑事申诉难"的现实困境。

---

① 陈永生:《刑事冤案研究》,北京大学出版社 2018 年版,第 98 页。
② 李建明:《刑事司法错误:以刑事错案为中心的研究》,人民出版社 2013 年版,第 244—245 页。

结　语
探索错案防范与纠正的中国模式

　　刑事错案的防范与纠正是世界性的难题。我们在构建错案防范与纠正机制的时候应当充分吸收和借鉴域外经验,但同时需要注意与本土的制度、体制和文化相契合。

　　从认知科学的角度来看,不同国家和地区的人们拥有不同的思维方式和价值观。从中美民众对辛普森案审判结果的不同态度就可以看出,两国民众对于公平正义的理解存在显著的差异。整体而言,中国人更注重实体公正,通常认为对实体性人权的保障更为重要;而美国人更注重程序公正,往往更强调对程序性人权的保障。因此,对于具体案件来说,中国人更关心审判的结果是否正确,而美国人则更关心被告人是否受到了公正的审判。当然,导致这一差异的因素是多重的,除了历史和文化因素之外,也有制度和体制方面的原因。比如,美国实行陪审团制度,只要陪审团的组成合法且没有受到误导,那么其裁判结论通常就容易被民众所接受。换言之,即使陪审团犯了错也容易被人们原谅。然而,我国实行职业法官审判制度,民众对法院和法官有着更高的期待,其在实体方面的裁判错误是不容易被原谅的。

　　基于上述认知层面的差异,我国刑事错案防范机制的构建就必须从本土实际出发,而不能简单地照搬西方国家的成功经验。例如,美国有着非常严格的非法证据排除规则,这被看作是遏制违法侦查的重要手段。尽管在美国国内也有人对法庭排除非法证据而让有罪者逍遥法外的做法提出质疑,但这一做法得到了社会主流观点的认同。但是,就我国目前的情况而言,不惜以放纵犯罪为代价来贯彻实施非法证据排除规则的做法是难以获得民众广泛认同的。因此,中国的法官不可能像美国的法官和陪审团那样处于完全消极和中立的地位。在控方证据基本能够证明犯罪事实但仍然存在疑点的情况下,中国的法官仍须开展大量艰苦细致的调查工作。倘若法官直接依据疑罪从无原则来宣告无罪,就会被看作是"甩手掌柜"而受到民众的责难。因此,我们应当立足我国职权主义诉讼的背景,探索符合我国国情的错案防范机制。

同理,我国刑事错案纠正机制的构建同样要从本土实际出发,而不应当简单地"照葫芦画瓢"。正如加拿大学者肯特·罗奇所言,期望用统一的方法来解决错案纠正问题恐怕是不切实际的,因为每个司法管辖区都不同,没有一个万能的模式。[①] 目前国内学界在这方面的研究成果大多主张仿效英国刑事案件审查委员会制度或者美国的无辜者项目。笔者在上文中已经阐明了英国刑事案件审查委员会产生的特殊背景以及英国独特的司法体制,并且指出在我国不适宜在全国人民代表大会之下设立类似的机构,而应当在司法系统内部寻求错案纠正的解决方案。至于美国的无辜者项目,则纯属民间运动,其对于司法纠错所发挥的无非是"扬汤止沸"的效果,并非长效机制。实际上,英美法系国家错案纠正所面临的根本障碍在于陪审团制度。陪审团裁判无须说明理由,上诉法院通常无权对陪审团的事实认定结论从逻辑上进行审查。与之相比,我国的职业法官审判具有英美法系陪审团审判所无可比拟的优势,即上级法院可以对原审法院的事实认定和证据运用从逻辑上进行审查,并在认为其存在错误时给予纠正。因此,我们应当从本国实际出发,探索具有中国特色的错案纠正机制。

我国在刑事错案治理上必须坚持以防为主、防纠结合。这不仅仅是因为防患于未然有助于实现"努力让人民群众在每一个案件中感受到公平正义"的目标,更是因为我国的诉讼制度和司法体制决定了防范错案是完全可行的。上文提到,审判阶段是错案防范的关键环节。而英美法系国家由于实行陪审团审判,其裁判结论往往是不可控的,具有相当大的随意性。正因为如此,所以,英美法系正式审判前的陪审团遴选阶段也成为控辩双方角力

---

①[加]肯特·罗奇:《错案问题比较研究》,蒋娜译,中国检察出版社 2015 年版,第91 页。

的重要场域。由不同成员组成的陪审团完全有可能针对同一案件做出截然不同的裁判结论。但是，在我国职业法官审判的背景下，法官依据证据并运用逻辑法则和经验法则做出裁判，使得裁判结论具有较强的客观性和可检验性。当然，这种客观性和可检验性也为上级法院审查生效裁判是否存在错误奠定了基础。

从实现错案防范目标的角度来说，除了上文提到的证明理念转变、证明模式转型、证明程序改革以及其他方面的制度创新以外，从根本上尚有赖于公众观念和价值观的转变。无论是人民法院还是人民检察院都是由人民代表大会选举产生，对它负责，受它监督。尽管在司法机关对个案的办理中应当强调职业理性与大众理性的差异，要注意避免裁判结论受媒体和舆论的干扰，但就整体而言，刑事司法工作的宗旨和原则是不能违背民意的。比如，尽管刑诉法明文规定通过刑讯逼供取得的口供不得作为证据使用，但法院在实践操作层面却很少将其排除。究其根源，刑事司法不仅要追求法律效果，还要兼顾政治效果和社会效果。倘若因排除口供而导致放纵真凶，审判工作难免会受到民众的质疑。有学者曾通过问卷调查，了解社会公众对刑讯逼供的主观认知状况。调查所得数据表明，虽然我国公众对刑讯逼供基本上持否定和反对态度，但刑讯逼供之深层逻辑并没有被一般社会观念所否定。① 美国检察官吉姆·佩特罗曾指出，世俗认知或传统观点决定着这个国家的司法制度。只有当"民众社会中对某特定问题的普遍理解"发生改变后才能迎来实质意义上的变化。② 美国一位大法官也曾说过："对理性概念的界定依赖于广大社会民众对其最为普遍的理解，而不是取决于法官自己特有的个人观点。"③因此，一旦将来正当程序、疑罪从无等现代司法理念被民众所理解和接受，成为全社会的共识，那么，民众对于法院做出的非法证据排除决定或者无罪裁判也就会变得更为宽容，错案防范机制才能变得更为健全和完善。

---

①林莉红、赵清林、黄启辉：《刑讯逼供社会认知状况调查报告（上篇·民众卷）》，《法学评论》2006 年第 4 期。

②［美］吉姆·佩特罗、南希·佩特罗：《冤案何以发生：导致冤假错案的八大司法迷信》，苑宁宁、陈效等译，北京大学出版社 2012 年版，第 297 页。

③［美］吉姆·佩特罗、南希·佩特罗：《冤案何以发生：导致冤假错案的八大司法迷信》，苑宁宁、陈效等译，北京大学出版社 2012 年版，第 325 页。

从实现错案纠正目标的角度来看,畅通申诉渠道才是根本途径。党的十八届四中全会提出:"构建对维护群众利益具有重大作用的制度体系,建立健全社会矛盾预警机制、利益表达机制、协商沟通机制、救济救助机制,畅通群众利益协调、权益保障法律渠道。"畅通刑事申诉的渠道,根治"申诉难"问题,自然是题中应有之义。2014 年 12 月 4 日,最高人民法院举办公众开放日活动,首次公开邀请冤案当事人前来参观。曾入狱服刑近十年终获无罪释放的浙江叔侄冤案当事人张高平、张辉登台讲述了自己蒙冤昭雪的心路历程。① 笔者认为,最高人民法院在首个国家宪法日举办此类活动是对当事人的申诉权作为宪法权利的充分彰显。中国古代就已经有较为完备的申诉制度,在举国上下全面推进依法治国的今天,我们更应当对其进行传承和发展,切实保障每一个当事人的申诉权。

特别值得一提的是,我国自古以来高度集权的大一统的政治体制导致了民众在寻求救济时对高层权力的信任和期待。这一心理期待应当在构建错案纠正机制的过程中给予充分考虑,毕竟"一个民族的生活创造它的法制,而法学家创造的仅仅是关于法制的理论"②。尽管笔者在上文中提出的制度设计会导致更高级别司法机关的工作负担大大增加,但从长远来看,将有助于从根本上解决"申诉无门"的问题,并且更高级别的司法机关也可以借此强化对下级司法机关的指导和监督,进而全面提升司法的权威性和公信力。

当前,我国刑事申诉领域还存在"诉访不分"的问题。有些刑事案件的当事人除了向各级司法机关提出申诉外,还向各级党委、人大、政协、政法委、信访部门等党和国家机关上访。实践中司法机关还需要花费时间处理大量由党和国家机关批转的其他案件。这一问题的存在,不仅会扰乱正常的国家治理秩序,还会导致地方党政领导过问司法案件和干预案件办理,从而对人民法院、人民检察院分别依法独立行使审判权、检察权的原则构成冲击。因此,实现"诉访分离"已经成为司法改革必须面对的问题。对于如何解决这一问题,仁者见仁、智者见智。在笔者看来,"诉访不分"产生的原因

---

① 吴玉蓉:《首个宪法日邀冤案当事人参观,最高法誓言依法纠错保障人权》,https://www.thepaper.cn/newsDetail_forward_1282946,2018 年 10 月 23 日访问。

② 苏力:《法治及基本土资源》,中国政法大学出版社 1996 年版,第 289 页。

是多方面的，其中固然有部分当事人及其法定代理人、近亲属不通晓法律等因素，但根本原因还在于目前刑事申诉的渠道不够畅通。由此可见，在现阶段对于涉诉信访"宜疏不宜堵"，否则只会使当事人积怨加深，进而激化社会矛盾。最根本的解决办法就是通过完善刑事申诉的相关程序，疏通司法救济的渠道。在司法救济触手可及的情况下，当事人及其法定代理人、近亲属自然就不会"舍近求远"，涉诉信访自然会大量减少，"诉访不分"的难题便可迎刃而解了。

参考文献

[1]秋山贤三.法官因何错判[M].曾玉婷,译.北京:法律出版社,2019.

[2]陈永生.刑事冤案研究[M].北京:北京大学出版社,2018.

[3]姜保忠.以审判为中心视角下刑事错案防范机制研究[M].北京:法律出版社,2017.

[4]孙应征.刑事错案防范与纠正机制研究[M].北京:中国检察出版社,2016.

[5]拉里·劳丹.错案的哲学[M].李昌盛,译.北京:北京大学出版社,2015.

[6]布兰登·L,加勒特.误判:刑事指控错在哪了[M].李奋飞,译.北京:中国政法大学出版社,2015.

[7]肯特·罗奇.错案问题比较研究[M].蒋娜,译.北京:中国检察出版社,2015.

[8]陈国庆.冤错案件纠防论[M].北京:中国检察出版社,2015.

[9]黄士元.正义不会缺席——中国刑事错案的成因与纠正[M].北京:中国法制出版社,2015.

[10]勒内·弗洛里奥.错案[M].赵淑美,张洪竹,译.北京:法律出版社,2013.

[11]李建明.刑事司法错误:以刑事错案为中心的研究[M].北京:人民出版社,2013.

[12]胡铭.错案是如何发生的:转型期中国式错案的程序逻辑[M].杭州:浙江大学出版社,2013.

[13]吉姆·佩特罗,南希·佩特罗.冤案何以发生:导致冤假错案的八大司法迷信[M].苑宁宁,陈效,译.北京:北京大学出版社,2012.

[14]赵琳琳.刑事冤案问题研究[M].北京:中国法制出版社,2012.

[15]董坤.侦查行为视角下的刑事冤案研究[M].北京:中国人民公安大学出版社,2012.

[16]封利强.司法证明过程论[M].北京:法律出版社,2012.

[17]王乐龙.刑事错案:症结与对策[M].北京:中国人民公安大学出版

社,2011.

[18]刘品新.刑事错案的原因与对策[M].北京:中国法制出版社,2009.

[19]邓颖.刑事申诉制度研究[M].北京:中国人民公安大学出版社,2008.

[20]布莱恩·福斯特.司法错误论——性质、来源和救济[M].刘静坤,译.
北京:中国人民公安大学出版社,2007.

[21]胡铭.刑事申诉论[M].北京:中国人民公安大学出版社,2005.

[22]赵南元.认知科学揭秘[M].北京:清华大学出版社,2002.

[23]孙长永.侦查程序与人权——比较法考察[M].北京:中国方正出版
社,2000.

[24]P.萨伽德.认知科学导论[M].朱菁,译.北京:中国科学技术大学出版
社,1999.

[25]张军.刑事错案研究[M].北京:群众出版社,1990.